पवन के. वर्मा

चाणक्य का नया घोषणापत्र

भारत के संकट का समाधान

अनुवाद

प्रकाश दीक्षित

राजकमल पेपरबैक्स

अंग्रेजी में Chanakya's New Manifesto
एल्फ बुक कम्पनी प्रा.लि. द्वारा प्रकाशित

पहला पुस्तकालय संस्करण
राजकमल प्रकाशन प्राइवेट लिमिटेड द्वारा
2014 में प्रकाशित

राजकमल पेपरबैक्स में
पहला संस्करण : 2014

राजकमल पेपरबैक्स : उत्कृष्ट साहित्य के जनसुलभ संस्करण

राजकमल प्रकाशन प्रा. लि.
1-बी, नेताजी सुभाष मार्ग, दरियागंज
नई दिल्ली-110 002
द्वारा प्रकाशित

शाखाएँ : अशोक राजपथ, साइंस कॉलेज के सामने, पटना-800 006
पहली मंजिल, दरबारी बिल्डिंग, महात्मा गांधी मार्ग, इलाहाबाद-211 001
36 ए, शेक्सपियर सरणी, कोलकाता-700 017

वेबसाइट : www.rajkamalprakashan.com
ई-मेल : info@rajkamalprakashan.com

बी.के. ऑफसेट
नवीन शाहदरा, दिल्ली-110 032
द्वारा मुद्रित

मूल्य : ₹ 195

CHANAKYA KA NAYA GHOSHNAPATRA
by Pawan K. Verma
Translated by Prakash Dixit

ISBN : 978-81-267-2563-2

चाणक्य का नया घोषणापत्र
भारत के संकट का समाधान

पवन के. वर्मा

जन्म : 1953 में नागपुर में हुआ।

शिक्षा : दिल्ली के सेंट स्टीफंस कॉलेज से इतिहास में ऑनर्स करने के बाद उन्होंने दिल्ली विश्वविद्यालय से कानून की परीक्षा उत्तीर्ण की।

भारतीय विदेश सेवा के सदस्य के रूप में बल्गारिया व रोमानिया में नियुक्ति के अलावा पवन कुमार वर्मा ने न्यूयॉर्क में संयुक्त राष्ट्र स्थित भारतीय मिशन में भी महत्त्वपूर्ण उत्तरदायित्व का निर्वहन किया। वे मास्को स्थित भारतीय दूतावास के जवाहरलाल नेहरू सांस्कृतिक केन्द्र के निदेशक और भारतीय विदेश मंत्रालय के आधिकारिक प्रवक्ता भी रहे।

प्रकाशित कृतियाँ : *द ग्रेट इंडियन मिडिल क्लास* और *गालिब : द मैन, द टाइम्स*, *कृष्णा : द प्लेफुल डिवाइन*, *युधिष्ठिर एंड द्रौपदी : ए टेल ऑव लव, पेशन एंड रिडिल्स ऑव एक्जिस्टेंस*। पवन ने दिल्ली की हवेलियों पर *मेशंस एट डस्क : द हवेलीज ऑव ओल्ड डेलही* और *डेलही* नामक पुस्तकों की रचना भी की है।

सम्प्रति : बिहार के मुख्यमंत्री के सांस्कृतिक सलाहकार।

प्रकाश दीक्षित

जन्म : 26 फरवरी, 1938 को मध्य प्रदेश के एक छोटे-से कस्बे में।

प्रकाशित कृतियाँ : 3 उपन्यास, 1 कविता संग्रह व 1 गीत-नाटक प्रकाशित।

रंगमंच पर लम्बी सक्रियता।

प्रलेस के संस्थापक सदस्यों में शामिल।

कई दशक से प्रलेस के अध्यक्ष मंडल में।

उन भारतवासियों के लिए
जिनका नियति के साथ किया गया वायदा
अभी पूरा नहीं हुआ है
और जो अब
और इन्तजार नहीं करेंगे

अनुक्रम

हिन्दी संस्करण की भूमिका

मुझे खुशी है कि राजकमल प्रकाशन मेरी अंग्रेज़ी पुस्तक 'चाणक्या'ज न्यू मेनिफेस्टो' को हिन्दी में प्रकाशित कर रहा है। मेरे खयाल से यह पुस्तक इस लिहाज से बहुत प्रासंगिक है कि इसमें ज्वलन्त प्रशासनिक मुद्दों, लोकतंत्र की कार्य-प्रणाली, भ्रष्टाचार, राष्ट्रीय सुरक्षा और एक वास्तव में समावेशी समाज के निर्माण जैसे प्रश्नों पर विचार किया गया है। उससे भी ज्यादा महत्त्वपूर्ण बात यह है कि अन्य पुस्तकों के विपरीत यह पुस्तक सिर्फ लक्षणों के विश्लेषण तक सीमित नहीं है, बल्कि व्यावहारिक और संभव समाधानों को भी प्रस्तावित करती है।

इसके हिन्दी अनुवाद का वाकई बहुत ज्यादा महत्त्व है। सबसे पहले तो यही कि हिन्दी पढ़नेवालों की संख्या देश में सबसे ज्यादा है। दूसरे, यही लोग भारत की जमीनी सच्चाइयों के सबसे अधिक नजदीक हैं। और तीसरे, यह कि जिन मुद्दों को पुस्तक में उठाया गया है, हिन्दीभाषी क्षेत्र ही उन मुद्दों से ज्यादा जूझ रहे हैं। यही वजह रही कि जब इसका अंग्रेज़ी संस्करण आ रहा था, मैंने प्रकाशक के सामने यह शर्त रखी कि अच्छा हो कि इसका हिन्दी संस्करण या तो साथ-साथ ही आ जाए, या थोड़ा रुककर।

इससे ज्यादा सन्तोष मेरे लिए और कुछ नहीं है कि इस पुस्तक में व्यक्त मेरे विचार अब कहीं बड़े पाठक समूह तक पहुँच पाएँगे। मेरा व्यक्तिगत अनुभव है कि हिन्दी पाठक किसी भी किताब की विषयवस्तु के प्रति कहीं ज्यादा गम्भीर और समर्पित होते हैं। मैंने अकसर देखा है कि हिन्दी मीडिया में वैचारिक बहसें अंग्रेजी के मुकाबले ज्यादा गहरी, खुली और टिकाऊ होती हैं।

हमारे युवा गणतंत्र के लिए परिवर्तन की प्रक्रिया में नए विचारों को शामिल करना कभी बहुत अहम नहीं रहा है। यह भी बहुत मायने नहीं रखता कि हमारे आसपास जो कुछ भी हो रहा है, उसे लेकर हम केवल नाराज रहें, अपने आपको उससे अलग कर लें या असन्तुष्ट बने रहें। जब तक हम अपने क्रोध को वैचारिक हथियार नहीं बनाएँगे, कुछ नहीं बदलेगा।

'चाणक्य का नया घोषणापत्र' परिवर्तन का घोषणापत्र है। किताब में जो कुछ मैं कह रहा हूँ, जरूरी नहीं कि पाठक उससे सहमत हों, लेकिन अगर वे परिवर्तन की जरूरत से उदासीन रहेंगे, तो मुझे बेहद निराशा होगी। अगर कोई चीज हमारे वर्तमान तन्त्र में आज सबसे ज्यादा महत्त्वपूर्ण दिखाई दे रही है तो वह है बदलाव की जरूरत और यह भी कि यह बदलाव को जल्द से जल्द शुरू होना चाहिए, और इस दिशा में हम सबको अपनी-अपनी भूमिका निभाते हुए परिवर्तन के इस आरम्भ को सुनिश्चित करना चाहिए।

मैं श्री प्रकाश दीक्षित का आभारी हूँ, जिन्होंने इस पुस्तक को इतने कम समय में और इतनी दक्षता के साथ अनूदित किया। श्री अशोक महेश्वरी का भी आभार जो मेरे मित्र भी हैं और जितने प्रकाशकों को मैं जानता हूँ, उनमें बहुत ऊर्जावान प्रकाशक हैं।

—पवन के. वर्मा

पूर्वकथन

लगभग 2300 वर्ष पहले–ईसा पूर्व चौथी सदी में–जब विश्व के अधिकांश भागों की सभ्यता अपनी शैशवावस्था में थी, चाणक्य नाम के एक विद्वान और विचारक ने 'अर्थशास्त्र' शीर्षक से एक अद्‌भुत ग्रन्थ लिखा राजनीति पर सर्वाधिक चर्चित रचनाओं में से एक है। अधिकांश इतिहासकार यह मानते हैं कि उनका जन्म मगध राज्य में हुआ था, जिसकी राजधानी पाटलिपुत्र थी, जिसे अब पटना कहा जाता है। उस समय नन्द वंश का एक क्रूर और चरित्रहीन शासक धनानन्द मगध पर शासन करता था। वह मनमाने तरीकों से जनता से भारी करों की उगाही करता था। राज-कार्यों के प्रति लापरवाह था और वह उन चाटुकार दरबारियों से घिरा रहता था जो उसकी हाँ में हाँ मिलाते थे। उसके कुशासन का विरोध करनेवाले और राज्य की बर्बादी को उजागर करने वालों को तत्काल ही कुचल दिया जाता था। चाणक्य के विद्वान और सम्माननीय पिता को पकड़ कर धनानन्द ने उनकी हत्या कर दी थी, क्योंकि वह उन लोगों में से एक थे जिन्होंने राजा का विरोध करने का दुस्साहस किया था। राजा चाणक्य की भी खोज कर रहा था, उससे बचने के लिए उन्हें पाटलिपुत्र से पलायन करना पड़ा। वहाँ से निकलकर वह पश्चिम भारत में तक्षशिला (अब पाकिस्तान में रावलपिंडी के पास) पहुँचे, जहाँ विश्वविद्यालय था। यह कालान्तर में अपने प्रकांड आचार्यों के लिए विख्यात हुआ। फिर भी वे धनानन्द की सत्ता को उखाड़ फेंकने के अपने मूल-संकल्प से विचलित नहीं हुए और इस लक्ष्य को पाने के लिए एकाग्र भाव से जुटे रहे। जिन दिनों वे अपने प्रतिशोध की जमीन तैयार कर रहे थे, उन्होंने एक बालक को देखा जो अपने साथियों के साथ राजा और राजसभा का खेल खेल रहा था। इस बालक में उन्होंने नेतृत्व के गुणों की झलक देखी। चाणक्य ने उसके लालची चाचा से उसे धन देकर माँग लिया और दत्तक बना लिया। इस बालक की राज्योचित शिक्षा-दीक्षा तक्षशिला में हुई, बालक का नाम चन्द्रगुप्त था। विस्तृत समायोजन, दृढ़ इच्छाशक्ति और पौरव, किरीट, कम्बोज तथा वाहिक राज्यों के शासकों से अनेक रणनीतिक गठबन्धनों

के द्वारा चाणक्य को धनानन्द को पदच्युत करके चन्द्रगुप्त को राजसिंहासन पर आसीन करने में सफलता मिली। अपनी मातृभूमि मगध को कुशासन और कदाचार से मुक्त करने के अपने लक्ष्य को प्राप्त करने के बाद चाणक्य ने स्वेच्छा से संन्यास ग्रहण किया और शेष जीवन अर्थशास्त्र की रचना में व्यतीत किया।

धनानन्द को राज्य-च्युत करने के साथ ही उन्हें यह श्रेय भी प्राप्त है कि उन्होंने समर्पित भाव से सिकन्दर और उसके बाद के सेनापतियों के नेतृत्व में यूनानियों का भारतवर्ष पर अधिकार नहीं होने दिया। यह सिन्धु नदी से गंगा के पूर्वी मैदानों तक फैला हुआ भूभाग था जो आपस में लड़ने वाले कई राज्यों और गणतंत्रों में विभाजित था। चाणक्य का विश्वास था कि विभाजित होते हुए भी भारतवर्ष सामाजिक-सांस्कृतिक रूप से एक है, और उसे विदेशी आक्रमण को विफल करने के लिए एकजुट होकर सामना करना चाहिए। उन्हें यह सुनिश्चित करने में सफलता मिली। इस तरह अपने जीवनकाल में चाणक्य ने एक शासक का निर्माण किया, दूसरे शासक को राज्य से वंचित किया, शक्तिशाली यूनानियों को निकाल फेंकने में सहायता की और खंड-खंड भूखंड का एकीकरण किया। अपने शिष्य को मगध के सिंहासन पर आरूढ़ कर एक विशाल साम्राज्य का गठन करने में योगदान किया। मौर्य साम्राज्य-जो अफगानिस्तान के पश्चिमी क्षेत्र से लेकर बंगाल की खाड़ी और दक्षिणी भारत तक फैला हुआ था-सम्भवतः भारत के इतिहास का पहला साम्राज्य था। अन्ततः, अपनी इन तमाम उपलब्धियों के परिणामस्वरूप में उन्होंने राजनीति पर भारत के, और सम्भवतः विश्व के, प्रथम विलक्षण ग्रन्थ की रचना की, जो मैकियावली के 'द प्रिंस' लिखे जाने से लगभग 1800 वर्ष पूर्व रचा गया था।

चाणक्य का उल्लेख प्राचीनकाल की प्रायः कई पुस्तकों में हुआ है। इनमें से सर्वाधिक विस्तृत विवरण विशाखदत्त रचित 'मुद्राराक्षस' में मिला है, जो चौथी और आठवीं शताब्दी के मध्य की रचना मानी गई है। बौद्ध पालि साहित्य में, विशेषतया 'महावंश' में, हेमचन्द्र के 'परिशिष्टपर्वम्' में मिलनेवाले 'वामसतपक्षिणी' जैन ग्रन्थ और कश्मीर के सोमदेव कृत 'कथा-सरित-सागर' तथा क्षेमेन्द्र कृत 'बृहत्कथा मंजरी' में उनका उल्लेख मिलता है। चन्द्र प्रकाश द्विवेदी के सैंतालीस कड़ियों में प्रसारित लोकप्रिय धारावाहिक में चाणक्य के काल और जीवन का रोचक चित्रण है। उनके जीवन की अनेक घटनाएँ किंवदन्तियों के रूप में एक पीढ़ी से दूसरी पीढ़ी तक प्रचलित होती रही हैं। उदाहरण के लिए एक बच्चे की कहानी-एक बार चाणक्य ने एक बच्चे को देखा, जिसका हाथ थाली के बीचोबीच से गरमागरम दलिया निकालकर खाते

समय जल गया था। एक सूक्ष्म निरीक्षणकर्ता जीवन की साधारण घटनाओं से समुचित निष्कर्ष निकालने में सक्षम होता है, अतः चाणक्य ने इस घटना से यह जाना कि किसी शत्रु को परास्त करने के लिए उसकी सेना के केन्द्र में आक्रमण न कर पार्श्वों पर हमला करना अधिक उचित होता है।

'अर्थशास्त्र' में लगभग 6,000 श्लोक और सूत्र हैं। यहाँ व्यवस्थित रूप से प्रभावशाली प्रशासन, लोककल्याण, आर्थिक समृद्धि, शासक के गुण, उसके मंत्रियों की योग्यता, अधिकारियों के कर्तव्यों, प्रशासनिक क्षमता, नागरिक दायित्व, कानून के शासन का महत्त्व, प्रभावी न्याय व्यवस्था, भ्रष्टाचार पर अंकुश लगाने के तरीके, दंडनीति अथवा अपराधियों को दंडित करने की नीति, विदेश नीति के संचालन, युद्ध की तैयारी और संचालन, गठबन्धनों की नीति के साथ ही राष्ट्रीय हित की सर्वोपरि की चर्चा की गई है।

यह निश्चित रूप से वही क्षेत्र हैं, जिनमें अपेक्षाकृत नवस्वतंत्र गणतंत्र भारत लगता है कि राह से भटका हुआ है। किन्तु यदि 2000 वर्ष पूर्व चाणक्य जैसा कोई व्यक्ति, इन्हीं परिस्थितियों में परिवर्तन ला सकता था और प्रशासन का एक नूतन दृष्टिकोण रच सकता था, तो कोई कारण नहीं कि हम भी यह न कर सकें और इस पुस्तक का प्रतिपाद्य विषय भी यही है। यदि आज देश के सामने उत्पन्न संकटों का सामना चाणक्य को करना पड़ता तो उन्होंने क्या किया होता?

इस प्रश्न का उत्तर देने के लिए हमें उन गुणों को समझना होगा जिनसे चाणक्य को सफलता प्राप्त हुई। सर्वप्रथम, दृष्टि की स्पष्टता जिससे वह अपने सामने आनेवाली किसी भी परिस्थिति में बिना किसी भावुकता के यह पहचान सके कि दोष कहाँ है और इसके निवारण के लिए क्या किया जाना चाहिए। यह कहना आसान है, लेकिन कर पाना कठिन। आज अधिकांश व्यक्ति या तो अतीत के प्रति सम्मोहित हैं या फिर परिवर्तन के भय से स्तम्भित। द्वितीयतः उन्हें मानवीय व्यवहार की अच्छी समझ थी। यह समझ अयथार्थ आदर्शवाद की बन्दी नहीं थी, यद्यपि यह आदर्शवाद का अवमूल्यन नहीं करती थी। तीसरी बात यह कि वह नेतृत्व के महत्त्व में विश्वास करते थे। राज्य का महापोत, जिसका संचालन योग्य व्यक्ति न कर रहा हो, देर-सबेर डूब ही जाता है। चौथे उनके पास प्रतिभा की पहचान करनेवाली क्षमता थी, इससे अधिक महत्त्व की बात यह थी वह उसे प्रशिक्षित कर सकते थे ताकि वह उन दायित्वों का निर्वहन कर सके जिनके लिए उसे प्रशिक्षण दिया गया है। इसके उलट उन्होंने इस तथ्य को कभी छुपाया नहीं कि उन्हें मूर्खों को सहन कर पाना काफी कठिन लगता है। उन्होंने कहा है कि प्रतिभाविहीन व्यक्तियों पर नेतृत्व का दायित्व नहीं रहना चाहिए। पाँचवीं बात यह है कि उन्होंने कभी इस तथ्य की अनदेखी नहीं की कि

सारी राजनीति को लोकहित के लिए कार्य करना चाहिए। यदि इस मूल बिन्दु की उपेक्षा की जाती है तो उच्च आदर्शों वाला संविधान भी व्यर्थ हो जाता है। छठे वह मानते थे कि आर्थिक समृद्धि ही राष्ट्रीय शक्ति का मेरुदंड है। यदि राजकोष रिक्त है तो सारे वायदे केवल नारेबाजी हैं और सत्ता के तमाम दावे हवाई होते हैं। सातवाँ, वह व्यवस्था के विश्लेषण में विश्वास रखते थे, इसके लिए इतिहास के असाधारण पूर्वज्ञान और सूक्ष्म जानकारियों की आवश्यकता थी। यह स्पष्ट समझ होनी चाहिए कि शासन के कार्य करने की जटिल प्रक्रियाएँ क्या हैं, यह वह चीज है जिसका आज के अधिकांश पर्यवेक्षकों और नेताओं में अभाव है। वह लक्षणों पर तो ध्यान देते हैं किन्तु समस्याओं के स्रोत तक नहीं जाते। आठवीं बात, उनकी मान्यता थी कि व्यवस्था को न्यायपूर्ण होना चाहिए और जो भी इसे भंग करें उसे तदनुसार दंडित करना चाहिए। नवीं बात यह है कि उनके पास साहस और दृढ़ता के साथ ऐसा लौह-अनुशासन भी था जिससे वह उसको साध सके जो उनके विचार से सही था। कई व्यक्ति जानते हैं कि सही क्या है और इसके लिए क्या किया जाना चाहिए लेकिन इसे करने का प्रतिबद्ध साहस उनके पास नहीं होता और अन्त में उन्होंने इस तथ्य को कभी ओझल नहीं किया कि जहाँ तक राज्य का सम्बन्ध है, अन्य सभी बातों में एक सर्वोच्च लक्ष्य निहित है और वह है-राष्ट्रीय हित।

पुस्तक के लिए 'चाणक्य का नया घोषणापत्र' शीर्षक इसलिए चुना गया है क्योंकि इसकी प्रेरणा चाणक्य और उनकी महान कृति 'अर्थशास्त्र' से ग्रहण की गई है। जैसा कि मैंने पहले स्पष्ट किया है कि यह पुस्तक इस कल्पना का प्रयास करती है कि चाणक्य समकालीन भारत की चुनौतियों का सामना किस तरह करते! इसे लिखने से पहले मैंने अर्थशास्त्र को विस्तार से पढ़ा। और उन विषयों पर सोचने में पर्याप्त समय लगाया, जिन पर मैं लिखना चाहूँगा। मेरा दृष्टिकोण क्या होगा, जबकि परिस्थितियों का मेरा विश्लेषण भीतर से रहेगा, शासन के भीतर से। इसके अतिरिक्त, मैंने सभी प्रकार की सामग्री का अवगाहन किया, प्रशासन विषयक सैद्धान्तिक अध्ययन, शासन से लेकर राजनीतिक प्रकाशन, पुस्तकें और पत्रकारिता के राजनेताओं के व्यवहार पर देश की स्वतंत्रता से लेकर अब तक के प्रतिवेदन। अध्ययन और अनुभव के इतने वर्षों के श्रावण से छन कर जो निकला है, 'चाणक्य का नया घोषणापत्र' पुस्तक उसी के सम्बन्ध में है।

चाणक्य की पुनर्स्मृति का अभिप्राय भारत के भव्य भविष्य में शरण लेना या यह सोचना नहीं है वे दिन फिर से वापस आएँगे। इसके विपरीत, यह अतीत से प्रेरणा लेने का उपक्रम है, क्योंकि अतीत हमें यह बताता है कि भारत में नए और

साहसिक विचारों को ग्रहण करने की सामर्थ्य है। अतीत से सम्मोहित हुए बिना भी विभिन्न राष्ट्र इसका प्रयोग सही सबक पाने के लिए कर सकते हैं। जनगण अतीत का स्तुतिवाचन किए बिना उसका वस्तुपरक अध्ययन कर सकता है ताकि एक बेहतर भविष्य का निर्माण कर सके। वस्तुपरक अध्ययन से यह समझा जा सकेगा कि चाणक्य केवल एक विचारक, व्यवहारवादी और नीतिकार ही नहीं थे, जिनके लिए साध्य सदा ही साधनों के औचित्य से प्रमाणित होता था। अल्पज्ञानी पक्ष ने उन्हें मैकियावेली के विभ्रमित अग्रज के रूप में चित्रित करने का प्रयास किया है जिसका एकमात्र लक्ष्य निर्मम तरीके से सत्ता को हथिया लेना है, फिर साधन चाहे जैसा हो। सच तो यह है कि वे नीतिविहीन, अनैतिक राजनीति से बहुत दूर थे। उनकी प्राथमिकता एक न्यायसंगत राज्य की स्थापना थी। उनका विश्वास था कि राज्यतंत्र को धर्म से प्रेरित होना चाहिए। इसके साथ ही व्यावहारिक राजनीति का पक्षधर होने के नाते उनका विश्वास अव्यावहारिक आदर्शवाद में भी नहीं था। राष्ट्रीय हितों की रक्षा अथवा इसके लिए उत्पन्न होनेवाले खतरों का सामना करने के लिए वे ऐसी स्थितियों के लिए यह भी मानते थे कि यहाँ साध्य ही साधनों का औचित्य निश्चित करता है। भारत को यही सुस्पष्ट चिन्तन--दृष्टि अपनानी होगी।

हम बहुत अधिक आदर्शवादी चोचलेबाजी करते हैं (जिसमें हमारा अपना विश्वास नहीं होता और न ही उसे अपने व्यवहार में लाते हैं), दुर्भाग्य से यह राष्ट्रीय हितों की कीमत चुकाकर किया जाता है। किन्तु चाणक्य के अधिकांश प्रशासनिक सूत्र उनके अपने समय से सन्दर्भित हैं, और उन्हें हम यथासंभव छोड़ सकते हैं। जबकि इनका मूलभूत दर्शन अत्यन्त महत्त्वपूर्ण है। भारत ने एक सभ्यता के रूप में स्वयं का पुनरन्वेषण करने की प्रतिभा भली-भाँति प्रदर्शित की है। 5000 वर्षों की सुदीर्घ यात्रा में हमारे अस्तित्व के बचे रहने का यही रहस्य है। हमें ऐसी सभ्यता माना जाता है जो 'मौलिक सोच' रखती है अर्थात् जिसके पास नए विचारों को जन्म देने की क्षमता है। यह ऐसी विरासत है जिसे सँजोए रखना चाहिए। आज के परिवेश में यह कठिन हो सकता है क्योंकि हमारे राष्ट्रीय जीवन के अनेक पक्ष ऐसे हैं जिनमें हमने मध्यमार्ग का अनुसरण और विकास किया है। हम यांत्रिक सूत्रबद्धता के अन्धे दास हो गए हैं और सपने देखना और सोचना भूल बैठे हैं। हमें याद रखना चाहिए कि यह बौद्धिक दृष्टि से बौनों का देश नहीं है। हम ऐसी सभ्यता के वासी हैं जिसने असंख्य महामानवों को जन्म दिया है। एक बार फिर एक राष्ट्र के रूप में हम उनके वंशजों के लिए रंगमंच की रचना कर अपना सक्रिय योगदान दे सकते हैं।

हमारा सौभाग्य है कि संविधान-निर्माताओं ने अपनी दूर-दृष्टि से सक्रिय

लोकतांत्रिक व्यवस्था का ढाँचा खड़ा किया, हमें इसे परे सरकाने की जरूरत नहीं है। अन्य ने क्या किया, यह देखकर हमें इसमें परिवर्तन करने, नकल करने या उधार लेने की आवश्यकता नहीं है। हमें केवल यह करना है कि जो व्यवस्था हमें मिली है उसे कारगर किया जाए क्योंकि यह प्रकट है कि उन लोगों को छोड़कर जो जानबूझकर देखना नहीं चाहते, हमारे राष्ट्र की वर्तमान कार्यावस्था स्वीकार नहीं की जा सकती। हमारा भविष्य दाँव पर है। हमारी युवाशक्ति और आने वाली पीढ़ियाँ दाँव पर हैं। हमारे पास बर्बाद करने के लिए समय नहीं है। इस अनिवार्यता को सामने रखकर 'चाणक्य का नया घोषणापत्र' लिखा गया है। ठोस समाधानों के संकलन के रूप में इसे उन लोगों द्वारा चुनौती दी जा सकती है, और दी भी जानी चाहिए, जिनके पास बेहतर और अधिक प्रभावकारी हल हों। यहाँ जो नुस्खे सुझाए गए हैं सबके सब अचूक नहीं होंगे क्योंकि इसे तात्कालिकता की दृष्टि से रचा गया है। यह सत्य को बिना किसी लाग-लपेट के सामने लाने का प्रयास है क्योंकि हमारे पास अनावश्यक वितंडावाद के लिए समय नहीं है। किन्तु 'चाणक्य का नया घोषणापत्र' यह दावा नहीं करता कि सच्चाई पर उस ही का एकाधिकार है। इसे किसी प्रच्छन्न इरादे से नहीं लिखा गया और किसी व्यक्ति का विरोध इसकी मंशा नहीं है। यह पूरी तरह से भारत के लिए है। क्षुद्र अहंमन्यता, बौद्धिक विशिष्टता या पक्षधर संकीर्णता से परे इसका उद्देश्य मात्र यह है कि 'परिवर्तन' के लिए राष्ट्रव्यापी गहन बहस की शुरुआत तत्काल हो सके।

वास्तविक रूप से नियति से साक्षात्कार के लिए भारत को बदलना ही होगा। इसमें एक महाशक्ति बनने की सामर्थ्य है, और इस लक्ष्य तक पहुँचने का मार्ग हमें खोजना है। उस दिशा में यदि यह पुस्तक हमें आगे ले जा सके, तभी इसका उद्देश्य पूरा हो सकेगा।

अध्याय–1

संकट

5,000 वर्ष पुरानी सभ्यता और तरुण लोकतंत्र आज एक चौराहे पर हैं। 1947 की आशाओं और इक्कीसवीं सदी की चुनौतियों के बीच, गत्यवरोध और विकास के बीच, अपने ही बनाए हुए पठार और विश्व रंगमंच पर अपना उचित स्थान हासिल करने के लिए एक आखिरी उछाल के बीच।

नियति के निकट पहुँचकर भी किंकर्तव्यविमूढ़ होकर हम क्यों खड़े रह गए हैं? हमारी सभ्यता के पास वह लोच है जो व्यवधानों पर नियंत्रण कर सकती है। इसके पास प्राचीनता, निरन्तरता, विविधता, ग्राहकता और परिष्कृति के उच्चतम शिखरों की विशेषताएँ हैं। काल के अरुणोदय से शुरू हुई इसकी अनवरत यात्रा में हम एक नए मोड़ पर हैं जो युवा लोकतंत्र के सामने है। क्या हम अपने अतीत की इस पुंजीभूत विरासत के साथ, इस अभियान को अधूरा छोड़कर विश्वासघात कर सकते हैं? नहीं, हम ऐसा नहीं कर सकते। किन्तु हम एक खतरनाक कगार पर खड़े हैं। राष्ट्रों का उत्थान और पतन ऐसे घुमाव के बिन्दुओं पर निर्धारित होता है। सफलता और विफलता की दूरी हमारी सोच से कहीं कम होती है। अपने कार्य को ठीक करने के लिए पैंसठ वर्ष पर्याप्त से कहीं अधिक थे, अब न तो विश्व और न ही हमारे जनगण और प्रतीक्षा कर पाएँगे।

वर्तमान रुग्णता का उपचार करने के लिए वास्तविकता को नगण्यताओं से मुक्त करना होगा और जो तात्कालिक है उसमें से अल्पकालिकता को परे हटाना होगा। उपमहाद्वीपीय भारतीय परिदृश्य पर हमें अपना ध्यान दृढ़ता से केन्द्रित करना होगा। हमें यह तय करना है कि इसे तत्काल कुछ करना चाहिए। क्योंकि अब तक हमारे साथ जो भी घटित हुआ है, वह सबका सब निरर्थक या छोड़ देने लायक नहीं था। कुछ ऐसी उपलब्धियाँ भी हैं जिन पर हम गर्व कर सकते हैं। हमें इस दिशा में प्रयासरत रहना चाहिए। अतः हमें एक सन्तुलित दृष्टि रखनी होगी, जो पूर्वग्रह, पक्षपात और अतिरंजना से मुक्त हो और जिसमें

प्राथमिकता के आधार पर क्रियान्वयन की रूपरेखा बनाई जा सके।

मैंने ऐसे पाँच क्षेत्र चुने हैं जो मेरे गम्भीर चिन्तन की दृष्टि से वर्तमान असमंजस के मुख्य कारण हैं। इनमें से किसी एक पर ही पूरी-की-पूरी किताब लिखी जा सकती है लेकिन यहाँ मेरा ऐसा कोई इरादा नहीं है। अभिप्राय की दृष्टि से इनमें से प्रत्येक क्षेत्र की वर्तमान स्थिति की एक झलक प्रस्तुत करना ही काफी होगा जिससे हम यह अनुमान लगा सकें कि वास्तव में समस्याओं को हल करने के लिए क्या किया जाना आवश्यक है।

1. प्रशासन

किसी देश के लोगों का एक मूल अधिकार होता है–वे जिन व्यक्तियों को चुनते हैं उन्हें शासन करना चाहिए। यदि वह नहीं कर पाते तो इस मूल अधिकार का आपराधिक उल्लंघन होता है। तथापि हाल ही के वर्षों में–मुख्य रूप से गठबन्धनों की राजनीति के चलते–उत्पन्न हुई सतत अस्थिरता के परिणामस्वरूप शासन गत्यवरोध की अवस्था में पहुँच गया है, क्योंकि हमारे नेताओं की सारी शक्ति अपने राजनीतिक अस्तित्व को बचाने में खर्च होती रहती है। इस पर चर्चा हम अन्य अध्याय में करेंगे। यदि कहीं कुछ शासन दिखाई भी देता है तो यह बिखरा हुआ है, वांछित से बहुत कम होता है, या फिर तात्कालिक संकट से प्रेरित है–यह सघन और स्थायी दृष्टि का भाग नहीं है। यह कार्यप्रणाली लोकतंत्र पर अविश्वास नहीं करती, किन्तु भारत में यह किस तरह काम करता है यह अवश्य बताती है–विशेष रूप से प्रशासन के क्षेत्र में।

भारत में जो चुनौतियाँ हमारे सामने हैं, उन्हें कम करके नहीं देखा जा रहा। संसार में सबसे ज्यादा निर्धनतम लोग भारत में हैं। यहाँ ऐसे लोगों की भी सर्वाधिक संख्या है जो लिख-पढ़ नहीं सकते। सहारा क्षेत्रीय अफ्रीका की अपेक्षा भारत में कुपोषित बच्चों की संख्या कहीं अधिक है। हमारी बाल-मृत्यु की दर अक्षम्य रूप से ऊँची है। भारत में पृथ्वी पर किसी भी स्थान से कहीं अधिक मौतें आज भी मलेरिया से होती हैं। इन समस्याओं का समाधान करने में स्वतंत्रता के साठ वर्षों में हम क्या कर पाए हैं इस पर हमें गम्भीरता से आत्मचिन्तन करना होगा।

अन्य प्रमुख मुद्दों पर भी प्रशासन की पंगुता जग-जाहिर है। आर्थिक सुधार लड़खड़ा रहे हैं। सच है कि अन्तर्राष्ट्रीय आर्थिक वातावरण में इन दिनों मन्दी छाई हुई है और यूनाइटेड स्टेट्स, योरोप और जापान का आर्थिक विकास

मन्द रहा है, फिर भी हमारी अर्थव्यवस्था का अप्रभावी प्रबन्धन किसी अज्ञानी पर्यवेक्षक के द्वारा भी समझा जा सकता है। भारत का आर्थिक विकास 2012 की जनवरी–मार्च तिमाही में नौ वर्षों के निम्नतम स्तर तक गिर गया। पिछली तिमाही में जो 6.1 प्रतिशत था वह 5.3 तक जा पहुँचा। अन्तर्राष्ट्रीय मुद्रा कोष (आईएमएफ) और एशिया विकास बैंक (एडीबी) ने पहले घोषणा की थी कि समग्र विकास में और भी गिरावट आएगी–आईएमएफ के अनुसार 4.9 प्रतिशत तक औद्योगिक उत्पादन में निराशाजनक 2.5 प्रतिशत की वृद्धि हुई, खनन क्षेत्र तो नकारात्मक रूप से 0.9 प्रतिशत में पहुँच गया और कृषि 2011 में विरल उच्चतम 7 प्रतिशत से गिरकर सामान्य 2.8 प्रतिशत पर आ गई। बढ़ते हुए घाटे, निर्यात में कमी, काँपता हुआ रुपया, सुस्त बाजार, घटता हुआ विनिवेश लगभग जंक स्थिति तक अन्तर्राष्ट्रीय रेटिंग और धीमा होता हुआ आन्तरिक उपयोग अर्थव्यवस्था की अवस्था के द्योतक हैं, यद्यपि यह बुर्जुआ मध्यवर्ग के कारण बाहरी कारणों के प्रभाव से एक सीमा तक अप्रभावित रहता है जो माँग को तेज करता है।

अनेक तात्कालिक शुरुआतों के सम्बन्ध में निर्णय स्थगित हैं, इनका सम्बन्ध सार्वजनिक क्षेत्र को अधिक स्वायत्तता देने, समान कर प्रणाली, विदेशी निवेश के लिए विशेष रूप से वित्तीय सेवाओं, बीमा और पेंशन कोष को सुविधाजनक बनाने, जमीन की खरीद–फरोख्त, खदानों के विनियमन विनिवेश के कानूनों और ऐसे मूलगामी सुधारों से है जिनके द्वारा नियामक तथा पारदर्शी तंत्र स्थापित किया जा सके। कई वर्षों तक निष्क्रिय प्रशासन के बाद कुछ कदम, जैस–प्रत्यक्ष विदेशी निवेश को अनुमति, मल्टी ब्रांड खुदरा व्यापार को स्वीकार करना और डीजल तथा घरेलू गैस की सब्सिडी में आंशिक कटौती–काफी नहीं हैं।

कोई आश्चर्य नहीं कि 2011 में भारत से विदेशों में निवेश के लिए आमद की तुलना में अधिक पूँजी निवेश के लिए विदेशों में गई। देश से 29 बिलियन डॉलर बाहर गए जबकि निवेश के रूप में 23 बिलियन डॉलर ही आए। 2010 में प्रत्यक्ष विदेशी निवेश में 31 प्रतिशत की नाटकीय गिरावट आई, भले ही विदेशी भूमंडलीय निवेशकर्ता तब भी उभरते हुए बाजारों में अपनी पूँजी लगा रहे थे। जैसा कि एक प्रबन्धन विशेषज्ञ का कहना है, 'अकुशल प्रशासन की कीमत चुकानी ही पड़ती है और भारत निश्चित रूप से यह कीमत चुका रहा है।'[1]

शिक्षा से भी जुड़े कई महत्त्वपूर्ण विधेयक ठंडे बस्ते में पड़े हैं। इस तथ्य को देखते हुए कि भारत उन देशों में से एक है जहाँ सबसे अधिक किशोर

जनसंख्या रहती है, अपने युवाओं की शिक्षा और कौशल की प्रगति के प्रयत्न युद्ध स्तर पर किए जाने चाहिए। किन्तु शासन की इस तरफ प्राथमिक चिन्ता तो दूर, हमारे पास कुछ समय से पूर्णकालिक शिक्षामंत्री भी नहीं हैं। कृषि की उपेक्षा काफी समय से हो रही है। साख, प्रोत्साहन, सिंचाई, अनुसन्धान, भंडारण, परिवहन और वितरण के मामलों में ताजा सोच की बेहद आवश्यकता है, जो हुआ ही नहीं है। इसकी जगह एक ओर खुले में रखा हुआ अनाज सड़ रहा है तो दूसरी ओर हजारों लोगों को भूखे पेट सोना पड़ता है और किसानों की आत्महत्या की खबरें अब आम हो गई हैं। सिंचाई के रकबे का विस्तार एक राष्ट्रीय प्राथमिकता होनी चाहिए थी, किन्तु इस प्राणदायी क्षेत्र के लिए निर्धारित राशि कई महत्त्वपूर्ण राज्यों में कम होती गई है। यथा–महाराष्ट्र राज्य में जहाँ इस मद में 6 प्रतिशत की कमी आई है, इसके लिए निर्धारित राशि (6,849 करोड़ रु.) में एक बड़ा घोटाला हुआ। दर्जनों सिंचाई परियोजनाओं पर कोई काम नहीं हुआ। सिंचाई के लिए शासन द्वारा निर्धारित लक्ष्य में 11 मिलियन हेक्टेयर की कमी है। सरकार का यह हाल है जबकि अधिकांश भारतीय, जिनमें निर्धनतम भी शामिल हैं, अपनी आजीविका के लिए कृषि पर निर्भर हैं यह सब जानते हैं और यह भी कि 3 प्रतिशत से कम पर अटकी हुई कृषि विकास दर उनके जीवन को खुशहाल बनाने के लिए काफी नहीं है।

सड़कें हों, बन्दरगाह, ऊर्जा उत्पादन, जलप्रदाय, हवाई अड्डे, सीवर, ड्रेनेज या अवशिष्ट प्रबन्धन जैसी शहरी सुविधाएँ या बड़े पैमाने पर विस्थापन–तमाम अधोसंरचनागत योजनाएँ निर्धारित समय से पीछे चल रही हैं। सड़कों के विकास के लिए बनाई गई सरकार की एजेंसी नेशनल हाइवे या अथोरिटी ऑफ इंडिया (एनएचएआई) बिना किसी मुखिया के लगभग एक वर्ष काम करती रही। राज्यों के भ्रष्ट विद्युत मंडल ही 27,000 करोड़ रुपए की अवैध राशि अकेले गटक जाते हैं। हमारे पास विश्व में कोयले का चौथा सबसे बड़ा भंडार है। किन्तु कुप्रबन्धन के कारण हम कोयले के आयात पर निर्भर हैं और तब भी यह आवश्यक खनिज लगातार अपर्याप्त सप्लाई की समस्या से जूझता रहता है।

रेलवे भी सर्वनाश के मुहाने पर पहुँच गया है। एक महीने में एक दुर्घटना होती है लेकिन प्रभारी मंत्री अपना अधिक समय रेलभवन की जगह अपने राज्य की राजधानी में बिताना पसन्द करते हैं। 'इंडिया टुडे' के अनुसार अपने कार्यकाल के लगभग पाँच महीनों में पूर्व रेलमंत्री मुकुल राय औसतन महीने में केवल चार दिन अपने कार्यालय गए। निष्क्रियता यदि एक क्षेत्र में हो तो उसका प्रभाव अन्य क्षेत्र के कार्यों पर भी पड़ता है। उदाहरण के लिए–अधिरचना सम्बन्धी योजनाओं में 70 प्रतिशत विलम्ब का कारण यह है कि हम अब तक

पुराने पड़ चुके भूमि अधिग्रहण कानून से चिपके हुए हैं जो 1894 में बनाया गया था और इसके अति-आवश्यक नए विधेयक को मंजूर नहीं कर पाए हैं।

इस बीच मुद्रास्फीति, जिसने आम आदमी पर सर्वाधिक मर्मान्तक प्रहार किया है, निरन्तर चिन्ता का विषय बनी हुई है। इसके पीछे अन्तर्राष्ट्रीय बाजार में तेल की कीमत बढ़ने जैसे नकारात्मक कारण तो हैं ही, यहाँ का कुप्रबन्धन भी इसके लिए जिम्मेदार है। इस क्षेत्र में हमारी परनिर्भरता को देखते हुए नए तेल भंडारों की खोज हमें तेजी से करनी चाहिए थी क्योंकि इसकी उपलब्धता हमारी आवश्यकता से बहुत कम है। खाद्य पदार्थों में मूल्यों की बढ़ोतरी का सीधा कारण यह है कि सरकार अधिग्रहण, भंडारण, परिवहन और वितरण की व्यवस्था नहीं कर पाई है।

समस्या यह है कि हमारे नेताओं के पास लक्ष्य की स्पष्टता और उस पर फोकस का अभाव है, फिर संस्थानों की निष्क्रियता तो है ही। दूसरे शब्दों में यही प्रभावशाली प्रशासन की कमी कही जाती है। विभिन्न मंत्री समूहों का गठन सक्रियता का स्थान नहीं ले सकता। चुनौती की गम्भीरता को समझना होगा। यदि हम यह भी मान लें कि भारत 8 प्रतिशत की दर से विकास करेगा जबकि इसकी जनसंख्या स्थिर बनी रहेगी, तब भी इसे ब्राजील को पीछे छोड़ने में तीन दशक और प्रति व्यक्ति सकल घरेलू उत्पाद (जीडीपी) की दृष्टि से दक्षिण अफ्रीका तक पहुँचने में दो दशक लगेंगे। रूस और यूनाइटेड किंगडम को पीछे छोड़ने में हमें उन्नीस वर्ष लगेंगे और यदि हम संयुक्त राज्य अमेरिका से आगे जाने का सपना देखते हैं तो उसे पूरा करने के लिए हमें 35 वर्ष चाहिए। जहाँ तक एशिया के दूसरे महाबली चीन का सम्बन्ध है वहाँ प्रति व्यक्ति जीडीपी भारत के आँकड़ों से लगभग ढाई गुना है और वह हमारी आर्थिक प्रगति से दो प्रतिशत अंकों से तेज है। और विकास-दर में यथास्थिति का अर्थ यह है कि हम चीन के आसपास कभी नहीं पहुँच पाएँगे।[2]

2. लोकतंत्र

हमने लोकतंत्र के लिए अपरिहार्य ढाँचा तो खड़ा कर लिया तथापि लोकतांत्रिक संचेतना अर्ध-मूर्च्छा की अवस्था में है। आँकड़ों की दृष्टि से भारत विश्व का सबसे बड़ा लोकतंत्र है, किन्तु वह विश्वास, जो हमें दुनिया का ऐसा सबसे बड़ा प्रभावी रूप से सक्रिय लोकतंत्र बना सकता था, कहीं भटका हुआ है। इन तथ्यों पर ध्यान दें।

हमारे निर्वाचनों में अभी भी धनबल और बाहुबल का ही बोलबाला है।

चुनाव-सुधारों में विलम्ब हो रहा है। चुनावों का अंकगणित अभी भी जात-पात के ऊल-जलूल हिसाब-किताब से प्रभावित होता है। वर्तमान व्यवस्था ऐसी है जिसमें निष्ठावान और प्रतिभासपन्न व्यक्तियों को लोकतांत्रिक प्रक्रिया में भागीदारी से दूर रखा जाता है। राजनीति के अपराधीकरण में वृद्धि हुई है, उसमें कमी नहीं आई है। 2004 की लोकसभा में आपराधिक पृष्ठभूमि वाले 128 सदस्य थे-सदन का लगभग एक चौथाई। 2009 के चुनाव में यह संख्या बढ़कर 153 हो गई-वृद्धि 20 प्रतिशत की थी। इसका अर्थ यह है कि जो हमारा प्रतिनिधित्व लोकसभा में करते हैं, उनमें से लगभग 30 प्रतिशत सदस्यों की आपराधिक पृष्ठभूमि है। इनमें से 14 प्रतिशत पर हत्या, बलात्कार, बलात्-वसूली जैसे गम्भीर आरोप हैं।

अधिकांश राजनीतिक दलों में आन्तरिक लोकतंत्र पूरी तरह से गायब है। नेता लोकतंत्र की दुहाई तो जोर-शोर से देते हैं, लेकिन जब उनके अनुयायी असहमति या मतभेद की आवाज उठाते हैं तो उसे दबा दिया जाता है। अतएव अधिकांश राजनीतिक दलों में चाटुकारिता, निरंकुशता का बोलबाला है और परिदृश्य से बौद्धिक वातावरण पूरी तरह से इस दौर में अनुपस्थित है।

हमारे राजनीतिक परिदृश्य पर वंशवाद का खतरा मँडरा रहा है। कांग्रेसी सांसदों में से इकतालीस प्रतिशत ऐसे हैं जो वंशवादी सम्बन्धों के आधार पर आगे आए हैं। यह कोई अचरज की बात नहीं है क्योंकि गांधी-नेहरू परिवार की निर्विवाद सर्वोच्चता इस पार्टी का विशिष्ट लक्षण है। उत्तर प्रदेश में मुलायम सिंह यादव ने अपने बेटे को मुख्यमंत्री बनाया और अन्य कई नाते-रिश्तेदारों को सत्ता और शक्ति के पद सौंपे। यही प्रवृत्ति अन्य कई दलों में देखने को मिलती है। करुणानिधि ने पूरे तमिलनाडु राज्य को ही अपनी निजी जागीर बना दिया है।

संसदीय कार्रवाई जिस तरीके से चलती है उसे देखकर राष्ट्रव्यापी विक्षोभ है। लोकतंत्र का मन्दिर जिसे कहा जाता है, वहाँ अनेक अवसर ऐसे आते हैं जब वह एक बाजार अथवा मंडी में बदल जाता है। पीठासीन अध्यक्ष सदन में सामान्य सा सभ्य आचरण भी स्थापित करने में असफल होकर लाचार और निराश दिखाई देता है। 2012 के मानसून सत्र में दो सांसद राज्यसभा में चीखने-चिल्लाने लगे, और प्रतिदिन संसद के दोनों सदनों में कार्रवाई को स्थगित करना पड़ा, कोई काम नहीं हुआ।

हमारे नागरिकों में, विशेष रूप से युवकों में, लोकतांत्रिक प्रक्रिया के प्रति राष्ट्रीय स्तर पर सामान्यतः एक उपेक्षा-भाव दृढ़ हुआ है। जनता को लगता है कि राजनीति एक 'गन्दा' विषय है, जिसमें अनेक अनैतिक समझौते करने पड़ते हैं, यह काली कमाई में डूबा हुआ है, इसमें सन्दिग्ध पृष्ठभूमि वाले लोग हैं,

और राजनीति में वही लोग रह पाते हैं जो दूसरे किसी भी क्षेत्र में सफल नहीं हुए। केन्द्र में अव्यावहारिक रूप से सत्ता के दो ध्रुव बनने से संसदीय लोकतंत्र की नींव कमजोर हुई है। भारत जैसे विशाल और जटिल देश में यह आवश्यक है कि एक मजबूत प्रधानमंत्री हो। सत्तारूढ़ दल की भूमिका में परामर्शदाता होना चाहिए। महत्त्वपूर्ण मामलों में वह प्रधानमंत्री को सलाह दे सकता है, और प्रधानमंत्री अपनी तरफ से वरिष्ठ पार्टी नेताओं से मशवरा कर सकता है। किन्तु गठबन्धन के दौर में प्रधानमन्त्री कठपुतली जैसा होता है, संसदीय लोकतंत्र में काम करनेवाली कार्यपालिका का आधार ही हिल जाता है। इससे प्रधानमंत्री और उसके राजनीतिक दल के बीच का सन्तुलन बुरी तरह बिगड़ जाता है। इसके साथ केन्द्रीय सत्ता का अवमूल्यन हुआ है, जो प्रशासन को दिशा देने के लिए उत्तरदायी है। इससे प्रशासन के लिए आवश्यक अनुशासन और जवाबदेही, जो ऊपर से नीचे तक होनी जरूरी है, को गम्भीर आघात लगा है।

किसी भी जनतंत्र में, पूरी क्षमता से कार्य करने के लिए, कार्यपालिका, विधायिका और न्यायपालिका के बीच सन्तुलन बना रहना चाहिए। इनमें से कोई भी यदि कमजोर होती है या अपनी भूमिका से विमुख हो जाती है और अन्य अंग इससे उत्पन्न 'क्रियागत' शून्य को भरने लगते हैं तो समूचा ढाँचा ही चरमरा जाता है। आज हमारी कार्यपालिका कमजोर है, विधायिका जनता में अपनी साख खो चुकी है और न्यायपालिका पर अति-सक्रियता के आरोप लग रहे हैं।

3. कदाचार

अधिकांश पर्यवेक्षक मानते हैं कि भारत विश्व के सर्वाधिक भ्रष्ट देशों में से एक है। यह एक ऐसी अवधारणा है जिससे अधिकांश भारतीय भी सहमत होंगे। 2010 के कॉमनवेल्थ खेलों ने अन्तर्राष्ट्रीय स्तर पर खेलों के आयोजन की भारत की संगठन क्षमता को प्रदर्शित नहीं किया, केवल भारत में भ्रष्टाचार पर से आवरण हटाकर उसे संसार की निगाहों में ला दिया।

एक सामान्य नागरिक और सरकार के बीच सम्पर्क का ऐसा कोई एक भी क्षेत्र नहीं है जिसमें यह बुराई न फैली हो। उसका सामना तब होता है जब कोई मृत्यु प्रमाणपत्र लेने जाता है। ड्राइविंग लाइसेंस, पेंशन के कागज, राशनकार्ड या पासपोर्ट लेते समय इसका अनुभव होता है, जब कोई सम्पत्ति का पंजीकरण, पानी के बिल का भुगतान, सम्पत्ति कर या बिजली का बिल जमा करता है, बच्चे का दाखिला, अस्पताल का बिस्तर पाना चाहता है या अपने आय कर

का आकलन करवाता है। यह न्यायपालिका तक में प्रवेश कर गया है, चुनाव तंत्र में यह घुसा हुआ है, और कार्यपालिका की मशीन को चलाने के लिए इसकी चिकनाई का होना सर्वव्याप्त है। यह केवल मध्य वर्ग का ही विशेषाधिकार नहीं है कि उसे इससे जूझना पड़ता है, निर्धन जन इससे सर्वाधिक सन्तप्त हैं।

देश में भ्रष्टाचार जिस पैमाने पर फैला है, वह कल्पनातीत है और राज्य सम्पदा, जैसे–जमीन, खदान, 2 जी स्पेक्ट्रम के कलंकित वितरण की वजह से इसमें लिप्त व्यक्तियों द्वारा जिस अकूत धनराशि की हेरा-फेरी की जाती है उसका अनुमान करना बुद्धि को हतप्रभ कर देता है। एक पुराने रावण के पुनरोदय के यह कुछ उदाहरण भर हैं।

खिन्न पर्यवेक्षकों की यह सोच निराधार नहीं है कि भ्रष्टाचार और भ्रष्ट लोग इसलिए फलते-फूलते हैं क्योंकि उनके पास शक्तिशाली संरक्षक–सहायक हैं जो स्वयं भी इससे लाभान्वित होते हैं। यह मत तब और भी पुष्ट हो जाता है जब यह देखा जाता है कि इस बुराई पर अंकुश लगाने के लिए जिम्मेदार एजेंसियाँ भी इसके घेरे में आकर प्रभावहीन हो जाती हैं। उनके पास दोषियों के विरुद्ध कार्रवाई की आवश्यक स्वतंत्रता नहीं होती। दोषी प्रायः अधिक शक्तिशाली होते हैं। लोकपाल बिल जैसे किसी भी सुधारक उपाय के लिए राष्ट्रव्यापी प्रत्यापत्ति आवश्यक है जिससे यह समझा जा सके कि इसके लागू होने से क्या कोई आशा की जा सकती है। संसद में लोकपाल विधेयक पहली बार 1968 में प्रस्तुत किया गया था, तब से यह नौ बार रखा जा चुका है और हर बार विफल हुआ। अभी भी विधेयक एक इरादा भर ही है।

व्यापक भ्रष्टाचार का विरोध करनेवालों की आस्था तब आक्रोश में बदल जाती है जब वे देखते हैं कि भ्रष्टाचारियों को पकड़ने के मामले निराशाजनक रूप से बहुत कम हैं, प्रकरण वर्षों तक घिसटते रहते हैं, शिक्षा देनेवाले दंड केवल किताबों में ही हैं, न्यायपालिका बेहद सुस्त ही नहीं, बल्कि अक्सर दोषी की सहायक भी है या फिर उसके पास पर्याप्त कर्मचारी भी नहीं हैं। एक उदाहरण देखिए–2012 में, इलाहाबाद उच्च न्यायालय में न्यायाधीशों की स्वीकृत पदसंख्या के 50 प्रतिशत पद खाली थे, जबकि सुनवाई के लिए 50 लाख प्रकरण वहाँ लम्बित पड़े हुए थे। ऐसी स्थिति में तेजी से निरोधक और समुचित दंड दिए जाने की आशा असम्भव ही है। इस दशा में त्वरित–न्याय के सिद्धान्त की उस देश से तुलना करना हमारी आँखें खोल देना है जहाँ से हमने इसे ग्रहण किया है। यूनाइटेड किंगडम के जुलाई 2011 में हुए दंगों के बाद 1500 दंगाइयों की पहचान की गई और कुछ ही दिनों में मुकदमा चलाकर उन्हें

जेल भेज दिया गया। इसके लिए कभी-कभी न्यायाधीशों को रात में भी सुनवाई करनी पड़ी।

कालाधन अदृश्य हो गया है लेकिन अर्थव्यवस्था के साँचे में इसे बहुत स्पष्ट रूप से देखा जा सकता है। विशाल धनराशियों का भुगतान हवाला के द्वारा होता है या फिर इन्हें स्विस बैंकों में जमा किया जाता है और सरकार इस सम्बन्ध में कोई भी कार्रवाई नहीं कर पाती।

भ्रष्टाचार अब बर्दाश्त से बाहर है। ट्रांसपैरेंसी इन्टरनेशनल के अनुसार भ्रष्टाचार सकल घरेलू उत्पाद का सोलह प्रतिशत हजम कर जाता है। एक प्रतिष्ठित अर्थशास्त्री का अनुमान है कि आठवें दशक से अब तक भारत की विकास दर 5 प्रतिशत अधिक होती यदि कालेधन का ग्रहण नहीं लगा होता। अर्थात् भारत की अर्थव्यवस्था आठ खरब डॉलर विश्व में दूसरी सबसे बड़ी अर्थव्यवस्था होती। प्रतिव्यक्ति आय सात गुनी होती। भारत में मध्यवर्ग की अर्थव्यवस्था होती और देश में गरीबी नहीं होती। यह बहुत बड़ी कीमत है जो हमने चुकाई है।[3]

वर्षों से वे कानून ठंडे बस्ते में पड़े हुए हैं जिनकी हमें बेहद जरूरत है। विशेष रूप से प्रवर्तन, तकनीकी हस्तक्षेप, पारदर्शी नियामक तंत्र और चुनाव सुधारों के क्षेत्र में वर्षों से काम ठहरा हुआ है। चुनावों में कदाचार विशेषतः देश में भ्रष्टाचार का एक बड़ा कारण है। कई दशकों से इस क्षेत्र में सुधारों-चुनाव खर्च का परीक्षण और राजनीतिक चन्दे की अनिवार्य स्वैच्छिक घोषणा जैसे उपायों पर ध्यान नहीं दिया जा रहा। सबसे बड़ी बात यह है कि भ्रष्टाचार ने हमारे आत्मगौरव, नैतिकता की धारणा, संस्थाओं के सम्मान, अन्तर्राष्ट्रीय छवि और आदर्शवाद में विश्वास को गहरी क्षति पहुँचाई है। इस हानि को आर्थिक नुकसान से नहीं आँका जा सकता।

4. प्रतिरक्षा

भारत एक दुर्बल राष्ट्र बन गया है और उसे इसी दृष्टि से देखा जाता है। आतंकवाद के प्रति न्यूनतम प्रतिरोध हमारी नीति बन गई है, और ऐसे भी कोई संकेत नहीं हैं कि निकट भविष्य में इसमें कोई बदलाव होने जा रहा है।

विवादरहित तथ्य यह है कि भारत संसार में सबसे खतरनाक पड़ोसियों के साथ रह रहा है। इस तथ्य की समझ भयावह रूप से अनुपस्थित है, और हमारी प्रतिरक्षा का नियोजन और तैयारी मानकों से बहुत अधिक पिछड़ी हुई है। हमारी सीमा पर दो अत्यन्त आक्रामक देशों, चीन और पाकिस्तान, के होते हुए भी

हमारी विदेशनीतिक सुरक्षा और प्रतिरक्षा संस्थान इस यथार्थ का सामना करने के लिए तैयार नहीं हैं। उदाहरण के लिए चीन एक महीने में पन्द्रह हजार सैनिकों वाली तीस डिवीजनें वास्तविक नियंत्रण रेखा (एलएसी) के इस पार ले आया क्योंकि उसने तिब्बत में सैन्य अधिरचना बना ली थी, भारतीय सैनिकों से इनकी संख्या तीन गुनी थी।

इसके अतिरिक्त हमारी विदेश नीति बिना किसी समग्रता, दीर्घकालिकता तथा अंशशोधन और निर्भावुकता के अक्षम्य रूप से प्रतिक्रियात्मक है। पाकिस्तान जैसे किसी देश के साथ किस तरह का बरताव किया जाए, इस सम्बन्ध में हम हमेशा असंमजस में रहते हैं। चीन जानबूझकर योजनाबद्ध रूप से सीमा में घुसपैठ, समुद्रों में छेड़छाड़, या अरुणाचल वासियों के लिए स्टेपल वीसा जैसी उत्तेजनात्मक हरकतें करता है, तब हमारी प्रतिक्रिया तात्कालिक, रक्षात्मक और विनम्र होती है। विदेशी मामलों के मंत्रालय (एमईए) में नीति निर्माता विभाग औसत दर्जे की समझ का पोखर जैसा हो गया है। इससे भी ज्यादा नुकसानदायक बात यह है कि विदेश विभाग की संस्थागत सक्रियता क्रमशः कम होती जा रही है। विदेश विभाग में एक के बाद एक अकुशल मंत्रियों की नियुक्ति होती है। इसके परिणामस्वरूप श्रेष्ठ अधिकारियों के होने के बावजूद सरकार को विदेश नीति के सम्बन्ध में ठोस और विचारपूर्ण सलाह देने की इसकी क्षमता का ह्रास हुआ है और यह प्रधानमंत्री कार्यालय द्वारा बनाई गई लकीर ही पीटता रहता है और विदेश सचिव प्रायः विदेश मंत्रालय की स्वतंत्र नीति निर्धारण क्षमता को दर्शाने और जनाने की कोशिश नहीं करता।

बाहर से प्रेरित आतंकवाद की वास्तविकता के प्रति हमारा रवैया ढुलमुल है। जब 26 नवम्बर, 2008 के मुम्बई हमले जैसी कोई घटना होती है तब घोषणाओं और बयानों की बाढ़ आ जाती है, किन्तु जल्दी ही यह शान्त होने लगती है। 1998 में कारगिल पर हुए हमले को भुलाया नहीं जा सकता, जिसमें हमारे सैकड़ों युवा अधिकारी और जवान खेत रहे थे। मृत्यु के इस तांडव से बचा जा सकता था। इसके बाद डॉ. के. सुब्रह्मण्यम के नेतृत्व में एक समिति गठित की गई। इस समिति की अधिकांश सिफारिशें आज तक धूल फाँक रही हैं।

हमारा गुप्तचर तंत्र निर्जीव है, विभिन्न एजेंसियों के बीच का तालमेल ठीक नहीं है और राज्य तक केन्द्रीय पुलिस के बीच का सम्पर्क सामंजस्यपूर्ण नहीं है। आतंकी वारदात का प्रत्युत्तर देने में अस्वीकार्य रूप से देर लगती है। कार्रवाई करने के लिए सूचनाओं का व्यवस्थित विश्लेषण नहीं हो पाता।

यह स्थिति इसलिए और भी जटिल होती जा रही है क्योंकि विदेशों से

प्रेरित आतंकवाद के अतिरिक्त हमारे यहाँ स्थानीय आतंकवाद भी पनपा है। इसके लिए सूचनाएँ एकत्र करने की अतिकुशल व्यवस्था की आवश्यकता है। लेकिन ऐसा कोई प्रमाण नहीं है कि वह हमारे पास है।

विशेष रूप से इसलिए क्योंकि राज्यों की पुलिस निकम्मी है और उसमें अपराधी घुसे हुए हैं, जिनमें से कई ऐसे हैं जो देशी आतंकवाद के लिए धन का स्रोत हैं और इस घरेलू आतंकवाद को प्रेरित करते हैं। वर्तमान में देश के दो सौ जिलों पर नक्सलवाद का प्रभाव है। जिस राज्य पुलिस तंत्र से इस समस्या से निबटने की उम्मीद की जाती है वह अयोग्य है और केन्द्र से मिलनेवाला अपर्याप्त सहयोग परिस्थिति को और भी गम्भीर बनाता है।

यह सत्य किसी से छुपा नहीं है कि आतंकवाद के विरुद्ध तेजी से, प्रभावी और निर्णायक ढंग से कार्रवाई होना आवश्यक है। आतंकवाद विरोधी एजेंसियों के पास समुचित उपकरण नहीं हैं (मुम्बई पुलिस के बहादुर अधिकारी काम्बले की 26/11 के हमले में मृत्यु इसलिए हुई क्योंकि उनके पास बुलेट प्रूफ जैकेट नहीं थी), फिर भी उपकरणों की उपलब्धता लालफीताशाही की निष्क्रियता में उलझी हुई है, प्रशिक्षित व्यक्तियों की कमी से महँगे उपकरणों का प्रयोग नहीं हो पाता। 7 सितम्बर, 2011 को दिल्ली हाई कोर्ट में हुए बम धमाके से यह भयावह तथ्य सामने आया कि इस संवेदनशील जगह पर सीसीटीवी कैमरे नहीं लगाए गए थे यथापि वहाँ चार महीने पहले ही एक बम विस्फोट हो चुका था। जुलाई 2011 में मुम्बई धमाकों के बाद तटवर्ती सुरक्षा के लिए तैनात हाई तकनीक की जंग लगी मोटर वोटों की तस्वीरें जब सामने आईं तो देश उन्हें देखकर सहम गया था। देश के पुलिस बल में छह लाख रिक्तियाँ नियुक्ति की प्रतीक्षा कर रही हैं। (भारत विश्व में जनसंख्या-पुलिस के न्यूनतम अनुपात वाला देश है), यथापि 2010 में 90,000 पद और 2011-12 में 10,000 पद ही भरे गए।

यद्यपि 26/11 ने नाटकीय रूप से यह उजागर कर दिया था कि हमारी तटरेखा कितनी असुरक्षित है, और इसे सुदृढ़ करने का हमारा संकल्प पूरा होते दिखाई नहीं देता। जुलाई 2011 की एक घटना इसे प्रदर्शित करने के लिए काफी है, जब पनामा के झंडे लगा एक 990 टन का टैंकर, एमटी पवित तटरक्षकों और नौसेना सुरक्षा की पंक्तियों को पार करके हमारे क्षेत्र में घुस आया था और उसकी पहचान नहीं हुई। उसकी सूचना पर मुम्बई पुलिस चौदह घंटे निष्क्रिय रही और घटनास्थल पर पहुँचने में उसे बारह घंटे लगे।

हमारे रक्षा प्रतिष्ठान को पर्याप्त आर्थिक-स्रोत और रणनीतिक नियोजन के लिए आवश्यक सुविधाएँ सेना प्रमुखों के लिए सुलभ नहीं हैं। प्रतिरक्षा की

अधोरचना (सीमावर्ती सड़कों सहित) आवश्यकतानुसार नहीं है क्योंकि केन्द्र और राज्य सरकारें निरर्थक विवादों में उलझी रहती हैं। कुछ ही लोग यह जानते हैं कि रक्षा-अनुसन्धान और शस्त्र उत्पादन के प्रतिष्ठान कितने स्तरहीन साबित हुए हैं। राष्ट्रीय महत्त्व की अनेक योजनाएँ इतनी विलम्बित हो जाती हैं कि उनसे होनेवाले नुकसान की भरपाई नहीं हो पाती और उनकी लागत में हुई भारी वृद्धि को स्वीकार नहीं किया जा सकता। रक्षा अनुसन्धान और विकास संगठन (डीआरडीओ) इस कदर स्तरहीन है कि इसके नेतृत्व और प्रबन्धन के विरुद्ध आपराधिक आरोपों की यदि वस्तुपरक जाँच की जाए तो किसी को भी आश्चर्य नहीं होगा।

और अन्त में न्यायपालिका और मानवाधिकार संगठनों के सदाशयी किन्तु अनुचित हस्तक्षेप से पहले से ही प्रभावहीन सुरक्षा प्रतिक्रिया की राह की बाधाएँ बढ़ती जा रही हैं, अति वामपंथ से संघर्ष इसका एक उदाहरण है। असंवैधानिक, हिंसक विद्रोह के मुकाबले के साथ विकास और मानवाधिकारों के उल्लंघन का अनावश्यक वन्ध्या ध्रुवीकरण जोड़ दिया गया है।

यह भी एक कारण है कि हम आतंकवाद से निबटने के कड़े कानून नहीं बना पा रहे हैं। उसकी बजाय हम वर्तमान कानूनों को नरम करते जा रहे हैं। संयुक्त राज्य ने 9/11 के बाद होमलैंड सिक्यूरिटी बिल पारित किया और इसे कठोरता से लागू भी किया। इसलिए तब से उस देश पर कोई आतंकी हमला नहीं हो पाया है। हमारे पास इसका कोई समतुल्य कानून नहीं है। यह अधिक क्षोभ का विषय है क्योंकि वैश्विक आतंकवाद का केन्द्र हमारे बहुत निकट है, और यदि कोई खतरे हैं तो हमारे लिए ज्यादा हैं। बदकिस्मती यह है कि केन्द्र द्वारा नेशनल काउंटर टेररिज्म सेंटर (एनसीटीसी) स्थापित करने के प्रयास को ही पटरी से उतार दिया गया। केवल इसलिए ही नहीं कि सरकार ने इस प्रस्ताव को अनुचित ढंग से प्रस्तुत किया था बल्कि इसलिए भी कि राजनीतिक आधारों के कारण भ्रमित होकर कुछ राज्यों ने 'संघवाद' के प्रश्न उठा दिए थे।

5. समावेशी समाज का निर्माण

यदि महात्मा गांधी ने निर्धनतम और वंचितों के कल्याण और विकास को स्वाधीनता आन्दोलन का एक अनिवार्य घटक बना दिया था तो ऐसा क्यों हुआ है कि इतने वर्षों बाद भी हम विश्व के सामाजिक संवेदना से रहित समाजों की दृष्टि से सबसे आगे हैं।

यह हम स्वयं अनुभव नहीं करते, किन्तु कोई भी विदेशी पर्यवेक्षक यह

देखकर हतप्रभ रह जाता है कि भारत की विशिष्ट जनसंख्या निर्धनता, विपन्नता और अभावों के प्रति पूरी तरह उदासीन है जो उसके आसपास फैली हुई है। हमारे महानगरों में विश्व की कुछ सबसे बड़ी झोंपड़पट्टियाँ हैं। मोटे तौर पर तीन करोड़ लोग अति निर्धनता में जीवन यापन कर रहे हैं। आर्थिक नियोजनकर्ता उन्हें केवल विस्मरणीय अथवा ऊपर आते हुए वर्ग के रूप में देखते हैं।

मेरी आलोचना का सम्बन्ध यहाँ गरीबों के प्रति उपेक्षापूर्ण रवैए से है। लोग पाँचतारा होटलों में प्रवेश करते हैं और पास ही बसी गन्दी बस्तियों पर उनकी निगाह नहीं जाती। शॉपिंग मॉल मध्य वर्ग के प्रतिनिधियों से भरे रहते हैं लेकिन उनमें से ऐसे कितने होते हैं जिन्हें फुटपाथ पर रहनेवाले लोग दिखाई देते हैं, जिनके पास घर नहीं हैं।

दुनिया को हमने सबसे बड़ी संख्या में इंजीनियर तो दिए हैं लेकिन हमारे यहाँ उससे बड़ी संख्या में निरक्षर भी रहते हैं। एशोआराम वाले अस्पताल फैलते जा रहे हैं क्योंकि ऐसे लोग भी बढ़ रहे हैं जो उनमें इलाज करवा सकते हैं, लेकिन किसी को यह चिन्ता नहीं होती कि लाखों लोग ऐसे भी हैं जिनकी पहुँच प्राथमिक स्वास्थ्य केन्द्र तक भी नहीं है। और हमारे आधे बच्चे कुपोषण से पीड़ित हैं अथवा मलेरिया और संग्रहणी जैसी बीमारियों से मर रहे हैं। सभ्य समाज होने के हमारे दावे को सामाजिक संवेदनहीनता सिरे से नकार देती है। हमारी इस स्थिति को बदलने के लिए एक क्रान्ति की आवश्यकता है जिसके संकेत कहीं दिखाई नहीं दे रहे।

समावेशी समाज सभी सरकारों का लक्ष्य होता है, किन्तु सामुदायिक कल्याण की अवधारणा अधिकांश भारतीयों की मनोदशा में प्रकट रूप से है ही नहीं। इसमें बदलाव होना चाहिए, यदि वह नहीं होता तो कितने भी सदाशयी भाषण या नीतिगत पहल से परिस्थितियों में परिवर्तन सम्भव नहीं है।

सरकार की वर्तमान नीतियाँ पुरानी पड़ चुकी अवधारणाओं से संचालित हैं, जिनमें राज्य द्वारा लोक-लुभावन अल्पकालीन हस्तक्षेप इस तरह किया जाता है कि प्रत्येक रुपए का एक हिस्सा इस तरह खर्च होता है कि कुछ लोग लाभान्वित हो सकें। इन योजनाओं की बुराई यह है कि इनके क्रियान्वयन में ऊपर से नीचे तक भ्रष्टाचार के एक तंत्र के पनपने की गुंजाइश बनी रहती है।

मुझे धन के अर्जन से कोई शिकायत नहीं है बशर्ते यह वैध उपायों द्वारा हो सके। हमारा देश उद्यमियों का देश है और हमारी पुनरुत्थान-क्षमता, नम्यता तथा कठिनाइयों-विरोधों पर विजय पाने की शक्ति धनोपार्जन के लिए एक बड़ा सहायक गुण है। किन्तु एक साथ दो भारत नहीं हो सकते-एक भयावह रूप से गरीब और दूसरा अनावश्यक रूप से अमीर। हमारे लिए ऐसे व्यक्ति भी क्षम्य

नहीं हैं जो देश की कीमत पर खुद को धनाढ्य बना रहे हैं, इसलिए प्रत्येक स्तर पर भ्रष्टाचार से लड़ने की जरूरत है, भ्रष्ट लोग उद्यमी नहीं हैं, वे अपराधी हैं और देश का खून चूस रहे हैं।

काल्पनिक उपन्यासों को छोड़कर हम कहीं एक स्थिर और सुखी समाज तब तक नहीं बना सकते जब तक उसके लिए ऐसी नींव न डाल दी जाए जो नैतिक रूप से निर्दोष हो और उन मूल्यों पर आधारित हो जिनमें गरीब और जरूरतमन्द भी शामिल हों। भारत जिस संकट से गुजर रहा है उसे उत्पन्न करने में इन पाँच क्षेत्रों की समवेत भूमिका रही है। क्या 'संकट' बहुत अधिक नाटकीय शब्द है? कुल मिलाकर किसी भी समय की सरकार यह तर्क दे सकती है कि वह इन मुद्दों पर गम्भीरता से ध्यान दे रही है और जल्दी ही इनका समुचित समाधान निकाल लेगी। तथापि समय एकक ही मूल रूप से वह कारण है जिसने संकट को जन्म दिया है। यहाँ प्रतिपादित समस्या को फैलने में बहुत अधिक समय लग चुका। अब इसे हल करने का समय है, अन्यथा बहुत देर हो जाएगी।

यह भी सुस्पष्ट है कि संकट बहुत बड़ा है और वर्तमान संस्थान इसे सुलझाने की दृष्टि से उतने सक्षम नहीं हैं। यदि उन्हें पूरी तरह सुधारने के लिए गम्भीर प्रयत्न न किए जाएँ। हमारा यह संकट न तो मौसमी है और न ही यह इस या उस व्यक्ति के कार्यों का परिणाम कहा जा सकता है। संकट रीतिबद्ध है और इसे क्रमबद्ध तरीके से ही सुलझाया जा सकता है।

दुर्भाग्य से, यह तथ्य हमारे नेताओं की समझ में पूरी तरह नहीं आ रहा है। वे मानते हैं कि यहाँ-वहाँ थोड़ी सी छेड़छाड़ करके वे इस समस्या को हल कर लेंगे। किन्तु अब केवल संकट के विस्तार और इसके द्वारा वांछनीय बदलावों को देखते हुए हमें जल्दी ही नई सोच का सहारा लेना होगा।

भारत में बीस वर्ष से कम युवाओं की सर्वाधिक संख्या है–आधा करोड़ से भी ज्यादा। इसके साथ ही हमारी 90 प्रतिशत कार्यशक्ति असंगठित क्षेत्र में लगी हुई है। इससे यह तथ्य रेखांकित होता है कि सर्वोच्च आर्थिक विकास को प्राप्त करने के लिए हमें रोजगारों और कुशल कार्यशक्ति का निर्माण करना होगा। यदि विकास दर में 6 प्रतिशत से नीचे कमी आती है–2012 की अप्रैल-जून तिमाही में यह 5.5 प्रतिशत थी–तो हम जिस जनसांख्यिक लाभ का दावा करते हैं वह एक दुःस्वप्न में बदल जाएगा। हम देखेंगे कि लाखों की संख्या में शिक्षित बेरोजगार सड़कों पर उपद्रव और प्रदर्शन कर रहे हैं, यह संघटना आज नियमित रूप से घटित होने लगी है। 5 प्रतिशत के लगभग विकास दर और 7 प्रतिशत के बीच का अन्तर लगभग 30 लाख नौकरियों के बराबर है।[4] अतएव युवजनों के

लिए बहुत वास्तविक है, एक ऐसे दौर में जब यह अपरिहार्य है कि व्यवस्था में उनका विश्वास बना रहे, इसके अतिरिक्त हम एक प्रतिस्पर्द्धात्मक दुनिया में रह रहे हैं।

मध्य वर्ग द्वारा खोजा गया 'जनशक्ति' शब्द भी एक वास्तविकता बन गया है। परम्परागत रूप से मध्य वर्ग की परिभाषा अमीर और गरीब वर्गों के बीच के जनसमूह के रूप में हुआ करती थी। किन्तु इसे हम यदि कठोर आर्थिक मानकों से परिभाषित करना चाहें तो इसमें वे लोग आते हैं जिनकी मासिक आय 20 हजार और एक लाख के बीच में है। मध्यवर्ग अब बहुत महत्त्वपूर्ण दिखाई देने लगा है। आँकड़े बताते हैं कि 1996 में मध्य वर्ग लगभग ढाई करोड़ था, अब यह 16 करोड़ से अधिक है और अनुमान है कि 2015 में यह 26.7 करोड़ तक पहुँच जाएगा। नया मध्यवर्ग नाराज है, इसलिए नहीं कि आर्थिक प्रगति का इसे फायदा नहीं हो पाया। बल्कि सच तो यह है कि विगत दो दशकों में बढ़ती हुई आमदनी और उत्पादकता का सबसे बड़ा लाभ मध्यवर्ग को ही हुआ है। विडम्बना यह है कि जेबों में काफी धन होते हुए भी यह और की माँग कर रहा है।

वह बदल क्यों गए हैं? पूर्व में मध्यवर्ग अपने आपमें सिमटा हुआ था और उसे सिर्फ अपने आपकी चिन्ता थी। यही चीज है जिसकी मैंने अपनी पुस्तक 'दि ग्रेट इंडियन मिडिल क्लास' में आलोचना की है। आज स्वतंत्रता संग्राम के बाद पहली बार मध्यवर्ग अपने आपको ऐसे विषयों में उलझाता हुआ दिख रहा है जिनका सम्बन्ध पूरे भारत से है। इन तथ्यों पर विचार करें। 19 अगस्त, 2011 को जब गांधीवादी नेता अन्ना हजारे तिहाड़ जेल से छूटकर नई दिल्ली के रामलीला मैदान पहुँचे तब 80 हजार आन्दोलनकारी सड़कों पर थे और उनमें बड़ी संख्या मध्यवर्गीय लोगों की थी। जिस आन्दोलन को उन्होंने शुरू किया था वह देश के 200 से ज्यादा शहरों में फैल गया। फेसबुक पर उनके अभियान में लगभग 4 लाख व्यक्ति उनका समर्थन कर रहे थे। समर्थन देते हुए मुम्बई में निर्धारित नम्बरों पर डेढ़ करोड़ फोन सुनाई दिए। सम्पन्न दक्षिण दिल्ली की लगभग 20 रेजीडेंशियल एसोसिएशनों ने उनकी आवाज में मोमबत्तियाँ जलाकर अपनी आवाज मिलाई। मुम्बई और अन्यत्र हुए उनके बाद के प्रदर्शनों में यद्यपि भीड़ कम हो गई थी और भले ही आन्दोलन में फूट पड़ गई थी, लेकिन यह सोचना ठीक नहीं होगा कि मध्यवर्ग की मानसिकता का जो तार उन्होंने छेड़ दिया था, उसकी झनकार ही खत्म हो गई। जनता का गुस्सा अधिक सहभागिता वाले लोकतंत्र के लिए एक सकारात्मक लक्षण है। किन्तु यदि इसकी अभिव्यक्ति से वांछित परिणाम नहीं निकलते तो अराजकता का वास्तविक

खतरा है। यह उन संस्थानों तक भी पहुँच सकती है जो सचमुच अच्छा काम कर रहे हैं। यदि आज मध्यवर्ग सड़कों पर बाहर निकलकर आ रहा है और परिस्थिति में बदलाव नहीं होता तो कौन यह कह सकता है कि गरीब और वंचित अधिक घातक तरीके से प्रदर्शन नहीं करेंगे और उन उपायों से आगे बढ़ जाएँगे जो अभी उपलब्ध हैं। नक्सल आन्दोलन राज्य को ही उखाड़ फेंकना चाहता है, किन्तु जनाक्रोश को व्यक्त करने के लिए अन्य तरीके भी हैं जो इतने ही राज्य-विरोधी हैं।

इसलिए हमारे नेताओं को, संस्थानों के संचालकों को और इसमें से प्रत्येक को एक नया संकल्प करना चाहिए। यह संकल्प एक नूतन विचारदृष्टि पर आधारित होना चाहिए, ऐसी दृष्टि जिससे हम वर्तमान स्थिति को वैसा ही देख सकें जैसी वह है।

एक युवा राष्ट्र और लोकतंत्र के रूप में पहले दशक की हमारी यात्रा में 1947 की क्रान्ति हमारी बड़े काम की थी। अब दूसरी क्रान्ति की घड़ी आ गई है जिसकी परम्परा तो पहली क्रान्ति पर ही आधारित होगी लेकिन यह जहाँ आवश्यक है मूलभूत परिवर्तन भी करेगी। ऐसा करने के लिए हमें वस्तुपरकता के साथ इस सबका आकलन करना चाहिए जो अब तक हमारी उपलब्धियाँ हैं। ताकि इसके आधार पर भावी का निर्माण किया जा सके। आगामी अध्याय में हम इसी की चर्चा करेंगे।

अध्याय-2

1947 और उसके बाद

जिन राष्ट्रों को अपने भविष्य को सुधारना होता है वे अपने विगत पर वस्तुगत प्रश्न उठाए बिना नहीं रह सकते। यह बहुत महत्त्वपूर्ण है क्योंकि इतिहास अतीत, वर्तमान और भविष्य के निर्धारित अलग-अलग खंडों में व्यक्त नहीं होता। यद्यपि प्रत्येक ऐतिहासिक खंड की चुनौतियाँ और प्राथमिकताएँ भिन्न होती हैं, लेकिन उनके बीच की एक ही श्रृंखला उन्हें जोड़ती है।

भारत और भारतवासियों के लिए 15 अगस्त, 1947 सदा ही नींव का पत्थर बना रहेगा। यह एक अनन्य स्वाधीनता आन्दोलन का चरमबिन्दु था और राष्ट्र निर्माण के नए अभियान का श्रीगणेश भी। हम अपने देश के संस्थापकों, विशेष रूप से महात्मा गांधी, जो हमारे राष्ट्रीय आन्दोलन के जनक थे, के कृतज्ञ रहेंगे। उपेक्षा और क्षोभ की हमारी वर्तमान मनोदशा इतिहास के उस दौर की उपलब्धियों को बिना सोचे-समझे कभी नकार नहीं सकती। परिवर्तन की आकांक्षा, जो निर्विवाद रूप से बहुत आवश्यक है, अपने अतीत की हर बात को भूल जाने का कारण नहीं बन सकती। इसका उलट भी उतना ही सही है। प्राय: राष्ट्र अपने अतीत का अलौकिकीकरण कर डालते हैं और इस तरह उसे रहस्यमय बना देते हैं। नवोदित राष्ट्र-जिन्होंने बहुत कुछ खोकर लम्बे समय तक संघर्ष करके अपनी स्वतंत्रता को प्राप्त किया है-अन्य की अपेक्षा यह अधिक करते हैं। उन्नीसवीं सदी ऐसे उदाहरणों से भरी पड़ी है जहाँ नए स्वाधीन हुए देशों ने राज्य की सहायता से अपने पहले नेताओं के व्यक्तित्व और कार्यों का व्यक्ति केन्द्रित सम्प्रदाय ही खड़ा कर दिया। मिस्र के नासिर, केन्या के केन्याटा, इंडोनेशिया के सुकर्ण, घाना के एनक्रूमा (तत्कालीन), यूगोस्लाविया के टीटो इसके कुछेक उदाहरण हैं। उनके नाटकीय व्यक्तित्त्व के साँचे में इतिहास को जानबूझकर ढाला गया और उस विरासत पर प्रश्न उठाना धर्मद्रोह समझा जाता था।

आज इस चरमता से बचने की जरूरत है। हमें जो कुछ मिला है उसमें प्रशंसनीय और त्यागने योग्य के बीच से उचित सन्तुलन पत्रिका बनानी होगी, और बिना किसी भावुकता के यह समझना होगा कि परिवर्तन लाने के लिए हमें अलग से क्या करने की आवश्यकता है।

1947 के उत्तराधिकार के मूल तत्त्व क्या थे और बाद के दशकों ने उनका अनुसरण किस तरह किया? प्रथमतः हमें इससे एक लोकतांत्रिक व्यवस्था मिली, और इसके तार्किक अनुषंगों के अनुरूप संस्थाओं की स्थापना हुई। हमारे संस्थापकों ने राज्य-व्यवस्था के रूप में संसदीय लोकतंत्र का चुनाव किया था, जिसे यूनाइटेड किंगडम की प्रचलित व्यवस्था के आदर्श पर पूरी तरह से तो नहीं, लेकिन उदारतापूर्वक ग्रहण किया गया था। यह असामान्य भी नहीं था क्योंकि स्वतंत्र होनेवाले उपनिवेश अपने भूतपूर्व शासकों द्वारा व्यवहृत राजनीतिक व्यवस्था को अपना लेते हैं और ब्रिटेन के शासित देशों ने संसदीय लोकतांत्रिक व्यवस्था को चुना है, जबकि फ्रांस द्वारा शासित देशों में राष्ट्रपति प्रणाली है।

किन्तु भारत के मामले में सिर्फ भूतपूर्व शासकों की राज्य-व्यवस्था के प्रति नैसर्गिक लगाव भर नहीं था, इसके साथ हमारे अनुभवी नेताओं की दृढ़ वैचारिक प्रतिबद्धता भी थी, जो यह मानते थे कि नए भारतीय गणराज्य के लिए आधारभूत राजनीतिक संरचना लोकतांत्रिक ही होनी चाहिए। शताब्दियों की पराधीनता के बाद वे चाहते थे कि भारत के जन-जन को संविधान द्वारा निर्धारित कुछ मूलभूत अधिकार और इसके साथ आम मतदान द्वारा अपने प्रतिनिधियों को चुनने का अधिकार मिलें। 26 जनवरी, 1950 को जब हमारा नया संविधान प्रभावी हुआ, इस लक्ष्य को प्राप्त कर लिया गया और 1951 में पहला आम चुनाव हुआ।

केवल संविधान को स्वीकार कर लेने और लोकतंत्र को सक्रिय तंत्र बना लेने भर से यह निश्चित नहीं हो जाता कि लोकतंत्र क्रियाशील हो जाएगा। जैसे कि हम जानते हैं कि यह कई ऐसे देशों में सफल नहीं हुआ जिन्होंने स्वाधीनता पा लेने के बाद लोकतांत्रिक व्यवस्था का अपना संकल्प घोषित किया था। पाकिस्तान और बांग्लादेश इसके उदाहरण हैं। म्याँमार और अफ्रीका, एशिया तथा लैटिन अमेरिका के ऐसे कई देश हैं जिन्होंने अपनी शुरुआत लोकतंत्र से की थी, किन्तु बाद में वह निरंकुश शासकों के नियंत्रण में चले गए। यह तथ्य कि भारत में लोकतंत्र का प्रयोग सफल रहा है, हमारे गणतंत्र की मौलिक उपलब्धियों में से एक बना रहेगा। निश्चित रूप से हमारी समग्र स्वाधीनता आन्दोलन की वैचारिक विरासत और पंडित जवाहरलाल नेहरू की निजी प्रतिबद्धता, जो सौभाग्य से 1947 के बाद सत्रह वर्षों तक देश के प्रधानमंत्री रहे,

का इसमें महत्त्वपूर्ण योगदान रहा है।

कुछ अन्य तथ्यों की भी इसमें भूमिका रही है। कई हजार सालों से भारतीय समाज कठोर जड़ताओं में जकड़ा रहा है। इस परम्परागत मानसिक जकड़बन्दी के लिए यह आसान नहीं था कि एक नए समानतावाद की जगह खाली कर सके। स्वाधीनता के प्रारम्भिक वर्षों में लोकतंत्र ने शक्तिसम्पन्न वर्गों को आकर्षित किया। अलग-थलग विशिष्टजन, उन मूल्यों के प्रति नहीं जो उसमें निहित थे, बल्कि उन सम्भावनाओं के प्रति प्रतिबद्ध था जो विगत के एकत्रीकरण के लिए इससे बनी थीं।

इस दोष के बावजूद लोकतंत्र जीवित रहा और कुछ ऐसे परिणाम सामने आए हैं जिनकी कल्पना उस समय नहीं की गई थी जब 1951 में पहली मतदान-पेटी रखी गई थी। इनमें से सर्वोपरि था जनसंख्या के निर्बल और निर्धनतम वर्गों का क्रमिक किन्तु सुनिश्चित राजनीतिक सशक्तीकरण। जब महान लोकतांत्रिक प्रयोग शुरू हुआ तब तमाम निर्धन लोगों को निष्क्रिय वोट-बैंक समझा जाता था जिनका दोहन ऊँची जातियाँ करती थीं और वे पहले से ही विवश थे। लेकिन कई दर्जन चुनावों के बाद इन कमजोर वर्गों को अनुभव हुआ कि मतपेटी से उनकी दिशा में भी शक्ति निकलकर आ सकती है, और उन्हें स्वहित के लिए कार्य करने की प्रेरणा मिली। भारत जैसे हवाबन्द समाज के लिए शक्ति का यह स्थानान्तरण किसी क्रान्ति से कम नहीं था। इसका एक ठोस प्रमाण यह है कि देश के सबसे अधिक जनसंख्या वाले राज्य उत्तर प्रदेश में हाल ही में ऐसी मुख्यमंत्री हुई हैं जो दलित हैं और उनका खुला दावा है कि वे अब तक दमित रहे समुदायों का प्रतिनिधित्व करती हैं।

आज इसमें किसी को सन्देह नहीं है कि 1975 में इंदिरा गांधी द्वारा लागू किए गए आपातकाल, जो सौभाग्य से अल्पकालीन ही रहा, को छोड़कर, भारत विश्व का भारत सबसे बड़ा सक्रिय लोकतंत्र है। लोकतंत्र ने भारतवासियों को एक संस्थागत संरचना उपलब्ध करवाई है जिससे वह अपने राजनीतिक चयन को क्रियान्वित कर सकते हैं और अपनी असहमति को व्यक्त कर सकते हैं। एक ऐसे विषम कालखंड में, जहाँ सत्ता और धन के बँटवारे में अत्यधिक असमानताएँ हैं, यह संरचना एक अपरिहार्य सुरक्षा कवच की तरह है। हमारे निर्वाचनों में लाखों लोग मतदान करते हैं, और चुनाव की प्रक्रिया एक सशक्त चुनाव आयोग (ईसी) की देखभाल में पूरी की जाती है। लोकतंत्र के उपहारों के रूप में हमारे पास एक स्वतंत्र न्यायपालिका, वाचाल मीडिया और दुरुस्त लोकसेवा भी है। राजनीतिक कार्यपालिका संसद के प्रति जवाबदेह है, और संसद जनता की इच्छा का प्रतिनिधित्व करनेवाली सर्वोच्च विधायी-संस्था है। सर्वाधिक महत्त्वपूर्ण यह

है कि अन्य सभी आवश्यक संस्थाएँ यथावत् अपनी-अपनी जगह पर हैं। हमारे यहाँ लेखा परीक्षण के लिए एक संवैधानिक स्वतंत्र अधिकारी है और अपराधों की जाँच के लिए अपराध अन्वेषण संस्था-सीबीआई-जो सिद्धान्ततः कार्यपालिका के नियंत्रण से बाहर है। केन्द्र और राज्य के सम्बन्ध संविधान में स्पष्ट रूप से परिभाषित हैं और प्रत्येक का अपना सुनिर्धारित अधिकार क्षेत्र है। सशस्त्र सेनाएँ पूरी तरह निर्वाचित अधिकृत संस्थाओं के अन्तर्गत कार्य करती हैं और हमारे लोकतंत्र की व्यापक संरचना में समस्त अधीनस्थ अर्द्ध न्यायिक संस्थानों की भूमिका स्पष्ट रूप से परिभाषित है।

1947 का एक अन्य परिणाम यह था कि योजनाबद्ध आर्थिक विकास पर ध्यान दिया गया, यह उस विचारधारा के अन्तर्गत ही था जो उस समय काम कर रही थी। अपने वैभव के युग में भारत समृद्ध देशों में से एक था। ब्रिटेन ने इसका निर्दयतापूर्ण शोषण किया और जब स्वतंत्रता के समय साम्राज्यवादी इसे छोड़कर गए तो यह एक सर्वाधिक निर्धन राष्ट्र बन चुका था। स्वाधीनता आन्दोलन के नेता इस यथार्थ से सुपरिचित थे कि आर्थिक विकास, विशेष रूप से जनता के निर्धनतम वर्गों के आर्थिक विकास, के बिना हमारी आजादी अधूरी है। इस वैचारिक पृष्ठभूमि में नेहरू को प्रारम्भ में ही पंचवर्षीय योजनाएँ निर्धारित करने की प्रेरणा मिली। वे और सरकार में उनके सहयोगी आर्थिक तंत्र को गतिशीलता प्रदान करने के प्रति बहुत आतुर थे और यह भी जानते थे कि नवोदित गणतंत्र के लिए यही सबसे बड़ी चुनौती है। उनका विश्वास था कि अब जब भारत ने स्वतंत्रता प्राप्त कर ली है तो वह उस प्रमुखता को फिर से प्राप्त कर लेगा जो औपनिवेशिक काल से पहले उसके पास थी और यह विश्व की महान अर्थ-शक्ति बन सकेगा।

यह सोच छोटी नहीं बल्कि बड़ी थी। नेहरू भारत के मानचित्र पर इस्पात आभियांत्रिकी के विशाल कारखानों की कल्पना करते थे, और उन्हें भारत के नए मन्दिरों की संज्ञा देते थे। जब विराट भाखड़ा नांगल बाँध की नींव रखी गई तो राष्ट्रीय पर्व जैसा उत्साह देश में था। औद्योगिक रूप से सक्षम भारत की राज्य-कल्पना को साकार करने का साधन सार्वजनिक क्षेत्र को चुना गया, जो इसी दौर की देन थी। इसके कई लाभ भी हुए। किन्तु राज्य द्वारा संचालित क्षेत्र में कई कमियाँ भी थीं, और इसमें उत्पादकता का स्तर बना नहीं रह सका, फिर भी इससे अत्यन्त आवश्यक अधोरचना का निर्माण हुआ और विदेशी मुद्रा के अभाव के उस काल में आत्मनिर्भरता को प्रोत्साहित करने में सहायता मिली। आधारभूत मन्तव्य यह था कि भारत को ब्रिटेन जैसी किसी भी शोषण करनेवाली शक्ति के सामने घुटने नहीं टेकना चाहिए, यह तात्कालिक सन्दर्भ में

सुरक्षित और सम्भवतः प्रासंगिक नीति थी।

शायद औद्योगिकीकरण पर आवश्यकता से अधिक ध्यान दिए जाने का प्रभाव कृषि क्षेत्र पर पड़ा। यह जनसंख्या के एक बड़े हिस्से की गहन चिन्ता थी जो अब भी इस पर निर्भर थी। इसमें निर्धन भी शामिल थे। 1947 के दो दशक तक भारत खाद्यान्नों के आयात से अपनी जनता का पेट भरता रहा और हमारे नेताओं की पहली पीढ़ी को यह बात खलती रही होगी।

तथापि '60 के दशक में हरित क्रान्ति से इस स्थिति में नाटकीय परिवर्तन हुआ। एक अमरीकी कृषि विज्ञानी नारमन बोरलॉग ने खाद्यान्नों की अधिक उपज देनेवाली किस्में विकसित कीं और भारत अपने कृषि अनुसन्धान संस्थानों की सहायता से इन्हें अपनाने में सफल हुआ। पूसा रोड नई दिल्ली की संस्था इनमें से पहली थी। इसका परिणाम यह था कि सम्भवतः तीन शताब्दियों में पहली बार भारत में भारी वृद्धि हुई, और यह अधिक विश्वास के साथ खाद्यान्न-आत्मनिर्भरता वाला देश बनने की दिशा में आगे बढ़ सका।

निजी क्षेत्र में लघु और मध्यम उद्योगों का विकास एक अन्य उपलब्धि थी। शासन की नीति थी कि लघु उद्योगों को आर्थिक और राजकोषीय सहायता तथा प्रोत्साहन दिए जाएँ यद्यपि इसके लिए एक उचित नियामक तंत्र था। कुल मिलाकर धीमा किन्तु निरन्तर औद्योगिक विकास एक सामान्य वातावरण बनाने में सफल रहा। इन्दिरा गांधी ने 1969 में बैंकों का राष्ट्रीयकरण कर दिया। इससे पहली बार राष्ट्रीय स्तर पर उद्यमियों और व्यापारियों की एक बड़ी संख्या को सहायता मिली। बड़ी संस्थाओं ने बाहर से साधन जुटाने और सहायक अनुबन्धों का सहारा लिया। इससे उपलब्ध अवसरों में विविधता आई। लेकिन कुल मिलाकर बातें संचालकों की कुशलता और प्रयत्नशीलता पर निर्भर थीं, जिन्होंने दम घोटनेवाली लाल फीताशाही और वसूली के लिए तैयार नौकरशाही के बावजूद बहुत अच्छा काम किया। 1978 से 1996 के बीच जिन कारखानों ने अपनी उत्पादन की शुरुआत की थी उनमें से लगभग आधे लघु उद्योगों के थे। लघु उद्योगों के लिए जिन उत्पादों को सुरक्षित किया गया था उनकी संख्या 1971 में 171 थी। 1981 तक यह बढ़कर 844 तक पहुँच गई। '70 के दशक के मध्य में लघु उद्योग क्षेत्र का इतना उल्लेखनीय विस्तार हो चुका था कि यह देश के कुल औद्योगिक उत्पादन में लगभग आधे का योगदान दे रहा था और इसका लाक्षणिक पक्ष यह है कि इसका लाभ प्रायः कॉरपोरेट क्षेत्र से भी अधिक होता था।

फिर भी गरीबी अभी सर्वव्याप्त थी। इस बीच गरीबी और सोवियत संघ (जो नेहरू के वामपन्थी झुकाव के कारण विकास में हमारा सहयोगी बन गया था) के प्रभाव के कारण समाजवाद हमारा निर्देशक मंत्र बन गया था। राज्य

अपने गरीबी उन्मूलन के घोषित कार्यक्रम को पूरा कर पाया या नहीं, इसे छोड़ भी दें तो सरकार को गरीबों के हित में हस्तक्षेप करना था, जो बड़े व्यापार के हितों के विरुद्ध जाता था। यह पूर्वग्रह आर्थिक दृष्टि से व्यावहारिक भले नहीं रहा हो, किन्तु इसे सन्दर्भित करके समझना होगा, एक ऐसे देश में जहाँ गरीबी और वंचना विरासत में मिली हो। इसकी अनुकूल प्रतिक्रिया हुई।

यह उस 'समाजवादी अर्थव्यवस्था' के बचाव में नहीं कहा जा रहा जिसने लाइसेंस-परमिट-कोटा राज का जाल बुन दिया था। तथापि देश के विकास सम्बन्धी इतिहास के चरणों को उनके सन्दर्भों में देखा जाना चाहिए। नवें दशक के अन्त में यह साफ होने लगा कि अर्थव्यवस्था में ठहराव आ रहा है। विदेशी मुद्रा की कमी से राष्ट्र अपने अन्तर्राष्ट्रीय ऋणों के भुगतान में पिछड़ने लगा। 1991 में डॉ. मनमोहन सिंह भारत के वित्त मंत्री नियुक्त हुए। वह इस अपमानास्पद स्थिति से देश को उबारने वाले सिद्ध हुए। परम्परागत राजनीतिक व्यवस्था से बाहर निकलकर प्रधानमंत्री पी.वी. नरसिंह राव ने तकनीकी व्यक्ति के रूप में उन्हें चुना था। उनकी नियुक्ति इस बात का प्रमाण था कि जब आवश्यक हो भारत वर्तमान व्यवस्था में से पुनरुन्नयन और परिवर्तन के लिए कदम उठा सकता है।

नए वित्त मंत्री ने प्रधानमंत्री के समर्थन से राजकीय नियंत्रण के ढाँचे में कई परिवर्तन किए और भारत के वैश्विक खुलेपन और प्रतिस्पर्द्धा को बढ़ावा दिया। स्वाधीनता के बाद पहली बार भारत ने पुरातन संरक्षणवादी बाधाओं को ध्वस्त करके एक ऐसे क्षेत्र में बदल दिया था जहाँ उद्यमी अपनी सहज प्रतिभा के साथ आकर खेल में हिस्सा ले सकते थे। परिणाम अति नाटकीय हुए। 3 या 4 प्रतिशत की दारुण 'हिन्दू' विकास दर से उबरकर अर्थव्यवस्था 8 प्रतिशत के लगभग स्थिर औसत दर से विकसित होने लगी। पहली बार लम्बे समय से चले आ रहे एकाधिकार को अन्तर्राष्ट्रीय प्रतिस्पर्द्धा का सामना करना पड़ा। नए उद्यमी उभरे, उपभोक्ताओं के लिए अब चयन के अनेक विकल्प थे और उन्हें वैश्विक मानदंडों में से चुना जा सकता था। विदेशी मुद्रा कोष में वृद्धि होने लगी। निश्चित रूप से यह अर्थव्यवस्था का बसन्त था।

1991 में किए गए आर्थिक सुधारों से बाद के दशकों में विकास के रास्ते पर लगातार अग्रसर होता रहा है। अर्थव्यवस्था के ऑटोमोबाइल, औषधिनिर्माण, निर्माण और दूरसंचार जैसे कई क्षेत्र हैं जहाँ जैसे क्रान्ति ही हो गई है। दसवें दशक में मोबाइल फोन कुछ ही धनिकों के लिए विलासिता की वस्तु थी। अब हर साल लाखों लोग इनका उपयोग करते हैं। वित्तीय क्षेत्र में गत्यात्मक उपलब्धि हुई है। जिसका उदाहरण क्रेडिट कार्ड उद्योग के कल्पनातीत विस्तार में देखा जा सकता है और भारत की आर्थिक छवि में सूचना-प्रौद्योगिकी एक

विशेष लक्षण बन गई है।

सहस्राब्दी परिवर्तन के समय भारत ने सूचना-तकनीक (आईटी) की महाशक्ति के रूप में वैश्विक रंगभूमि में प्रवेश किया। रात ही रात कम्प्यूटर संस्थाएँ अंकुरित होने लगीं और सरकार भी सजग होकर कम्प्यूटर स्कूलों तथा प्रशिक्षण संस्थाओं में धन लगाने लगी, उसने सूचना तकनीक सम्बन्धी पाठ्यक्रम बनाए, उनमें सुधार किया। वित्तीय सम्भावनाओं को ध्यान में रखकर निजी प्रशिक्षण संस्थानों की संख्या बढ़ने लगी। तकनीकी रूप से प्रशिक्षित भारत के बाजार से बहुराष्ट्रीय कम्पनियाँ प्रतिभाओं को ले जाने लगीं। यह आश्चर्यजनक नहीं था क्योंकि अब तक देश के 291 विश्वविद्यालयों और 12,000 महाविद्यालयों से प्रतिवर्ष 20 लाख स्नातक निकल रहे हैं। इनमें से 120,000 इंजीनियर-स्नातक हैं और यदि पॉलीटेक्निक संस्थाओं को इसमें जोड़ लिया जाए तो यह संख्या 10 लाख तक पहुँच जाती है। 2002 में सॉफ्टवेयर निर्यात 10 बिलियन डॉलर को छू रहा था। 1999 और 2002 के बीच आईटी उद्योग में प्रतिवर्ष 50 प्रतिशत का विकास हुआ। 2001 के बाद की भूमंडलीय मन्दी ने अवास्तविक अपेक्षाओं पर रोक लगा दी। लेकिन इन्फोसिस जैसी बड़ी संस्थाएँ अभी भी प्रगति की ऊँची दर बनाए रखने में सफल हैं। इस विकास के सहवर्ती सेवाएँ (आईटीईएस) भी सामने आईं और व्यापार प्रक्रिया के लिए बीपीओ स्थापित हुए, जैसे–काल सेंटर, अनुलेखन, भौगोलिक सूचना तंत्र और परामर्श। यह वह समय था जब प्रमुख बहुराष्ट्रीय संस्थाओं ने भारत में अपने उप-कार्यालय स्थापित किए।

इन तमाम बातों से मध्यवर्ग तेजी से बढ़ा। कुछ आकलनों से ज्ञात होता है कि प्रतिवर्ष तीस से चालीस मिलियन नागरिक मध्यवर्ग में आए और अर्थव्यवस्था के सुधारों को क्रियान्वित करने के अगले दशक में 1991 के बाद गरीबी-रेखा में 10 प्रतिशत की लाक्षणिक कमी हुई। निश्चय ही, गरीबों की संख्या अभी भी असहनीय रूप से अधिक थी और यह कहना गलत नहीं होगा कि इस दृष्टि से अभी भी बहुत कुछ करना था और किया जाना चाहिए था। तथापि परिप्रेक्ष्य की दृष्टि से ही केवल यह ध्यान में रखना चाहिए कि 1947 के बाद के छह दशकों में भारत में चरम निर्धनता के दायरे से जितने गरीबों को उबारा गया है उनकी संख्या पूरे यूरोप की जनसंख्या से ज्यादा है। यद्यपि यह भी उतना ही सच है कि अभी भी भारत में जितने लोग अत्यन्त निर्धन हैं उनकी संख्या पूरे यूरोप की जनसंख्या से अधिक है।

1947 की तीसरी विरासत–अत्यन्त महत्त्वपूर्ण विरासत धर्मनिरपेक्ष समाज के निर्माण पर बल दिया जाना थी। देश में हिन्दुओं की बहुत अधिक

बहुसंख्यकता के बाद भी, विभिन्न धार्मिक पंथ के अनुयायियों को अपनी आस्था का पालन करने की स्वतंत्रता है। संविधान के अन्तर्गत सभी समान हैं।

इस सुस्पष्ट मान्यता का स्रोत स्वाधीनता आन्दोलन में है। जहाँ महात्मा गांधी ने 'सर्व धर्म समभाव' को अपनी अविचलित आस्था का विषय बनाया था। नेहरू के रूप में उनके पास समर्पित अनुयायी था। यद्यपि धर्म के सम्बन्ध में उनकी विचारधारा एक जैसी नहीं थी। नेहरू संशयवाद के पक्षधर थे और गांधी का विश्वास सभी धर्मों में था। 1947 के प्रारम्भिक संवेदनशील वर्षों में देश की नीतियों का निर्धारण करने में प्रधानमंत्री की भूमिका अग्रणी रही। नेहरू मानते थे कि धार्मिक सहअस्तित्व ही भारत के लिए एकमात्र व्यावहारिक विकल्प है, और अपनी इस मान्यता पर वह दृढ़ता के साथ अडिग रहे। यद्यपि विभाजन की कड़ुवाहट और हिंसा से उग्र भावनाएँ भड़क गई थीं। 1947 में ही मुख्यमंत्रियों के नाम अपने एक पत्र में नेहरू ने साफ शब्दों में कहा था : 'हमारे यहाँ मुस्लिम अल्पसंख्यक हैं, वह चाहें भी तो और कहीं नहीं जा सकते। उन्हें भारत में ही रहना है। यह आधारभूत तथ्य है और इस पर कोई वितर्क नहीं हो सकता।'

इस महत्त्वपूर्ण विषय में उनके सुस्पष्ट दृष्टिकोण को लेकर ध्यान देनेवाली बात यह है कि यदि किसी और तरह इसे सुलझाया जाता तो इससे भारत का विखंडन हो सकता था अथवा हमें साम्प्रदायिक दंगों का अभिशाप झेलना पड़ता। भारत के मुसलमान किसी एक भौगोलिक क्षेत्र में सिमटे हुए नहीं हैं। उनकी संख्या लगभग बारह करोड़ है जो कि कुल जनसंख्या का 13 प्रतिशत है। वह देश के सभी इलाकों में रहते हैं। जम्मू-कश्मीर ही देश का एक मात्र राज्य है जहाँ वह बहुसंख्यक हैं (65 प्रतिशत), लेकिन पश्चिम बंगाल और केरल में उनका औसत अधिक है, और असम में कुछ ज्यादा (लगभग 30 प्रतिशत)। उत्तर प्रदेश में उनकी संख्या 3 करोड़ से अधिक है और बिहार में इसकी आधी। यह भी हंगरी या यूनान की जनसंख्या से ज्यादा है। कर्नाटक (11 प्रतिशत), आन्ध्र (8 प्रतिशत) और तमिलनाडु (5 प्रतिशत) में उनकी अच्छी-खासी उपस्थिति है। कहीं भी वह बहुसंख्यक समुदाय से अलग या कटे हुए नहीं हैं।

इसलिए नवजात राष्ट्र के लिए जनगण का सह-अस्तित्व एक विकल्प न होकर एक अपरिहार्यता थी और देश के प्रथम नेतृत्व को इसका श्रेय मिलना चाहिए कि उसने इस सच्चाई को समझ लिया। यद्यपि इस बात की प्रशंसा पूरी तरह नहीं होती क्योंकि पूर्व में साम्प्रदायिक दंगे हुए हैं, और भविष्य में भी शायद होते रहेंगे। तथापि भारत में सभी समुदायों के शान्तिपूर्ण और प्रगतिगामी एकीकरण की योजना को वास्तव में सफलता मिली है।

1996 में समकालीन अध्ययन के लिए राजीव गांधी संस्थान, नई दिल्ली में

हार्वर्ड के दो लब्धप्रतिष्ठ अध्येताओं–आशुतोष वार्ष्णेय और स्टीवन विलकिंसन–ने एक शोधपत्र तैयार किया था जिसमें 1960–93 के कालखंड में हुए हिन्दू-मुस्लिम दंगों का गहन अध्ययन किया गया था। उनके अनुसार साम्प्रदायिक हिंसा के लिए कुख्यात गुजरात राज्य में भी 1960–93 के बीच के तीस वर्षों में से बीस वर्ष ऐसे थे जिनमें साम्प्रदायिक हिंसा की घटनाएँ या तो हुईं ही नहीं या बहुत कम हुईं। वह इस निष्कर्ष पर पहुँचे थे कि हिन्दू-मुस्लिम दंगे न तो दीर्घस्थायी हैं और न ही व्यापक बल्कि नगर सापेक्ष हैं, जहाँ राष्ट्रीय स्तर पर चौबीस शहरों में कुल मौतों का 62 प्रतिशत और घटनाओं की कुल संख्या का 50 प्रतिशत ही घटित हुआ। उत्तर प्रदेश, महाराष्ट्र और गुजरात ऐसे राज्य हैं जो दंगों के प्रति अति संवेदनशील हैं, यहाँ भी अनेक शहर और कस्बे शान्तिपूर्ण रहे हैं। 1960–93 के काल में पूरे भारत में कुल 554 'साम्प्रदायिक' घटनाएँ हुईं। विभाजन से हुई नृशंस हत्याओं की ऐतिहासिक स्मृतियाँ, अपराधियों की भूमिका, राजनेताओं और निहित स्वार्थों के षड्यंत्रों से होनेवाले संघर्षों से लेकर अभावों और गरीबी से मतभेद के किसी भी कारण की अति तक ले जाने की प्रवृत्ति भारतीय जनजीवन का अंश है, यह देखते हुए यह किसी भी तरह विध्वंसात्मक रिकॉर्ड नहीं कहा जा सकता।

राज्य के धर्मनिरपेक्ष आग्रह, विशेष रूप से शैशवकालीन वर्षों में, मिलने के कारण राजनीतिक क्षेत्र में मुस्लिमों का महत्त्व बढ़ता गया। ऐसा विशेष रूप से इसलिए हुआ क्योंकि सर्वत्र भारतीयों में धर्मनिरपेक्ष राजनीति की स्वीकार्यता बढ़ रही थी जिससे किन्हीं मुस्लिम-विरोधी गुटों द्वारा हिन्दू वोटों के एकत्रीकरण पर विराम लग गया। इस तरह के दौर में सत्ता का रास्ता सहयोग और गठबन्धनों से ही तय किया जा सकता था और देश के सबसे बड़े अल्पसंख्यक समुदाय मुसलमानों की उपेक्षा नहीं की जा सकती थी। उदाहरण के लिए उत्तर प्रदेश विधानसभा की 400 सौ सीटों के परिणामों पर मुस्लिम वोटों का प्रभाव पड़ता है। इसी तरह राष्ट्रीय स्तर पर 125 लोकसभाई क्षेत्र ऐसे हैं जिनमें मुस्लिम आबादी प्रभाव डालने की स्थिति में है जो लगभग सदन का एक-चौथाई है। स्थानीय और नई दिल्ली के राजनीतिज्ञों के पास और कोई विकल्प नहीं है इसीलिए उन्हें इस महत्त्वपूर्ण चुनावी गणित का ध्यान रखना पड़ता है। अतः लोकतंत्र का क्रियान्वयन इस प्रकार भारत में धार्मिक अतिवादिता का सबसे बड़ा व्यवधान बन गया। इसमें सन्देह नहीं कि विगत में राजनीतिक दलों ने धार्मिक भावनाओं की जोड़-तोड़ से लाभ उठाया है। किन्तु धर्मनिरपेक्ष शक्तियाँ सदा कट्टरतावादी राजनीति पर भारी पड़ी हैं। 1992 में बाबरी मस्जिद के ध्वंस का विधानसभा के चुनावों में भारतीय जनता पार्टी को फायदा मिला था। किन्तु यह

दीर्घजीवी नहीं रहा। 1993 के बाद हुए विधानसभा चुनाव में भाजपा की सरकार बनी। लेकिन अयोध्या में राममन्दिर के निर्माण का विषय मतदाताओं की दृष्टि में क्रमशः अपना महत्त्व खोता गया। वस्तुतः उत्तर प्रदेश में 1996 में हुए चुनाव में भाजपा को मामूली बहुमत ही मिल पाया, और अब तो सबसे बड़ी पार्टी होने की हैसियत भी वह गँवा चुकी है। इसी तरह 2002 में नरेन्द्र मोदी की देख-रेख में गुजरात में हुए अक्षम्य दंगों के बाद उस राज्य में साम्प्रदायिक हिंसा की कोई घटना नहीं हुई है। पड़ोस के महाराष्ट्र राज्य में 1993 में मुम्बई में हुए बम धमाकों से साम्प्रदायिक उपद्रवों की चिनगारी भड़क उठी थी। एक दशक बाद जब आतंकवादियों ने एक बार फिर विध्वंसक बम विस्फोट किए तो कोई दंगा नहीं हुआ। सच तो यह है कि घायलों को रक्तदान करने के लिए लगी पाँतों में हिन्दू और मुसलमान साथ-साथ खड़े थे। और ध्यान दिए जाने की बात यह थी कि भारत की वित्तीय राजधानी में अगली सुबह कामकाज अपनी उसी रफ्तार में चल पड़ा था।

यह 1947 में राष्ट्रीय नेताओं की बरती गई दृढ़ता के प्रति एक आदरांजलि थी कि हिन्दुओं और मुसलमानों में अधिकांश लोग अब तक यह जान चुके थे कि उन्हें धार्मिक आधार पर किस चालाकी से राजनीति विभाजित करती है। उन्हें यह अनुभव भी हो चुका था कि उनके अपने हित के लिए धार्मिक अलगाव वाले उन टापुओं, जहाँ मुल्लाओं-महंतों का बसेरा है, से बाहर निकलकर धर्मनिरपेक्ष सम्भावनाओं वाली मुख्य भूमि तक आना होगा। क्रमशः किन्तु निश्चित रूप से, भारत में पश्चिम का पैमाना यह नहीं रहा कि कोई किस अल्पसंख्यक या बहुसंख्यक समुदाय से आता है, बल्कि इसकी अवधारणाएँ वैयक्तिक सफलता अथवा असफलता से तय होने लगीं। अजीम प्रेम जी का सम्मान एक मुसलमान होने के नाते नहीं है, बल्कि इसलिए है कि वह सर्वाधिक धनाढ्य और अत्यन्त दूरदर्शी उद्योगपतियों में से एक हैं। भारत के पूर्व राष्ट्रपति एपीजे अब्दुल कलाम की चर्चा कोई मुसलमान कहकर नहीं करता। उन्हें जो सम्मान मिला है वह अन्तरिक्ष विज्ञान और प्रक्षेपास्त्र तकनीकी के क्षेत्र में उनके कार्यों के कारण है। हमारा राष्ट्र अनेक धर्मों का देश है, यह देखते हुए धर्म की राष्ट्रीय संवाद में घटती हुई भूमिका किसी भी तरह से कोई छोटी उपलब्धि नहीं है।

1947 की चौथी विरासत सकारात्मक क्रियान्वयन की सुविचारित नीति की सफलता है। इस पर प्रायः मतभेद रहे हैं या इसे अनुचित रूप से कम करके देखा गया लेकिन उपलब्धियाँ हमारे स्वाधीनता संग्राम की विचारधारा का प्रत्यक्ष परिणाम हैं, जब गांधीजी ने परम्परागत रूप से दमित 'नीच' वर्गों की सामाजिक मुक्ति को स्वतंत्रता का मुख्य उद्देश्य कहा था। इस प्रकार इस लक्ष्य में केवल

राजनीतिक स्वतंत्रता प्राप्त करना ही नहीं बल्कि एक समतावादी समाज की रचना करना भी अन्तर्निहित था जिससे कमजोर वर्गों का क्रमश: सशक्तीकरण हो सके। इसलिए हमारे संविधान ने विश्व में सबसे पहले सकारात्मक क्रियान्वयन की अत्यन्त अग्रगामी व्यवस्था को अंगीकार किया। इसमें व्यवस्था की गई कि सरकारी सेवाओं में चौथाई (22.5 प्रतिशत) स्थान उनके लिए आरक्षित रहेंगे जो सामाजिक स्तर पर सबसे नीचले पायदान पर हैं–अनुसूचित जातियाँ और अनुसूचित जन–जातियाँ–सबसे ज्यादा गरीब यही हैं।

आज हम इस कदम को यों ही लेते हैं। अनुसूचित जाति और अनुसूचित जनजाति हमारे शब्दकोश का हिस्सा बन गए हैं। लेकिन यह सोचना जरूरी है कि इस नीतिगत निर्णय का प्रभाव कितना महत्त्वपूर्ण रहा है। 1965 में सरकारी सेवाओं में अनुसूचित–जाति–जनजाति का प्रतिशत 4.5 था जो 1995 में बढ़कर 22.8 प्रतिशत में हो गया। संसद और विधानसभाओं में भी परिणाम उल्लेखनीय रहे हैं। लोकसभा की 544 सीटों में 106 आरक्षित हैं। किन्तु प्रतिनिधियों की संख्या इससे कहीं अधिक है क्योंकि–इस समूह के अनेक व्यक्ति अब इतने प्रभावपूर्ण हैं कि अनारक्षित जगहों से भी जीत सकते हैं जो कि यह ध्यान देने योग्य है।

अगस्त 1990 में एक अस्थिर सरकार का नेतृत्व करनेवाले प्रधानमंत्री वी.पी. सिंह ने अपना राजनीतिक आधार मजबूत करने के लिए सभी केन्द्रीय सेवाओं में अन्य पिछड़े वर्गों के लिए अतिरिक्त 27 प्रतिशत आरक्षण की घोषणा कर दी। यह मध्यम वर्ग मुख्यत: गाँव में रहनेवाला समूह है। उच्च वर्ग ने इस कदम की निन्दा की जो यह मानता था कि आरक्षण की पूरी नीति ही गलत है। दलितों को लगा कि अन्य पिछड़ी जातियाँ उनके हिस्से का बँटवारा कर रही हैं। यहाँ तक कि उनके अपने समूह की 'क्रीमी सतह' कोटे का अपहरण करनेवाली है। ओबीसी समूह सोचता था कि उसे जो मिला वह लम्बे समय के बाद बहुत कम ही मिला और आरक्षण नीति का सर्वाधिक लाभ अनुसूचित–जाति–जनजातियाँ बहुत अधिक समय तक उठाती रही हैं। तथापि सामूहिक हितों के इस संघर्ष में इस बात पर कोई सन्देह नहीं किया जा सकता कि वास्तविक सत्ता हमारे समाज के दुर्बल वर्गों की ओर जाने लगी थी। एक उदाहरण दिया जा सकता है : 1947 में जब इस नई नीति का असर दिखना शुरू हुआ था 621 प्रत्याशी ऐसे थे जिन्होंने स्पृहणीय लोकसेवा (सिविल सर्विस) की पात्रता प्राप्त की, इनमें से एक–तिहाई की प्रारम्भिक शिक्षा गाँवों और कस्बों में हुई थी, 450 ऐसे थे जिनके परिवारों की आय 500 रुपए मासिक से भी कम थी। 114 प्रत्याशियों की माताएँ निरक्षर थीं और 87 किसानों के बेटे थे।

वस्तुतः यह सच है कि आरक्षण नीति का विस्तार उस चरम बिन्दु तक पहुँच सकता है जहाँ यह राष्ट्रीय हितों के लिए घातक हो जाएगा। अस्थिर गठबन्धन सरकारों की लोक-लुभावन नीतियों पर सुनियोजित सामूहिक हितों का बढ़ता हुआ दबाव निरन्तर खतरा बना हुआ है। किन्तु यह भी उतना ही सच है कि वंचित समूहों के कमजोर वर्गों का सशक्तीकरण इन्हीं नीतियों से सम्भव हो सका है। इस निष्कर्ष की पुष्टि 1993 के उस कानून के वस्तुपरक विश्लेषण से की जा सकती है जिसने गरीबों में सर्वाधिक वंचित महिलाओं को पंचायत संस्थाओं में 33 प्रतिशत आरक्षण निश्चित किया है। पहली बार चुनी गई महिलाएँ पुरुष का पराधीन मुखौटा थीं और पति, पिता, भाइयों या बेटों के इशारों पर काम करती थीं। जो अगले चुनाव में जीतीं उनमें यह विवशता कम थी, और कई चुनाव जीतने के बाद अब वह सत्ता का प्रयोग स्वयं करना चाहती हैं। यहाँ यह भी ध्यान में रखना जरूरी है कि एशिया-प्रशान्त क्षेत्र में कहीं भी स्थानीय संस्थाओं में महिलाओं के लिए आरक्षित सीटों की संख्या इतनी अधिक नहीं है। जापान में यह आँकड़ा 6 प्रतिशत है और ऑस्ट्रेलिया तथा न्यूजीलैंड में इसका अनुपात एक तिहाई से भी कम है।

तथ्य तो यह है कि पिछली सरकारों ने प्रायः ऐसी पहल अल्पकालीन रूप से ही की। किन्तु कभी-क भी दिशाहीन राजनीतिक लाभ उस रूपान्तरकारी परिवर्तन को प्रभावित नहीं कर पाते जो अपने योजनाकारों के इरादों से भी आगे निकल जाता है। और यह परिवर्तन जारी रहने पर प्रत्येक पीढ़ी के साथ सघनीभूत होता जाता है। पहली पीढ़ी का एक अल्पशिक्षित ग्रामीण जो आरक्षण नीति से शासकीय सेवा में एक छोटी श्रेणी की नियुक्ति पाकर अपनी शुरुआत करता है, अपनी सन्तानों के लिए बड़े सपने देखता है। उन्हें अधिक शिक्षा दिलाकर वह उससे बेहतर नौकरी पा सकें। इसके लिए वह हरेक प्रयत्न करता है और उन्हें हर तरह से तैयार करता है। सामाजिक-आर्थिक विषमताओं वाले बड़े देश में संस्थागत उन्नति के इस तरीके को इसका श्रेय दिया जाना चाहिए।

1947 का पाँचवाँ प्रतिदान यह था कि सन्देहवादियों की उस समय की जानेवाली भविष्यवाणियों के विपरीत भारत एक देश बना रहा। वास्तव में यह तथ्य आज भी स्वयं प्रदर्शित लग सकता है, किन्तु 1947 में कितने जाने-अनजाने टिप्पणीकार देश के इस भविष्य को देख पा रहे थे। विन्सटन चर्चिल, जिनके अनेक विचार आज के पुनरवलोकन से गलत लगने लगते हैं, इस प्रचलित दृष्टिकोण को स्वर दिया था, जब उन्होंने कहा कि भारत 'एक भौगोलिक अभिव्यक्ति मात्र है-यह वैसा ही एक देश है जैसी भूमध्यरेखा।' उनकी ही तरह सोचनेवाले अनेक थे कि भारत में कई भाषाएँ और जातीय तथा

संकीर्ण आग्रहों के रहते हुए भयानक भिन्नताएँ हैं और यह एक राष्ट्र के रूप में ज्यादा दिनों तक टिक नहीं पाएगा।

ऐसा नहीं हुआ और इसका श्रेय हमारे राष्ट्र-निर्माताओं द्वारा स्थापित की गई संस्थाओं को जाता है, और उन नीतियों के अनुकूलन तथा तादात्म्य को, जिन्हें उन्होंने अपनाईं। निश्चित रूप से चुनौतियाँ गम्भीर थीं। पचास के दशक में कुछ राज्यों से यह विस्फोटक माँग उठने लगी थी कि परम्परागत भौगोलिक सीमाएँ भूल कर भाषायी आधार पर सीमाएँ फिर से निर्धारित की जाएँ। केन्द्रीय सरकार ने इस माँग को स्वीकार करके बुद्धिमानी का परिचय दिया। फिर राष्ट्रभाषा की सम्भावना का अहिन्दीभाषी राज्यों ने विरोध किया तो नई दिल्ली ने कूटनीतिक टालमटोल करके इस स्थिति की उग्रता पर काबू पा लिया। राष्ट्रीय एकता के लक्ष्य पर बल तो दिया गया लेकिन उपसांस्कृतिक स्थानीयता को दबाने की कोई कठोर कोशिश नहीं की गई।

सबसे ज्यादा महत्त्वपूर्ण यह था कि नवोदित राष्ट्र ने शायद ही कभी सम्भावित आन्तरिक खतरे के विरुद्ध हिंसात्मक उपाय अपनाए हों। कभी-कभी तो इतनी निष्क्रियता प्रदर्शित की जैसे उसे चिन्ता ही नहीं है। फिर भी उसने किसी अलगाववादी आन्दोलन को सफल नहीं होने दिया।'70 के दशक में माओ-प्रेरित नक्सलवादी आन्दोलन, कश्मीर घाटी की स्वतंत्रता की माँग, अखिल असम छात्र संघ द्वारा अलग असम का आह्वान, पंजाब का खालिस्तान आन्दोलन और उत्तर-पूर्व के कई अलगाववादी आन्दोलन आदि सभी के लिए तरह-तरह की रणनीतियों से काम लिया गया-दंडात्मक कार्रवाई, तुष्टीकरण, रियायतें, लम्बे समय तक चलनेवाली वार्ताएँ, अहम की सन्तुष्टि इत्यादि।

इसके साथ निखिल भारतीयता की एक भावना का उदय भी हुआ, जिससे देश के किसी भी भाग में रहनेवाले भारतीय के सामने कई प्रतीक हैं जिनसे वह पूरे देश के साथ स्वयं को पहचान सकता है। निश्चित रूप से भारत के विभिन्न भागों में कुछ बातें एक सी हैं। एक ऐसा जनगण जो हजारों वर्षों से एक अगम्य मंजूषा का अभ्यस्त हो चुका है। उसमें कुछ एकता की प्रवृत्तियाँ, समान विश्वास और व्यवहारों, सांस्कृतिक समानताओं इत्यादि का विकास सहज है। 1947 में जाति, सगोत्रीयता, बन्धुत्व और क्षेत्र के प्रति निष्ठाओं का भाव सर्वोपरि था। जिस प्रकार इन दुर्भेद्य निष्ठाओं को क्रमिक रूप से क्षीण करते हुए एक निखिल भारतीय संस्कृति और पहचान की रचना की गई, वह अपने आपमें विशिष्ट था।

भारत के ठोस प्याले को एक पिघले हुए पात्र में निश्चित रूप से बदलने की प्रक्रिया कैसे सम्भव हुई? इस स्थानान्तरण में कई विकास, जैसे-रेडियो, टेलीविजन, शैक्षणिक अवसर, रोजगार की गतिशीलता, राज्य का अपना

डीएनए, संचार क्रान्ति, समाज व्यवस्था का जनतंत्रीकरण, अर्थव्यवस्था का विस्तार, क्रिकेट जैसी चीजों के लिए राष्ट्रीय उन्माद आदि की कमोबेश भूमिका रही। अति महत्त्वपूर्ण यह है कि घटित होते हुए इस सामंजस्यीकरण के पीछे किसी तरह का सरकारी दबाव नहीं था और इसके बावजूद यह साकार हुआ। यदि तत्कालीन सरकार ने सामंजस्यता को लागू करने की कोशिश की होती तो इसके उलट नतीजे हो सकते थे। हमारे नेतृत्व की जागरूक लोकदृष्टि के कारण समरस राज्य के निर्माण के लिए एक ही प्रकार के प्रचलित प्रतिमानों को जबरन अपनाने का प्रयत्न नहीं हो पाया। आज हमारी निखिल भारतीय पहचान इसलिए सुनम्य है क्योंकि यह किसी निश्चित कार्यक्रम के अनुसार नहीं निर्मित हुई है और इसलिए इसमें योजनाबद्ध जड़ता नहीं आ पाई है। इस देश के विविध जनगण ने पक्षपाती आग्रहों से मुक्त होकर स्वतंत्र रूप से काम किया। इस क्षेत्र में राष्ट्रीय आन्दोलन के नेतृत्व ने जानबूझकर दखल नहीं दिया। इन कारणों से भारत की एकता को दृढ़ करने की प्रक्रिया तेज हो सकी।

हमारी स्वाधीनता के पहले चरण में, अन्तिम अवदान मेरी दृष्टि से निश्चित रूप से विदेश नीति के क्षेत्र में था। जब भारत ने एक नवजात राष्ट्र के रूप में अपनी यात्रा प्रारम्भ की थी तब संयुक्त राज्य की अगुवाई में पश्चिमी देशों और विगत सोवियत संघ की अगुवाई में पूर्वी देशों के बीच शीतयुद्ध गरमा रहा था। इस समय दोनों ही पक्ष हाल ही में स्वतंत्र होनेवाले देशों को अपने साथ लाने के लिए प्रयत्नशील थे। भारत पर बहुत अधिक दबाव डाला गया कि वह किसी एक गुट में शामिल हो जाए, किन्तु नेहरू ने यह स्वीकार नहीं किया। इस प्रकार निर्गुटीय आन्दोलन का जन्म हुआ, जिसके संस्थापकों में से भारत भी एक था। विदेश नीति में एक सुनिश्चित विचारधारा का यह प्रक्षेपण, नवस्वतंत्र देशों के लिए अन्तर्राष्ट्रीय मामलों में अपने विचार और मत की रक्षा करने के लिए था, जो दो शक्तिशाली और प्रतिद्वन्द्वी गुटों द्वारा दिए जा रहे पक्षधर लालचों से नष्ट होनेवाली थी, उस समय के सन्दर्भ में यह एक नितान्त मौलिक विचार था। भारतीय कूटनय के लिए यह एक स्वर्णिम समय सदा ही, सम्भवत: माना जाता रहेगा क्योंकि उसने साहस और स्पष्टवादिता के साथ इस विचार को सामने रखा, इससे देश को प्रतिष्ठा मिली और इसने निर्बल राष्ट्रों को गरिमा प्रदान की। यह सच है कि निर्गुटीय देशों के पास वास्तविक सैन्य अथवा आर्थिक शक्ति नहीं थी, किन्तु जनसंख्या और संसाधनों की दृष्टि से उनकी समवेत संख्यात्मक क्षमता ऐसी थी जिसकी उपेक्षा नहीं की जा सकती थी। दुर्भाग्य से यह समूह कालान्तर में धीरे-धीरे एक वार्तालाप करने की जगह बनता गया, और इसके भीतर के प्रतिनिधि ही प्रभावित होकर सोवियत संघ अथवा अमेरिका की तरफदारी करने

लगे। भारत का झुकाव सोवियत संघ की ओर देखा गया। किन्तु यह किसी भी तरह नकार न हो, चयन की प्राथमिकता था। अन्ततः बर्लिन की दीवार के ढहने के बाद आन्दोलन की वैधता ही शीतयुद्ध की समाप्ति के साथ खत्म हो गई। लेकिन भारत इस बात पर गर्व कर सकता है कि इस महत्त्वपूर्ण अन्तर्राष्ट्रीय समूह को प्रोत्साहित करने में उसकी भूमिका और योगदान प्रमुख था।

यदि यह सब 1947 की उपलब्धियाँ थीं तो निराशाजनक पक्ष क्या था? यह याद रखना चाहिए कि राष्ट्रों का विकास सदा विपरीत ध्रुवों के बीच लगाए गए दाँवों से तय नहीं होता। अक्सर नकारात्मकता का जन्म सकारात्मकता की कोख से होता है और यह या तो स्थिति के अधूरे विश्लेषण या फिर जब आवश्यक हो तब परिवर्तन करने में सावधानी की कमी का परिणाम होती है। फिर नई विकृतियाँ भी हैं। जो अनियंत्रित रूप से तब बढ़ने लगती हैं क्योंकि वह विगत चुनावों के उचित होने का दावा करती हैं। अतएव ऐतिहासिक विरासतों में बुराई से अच्छाई को अलग कर पाना कोई साधारण काम नहीं है। हमें इतिहास के अँधेरे कमरों में प्रवेश करना होगा। तभी यह समझ में आ सकेगा कि गलती कहाँ हुई, और ऐसा क्या है जो अब उचित नहीं रहा है।

यदि लोकतांत्रिक भारत 1947 की विरासत है तो आज लोकतंत्र की कार्यविधि में आने वाली विकृतियाँ इसलिए हैं क्योंकि उन्हें प्रश्नांकित करने का प्रयत्न किसी ने भी नहीं किया। यह लगभग उसी तरह था कि एक बार क्रियाशील लोकतंत्र का ढाँचा बनाने के बाद–जो समय-समय पर होनेवाले चुनावों के माध्यम से सक्रिय दिखाई देता था–सबको लगा कि काम पूरा हो गया है और यह देखने की जहमत नहीं उठाई गई कि कहाँ कुछ गलत हो रहा है। विडम्बना यह है कि 1947 से जन्मी भक्तिभावना और अपने प्रारम्भिक नेताओं को दिया गया उच्चासन भी इस मानसिक पक्षाघात के लिए आंशिक रूप से जिम्मेदार है। कृतज्ञ जनगण के लिए यह आसान नहीं था कि वह उन नेताओं पर सवाल उठाए जो स्वाधीनता आन्दोलन की अग्नि-परीक्षा से निकलकर आए थे। उनसे जो लोकतांत्रिक व्यवस्था मिली थी उसमें कोई दोष खोजना सम्भव नहीं था। विशेष रूप से तब जब 'मुक्त और निर्दोष' चुनाव हो रहे थे और भारत को विश्व का सबसे बड़ा लोकतंत्र बन रहे देश की बधाई देने के लिए अन्तर्राष्ट्रीय नेताओं की कतारें लग रही थीं।

किन्तु आज हम जिन विकृतियों को देखते हैं उनका बीजारोपण बहुत प्रारम्भ में ही हो चुका था। क्रियाशील लोकतंत्र की भव्यता के अन्तर्गत वंशानुगत राजनीति का झुकाव दिखने लगा था। लोकतांत्रिक प्रक्रिया की आत्मा को धूमिल करनेवाली व्यक्ति-पूजा का उदय बहुत पहले हो चुका था और

इसके साथ उनकी चाटुकारिता का भी। धनबल और बाहुबल के प्रयोग के द्वारा चुनाव में भ्रष्टाचार का प्रवेश हो गया था। यद्यपि पहले आम चुनाव में इसका अंश बहुत कम था। भ्रष्टाचार, कालाधन और राजनीतिक दलों के प्रतीकात्मक सम्बन्ध ऐसे प्रकरण नहीं हैं जो कल ही बने हों। क्षेत्रीय, धार्मिक, जातीय और वंश निष्ठाओं ने भारतीय लोकतंत्र में शुरू से ही जहर घोल दिया था। पार्टियों के आन्तरिक लोकतंत्र को जो महत्त्व मिलना चाहिए था, वह कभी नहीं मिला।

1947 के बाद हुई असन्दिग्ध प्रगति अपने आपमें वर्तमान बुराइयों के संक्रामक बीज रखती थी। प्रथमतः समाजवादी अर्थव्यवस्था निर्मित करने का बोधगम्य आग्रह, जिसने लाइसेंस-कोटा-परमिट राज्य को प्रशस्त किया और इसके द्वारा उसने व्यवस्थित भ्रष्टाचार के लिए बृहत्काय तंत्र की रचना ही नहीं की, उसे संरक्षण भी दिया-इसने सरकार और नौकरशाही के प्रत्येक स्तर पर आर्थिक सुधारों के प्रति एक आन्तरिक मानसिक अवरोध भी खड़ा कर दिया। 1991 के आर्थिक सुधार अपवाद थे, किन्तु वह भी अधूरे थे। सच तो यह है कि वह भी नहीं होते यदि 1947 की विरासत के अनुसार समाजवादी सोच के आदिम आदर्शों के कारण देश विदेशी ऋणों को चुकाने में दिवालिया स्थिति तक नहीं पहुँच गया होता। यह 'समाजवादी विरासत' आज भी है, और यही मुख्य कारण है कि 1991 के बाद के सुधार इतने श्लथ होकर ठहरे हुए हैं।

सबसे महत्त्वपूर्ण बात यह है कि यह अवधारणा कि समानता के वितरण में राज्य यदि एकमात्र नहीं तो प्रमुख स्रोत है, भारत में समावेशी समाज के निर्माण की राह में एक गम्भीर बाधा सिद्ध हुई है। राज्य के प्रयास अत्यन्त सदाशयी हो सकते हैं। यद्यपि इस पर सन्देह करने के गम्भीर कारण भी हैं। इस विषय पर मैं इस पुस्तक में आगे आऊँगा-यथापि इन कल्याणकारी योजनाओं को क्रियान्वित करने में प्रायः अनेक दोष रहे हैं। राजीव गांधी की बहुज्ञात उक्ति है, जो सही भी है कि प्रस्तावित लाभ का एक छोटा-सा अंश ही वास्तविक जरूरतमन्दों तक पहुँच पाता है। दूसरी तरफ, धनराशि का दोहन करने के लिए भ्रष्टाचार का एक समूचा तंत्र स्थापित हो जाता है। वास्तविक समाधान, जो गरीबों, अशिक्षितों और कुपोषितों के जीवन में बदलाव लाने के लिए खोजे जाते हैं, अधिकांशतः सरकार के इरादों में सीमित रह जाते हैं। कॉरपोरेटों का सामाजिक दायित्व और सार्वजनिक-निजी भागीदारी की जीवंत अवधारणाओं पर जिनसे सही नीतियों के द्वारा भारतीय समाज की असंवेदनशील पच्चीकारी को बदलने में सफलता मिल सकती थी-समुचित ध्यान ही नहीं दिया गया।

स्वाधीनता प्राप्ति के छह-सात दशकों में क्या कुछ घटा है इसका सारगर्भित

चित्रण स्तम्भकार और लेखक जुग सूरिया ने किया है जबकि अर्थशास्त्री नहीं हैं : 'नेहरू के समाजवाद ने इन्दिरा गांधी के कार्यकाल में इन दुर्बलताओं को स्वतः प्रणाणित कर दिया जब वह समस्याओं का निदान करने में असफल रहीं। आधे मन से किया गया उदारीकरण देश ने देखा है जो अनन्तः घोटालों की शृंखला की उर्वरा भूमि साबित हुआ, रिश्वत के वंशानुक्रम को तब से देखा जा सकता है जब कुशासन के दौर में खरीद-फरोख्त को सरकारी संरक्षण मिलना शुरू हुआ। यह इन्दिरावाद भी कहा जा सकता है।'

1947 के पश्चात् हमारे आर्थिक और राजनीतिक इतिहास के कुछ दूसरे पहलू भी हैं, जिनकी मैं चर्चा करना चाहूँगा, बल्कि जिन पर बल देना चाहूँगा। महात्मा गांधी को विश्वास था कि भारत का भविष्य गाँवों में बसता है, किन्तु जैसा कि हम देख चुके हैं, नेहरू ने यद्यपि इस पूर्व कल्पना का खुला विरोध तो नहीं किया, लेकिन उनका ध्यान बड़े पैमाने के राजकीय औद्योगिकीकरण पर अधिक था। लोकतंत्र के गणित में जहाँ मतदाताओं की एक बड़ी संख्या ग्रामीण क्षेत्रों से आती है, उनकी तकलीफों को कम करने के कुछ उपाय किए गए, फिर भी प्राथमिकता के रूप में कृषि पर सदैव उद्योगों की छाया बनी रही। उन अपवादों को छोड़कर, जैसे-हरित क्रान्ति का सफल क्रियान्वयन।

सुरक्षा के क्षेत्र में अहिंसा की नीति, जो ब्रिटेन जैसे शत्रु के विरुद्ध संघर्ष में सैन्य संघर्ष की अपेक्षा अधिक सफल शस्त्र सिद्ध हुई थी, राष्ट्रपिता के साथ अपने जुड़ाव और पवित्रता के कारण एक स्वतंत्र राष्ट्र के लिए दिग्भ्रमित आदर्शवाद बन गई। विश्व में सर्वाधिक विस्फोटक पड़ोसियों से घिरे हुए एक सम्प्रभु राष्ट्र की सरकार एक उपयुक्त रणनीति और ऐतिहासिक दौर विशेष की भाषा शैली तथा बदले हुए परिप्रेक्ष्य की आवश्यकता में अन्तर नहीं कर पाई। इसका नतीजा एक ऐसे भारत देश की रचना था जिसे मैं 'लचर' कहूँगा, जो बाह्य और आन्तरिक दोनों ही क्षेत्रों में सुरक्षा के प्रति शिथिल, अनिश्चित, अप्रभावी और अस्पष्ट दृष्टि का परिचय दे रहा था। जैसा कि आगे हम विस्तार से देखेंगे कि राज्य की सुरक्षा के लिए प्रतिरक्षा, विदेश नीति, सूचना और आन्तरिक सुरक्षा के मामलों में एक सघन समन्वय की आवश्यकता होती है।

निर्गुटीय आन्दोलन के प्रसार के आरम्भिक दौर की सक्रियता के बाद से हमारी विदेश नीति अक्षम्य रूप से प्रतिक्रियात्यक रही है, जो अचानक अविश्वसनीय आक्रामकता के छोर से समझ में न आने वाले तुष्टिकरण और समानुकलन के छोर के बीच झूलती रहती है। हमने कहा है कि हम एक अशान्त क्षेत्र में हैं जहाँ चीन और पाकिस्तान जैसे दो निरन्तर आक्रामक शत्रु हमारे पड़ोस में रहते हैं, यह देखते हुए होना यह चाहिए था कि हम ऐसी विदेश

नीति अपनाते जो जमीनी वास्तविकताओं से मेल खाती। जब वह विश्वास तोड़ते हैं तब हम एक वैचारिक असमंजस में होते हैं, कि हमारी प्रतिक्रिया क्या हो, व्यवहार क्या हो–एक उदासीन, शान्तिकामी और अहिंसा की नीति पर चलने वाला देश अथवा आत्मविश्वासी, सतर्क और न झुकने वाला देश–प्राय: होता यह है कि हम अकारण मैत्री-भाव और नैतिकतावादी विक्षोभ के बीच डोलते रहते हैं। इसी तरह हमारा रक्षा प्रतिष्ठान कभी दृष्टि की निष्क्रियता से मुक्त नहीं हो पाया जो उन देशों में पाई जाती है जो अपनी रक्षा क्षमताओं की निर्विवाद प्राथमिकताओं के प्रति अनिश्चय में रहते हैं। जहाँ तक हमारे खुफिया तंत्र का प्रश्न है, दुखद सत्य यह है कि इसने अपने आपको कभी गम्भीरता से नहीं लिया। जब हम अपनी खुफिया एजेंसियों में व्याप्त समन्वय और एकाग्रता के गम्भीर अभाव को देखते हैं, तब केवल यही निष्कर्ष निकाला जा सकता है फिर चाहे वह इंटेलीजेंस ब्यूरो (आईबी) हो या फिर रिसर्च और एनालिटिकल विंग (आरएडब्ल्यू)। जिस तरह काम करती हैं। मोसाद, सीआईए या केजीबी जैसी दक्ष एजेंसियाँ उन्हें नौसिखिया ही कहेंगी।

इस समस्या का मूल कारण यह है कि हमारे राजनेताओं के पास चाणक्य की भावनारहित सुस्पष्टता का पूरी तरह अभाव है, जो जानते थे कि राज्य की सुरक्षा के लिए अतिकुशल खुफिया तंत्र अपरिहार्य आवश्यकता होती है। जाने क्यों हम अब भी यह सोचते रहे हैं कि राज्य के विरुद्ध खतरों की पूरी जानकारी और उन्हें समाप्त करने के यथोचित उपाय अहिंसा के दर्शन की उच्चाशयता, आदर्शवाद और सहिष्णुता के मूल्यों के प्रतिकूल हैं। जबकि ऐसा नहीं है। सम्भवत: रणनीति के प्रति अपनी विचक्षण संवेदनशीलता रखने वाले गांधीजी भी यही मानते, किन्तु उनके मानसपुत्र अवधारणा के इस भ्रम का शिकार हैं। इसी तरह के भ्रम के कारण प्रधानमंत्री इन्द्र कुमार गुजराल ने 1997 में पाकिस्तान में सारी खुफिया कार्रवाइयाँ सचमुच रोक दी होंगी।

हमारे इतिहास में वह वर्ष जब हमें स्वाधीनता मिली, मील का पत्थर है। इससे हमें जो मिला, उसका बहुत कुछ अच्छा है, लेकिन हम कुछ कमजोरियों को भी ढोए जा रहे हैं। किन्तु मैंने अध्याय के प्रारम्भ ही में कहा है कि राष्ट्रों को चयन करना पड़ता है, विशेष रूप से अपने निर्माण के काल में, हमारे देश की नींव डाली, उन्होंने अपने चयन किए थे, और यदि उनके द्वारा किए गए चयन में से कुछ दोष मिले (या उनके एक या अधिक चयन अपने आप में गलत ही थे) तो यह हमारा दायित्व है कि हम उन्हें समझें और उनका परिमार्जन करें।

अध्याय-3

शासन-प्रबन्ध

अर्थव्यवस्था का मूल आर्थिक गतिविधियाँ हैं और इनके अभाव से भौतिक तनावों का जन्म होता है। परिणामदायक सक्रियता के अभाव में न केवल वर्तमान समृद्धि का बल्कि साथ ही भावी सम्पन्नता के भी विनाश की सम्भावना बनने लगती है।

शासक को इतना निपुण होना चाहिए कि वह राष्ट्र की समृद्धि के हित में आने वाली आपदाओं को पहले से देख सके। उनके आगमन से पहले ही उन्हें दूर करने का प्रयास करे, जो घटित हो रही हैं उन पर नियंत्रण करे, आर्थिक गतिविधियों द्वारा समस्त अवरोधों को दूर हटाए और राज्य के राजस्व की हानि न होने दे।

अल्प राजकोष वाला शासक नागरिकों और राष्ट्र की शक्ति से हाथ धो बैठता है।

–*अर्थशास्त्र*

किसी भी देश के लिए शासन-प्रबन्ध को सर्वोच्च प्राथमिकता मिलना आवश्यक है। आकार, जटिलता और मौजूद चुनौतियों के सन्दर्भ में भारत के लिए तो यह और भी आवश्यक है। दुर्भाग्य से हाल ही में केन्द्र और राज्य की अधिकांश सरकारों ने शासन करने की अक्षमता ही प्रदर्शित की है। यह स्वीकार्य नहीं हो सकता। राज्य का कामकाज दुरुस्त करने के लिए हमें सबसे पहले शासन के कुप्रबन्धन के उनके रिकॉर्ड के मूल कारणों की पहचान कर लेनी चाहिए। कटु सच यह है कि इस समय हमारा जो लोकतांत्रिक राज्य-तंत्र कार्य कर रहा है वही शासन-प्रबन्ध की सबसे बड़ी बाधा बन गया है। संविधान की रचना करते हुए हमारे राष्ट्रनिर्माताओं ने इस तरह की स्थिति की पूर्वकल्पना नहीं की थी। वे सोचते थे कि संसदीय व्यवस्था में लोकतांत्रिक चुनाव के द्वारा ऐसा स्थिर बहुमत

मिल जाएगा जो पाँच वर्षों तक जनता की जरूरतों को पूरा करने के लिए काम कर सकेगा। स्वतंत्रता के कई दशक बाद तक यह हुआ भी। स्पष्ट बहुमत के साथ चुनावों में कांग्रेस की विजय होती रही। अस्थिरता की स्थितियाँ नहीं थीं, गठबन्धन नहीं थे। कई पार्टियों से बनने वाले प्रतिपक्ष की शक्ति बढ़ी तो, लेकिन उनकी साझा हैसियत सत्तादल की कार्यावधि के लिए कभी चुनौती देने की स्थिति में नहीं आ पाई।

तथापि '90 के दशक के प्रारम्भ होने के साथ ही इस स्थिति में नाटकीय परिवर्तन हुआ। चुनावों ने ऐसे गठबन्धनों को जन्म दिया जो अस्थिर, अल्प बढ़त रखने वाले और भंगुर थे। यह साफ हो चुका था कि कोई दल स्पष्ट बहुमत के साथ जीतने की स्थिति में नहीं है और वह युग अब बीत चुका है। समय के साथ का आधार ज्यों-ज्यों सिकुड़ता गया है, उसी अनुपात में छोटी-छोटी क्षेत्रीय पार्टियों का उद्‌भव हुआ है। दूसरी कोई राष्ट्रीय पार्टी नहीं है जो अपने बूते पर बहुमत प्राप्त कर सके। इससे वह राजनीतिक परिदृश्य ही बदल गया जो शासन-प्रबन्ध के योग्य हो सकता था।

गठबन्धन के दौर में चुनी हुई सरकारें अपनी सारी शक्तियाँ अपना कार्यकाल बनाए रखने की चिन्ता में लगा देती हैं। सुशासन के तरीकों का स्थान राजनीतिक प्रबन्धन की जरूरतें ले लेती हैं। राजनीतिक सुविधाओं की तात्कालिकता किसी भी नीति निर्माण को बन्धक बना लेती है। इसके अतिरिक्त सुशासन पर प्रायः राजनीतिक समझौतों का साया बना रहता है। गठबन्धन में कई घटक दल शामिल होते हैं जिनमें से प्रत्येक का प्रयत्न होता है कि नीति-निर्धारण का अधिकतम लाभ उसे ही मिले। जब सुशासन की नीतियाँ तय होती हैं तब उनका अभिप्राय यह नहीं होता कि दीर्घावधि में लोगों का उनसे हित हो सके। प्रायः उनका लक्ष्य अल्पकालिक राजनीतिक बढ़त हासिल करना होता है। इससे निर्णय लोक-लुभावन हो जाते हैं। घटक दलों की सुविधा और प्रेरित उद्‌देश्यों के लिए उन्हें सरल कर दिया जाता है।

शासन-प्रबन्धन की कुंजी यह है कि मुख्य मंत्रालयों और विभागों के लिए प्रतिभाशाली व्यक्तियों की नियुक्ति की जाए। इस विषय में हम आगे विस्तार से चर्चा करेंगे। गठबन्धन-राजनीति की विवशताएँ सरकारों को योग्यता के आधार पर नियुक्तियाँ करने से रोकती हैं। लाखों जनता के जीवन को प्रभावित करनेवाले पदों पर जो महानुभाव नियुक्ति पा जाते हैं, वह पिछले रिकॉर्ड या इस आधार पर नियुक्त नहीं होते कि अच्छा प्रदर्शन करेंगे, उनकी नियुक्तियाँ केवल घटक दलों के दबाव में मनमाने ढंग से होती हैं। अपने सदस्यों के लिए प्रत्येक घटक दल निर्लज्जता से माँग करता है और सौदेबाजी कर मंत्रिमंडल में जगह

बना लेता है। सरकार का इस तरह का व्यवहार विपक्ष की भूमिका में भी आमूल बदलाव लाता है। हमारे संविधान-निर्माताओं का दृष्टिकोण था कि प्रतिपक्ष शासकीय नीतियों पर प्रश्न उठाने, उनकी समीक्षा करने और जब अवसर आए तो उनका विरोध करने की भूमिका के अतिरिक्त, सत्तारूढ़ दल की ही तरह राष्ट्र और जनता की भलाई के लिए प्रतिबद्ध होगा। दूसरे शब्दों में, संविधान की मंशा के अनुसार रचनात्मक प्रतिपक्ष बन सकेगा जो सरकार के अधिकार कार्य-कलाप को बाधित नहीं करेगा।

आज यह सब बदल चुका है। ऐसी स्थिति में जहाँ गठबन्धन स्वाभाविक रूप से अस्थिर है, और इसे बदलने या गिराने की सम्भावना सदा बनी रहती है, प्रतिपक्ष प्रतिक्रियात्मक रूप से आक्रामक होने लगता है और यदि सरकार का पतन होता है तो किसी भी तरह सत्ता प्राप्त करने के लिए लालायित रहता है। परिणामस्वरूप जहाँ सत्ता में साझेदारी है वहाँ शासन-प्रबन्ध की झलक तक नहीं मिलती। शासन-प्रबन्ध कोई दुर्बोध, अमूर्त, सैद्धान्तिक नहीं है। सामान्य जनों के जीवन स्तर का ठीक-ठीक आकलन कर इसे समझा जा सकता है। किन्तु भारत में जो करणीय और प्राप्त करने योग्य है और जो हम वास्तव में प्राप्त कर पाए हैं, उसके बीच की खाई गहरी है। अवसरों की वंचना का अनुमान लगाने के लिए हमें इस शासकीय कमजोरी के कुछ उदाहरणों को देखना पड़ेगा और फिर हम इस निष्कर्ष पर पहुँचेंगे कि चाणक्य के नए घोषणापत्र के द्वारा इस समस्या को कैसे सुलझाया जा सकता है।

शुरुआत करने के लिए कृषि एक अच्छा क्षेत्र है। क्योंकि भारत की 60 प्रतिशत जनसंख्या इसी पर है। प्रबन्धन की अक्षमता के फलस्वरूप कृषि उत्पादन की गति लगातार निराशाजनक 2-3 प्रतिशत पर ही ठहरी हुई है। हमारे पास विश्व में सबसे अधिक उपजाऊ कृषि-भूमि है किन्तु हमारा खाद्यान्न उत्पादन बहुत कम है। चीन की प्रति हेक्टेयर चावल की उपज हमसे दुगुनी है। वियतनाम और इंडोनेशिया में यह 50 प्रतिशत अधिक है। पंजाब जैसे सफल कृषि राज्य तक में प्रति हेक्टेयर औसतन 3.8 टन चावल पैदा किया जाता है। विश्व का औसत उत्पादन 4.3 टन का है। हर वर्ष तोते की तरह यह रटने के बावजूद कि कृषि-उत्पादन के क्षेत्र में भारत ने पिछले रिकॉर्ड को पीछे छोड़ दिया है, व्यर्थ की बात है। क्योंकि कुल मिलाकर कृषि विकास में 2 प्रतिशत से कुछ अधिक की ही वृद्धि हुई है।

कृषि के लिए तत्काल ही अधोरचना और तकनीकी के प्रयोग की आवश्यकता है। शासन की नीतियों में अच्छे बीज, खाद और कीटनाशकों, व्यापक सिंचाई सुविधाओं, तकनीक, साख के विश्वस्त साधनों और प्रभावशाली

उपग्रहीय मानचित्र अंकन पर ध्यान दिया जाना आवश्यक था। आने वाली सरकारों को भंडारण सुविधाओं–शीतगृह शृंखलाओं–के विकास और परिवहन तंत्र के सुधार के लिए काम करना चाहिए था। उन्हें कृषि क्षेत्र में शोध और विकास को उन्नत करने पर ध्यान देना था। ब्राजील में सकल घरेलू उत्पाद (जीडीपी) का 1.7 प्रतिशत कृषि अनुसन्धान पर व्यय किया जाता है। हम जितना खर्च करते हैं उसका लेखा तक नहीं है। बाजारों में हस्तक्षेप करने और नकदी फसलों के अनुपात को बढ़ाने के सम्बन्ध में नीतियाँ बनाने की आवश्यकता स्पष्ट रूप से है। इसके अतिरिक्त कृषि महसूलों का विश्लेषण और पुनर्निर्धारण भी जरूरी है। मेक्सिको और फिलीपींस आम के निर्यात में बाजार के अगुवा बन गए हैं, यह हमारे देश का घरेलू फल है जिस पर हम गर्व करते रहे हैं।

देश अभी भी अव्याख्येय कृषि उत्पादक मंडी समिति कानून (एपीएमसी) पर टिका हुआ है। जो शासकीय खरीद के लिए किसानों को मंडियों में विक्रय के लिए बाधित करता है। इस तरह अनाज का 30 से 35 प्रतिशत तक भंडारण और वितरण में नष्ट हो जाता है। भारत के खाद्य निगम के पास लगभग 70 मिलियन टन की भंडारण क्षमता है। प्रतिवर्ष लगभग 35 मिलियन टन अनाज सड़ जाता है। वर्ष 2012 में 75 मिलियन टन अनाज सड़ने के लिए छोड़ दिया गया था। इसके अतिरिक्त उपभोक्ता जो कीमत देते हैं उसका तृतीयांश ही किसान तक पहुँच पाता है क्योंकि बाकी बिचौलिया गटक लेता है। खेत से उपभोक्ता तक की शृंखला में आठ से दस तक कड़ियाँ होती हैं। हर कड़ी मुनाफे में 3 प्रतिशत तक जोड़ती है। नतीजा यह होता है कि किसान को पूरा मूल्य नहीं मिल पाता और उपभोक्ता को अनुचित कीमत देनी पड़ती है। पुराने कानून के कदाचार को सुधारने के लिए नया एपीएमसी एक्ट 2003 से है किन्तु इसे लागू नहीं किया गया। यह सुज्ञात तथ्य है कि 'सकल घरेलू उत्पाद' (जीडीपी) में कृषि के योगदान से मिलनेवाला हरेक रुपया गाँवों की गरीबी हटाने में अन्य हस्तक्षेप की तुलना में दुगुना प्रभावकारी होता है।[5] फिर भी, इस संकट के लिए सरकार का दायित्व केवल इतना है कि लोक–लुभावन दबावों के परिणामस्वरूप न्यूनतम समर्थन मूल्य को बढ़ा दिया जाए।

शासकीय प्रबन्धन के विनाशक परिणाम हमें ऊर्जा उत्पादन के मूल क्षेत्र में भी देखने को मिलते हैं। किसी भी भारतीय को अँधेरे में रहने के लिए अभिशप्त होने की आवश्यकता नहीं है। किन्तु ऐसे लोगों की संख्या बहुतायत है जिनकी पहुँच आज भी बिजली के बल्व तक नहीं है। ऐसा क्यों है? हमारे बिजली के कारखाने अपनी क्षमता का 71 प्रतिशत ही उत्पादन दे पाते हैं। 2006–07 में

हमारे राजकीय कारखानों में 138 बिलियन डॉलर अर्थात् 5 लाख करोड़ का नुकसान हुआ। 2010 में यह 445 बिलियन डॉलर या 23 लाख करोड़ रुपए की स्तब्धकारी सीमा तक जा पहुँचा। ऊर्जा वितरण का निजीकरण एक प्रकट विकल्प सम्भव था किन्तु उसके लिए ऐसी कोई राष्ट्रीय नीति नहीं बनाई गई जिसे राज्यों का भी समर्थन मिलता। दिल्ली की सरकार उन कुछ राज्यों में से एक थी जिसने बिजली वितरण के निजीकरण का विकल्प चुना। परिणामस्वरूप बिजली कटौतियों में कमी आई, और 2011 में बिजली चोरी के मामले 50 प्रतिशत से घटकर 11 प्रतिशत रह गए। देश के सकल बिजली उत्पादन में वृद्धि हुई है, किन्तु अधिकांश बड़ी बिजली योजनाएँ शुरू नहीं हो पाईं। इसका कारण वह निर्देशात्मक मूल्य नीति है जो हानि की भरपाई करने की अनुमति देती है। अधिक चिन्ताजनक यह है कि जो बिजली कारखाने चालू हैं वे भी ईंधन समाप्त होने की अवस्था में हैं। कम से कम 70 ताप बिजलीघर संकटग्रस्त हैं। उदाहरण के लिए 2012 में 44 तापग्रह ऐसे थे जिनके पास 15 दिन से भी कम के लिए कोयले का भंडार बचा था। इस 'अति संकटपूर्ण' स्थिति में 26 कारखाने ऐसे थे जिनके पास केवल एक सप्ताह का ही कोयला रह गया था। वास्तव में हमारा देश ऐसी स्थिति का सामना कर रहा है जहाँ कभी भी बड़े पैमाने पर ब्लैक-आउट हो सकता है। हमारा भविष्य कैसा है इसका स्वाद हमने चखा था, जब 31 जुलाई, 2012 को उत्तर भारत ने विश्व के विशालतम ब्लैक-आउट का अनुभव किया। उत्तर, पूर्व और उत्तर-पूर्व के ग्रिड बन्द हो गए और इसका प्रभाव 350 मिलियन जनता पर पड़ा। इसका तात्कालिक कारण तो ग्रिड के प्रबन्धन की लापरवाही थी, लेकिन बुनियादी समस्या यह है कि देश में बिजली की कमी है। इसके साथ ही, अनियंत्रित बिजली की चोरी, ट्रांसमिशन लाइनों की देखभाल न होना, एक कठोर नियामक संस्था का अभाव और मुफ्त बिजली जैसी लोक-लुभावन नीतियों को अन्तर्भूत कमियों के रूप में देखा जा सकता है। ये समस्याएँ प्रबन्धन के वश की नहीं हैं, इन्हें केवल सुशासन से ही सुलझाया जा सकता है। बताया जाता है कि गुजरात सरकार ने बिजली-चोरी के खिलाफ एक लाख से अधिक मामले दर्ज किए और अपने फीडरों को स्वतंत्र कर दिया, और आज गुजरात के 18,000 गाँवों को सातों दिन-चौबीस घंटे तीन फेज बिजली की आपूर्ति हो रही है।[6] बेहतर शासन के कारण ही मध्य प्रदेश की वर्तमान सरकार अपनी स्थापित उत्पादन क्षमता को दुगुने से अधिक बढ़ा पाई है और आशा की जाती है कि 2013 तक यह 24×7 बिजली की आपूर्ति करने लगेगी।

पाँच साल पहले कोयले की कमी 43 मिलियन टन थी। आज यह 140

मिलियन टन से अधिक है। यह उस देश के लिए आश्चर्यजनक है जो कोयला भंडारों की दृष्टि से विश्व में चौथे स्थान पर है। इस अभाव के कारण वर्षों से सरकारों के सामने स्पष्ट रहे हैं। सार्वजनिक क्षेत्र की कम्पनी दि कोल इंडिया लिमिटेड का एकाधिकार खत्म होना चाहिए जो सरकार की स्वीकृति के अनुसार अपनी खदानों में 25 प्रतिशत कोयला बर्बाद कर देती है। 2012 का कोलगेट घोटाला, जिसमें सरकार पर भ्रष्ट और मनमाने तरीके से अपनी खदानें कुछ चुने हुए लोगों को आवंटित करने के आरोप लगे हैं, उचित ही सुर्खियों का विषय बना है। अतः दूरगामी दृष्टि से यह आवश्यक है कि एक कोयला-नियामक संगठन बने। मूल्य-सुधार नीति लाई जाए और कोयला खनन निजी क्षेत्र को मिले। द्वितीयतः पर्यावरण सम्बन्धी प्रश्न महत्त्वपूर्ण तो हैं, लेकिन यह भी इतना ही जरूरी है कि खनन के प्रबन्धन के लिए पारदर्शी और वैज्ञानिक नियम हों। उत्खनन की अनुमति के लिए 'देना/नहीं देना' की इकतरफा नीति से 203 खदान-क्षेत्रों में 600 मिलियन टन कोयला अटका पड़ा है। इस क्षेत्र में नीतियों का निर्धारीकरण लगभग जड़ीभूत है क्योंकि इस पर ऊर्जा, कोयला, भूमि और पर्यावरण के कई विभागों को निर्णय लेना है। देश का एक बड़ा हिस्सा लगातार बिजली के अभाव से संघर्ष कर रहा है और सरकार का एक चालू उपाय यह है कि एक और अधिकृत मंत्री समूह का गठन (ईजीओएम) कर दिया जाए।

शासन-प्रबन्ध की जड़ता से प्रत्येक भारतीय के जीवन की गुणवत्ता पर प्रभाव पड़ा है। भारतीय रेलें विश्व के सबसे बड़े नेटवर्क में से एक हैं। लाखों-करोड़ों भारतीय इनका उपयोग करते हैं किन्तु उनकी सुरक्षा के लिए गम्भीर खतरा है। 2011 में लगभग हर महीने एक बड़ी दुर्घटना हुई, किसी महीने में तो एक से अधिक भी। जुलाई 2011 सबसे खराब महीना था जब सात दुर्घटनाओं में सौ से ज्यादा लोग मरे। 2012 के अप्रैल-जुलाई में दस दुर्घटनाएँ हुई हैं जिनमें 87 जानें गईं। वर्तमान में भारतीय रेलों की नेटवर्क उत्पादकता चीन से आधी है। रेल मंत्रालय के लिए यह जरूरी हो गया है कि वह तत्काल सुरक्षा उपायों में सुधार करे। इसके लिए नए साजोसामान, पटरियों का नवीनीकरण, विद्युतीकरण और प्रशिक्षण तथा इलेक्ट्रॉनिक संकेत व्यवस्था की आवश्यकता है। सरकार द्वारा गठित दो समितियों ने इसकी लागत का अनुमान लगाया है जो एक 1 करोड़ से 8 लाख करोड़ रु. के बीच है। चूँकि भारतीय रेलें गम्भीर संकट में हैं इसलिए यात्री किराए में वृद्धि ही इस स्थिति से बाहर निकलने का रास्ता हो सकता है। तथापि राजनीतिक कारणों से एक के बाद एक रेल मंत्रियों ने इस समाधान की तरफ से अपनी आँखें बन्द रखी हैं। नीतीश कुमार ने 2002 में

किराए में बढ़ोतरी की, किन्तु अपनी अदूरदर्शी लोक-लुभावनता के चलते लालू यादव ने तीन बार किरायों में कमी कर दी। रेल मंत्री के रूप में ममता बनर्जी ने प्रधानमंत्री और वित्तमंत्री की सलाह की परवाह नहीं की और आठ वर्षों तक किराए में बढ़ोतरी नहीं हुई, उनकी तृणमूल कांग्रेस का समर्थन सत्तारूढ़ गठबन्धन के लिए अपरिहार्य था, इसलिए वह ऐसा कर सकीं। पश्चिम बंगाल में अपनी राजनीतिक लड़ाई में व्यस्तता के कारण उनके पास अपने विभाग के लिए समय ही नहीं था कि वह रेल को वापस पटरी पर लाने की वैकल्पिक नीतियों पर विचार कर सकें, जैसे-स्टेशनों और फ्रंट टर्मिनलों के आधुनिकीकरण में निजी क्षेत्र का सहयोग लें, या बड़े पैमाने पर खाली पड़ी जमीन को निजी-सार्वजनिक साझेदारी (पीपीपी) से उपयोग में लाएँ।

देश की अधोरचना के अन्य प्रमुख क्षेत्रों में भी यही कहानी दुहराई गई है। उदाहरण के लिए बेहतर और अधिक संख्या में सड़कें, यात्रियों की सुविधा के साथ देश के सकल घरेलू उत्पाद (जीडीपी) में 0.5 प्रतिशत का योगदान करती हैं। किन्तु सभी निर्माण योजनाएँ लम्बित हैं और सरकार एक साल से राष्ट्रीय राजमार्ग प्राधिकरण के अध्यक्ष की नियुक्ति भी नहीं कर पाई है। नई और उन्नत पत्तन सुविधाएँ अन्तर्राष्ट्रीय व्यापार और पूँजीनिवेश को प्रोत्साहित करती हैं और उपभोक्ता के उपयोग में आनेवाले सामान के मूल्य में इससे कमी होती है, लेकिन इस सम्बन्ध में सोलह महत्त्वपूर्ण योजनाओं में से ग्यारह का काम रुका हुआ है। जवाहरलाल नेहरू पोर्ट ट्रस्ट और चेन्नई मेगा कंटेनर टर्मिनल की अनुमति तीन वर्षों से नहीं मिल पाई है। उड़ीसा के धर्मा पोर्ट के लिए रियायतों पर 1998 में हस्ताक्षर हुए थे, यद्यपि निजी क्षेत्र की लारसन एंड टोब्रो ने 2004 में ही परियोजना को पूरी तरह अपने हाथ में ले लिया, फिर भी पर्यावरण की स्वीकृति मिलने में तीन वर्ष लग गए। महाराष्ट्र के दीघी पोर्ट की रियायतों पर 2002 में हस्ताक्षर हुए थे किन्तु यह 2011 में ही काम शुरू हो सका।

हमारे नागरिक उड्डयन क्षेत्र की दशा और भी निराशाजनक है। इंटरनेशनल एयर ट्रांसपोर्ट एसोसिएशन के अनुसार 2011 में हवाई सेवाओं ने वैश्विक स्तर पर 18 बिलियन डॉलर का मुनाफा कमाया। भारत में यात्री भाड़े में 2011 में 16 प्रतिशत की वृद्धि हुई, फिर भी भारतीय विमानन ने 400 मिलियन डॉलर खो दिए, जो दो हजार करोड़ से ज्यादा होते हैं, एयर इंडिया पर बकाया ऋण और देनदारियाँ स्तब्धकारी 70,000 करोड़ रुपए की हैं। अर्थशास्त्र की साधारण सी जानकारी रखने वाला व्यक्ति भी यह बता सकता है कि सरकार एयर इंडिया में अपनी हिस्सेदारी का विनिवेश करे, और वायुसेना को ठोस व्यापार सिद्धान्तों के आधार पर पुनगर्ठित और पुनर्जीवित होने दे। जैसा कि इंडिगो जैसी वायुसेवाओं

ने प्रदर्शित किया है। तथ्य तो यह है कि सरकार की समूची विनिवेश योजना का क्रियान्वयन यत्र-तत्र ही हुआ है, इससे विनिवेश भी कम हुआ है और बहुत देर से हुआ है। सरकार को उन क्षेत्रों से बाहर आ जाना चाहिए जिनमें उसकी कोई भूमिका नहीं है। जैसे कि नागरिक उड्डयन और यदि वह उस क्षेत्र से पूरी तरह बाहर नहीं आना चाहती तो उसे वहाँ निजी क्षेत्र की बड़ी भागीदारी स्वीकार कर लेनी चाहिए। 2012 के बिलकुल अन्त में आखिरकार उड्डयन के क्षेत्र में प्रत्यक्ष विदेशी निवेश (एफडीआई) को आंशिक अनुमति देने का निर्णय कर लिया गया, यह अति विलम्बित निर्णय भी तब तक कोई सहायता नहीं कर पाएगा जब तक कि देश की लम्बे अरसे से घाटे में चल रही वायु सेवा-एयर इंडिया पर कुछ कठोर फैसले नहीं किए जाएँगे।

यह सच है कि ईंधन की बढ़ती हुई कीमतों ने हमारी परिवहन सेवाओं की चिन्ताएँ बढ़ाई हैं। किन्तु यह इस बात का भी द्योतक है कि कच्चे तेल की खोज के अपने अभियान को तेज करने में हमारा प्रदर्शन कितना लचर रहा है, 2011-12 में भारत का अनुमानित व्यापार घाटा 150 बिलियन डॉलर था। इस घाटे का 85 प्रतिशत तेल और गैस आयात के कारण था। ऊर्जा आवश्यकताओं की पूर्ति के लिए हमें 80 प्रतिशत ईंधन का आयात करना होता है। सामरिक दृष्टि से तेल और गैस हमारे लिए महत्त्वपूर्ण हैं। किन्तु इस क्षेत्र में हमारा प्रदर्शन क्या है? बम्बई-हाई को हमारी उल्लेखनीय खोज माना गया था। लेकिन इसका उत्पादन भी लगातार घटता जा रहा है। हाल ही के वर्षों में किसी भी सरकार के लिए कच्चे तेल के क्षेत्र में निवेश करनेवाली कम्पनी के अनुकुल वातावरण बनाना पहली प्राथमिकता होनी चाहिए थी, किन्तु इस दिशा में बहुत कम प्रयत्न किए गए हैं। केरन एनर्जी के भारत स्थित सम्पत्तियों के अधिग्रहण जैसे रोजमर्रा के कामों में लगभग एक वर्ष लग गया। इसी तरह रिलायंस इंडिया लिमिटेड के समुद्रपारीय तेल भंडारों के एक भाग के भारत पेट्रोलियम द्वारा अधिग्रहण में न जाने कितना समय लगना है। अपनी खनिज और तेल की जरूरतों को पूरा करने के लिए चीन विकासशील विश्व में एकाग्र भाव से प्रयत्नशील है। तेल की खोज के क्षेत्र में यह सीमा में रहते हुए भी आक्रामक है। कोई आश्चर्य नहीं कि 2011 में चीन ने 203 मिलियन टन तेल का उत्पादन किया, जबकि हम दयनीय 33.7 मिलियन टन तेल ही निकाल पाए। मूल्य विनियंत्रण जैसी मूलभूत दीर्घकालिक नीतियाँ अपनाने के स्थान पर एक के बाद दूसरी सरकार अनिश्चित सब्सिडियों के महँगे उपायों पर चलती रहीं। देश के सभी बड़े तेल का व्यापार करनेवाले निगम कर्ज में गहरे डूबे हुए हैं। इंडियन ऑयल कॉरपोरेशन का ऋण 73000 करोड़ रुपए से आगे निकल चुका है। हिन्दुस्तान पेट्रोलियम और भारत पेट्रोलियम

दोनों में 3000 करोड़ रुपए का घाटा सिर्फ 2011-12 की पहली तिमाही में हुआ है।

करों का भुगतान, विशेष रूप से भारत के मध्य वर्ग के लिए, सरकार से आमना-सामना होने का मुख्य क्षेत्र है। यह बहुत आवश्यक राजस्व को जुटाने का महत्त्वपूर्ण स्रोत भी है। किन्तु हमारी करदाता जनसंख्या की तुलना में करदाताओं की वास्तविक संख्या नगण्य है। कर-संग्रह के इस निम्न स्तर के कारणों में से एक यह है कि हमारे कानून सरल और पारदर्शी नहीं हैं। इससे ईमानदार करदाता के जीवन में जटिलताएँ उत्पन्न होती हैं और कर विभाग की वसूली कम हो जाती है। सरलीकृत प्रत्यक्ष कर-संहिता को लागू करने में असाधारण रूप से देर हुई है। इसी तरह राजस्व में वृद्धि करनेवाले गुड्स और सर्विस टैक्स (जीएसटी), करदाता को प्रोत्साहन और एक तार्किक साझा बाजार बनाने के उपाय वर्षों से लम्बित हैं। साधारण से तकनीकी उपाय जिनसे करवंचकों को पकड़ने में हमारी शक्ति बढ़ सके, वर्षों से उनकी योजनाएँ बनाई जा रही हैं। आर्थिक क्षेत्र के सुधार, जिनसे घटते विदेशी निवेश को सक्रियता मिले और रोजगार अवसरों में सुधार हो, वर्षों से लम्बित हैं। विदेशी प्रत्यक्ष निवेश (एफडीआई) को सुधारने के लिए शक्तिशाली बैंकिंग और बीमा तथा पेंशन विधेयक लाए जा सकते हैं। लेकिन लगता है कि हल्के कानून ही पारित हो सकेंगे। छोटे निवेशकों और वेतनभोगी वर्ग में लोकप्रिय अल्पबचत योजनाओं, जैसे-कर्मचारी भविष्य निधि, सार्वजनिक भविष्य विधि और राष्ट्रीय बचत योजनाओं में सुधार भी नहीं हो पाए हैं। जैसा कि चलन हो गया है कमेटी के बाद बननेवाली कमेटियाँ इन विषयों का परीक्षण कर रही हैं। तथ्य तो यह है कि '90 के दशक में आर.वी. गुप्ता समिति ने बहुत पहले अपनी सिफारिशें की थीं। उसके बाद तीन और समितियाँ बनीं-वाई. वी. रेड्डी, राकेश मोहन और अभी-अभी श्यामला गोपीनाथ के नेतृत्व में, ये भी अपना विद्वत्तापूर्ण परामर्श दे चुकी हैं। नक्शा सामने है, इस पर अमल करने की बजाय एक बार फिर से वित्तीय क्षेत्र के कानूनी सुधारों की समिति के पास भेज दिया गया है।

प्रत्येक भारतीय के जीवन को छूने वाला एक अन्य क्षेत्र शिक्षा है। प्राथमिक शिक्षा घनघोर उपेक्षा से पिछड़ रही है। सरकारी स्कूल, विशेष रूप से ग्रामीण क्षेत्र के सरकारी स्कूल की कोई जवाबदेही नहीं है। शिक्षकों की भर्ती होती है। उन्हें वेतन का भुगतान किया जाता है, लेकिन आदतन वह काम पर नहीं पहुँचते। शिक्षा के अधिकार का कानून प्रशंसनीय लक्ष्य है, किन्तु इसके क्रियान्वयन के लिए सरकारी स्कूलों में सुधार की एक ठोस योजना और राज्यों से कठिन समन्वय की आवश्यकता है। जिस पर ध्यान केन्द्रित नहीं किया

जाता। 'स्थानीय शासन' और 'पड़ोसी स्कूल' जैसे अस्पष्ट शब्दों से बचा जा सकता है। परिणामस्वरूप राज्यों से स्वीकार्य अंकों में प्रतिक्रिया नहीं मिली है, और उनमें से पन्द्रह तक के कोश रोक लिये गए हैं। राज्य सरकारें भी दोषी हैं, और जब तक यह खींचतान चल रही है, तब तक बच्चे महत्त्वपूर्ण शिक्षा से वंचित हैं।

मध्य वर्ग की आशाओं और आकांक्षाओं का पोषण करनेवाली उच्च शिक्षा भी अस्त-व्यस्त है, कुछ अभिजात संस्थाओं को छोड़कर, जो अन्तर्राष्ट्रीय मानकों पर अपने आपमें कमियों के शिकार हैं। नवम्बर 2011 में टाइम्स हायर एजूकेशन और थॉमसन ट्यूटर द्वारा तैयार की गई रिपोर्ट में संसार के 200 श्रेष्ठ विश्वविद्यालयों की सूची में एक भी भारतीय शिक्षण-संस्था स्थान नहीं पा सकी।

एशिया के बीस विश्वविद्यालय उसमें थे, जिनमें बीजिंग, हांगकांग, जापान और सिंगापुर शामिल थे। उससे अधिक चिन्ताजनक रिपोर्ट 2009 में छात्रों के अन्तर्राष्ट्रीय मूल्यांकन कार्यक्रम (-पीआईएसए) की थी, जिसमें हिमाचल प्रदेश और तमिलनाडु के शैक्षणिक स्तरों को नमूने के तौर पर लिया था, इस रिपोर्ट में 74 क्षेत्रों ने हिस्सा लिया था। हमारे दो राज्य यहाँ सबसे नीचे थे, केवल किर्गीजस्तान ही इनसे पीछे था। वास्तव में हिमाचल प्रदेश की विज्ञान शिक्षा सबसे पीछे थी और तमिलनाडु भी ज्यादा अच्छा नहीं, बहत्तरवें स्थान पर रहा। संयोगवश, जिन राज्यों में राजनीतिक स्थिरता है, जो शासन-प्रबन्ध की इच्छा को सम्भव बनाती है, उनके परिणाम नाटकीय रूप से अलग थे। गुजरात राज्य में साक्षरता की दर 2001 में 69 प्रतिशत से बढ़कर 2011 में 79 प्रतिशत तक पहुँच गई। इसी अवधि में स्त्री शिक्षा में 50 प्रतिशत की वृद्धि हुई और यह 70 प्रतिशत से भी आगे निकल गई। पहली से पाँचवीं कक्षा तक शिक्षा छोड़ने वाले छात्रों की संख्या में नाटकीय गिरावट देखी गई, यह 20 प्रतिशत से घटकर 3 प्रतिशत तक आ गई।

समय शिक्षा क्षेत्र का सार तत्त्व है। भारत जनांकिक दृष्टि से विश्व के सर्वाधिक युवा देशों में से एक है और उचित शिक्षा के लिए संघर्ष कर रहे युवजनों की संख्या दिन-प्रतिदिन बढ़ रही है। जैसा कि भारतीय रिजर्व बैंक (आरबीआई) के गवर्नर सुब्बा राव ने कहा है : कौशल का अन्तराल अब समस्या नहीं रही है-धीरे-धीरे एक संकट में बदलती जा रही है-भारत में एक वर्ष में 350,000 इंजीनियर तैयार होते हैं, किन्तु इनमें से चौथाई के लगभग रोजगार के योग्य होते हैं। हमारे पास औद्योगिक प्रशिक्षण (आईटीआई) की 7,000 संस्थाएँ हैं, लेकिन उनके पाठ्यक्रम भयानक रूप से पिछड़े हुए हैं।[7]

शासन-प्रबन्ध की कार्यसूची बहुत स्पष्ट है। हमें विदेशी विश्वविद्यालयों की आमद के लिए कानून जानने होंगे। हमें 'लाभ की शिक्षा' को इजाजत देनी होगी। हमें शिक्षा को लाइसेंसों से मुक्त करना होगा। इनमें से कुछ भी नहीं किया जा रहा है। उदाहरण के लिए अगस्त 2012 में मानव संसाधन मंत्रालय (एचआरडी) की परामर्श समिति की एक रिपोर्ट संसद में प्रस्तुत की गई थी जिसमें सरकार ने स्वीकार किया था कि 42 केन्द्रीय विश्वविद्यालयों के 16,602 स्वीकृत पदों में से 6,542 पद खाली पड़े हुए हैं। आश्चर्यजनक रूप से हमारे पन्द्रह आईआईटी में फैकल्टी की कुल संख्या 5,092 में से 1,611 रिक्तियाँ हैं। हमारी 13 प्रबन्धन शिक्षा संस्थाओं (आईआईएम) में अपनी स्वीकृत शैक्षणिक संख्या 638 में से 111 स्थान अभी भी भरना है।

शिक्षाविद् कान्ति बाजपेयी का स्पष्ट शब्दों में कहना है : 'हम इस तथ्य से मुँह नहीं मोड़ सकते कि हमारी स्कूल व्यवस्था, व्यावसायिक शिक्षा, महाविद्यालय और विश्वविद्यालय लड़खड़ा रहे हैं।'[8]

गठबन्धन सरकारों की कार्यशैली का एक अन्य उत्कृष्ट उदाहरण प्रत्यक्ष विदेशी निवेश (एफडीआई) का लम्बे समय से चला आ रहा विवाद है। यह विधेयक संसद में 2011 के शीतकालीन सत्र में आना था, किन्तु प्रतिपक्ष की बाधा के कारण प्रस्तुत नहीं हो पाया। अन्ततः इसे मंत्रिमंडल की स्वीकृति मिली और इसे सितम्बर 2012 में सरकारी निर्णय के रूप में रखा गया और इसके क्रियान्वयन को स्थानीय साधन जुटाने जैसे कुछ प्रावधानों के साथ राज्यों की इच्छा पर छोड़ दिया गया। तथापि इसे अस्वीकार करने वालों की कतार में सरकार के सहयोगी दल ही सबसे आगे थे। राजनीतिक विभाजन की कठोरता के कारण, इस निर्णय के लिए जाने से पहले कोई देशव्यापी वस्तुपरक बहस नहीं हो पाई, राजनीतिक विभ्रम को साधने के चक्कर में प्रस्तावों की गुणवत्ता पर उस तरह का ध्यान नहीं दिया गया, जो उनके लिए आवश्यक था। अनेक योग्य पर्यवेक्षकों का विश्वास है कि खुदरा व्यापार में प्रत्यक्ष विदेशी निवेश (एफडीआई) का पक्ष बहुत प्रबल है। चीन और ब्राजील सहित अनेक देशों में इसे सफलता मिली है। इससे किसान और उपभोक्ता दोनों ही लाभान्वित हुए हैं। विख्यात अर्थशास्त्री जगदीश भगवती ने कुल मिलाकर इसे सार रूप में प्रस्तुत किया है, 'इसके ठोस साक्ष्य हैं कि ऐसे खुदरा व्यापारियों के प्रवेश से कृषि की उत्पादकता में वृद्धि होती है। इसके साथ ग्रामीण क्षेत्रों की समृद्धि भी बढ़ती है, क्योंकि ऐसे व्यापारी शीतलीकरण, भंडारण और उत्पादकता बढ़ाने के उपाय कर सकते हैं जो छोटे व्यापारियों की क्षमता से बाहर है।'[9] छोटे व्यापारियों को इससे हानि होगी, यह प्रचार भी वैश्विक अनुभव से मेल नहीं खाता। यदि

फिर भी यह अनुमान सही हो तो भी प्रश्न यह है कि हमें 5 लाख छोटे व्यापारियों की चिन्ता होनी चाहिए या 60 करोड़ किसानों और 120 करोड़ उपभोक्ताओं की। खुदरा व्यापार में प्रत्यक्ष विदेशी निवेश (एफडीआई) की अच्छाइयाँ जो भी हों, यूपीए सरकार ने आधे-अधूरे मन से एक महत्त्वपूर्ण सुधार को अपने कार्यकाल की समाप्ति के लगभग लाकर कोई यश नहीं कमाया है। यह निस्सन्देह कहा जा सकता है।

कुछ लोगों का तर्क है कि व्यवस्था में जो भी कमियाँ हों, जिम्मेदारी उन व्यक्तियों की है जो इसका संचालन कर रहे हैं। इस बात के उदाहरण हमें कई राज्यों में मिलते हैं। विशेष रूप से गुजरात, बिहार, दिल्ली, मध्य प्रदेश, छत्तीसगढ़ और किसी सीमा तक उड़ीसा में। इन राज्यों के मुख्यमंत्रियों का अपना कार्यकाल ऐसा रहा कि वे एक से अधिक बार फिर चुने गए। किन्तु यहाँ यह भी उल्लेख्य है कि इन सभी मामलों में सत्तारूढ़ दल के पास निश्चित और सुरक्षित बहुमत रहा है जिससे वह अपना कार्यकाल पूरा कर पाया। केवल बिहार में दो दलों का गठबन्धन है-जनता दल यू. और भाजपा। सौभाग्य से यह सुरक्षित गठबन्धन है, और दोनों दलों के विधायकों की संयुक्त संख्या उस खतरे के निशान से बहुत ज्यादा है जिसका सामना अस्थिर सरकारों को करना पड़ता है।* इन स्थितियों में जो नेता सुशासन के लिए प्रतिबद्ध होते हैं वे सक्रियता से काम कर सकते हैं और सकारात्मक परिणाम दे सकते हैं। तथापि सभी उपलब्ध साक्ष्यों से ज्ञात होता है कि केन्द्र की सरकारों में आवश्यक रूप से कई पार्टियों का गठबन्धन सक्रिय रहेगा और बहुमत होने के बाद भी वे अस्थिर रहेंगी। यदि बड़े साझीदारों में से कोई एक अलग हो जाता है तो सरकार का अस्तित्व खतरे में पड़ जाएगा। ऐसी स्थिति में प्रतिपक्ष हमेशा ही सत्ता हथियाने की कोशिश करेगा। उस दशा में सबसे अधिक प्रतिभाशाली व्यक्ति भी उस व्यवस्था का दास बनकर रह जाएगा जिसका वह हिस्सा रहा है। अतएव ऐसी व्यवस्था की तलाश होनी चाहिए जिसमें प्रतिभाशाली को शासन करने का अवसर मिल सके, इस गुंजाइश के बिना प्रतिभाशाली व्यक्ति भी परिवर्तन नहीं ला सकते।

किन्तु इस समस्या का समाधान निरंकुश शासन भी नहीं है। लोकतंत्र के बिना प्रशासन एक अधिनायकवादी राज्य में परिणत हो जाएगा। कुछ समय के लिए ऐसा राज्य अधिक कुशल और प्रभावी प्रतीत हो सकता है किन्तु अन्ततः यह जनगण के वास्तविक हितों की दृष्टि से अनिवार्यतः नुकसानदायक बन जाता है। इस प्रकार सुशासन रहित लोकतंत्र उस मूल उद्देश्य के लिए विश्वासघात होगा जिसके लिए जनता अपने प्रतिनिधियों का चुनाव करती है।

* अब परिस्थिति बदल चुकी है।

लोकतंत्र और शासन दोनों ही आवश्यक हैं। इसे ध्यान में रखकर 'चाणक्य का नया घोषणापत्र' कहता है कि :

1.1 लोकतांत्रिक राज्य–व्यवस्था में सुशासन पहली प्राथमिकता होनी चाहिए।

1.2 भारत की तात्कालिक प्रशासनिक प्राथमिकताओं को देखते हुए लोकतांत्रिक प्रक्रिया का ऐसा कोई भी रूप, जो जनता से किए गए वायदों अथवा उसकी वांछित जरूरतों को पूरा करनेवाली योजनाओं में व्यवधान डालता हो, या उन्हें शिथिल करता हो, उसे बिना किसी विलम्ब के अभी सही रास्ते पर लाना होगा।

1.3 लोकतांत्रिक कार्य–पद्धति की हमारी वर्तमान व्यवस्था प्रशासन के उद्देश्यों की राह से स्पष्ट रूप से भटक गई दिखाई देती है। केन्द्र में अस्थिर बहुमत वाली बहुदलीय सरकारों की सारी शक्ति अपना अस्तित्व बचाने में लग जाती है, इससे प्रशासन के दायित्वों की अवहेलना होती है।

1.4 वर्तमान गतिरोध का हल संविधान से नहीं मिल सकता, क्योंकि इसका आधार भिन्न प्रकार की मान्यताएँ थीं, उनमें प्रमुख यह थी कि लोकतांत्रिक चुनाव के माध्यम से सुरक्षित बहुमत प्राप्त हो सकेगा जिससे शासन करने के लिए एक स्थिर समय मिलेगा। कई चुनावों के बाद हाल में यह मान्यता नाटकीय रूप से मिथ्या सिद्ध हुई है।

1.5 बहुदलीय गठबन्धन की सरकारें किसी तरह अपना पाँच वर्ष का कार्यकाल तो पूरा कर लेती हैं, लेकिन उनके शासनादेश में अन्तर्भूत राजनीतिक अस्थायित्व उनके शासन करने की शक्ति को क्षीण कर देता है और इससे वे अल्पकालिक लुभावनी नीतियों को अपनाने के लिए प्रोत्साहित होती हैं।

1.6 ऐसे कोई आश्वस्तिकारक संकेत नहीं मिल रहे हैं जिनसे यह कहा जा सके कि हमारी वर्तमान दूषित लोकतांत्रिक राजनीति प्रशासन की दृष्टि से अपने आपमें सुधार कर सकेगी।

1.7 अतः लोकतांत्रिक राजनीति के मूलभूत सिद्धान्तों को हल्का किए बिना लोकतांत्रिक कार्यविधि में बदलाव कर हम प्रमुख लक्ष्य अर्थात् सुशासन की प्राप्ति कर सकते हैं।

1.8 यह बदलाव कैसे हो सकता है, इस सम्बन्ध में कई सुझाव दिए गए हैं। इनमें दो उल्लेखनीय हैं। पहला अमेरिका जैसी राष्ट्रपति प्रणाली का है। यह सुझाव निरर्थक नहीं है क्योंकि पाँच वर्ष के सुनिश्चित

कार्यकाल के लिए चुना गया राष्ट्रपति (असम्भव और बिरल महाभियोग के अपवाद को छोड़कर) प्रशासन के दीर्घकालीन कार्यक्रम को चलाने के लिए सक्षम होता है। तथापि इस सुझाव के लिए संसदीय लोकतंत्र की वर्तमान व्यवस्था में मूलभूत सुधार करने की आवश्यकता होगी। इसके अतिरिक्त भारत जैसे जटिल देश में समूचे राष्ट्र की जनसंख्या का प्रत्यक्ष रूप से निर्वाचित होनेवाले एक राष्ट्रपति पद के प्रत्याशी से सहमत होना यदि विभाजनकारी नहीं तो कम से कम भ्रान्त तो है ही। यह सम्भावना भी है कि यही राजनीतिक गतिरोध बना रहेगा यदि निर्वाचित राष्ट्रपति को ऐसी संसदीय संस्था का सामना करना पड़ा, जहाँ उसके विरोधी दल बहुमत में हों।

1.9 दूसरा सुझाव जर्मनी की व्यवस्था को स्वीकार करने का दिया गया है। जहाँ चुनी हुई सरकारों का कार्यकाल निश्चित होता है। केवल सत्तारूढ़ दल या गठबन्धन के नेता को 'एक सकारात्मक अविश्वास प्रस्ताव' के द्वारा बदला जा सकता है, जहाँ एक अविश्वास प्रस्ताव के साथ सत्तारूढ़ पक्ष के प्रति विश्वास प्रस्ताव भी रखा जाना अनिवार्य है। जहाँ इस सुझाव में दम है वहीं सत्तारूढ़ गठबन्धन घटक दलों के साथ यह समस्या हो सकती है कि वह अपने कारणों से प्रशासन को बन्धक रखें, और समस्या तब भी नहीं सुलझेगी। यदि सत्ताधारी गठबन्धन में शासन करने की पर्याप्त योग्यता नहीं है तो अपने घटकों में टकराव और असहमति के रहते केवल नेतृत्व में परिवर्तन कर देने से ही बात नहीं बनेगी।

1.10 कम्युनिस्ट पार्टी ऑफ इंडिया (सीपीआई) के पॉलित ब्यूरो के एक वरिष्ठ सदस्य और सांसद सीताराम सेचुरी का सुझाव है कि संविधान में संशोधन करके संसद की एक वर्ष में कम से कम सौ बैठकें अनिवार्य कर दी जानी चाहिए। उससे कुछ नहीं होना है क्योंकि इस बात की क्या गारंटी है कि 'बैठकों' से ऐसे निर्णय हो पाएँगे जो शासन-प्रबन्ध के प्रसंगानुकूल हों।

1.11 अतएव, सर्वश्रेष्ठ विकल्प यही है कि जो लोकतांत्रिक व्यवस्था हमें पहले से मिली हुई है, उसी को दृढ़ता से दुरुस्त करके सुचालक बनाया जाए।

1.12 उन सभी दलों को, जो किसी गठबन्धन, गुट या मोर्चे में शामिल होना चाहते हैं, अपना अभिप्राय चुनाव होने से पहले ही स्पष्ट कर

देना चाहिए। गठबन्धन के समूह, जैसे–संयुक्त प्रगतिशील गठबन्धन (यूपीए), राष्ट्रीय जनतांत्रिक गठबन्धन (एनडीए) और काल्पनिक तीसरा मोर्चा पहले से ही अस्तित्व में हैं, इसलिए केवल उनके घटक दलों या उनमें शामिल होने के इच्छुक दलों को ही विकल्प के चयन की जरूरत होगी, लेकिन उन्हें यह मतदान के बाद नहीं, बल्कि पहले करना होगा।

1.13 असम्बद्ध पार्टियों सहित प्रत्येक गठबन्धन को अपने–अपने प्रशासनिक कार्यक्रम की सार्वजनिक घोषणा करनी होगी और विशिष्ट लक्ष्यों को प्राप्त करने के लिए सम्भावित अवधि भी बतानी होगी। यह सब चुनाव होने से पहले हो जाना चाहिए ताकि मतदाता जान सके कि प्रतिस्पर्धी समूहन के पास उसे देने के लिए क्या है। विश्व के कई हिस्सों में ऐसा सावधानी से तैयार किया गया दस्तावेज गठबन्धनों की व्यवस्था का महत्त्वपूर्ण अंग है। उदाहरण के लिए डेनमार्क में सितम्बर 2011 में चुनाव के बाद तीन प्रतिपक्षी दलों ने सत्रह दिन तक गम्भीर विचार–विमर्श करके 76 पृष्ठों का एक प्रपत्र तैयार किया था। इसी तरह ब्रिटेन में 2010 के चुनाव में एक त्रिशंकु संसद प्रभावी हुई तो कंजरवेटिव पार्टी और लिबरल पार्टी के बीच एक सहमति बनी जिसमें ग्यारह प्रमुख क्षेत्रों में शासन के लक्ष्य निर्धारित किए गए। इनमें घाटा कम करने, कर–नीति, बैंकिंग सुधार, आव्रजन, शिक्षा और नागरिक स्वातंत्र्य जैसे विषय थे।

1.14 शासन का कार्यक्रम राजनीतिक दलों के घोषणापत्रों से अलग होगा, जिनमें जनता को आकर्षित करने के लिए दुनिया भर के वायदे किए जाते हैं। ऐसे राजनीतिक दल अब मतदाताओं का विश्वास खो चुके हैं। शासन का कार्यक्रम एक व्यावहारिक दस्तावेज होगा जिसे एक मोटी रूपरेखा के आधार पर तैयार किया जाएगा। यह रूपरेखा चुनाव आयोग और प्रस्तावित शासकीय आयोग द्वारा निर्धारित की जाएगी। यह रूपरेखा ऐसी होगी जिससे राजनीतिक दलों के अनुत्तरदायी वाग्जाल से मतदाताओं को भरमाया न जा सके और वांछित लक्ष्यों को प्राप्त करने के लिए सत्ता ग्रहण करते ही व्यावहारिक आधारों पर उस दिशा में पहल हो सके।

1.15 चुनाव के बाद पूर्व घोषित गठबन्धन के सहयोगी आवश्यक रूप से कम से कम तीन वर्षों में शासकीय कार्यक्रम को पूरा करने की अपनी प्रतिबद्धता की घोषणा करेंगे।

1.16 इसके अतिरिक्त तीन वर्षों के इस निर्धारित समय में गठबन्धन के किसी सहयोगी को गठबन्धन से हटने या समर्थन वापस लेने की अनुमति नहीं होगी।

1.17 यह लोकतांत्रिक अधिकारों का अतिक्रमण न होकर वस्तुतः लोकतांत्रिक प्रक्रिया को समृद्ध करनेवाला उपाय होगा। पहली बात तो यह कि चुनाव से पहले ही मतदाताओं को गठबन्धनों के समूहन की जानकारी मिल सकेगी। बनिस्बत इसके कि वह चुनाव के दौरान उन पार्टियों की खोज करें जिन्हें वह चुनना नहीं चाहते, या जिनका विरोध करते हैं, और जो किसी भी कीमत पर सत्ता पाने के लालच में गठबन्धन से जुड़ गई हैं। इसके अतिरिक्त मतदाता चुनाव से पहले ही यह जान सकेगा कि पहले से परिचित कोई पार्टी क्या कुछ करने का वायदा कर रही है। अस्तु, उनके पास पहले से मौजूद ज्ञान के आधार पर यह विकल्प होगा कि किसका समर्थन करें, और वह केवल व्यक्तियों, चुनाव चिह्न या जाति जैसे आधारों पर वोट देने के असमंजस में नहीं पड़ेंगे।

1.18 दलबदल कानून जो अभी केवल व्यक्तियों (विधायकों) पर प्रभावकारी है, उसमें संशोधन किया जाएगा, और यह पूर्वघोषित गठबन्धनों के सभी घटकों पर कम से कम निर्धारित तीन वर्ष के लिए अनिवार्यतः लागू होगा। जो जान-बूझकर दलबदल कानूनों का उल्लंघन करते हैं उनके लिए दंड के प्रावधान होंगे, जिनमें सदन की सदस्यता से वंचित किया जाना भी शामिल है। किन्तु अनिवार्य रूप से निर्धारित तीन वर्षों तक सत्तारूढ़ दल अथवा गठबन्धन को उनका समर्थन मिलता रहेगा।

1.19 इस तरह जीतने वाली पार्टी या गठबन्धन के पास कम से कम तीन वर्षों का सुनिश्चित समय होगा, जब वह वर्तमान राजनीतिक अस्थिरता से सुरक्षित होगा। और जनता से किए गए अपने शासन-प्रबन्ध के वायदों को पूरा कर सकेगा।

1.20 शासन-प्रबन्ध के कार्यक्रम को क्रियान्वित करने के लिए यदि ऐसे प्रतिभाशाली व्यक्ति उपलब्ध हुए, जिनका प्रशासन में दक्षता का पिछला रिकॉर्ड रहा है, तो लोकतंत्र और प्रशासन दोनों ही के लक्ष्यों की प्राप्ति में अभिवृद्धि होगी। इसके लिए राजनीतिक दलों और गठबन्धन समूहों को अपने प्रशासनिक कार्यक्रम के साथ चुनाव से पहले कम से कम बीस ऐसे व्यक्तियों के नामों की भी घोषणा करनी

पड़ेगी जो पार्टी या गठबन्धन के सत्ता में आने पर मंत्रिमंडल में सम्मिलित किए जाएँगे।

1.21 राजनीतिक दलों और गठबन्धनों को प्रधानमंत्री पद के अपने प्रत्याशी के नाम की भी पूर्व घोषणा कर देनी होगी। प्रशासकीय ढाँचे की धुरी प्रधानमंत्री होता है। मतदाताओं को यह जानना चाहिए कि वह कौन होगा। अन्यथा गठबन्धन के भीतर होनेवाले समझौते के परिणामस्वरूप ऐसा व्यक्ति भी वरीयता पा सकता है जिसके पास निम्नतम प्रशासनिक कौशल हो। यह जनता के लोकतंत्रीय चयन के साथ एक विश्वासघात होगा।

1.22 अनिवार्य रूप से एक बन्धनकारी प्रशासकीय कार्यक्रम और इसे क्रियान्वित करनेवाले व्यक्तियों की सूची से मतदाता वर्ग मत देते समय यह ज्यादा अच्छे से समझ सकेगा कि उसकी अपेक्षाओं को कौन सी पार्टी या गठबन्धन ज्यादा अच्छी तरह से पूरा कर सकता है।

1.23 यदि कोई एक दल अथवा गठबन्धन समूह संसद में सरकार बनाने लायक अपेक्षित बहुमत प्राप्त नहीं कर पाता तो उन्हें यह स्वतंत्रता होगी कि वह असम्बद्ध दलों अथवा निर्दलीय सांसदों का समर्थन प्राप्त करें। तथापि ऐसे असम्बद्ध दलों या निर्दलीय सांसदों को गठबन्धन में आने से पहले सार्वजनिक रूप से पूर्वघोषित प्रशासकीय कार्यक्रम से सहमति जतानी होगी और अनिवार्य रूप से उसी तीन वर्ष की समयावधि के लिए अपने समर्थन की प्रतिबद्धता घोषित करनी होगी।

1.24 जो पार्टियाँ पहले से ही पूर्वघोषित गठबन्धन का भाग बन चुकी हैं उन्हें यह अनुमति नहीं होगी कि वे विरोधी गठबन्धन को अपना समर्थन दे सकें। भले ही इसका कारण वे यह बताएँ कि उसे वांछित बहुमत के लिए इस समर्थन की जरूरत है। यह उस आधारभूत लोकतांत्रिक लक्ष्य को पूरा करेगा जिससे सरकार के गठन के समय होनेवाली अनैतिक खरीद-फरोख्त न हो, जब बिना किसी सैद्धान्तिक आग्रह अथवा विचारधारा के साम्य के गठबन्धन बनाए जाते हैं, और फिर उस आधार को ही झुठला दिया जाता है जिस पर मतदाता चुनाव में अपना मतदान करता है।

1.25 यदि किसी भी गठबन्धन को स्पष्ट बहुमत नहीं मिल पाता है तो फिर से चुनाव करवाए जाएँगे। यह अस्थिर और अवसरवादी

व्यवस्थाओं का बेहतर विकल्प है, जो निरन्तर टूटने के खतरे में रहती है। शासन करने और मतदाता की आकांक्षाओं को पूरा करने में सक्षम नहीं है। एक बार सरकार का गठन हो जाने पर मंत्रिमंडल के गठन में सभी सहयोगी दलों को, चुनाव में जीते उनके प्रत्याशियों के अनुपात में, प्रतिनिधित्व दिया जाएगा। जैसा कि चलन है मंत्रिमंडल आम सहमति से निर्णय करेगा, किन्तु यह सम्भव न होने पर बहुमत का सहारा लिया जाएगा। यह इसलिए आवश्यक है कि महत्त्वपूर्ण निर्णय गठबन्धन की आन्तरिक कलह के कारण टाले न जा सकें।

1.26 निर्धारित तीन वर्ष के कार्यकाल के बाद कोई भी गठबन्धन का सहयोगी या विधायकों का समूह दलबदल विरोधी कानून के अन्तर्गत समर्थन वापसी के लिए स्वतंत्र होगा, यदि वह अकेला है तो उसे अपनी मर्जी से अपनी पार्टी या मूल गठबन्धन छोड़ने की अनुमति होगी। यह व्यवस्था गठबन्धन के सबसे बड़े दल के लिए भी लागू होगी। तथापि अपेक्षा यह की जाती है कि यदि सत्तारूढ़ दल अथवा गठबन्धन ने शासन में अच्छा काम किया है और जनाकांक्षाओं पर खरा उतरा है तो किसी भी विधायक या सहयोगी के लिए बिना किसी ठोस कारण के केवल अपनी सत्ता-लोलुपता के लिए बाहर जाना फायदेमन्द नहीं रहेगा, क्योंकि दो साल बाद होनेवाले चुनाव में मतदाता उन्हें उनकी अवसरवादिता का दंड दे सकता है।

1.27 यदि तीन वर्ष की कालावधि के बाद नई सरकार का गठन होता है तो जो पार्टी या गठबन्धन सरकार बनाने का दावा करता है, उसे भी इसके साथ ही शासन-प्रबन्ध के कार्यक्रम की घोषणा करनी आवश्यक होगी, जिस पर इसके सभी सदस्य या गठबन्धन के सहयोगी सरकार बनने से पहले सहमत हो चुके हों। शेष बचे दो साल के लिए समर्थन के प्रावधान वही होंगे जिनका विवरण ऊपर दिया जा चुका है और वह गठबन्धन के सभी घटकों और पार्टी के सदस्यों पर बन्धनकारी होंगे।

1.28 इन व्यवस्थाओं से यह सुनिश्चित होगा कि यदि तीन वर्ष के बाद सरकार बदलती भी है तो भावी सरकार के पास शासन करने के लिए एक तय समय होगा, भले ही वह दो साल का अल्प समय हो।

1.29 यहाँ यह प्रश्न उठाया जा सकता है कि एक बहुमत प्राप्त दल अथवा गठबन्धन को पूरे पाँच साल के कार्यकाल के लिए अनिवार्य

निर्धारक कालावधि से बन्धनकारी क्यों नहीं किया गया। राजनीतिक स्थिरता की दृष्टि से यह अपेक्षाकृत बड़ी अवधि होगी, और सरकार को अपनी शासकीय नीतियों क्रियान्वयन करने के लिए ज्यादा समय मिल सकेगा। तथापि, राजनीतिक स्थिरता की स्वत: प्रकट आवश्यकता सन्तुलित होनी चाहिए और लोकतांत्रिक चयन की जरूरतें भी समझी जानी चाहिए, जिनमें समर्थन के साथ अस्वीकृति भी आती है। इस तरह मुख्य शासकीय लक्ष्यों की पूर्ति के लिए स्थायित्व की निर्धारित अवधि का सन्तुलन हमें उस चयन की स्वतंत्रता के साथ करना होगा जो संसदीय लोकतांत्रिक व्यवस्था में अन्तर्निहित है।

1.30 यहाँ इस तरह की व्यवस्था शासन की आवश्यकताओं और लोकतांत्रिक जवाबदेही के बीच एक सन्तुलन स्थापित करेगी, लेकिन इस बात को झुठलाया नहीं जा सकता कि सत्ताधारी गठबन्धन इस तरह का व्यवहार कर सकता है जो संविधान का उल्लंघन करता हो। यह स्थिति उससे भिन्न नहीं होगी जब अतीत में एकल दलों के पास स्पष्ट बहुमत था, सैद्धान्तिक रूप से इन दलों के पास भी असंवैधानिक व्यवहार के लिए बचाव का रास्ता था, विशेष रूप से जब दलबदल कानून उन्हें सहारा देता हो। इन स्थितियों में, एक संसदीय लोकतंत्र में वास्तविक अवरोध भीतर के निषेध ही हो सकते हैं, यथा–न्यायपालिका, स्वतंत्र प्रेस और भारत के राष्ट्रपति द्वारा संयमित करनेवाला निष्पक्ष परामर्श।

1.31 सुधार के इन उपायों से सम्बद्ध में आवश्यक कानून संसद में अगले आम चुनाव से पहले पारित हो जाने चाहिए। केन्द्रीय सरकार के गठन के लिए जिस व्यवस्था की रूपरेखा यहाँ प्रस्तुत की गई है, राज्यों में भी वैसी व्यवस्था होनी चाहिए।

1.32 एक पाँच सदस्यीय शासकीय आकलन समिति (जीएपी) का गठन होना चाहिए जो स्वतंत्र रूप से आकलन करनेवाला में समर्थ हो। इसमें पर्याप्त कर्मचारी हों और इसका कार्यालय हो, इसे संवैधानिक दर्जा प्राप्त हो तथा यह अपनी रिपोर्ट सीधे राष्ट्रपति को प्रस्तुत कर सके।

1.33 संवैधानिक संस्थाओं की आधिकारिकता और स्वायत्तता की रक्षा करने में राष्ट्रपति की भूमिका को और दृढ़ किया जाना आवश्यक है। इस सन्दर्भ में इन्दिरा गांधी द्वारा आपातकाल में किए गए संविधान के बयालीसवें संशोधन पर विचार किया जाना चाहिए। इस संशोधन

ने भारत के राष्ट्रपति को बाध्य कर दिया कि वह सभी मामलों में केवल मंत्रिपरिषद के परामर्श से ही काम करेगा। यद्यपि बाद में इसे काफी नरम कर दिया गया था, तब भी यह अभी भी राज्य के निर्वाचित मुखिया की वैध संवैधानिक शक्तियों को गम्भीर रूप से सीमित करता है। स्वतंत्र संवैधानिक संस्थाओं के लिए, जो सीधे-सीधे राष्ट्रपति के अन्तर्गत हैं और जो केवल उसी कार्यालय को अपनी रिपोर्ट देती हैं, यह आवश्यक है कि राष्ट्रपति ऐसी संस्थाओं के कार्यक्षेत्र और अधिकार की रक्षा करे, और उन्हें तत्कालीन सरकार के हस्तक्षेप, उलटफेर या उल्लंघन से बचाए।

1.34 जीएपी में एक प्रमुख अर्थशास्त्री (अथवा कॉरपोरेट क्षेत्र का वरिष्ठ प्रतिनिधि), मीडिया का एक सम्मानित सदस्य, एक सम्मानित भूतपूर्व प्रशासक, सार्वजनिक और शासकीय क्षेत्र का एक जाना-माना विद्वान तथा भारत के सेवानिवृत्त मुख्य न्यायाधीश अथवा सर्वोच्च न्यायालय के सेवानिवृत्त न्यायाधीश होंगे।

1.35 सदस्यों का चयन एक तीन सदस्यीय समिति करेगी, जिसमें प्रधानमंत्री, लोकसभा में प्रतिपक्ष के नेता और भारत के मुख्य न्यायाधीश सम्मिलित होंगे। यह समिति सर्वानुमति से जीएपी के सदस्यों का चुनाव करेगी।

1.36 जीएपी का कार्यकाल पाँच वर्ष का होगा और यह अपना वार्षिक प्रतिवेदन भारत के राष्ट्रपति को प्रस्तुत करेगी। यह समिति सरकार के कामकाज की समीक्षा पूर्व घोषित एजेंडे के अनुसार करेगी। सतारूढ़ सरकार के कार्य का मूल्यांकन करने के लिए यह समिति अपने प्रतिमान भी निश्चित कर सकती है, और अपने दायित्व को पूरा करने में वर्ल्ड गवर्नमेंट इंडीकेटर्स या डब्ल्यूजीआई के मानकों से निर्देशित होगी, जो इस क्षेत्र में दो दशकों के अधिक समय से काम कर रही है। डब्ल्यूजीआई की एक रिपोर्ट में यह ठीक ही कहा गया है कि सभी आधुनिक लोकतंत्रों की आज स्वतंत्र मूल्यांकन की आवश्यकता है, जो अच्छे मानकों, और शासन-प्रबन्ध की गुणवत्ता तथा सुधारों पर सार्वजनिक विमर्श से ही सम्भव है।[10]

1.37 भारत के राष्ट्रपति इस रिपोर्ट को सार्वजनिक करेंगे। यदि मूल्यांकन समिति के सदस्य आपसी सहमति से रिपोर्ट प्रस्तुत करने में विफल रहते हैं तो प्रत्येक सदस्य को अपना अलग रिपोर्ट प्रस्तुत करना चाहिए और यह सभी सार्वजनिक की जाएँ।

1.38 जीएपी की रिपोर्ट मूल्यांकनपरक होगी और इसके निष्कर्ष या

सिफारिशें सरकार के लिए बन्धनकारी नहीं होंगी। फिर भी इसके सार्वजनिक होने से जनता को सरकार के कामकाज को परखने का अवसर मिलेगा, क्योंकि एक स्वतंत्र एवं निष्पक्ष आकलन उसके सामने होगा। राज्यों को भी केन्द्र की तरह अपनी जीएपी गठित करनी होगी।

1.39 जैसा कि कई लोकतंत्रों (देशों) में चलन है प्रधानमंत्री का कार्यकाल अधिकतम दो सत्रों तक सीमित होना चाहिए। फिर यदि एक कार्यकाल पाँच साल तक पूरा नहीं हो पाता तो कुल मिलाकर यह दस वर्ष होना चाहिए। इससे व्यक्ति पूजा के विकसित होने पर रोक लगेगी जो सुशासन में बाधक है, और नई प्रतिभाएँ भी इस उच्चपद की अभिलाषा रख सकेंगी। यह प्रधानमंत्री को भी निश्चित अवधि में अपने कार्यक्रम को क्रियान्वित करने की प्रेरणा देगा।

1.40 इसके अतिरिक्त प्रधानमंत्री को लोकसभा का सदस्य होना चाहिए। ऐसा व्यक्ति जो जनता द्वारा सीधे नहीं चुना गया हो, अपने मुख्य अधिकार का प्रयोग नहीं कर पाता।

1.41 लोकतांत्रिक व्यवस्था में शासन के लिए प्रधानमंत्री की आवश्यकता होती है, जो मुख्य कार्यकारी होता है और मंत्रिपरिषद तथा सरकार में अपने प्रदत्त अधिकारों का प्रयोग करता है। जब वास्तविक सत्ता बिना किसी जवाबदेही के सरकार से बाहर अन्यत्र हो और कमजोर प्रधानमंत्री उसके द्वारा नामांकित किया जाए, ऐसी स्थिति का सभी दलों द्वारा कड़ा विरोध होना चाहिए। जब प्रधानमंत्री कमजोर लगने लगता है तब मंत्रिपरिषद की व्यवस्था बिखरने लगती है और प्रशासन पर इसका प्रभाव पड़ता है। प्रधानमंत्री को अपनी मंत्रिपरिषद के गठन की स्वतंत्रता होनी चाहिए जिससे वह इसके कामकाज की निगरानी कर सके और वांछित लक्ष्यों की प्राप्ति के लिए, जब भी जरूरत पड़े, अपनी टीम में फेरबदल कर सके। गठबन्धन वाली सरकार में सम्भव है कि मंत्रिपरिषद के सदस्य अपने-अपने दलों द्वारा नामांकित हों, किन्तु जब एक मंत्री मंत्रिपरिषद के सदस्य के रूप में शपथ ग्रहण कर लेता है तो प्रत्याशा यह होती है कि वह अपनी पार्टी के प्रति निष्ठा और अपनी प्रतिबद्धता के बीच सन्तुलन से काम करे, और मंत्रिपरिषद के समवेत निर्णयों का पालन करे। व्यक्तिशः मंत्री मंत्रिपरिषद में अपनी पार्टियों के सोच के अनुसार अपना दृष्टिकोण व्यक्त कर सकते हैं। लेकिन जब समूची परिषद

कोई एक निर्णय कर लेती है, तब पार्टी प्रमुख द्वारा अपने प्रतिनिधि को हटाने की माँग केवल इस आधार पर नहीं की जा सकती कि मंत्रिपरिषद का निर्णय पार्टी की इच्छानुसार नहीं है या मंत्री का वह समर्थन नहीं करते।

1.42 गठबन्धन में ऐच्छिक रूप से सम्मिलित हो जाने के बाद पार्टी प्रमुखों को यह समझना चाहिए कि उन्होंने जिन मंत्रियों को नामांकित किया है, उनसे उनकी अपेक्षाएँ मंत्रिपरिषदीय व्यवस्था की संवैधानिक अनिवार्यताओं के अनुकूल होनी चाहिए। यदि ऐसा संयम नहीं बरता जाएगा तो संवैधानिक संकट पैदा होने की भूमिका बनेगी। जब तीन वर्ष के निर्धारित काल को स्वीकार कर लिया गया हो प्रधानमंत्री के पास इतनी क्षमता होनी चाहिए कि इस तरह के ब्लैकमेल का सामना कर सके। यदि चुनाव से पहले गठबन्धन के घटकों की सहमति से शासन–प्रबन्ध कार्यक्रम को उजागर कर दिया गया हो तो यह समस्या और भी कम हो सकती है।

1.43 तीन वर्षों की निर्धारित समयावधि के बाद भी, कैबिनेट व्यवस्था की कार्यात्मक पवित्रता की रक्षा भारत के राष्ट्रपति द्वारा होनी चाहिए। संविधान के अनुच्छेद 75(1) के अनुसार–'प्रधानमंत्री की नियुक्ति राष्ट्रपति करेंगे और अन्य मंत्री प्रधानमंत्री के परामर्श पर राष्ट्रपति द्वारा स्वीकृत किए जाएँगे। अनुच्छेद 25(2) के अनुसार है : 'मंत्री राष्ट्रपति की सन्तुष्टि की अवधि तक अपने पद पर कार्य करेंगे।' यदि ऐसी कोई स्थिति बनती है जब गठबन्धन में पार्टी प्रमुख की इच्छा और कैबिनेट व्यवस्था में किसी मंत्री के संवैधानिक कर्तव्य के बीच द्वन्द्व हो तो संविधान का संरक्षक होने के नाते राष्ट्रपति को अपनी औपचारिक भूमिका से आगे बढ़कर निर्णायक हस्तक्षेप करते हुए गतिरोध को तोड़ना चाहिए। क्योंकि सभी मंत्री उसकी 'प्रसन्नता' से ही पद पर रह सकते हैं।[11] यहाँ फिर संविधान के अनुच्छेद 42 के सुधार की आवश्यकता महसूस होती है, जिसकी सरलीकृत व्याख्या राज्य के प्रमुख को एक प्रभावरहित पोस्टऑफिस बना देती है, जो प्रधानमंत्री के निर्णयों पर मुहर लगाने से ज्यादा कुछ नहीं करता। गठबन्धन सरकारों की नई चुनौती के दौर में राष्ट्रपति को संवैधानिक सीमाओं में रहते हुए अधिक सक्रिय भूमिका अदा करनी चाहिए।

1.44 मंत्रिपरिषद के आकार के सम्बन्ध में भी नया विचार करने की आवश्यकता है। उदाहरण के लिए प्रधानमंत्री मनमोहन सिंह की

विशाल यूपीए मंत्रिपरिषद में मंत्रियों और राज्यमंत्रियों को मिलाकर सत्तर सदस्य हैं, जो गजाकार शब्द को नया अर्थ देती है। राजनीतिक कार्यपालिका का ऐसा बड़ा आकार कामकाज में अन्तर्मंत्रालयीन विवादों, अल्प समन्वय और निर्णयों में देर का कारण बनता है। यह स्पष्ट है कि प्राय: मंत्रिपरिषद का आकार और कार्यभार का निर्णय गठबन्धन की विवशताओं के आधार पर होता है। यह देखना शिक्षाप्रद होगा कि विश्व के सर्वाधिक शक्तिशाली देश के राष्ट्रपति बराक ओबामा के मंत्रिमंडल में पन्द्रह सदस्य ही हैं। संसदीय लोकतंत्र की अपनी अनिवार्यताएँ हैं, तथापि किसी भी मंत्रिपरिषद में चालीस से अधिक सदस्य नहीं होने चाहिए, जो लोकसभा की कुल सदस्य संख्या के 10 प्रतिशत से कुछ कम होते हैं।

1.45 सुशासन के लिए राजनीतिक स्तर पर प्रतिभा का होना आवश्यक है, जो प्रबन्ध-कार्यक्रम को गत्यात्मक रूप से क्रियान्वित कर सके। सामान्यत: लोकतांत्रिक प्रक्रिया से स्वत: ही अच्छे व्यक्तियों को उभरना चाहिए जिनके पास प्रभावशाली शासन की योग्यता हो। इस सम्भावना (जो हाल ही के समय में अत्यन्त मिथ्या साबित हुई है) के साथ, राज्यसभा को प्रतिभा-सरोवर की तरह काम करना चाहिए, जिससे प्रशासनिक और तकनीकी कौशलवाले व्यक्ति मंत्रिपरिषद को मिल सकें। इस क्षमता से सम्पन्न व्यक्ति प्रतिपक्ष में भी होने चाहिए जो अपने रचनात्मक योगदान से संसदीय बहसों को सारपूर्ण बना सकें। संविधान निर्माता भी चाहते थे कि राज्यसभा में अत्यन्त प्रतिभाशाली व्यक्ति हों। लम्बे समय से उच्च सदन ऐसे सदस्यों की शरण-स्थली बना हुआ है जो राजनीति में असफल हो चुके हैं या उन लोगों का विश्राम स्थल जिनके लिए राजनीतिक व्यवस्था में कहीं अन्य ठौर नहीं है। हमें राज्यसभा का प्रयोग शासकीय प्रतिभा के संग्राहक क्षेत्र के विस्तार के रूप में करना चाहिए।

1.46 प्रधानमंत्री और कैबिनेट के अन्य सभी मंत्रियों को 70 वर्ष की आयु में अनिवार्य रूप से सेवानिवृत्त हो जाना चाहिए। यदि प्रधानमंत्री ने दो सत्र अथवा 10 वर्ष भी पूरे न किए हों, जिसका वह पात्र हैं। यह सीमा उस दशा में भी प्रभावकारी रहेगी। भारत जनांकिकी की दृष्टि से विश्व के युवा देशों में से एक है। समय आ पहुँचा है जब हम अपनी प्रतिभा और स्वास्थ्य का शिखर पार कर चुके अस्सीसाला राजनेताओं से कह दें कि उन्हें युवा पीढ़ी के लिए जगह खाली कर

देनी चाहिए। वास्तव में अन्य कई लोकतांत्रिक देशों में तो मुख्य कार्यकारी इससे भी कम उम्र में अपना पद छोड़ देते हैं। यह सुझाव भी है कि कालान्तर में सेवानिवृत्ति की यह आयु घटाकर 65 वर्ष कर दी जाए। विश्व के प्रमुख देशों में शासन प्रमुख के लिए यह चलन-सा चल पड़ा है कि वह आयु के पाँचवें दशक में हो। भूटान में राजा को आवश्यक रूप से 65 वर्ष पूरा करने पर राजसिंहासन अपने उत्तराधिकारी को सौंपना पड़ता है। भारत को इस चलन का अन्धानुकरण नहीं करना चाहिए किन्तु ऐसे मुख्य कार्यकारी का होना, जो शारीरिक और बौद्धिक क्षमताओं से सम्पन्न हो, कार्यकुशलता की दृष्टि से लाभदायक रहेगा।

1.47 राजनीतिक स्तर से परे, सरकारों को यह चाहिए कि प्रतिभाओं–प्रबन्धक, प्रौद्योगिक और तकनीकी को प्रोत्साहित करती रहे, जिससे आवश्यकता पड़ने पर उन्हें नौकरशाही में लाया जा सके। नौकरशाही में जो लोग हैं उनके लिए कोई पवित्र नियम नहीं है। बिहार जैसे राज्यों में इस दिशा में पहल की गई है। नीतीश कुमार सरकार ने 6 हजार करोड़ की ग्रामीण विकास योजनाओं के नियत काल में क्रियान्वयन के लिए खुले बाजार से 32 व्यावसायिको को लाने का निर्णय किया है। इनका वेतन भारत सरकार के कैबिनेट सचिव को मिलनेवाले वेतन से अधिक होगा। ऐसे व्यक्तियों को वेतन देने में कोई हिचक नहीं होनी चाहिए, क्योंकि प्रतिभा का एक मूल्य होता है, और फिर बेहतर शासन के लिए यह छोटी सी लागत होगी। फिर भी यह सावधानी बरतनी होगी कि बाहर से की गई यह भर्ती वैध नौकरशाही के लिए एक छल न बन जाए या निरंकुशता को संरक्षण न दे।

1.48 सुशासन के लिए सरकार उन सभी क्षेत्रों को छोड़ दे जहाँ उसकी मौजूदगी का कोई औचित्य नहीं है, यथा–आतिथ्य और पर्यटन के क्षेत्र में इन्हें नीतिगत संरचना प्रदान करने के बाद सरकार को इन्हें निजी कार्मिकों के लिए छोड़ देना चाहिए। इसी तरह घाटे में चल रहे या बीमार सार्वजनिक क्षेत्र के उद्यमों का भी विनिवेश कर देना चाहिए या सरकार अधिसंख्य हिस्सेदारी उचित भागीदारों को दे दे। तथाकथित 'नवरत्न' पीएसयू, जैसे–एचपीसीएल, बीपीसीएल, बीएसएनएल, एमटीएनएल, सीआईएल कुछ हैं, जिनमें भारी नुकसान हो रहा है और जो कर्ज के नीचे दबे पड़े हैं, विनिवेश की प्रक्रिया

उन सार्वजनिक उद्यमों में भी होनी चाहिए जिन्हें सामरिक माना जाता है, जैसे–ओएनजीसी और तेल व्यापार करनेवाले देश–यह नीति उन पर भी लागू हो जिन्हें सार्वजनिक क्षेत्र के सार्वजनिक उद्योग कहा जाता है, जिनकी अन्तर्भूत अकुशलता प्रायः बेमिसाल है फिर भी जनता से छुपी रहती है क्योंकि गोपनीयता के नाम पर उन्हें अपारदर्शी परदे से ढक दिया गया है। एक पारदर्शी तंत्र के द्वारा सही सामरिक भागीदारों को किया जानेवाला निवेश सरकार के लिए राजस्व भी जुटाएगा जिसकी अभी बहुत आवश्यकता है। अधिक महत्त्वपूर्ण बात यह है कि यह एक वैचारिक युग की समाप्ति का संकेत होगा, जब सरकार से यह अपेक्षा रहती थी। उसे वह पूरा कर पाए या न कर पाए कि उसे प्रशासन के प्रमुख क्षेत्रों में अपना एकाधिकार बनाए रखना चाहिए। प्रतिस्पर्द्धा और आर्थिक सुधारों के इस कालखंड में वह समय आ पहुँचा है कि इन आग्रहों को जमीन के नीचे दबा दिया जाए।

1.49 सुशासन के लिए इस बात को समझने की जरूरत है कि यांत्रिक रूप में बाँटी जानेवाली सब्सिडी किसी नीति का विकल्प नहीं हो सकती। सरकारों के लिए सब्सिडी सरलतम लोक–लुभावन उपाय है। ये सरकारें बुनियादी परिवर्तनों के लिए कठोर निर्णय करने से घबराती हैं। यह अस्थिर सरकारों के लिए भी एक सहज आश्रयभूमि है जो तात्कालिक राजनीतिक लाभ या अस्तित्व को नजर में रखती हैं।

1.50 समितियों के तंत्र में फँसकर अत्यावश्यक फैसलों की टालमटोल एकदम समाप्त होनी चाहिए। सरकारों को जटिल प्रश्नों का भली प्रकार से विश्लेषण करने का अधिकार है। किन्तु समितियों द्वारा शासन जो लगता है कि एक ऐसा शब्द बन गया है जिसका कोई छोर नहीं है, भारत में एक असाध्य रोग बन चुका है। कमेटियाँ अथवा मंत्री समूह (ईजीओएम) जैसे निकायों को अपनी सिफारिशें तीन महीने के भीतर दे दी जानी चाहिए।

1.51 आर्थिक सुधारों के प्रति अनुत्पादक वैचारिक अस्पष्टता का भी अन्त होना चाहिए। 1991 के बाद के दो दशकों में यह दर्शा दिया है कि आर्थिक विकास और अर्थव्यवस्था के उदारीकरण में जो अन्योन्याश्रित सम्बन्ध है उसे झुठलाया नहीं जा सकता। गरीबों के नाम पर समाजवादी वाग्जाल, जो प्रायः राजनीतिक कारणों से प्रेरित और

अल्पदर्शी होता है, की सार्थकता अब समाप्त हो चुकी है। निश्चय ही राज्य की भूमिका अग्रणी बनी रहनेवाली है, विशेष रूप से आर्थिक सुधारों को समानता के लक्ष्य से सम्बद्ध करने की दृष्टि से, और उसकी प्रभावकारी उपलब्धि के लिए सर्वांगी प्राथमिकताओं के मुख्य परिचालक के रूप में वह कार्य करता रहेगा।

1.52 भ्रष्टाचार मुक्त सरकार बनाने के लिए नया कानून होना चाहिए। नौकरशाही और राजनीतिक नेतृत्व को अनैतिक व्यवहार के लिए जवाबदेह होना चाहिए और उन्हें निरोधक शीघ्रता से मिल जाना चाहिए। भ्रष्टाचार से सम्बन्धित बाद के अध्याय में इस विषय पर विस्तार से चर्चा होगी।

1.53 बीस वर्ष की सेवा के बाद अकर्मण्य और क्षमता से श्रम कार्य करनेवाले नौकरशाहों से मुक्ति पाने के लिए एक न्यायोचित प्रक्रिया लागू की जानी चाहिए। बीस वर्ष का समय किसी अधिकारी के समग्र अवदान का मूल्यांकन करने के लिए पर्याप्त है, भले ही वह समय-समय पर पूर्वग्रही या शत्रुतापूर्ण आकलनों का शिकार हुआ हो। अखिल भारतीय सेवा के सारे कर्मचारियों और अधिकारियों के लिए नौकरी से हटाने का निर्णय पहले डिपार्टमेंट ऑफ पर्सनल एंड ट्रेनिंग (कार्मिक तथा शैक्षणिक विभाग-डीओपीटी) द्वारा आकलित किया जाएगा तत्पश्चात् उसकी पुष्टि के लिए सेंट्रल एडमिनिस्ट्रेटिव ट्रिब्युनल (सीएटी) के पास भेजा जाएगा। राज्य स्तरीय कर्मचारियों के कामकाज का मूल्यांकन राज्य स्तर पर इसी तरह की संस्थाओं द्वारा किया जाएगा। दोनों ही कोटियों में प्रक्रिया पूरी करने की अवधि आदेशात्मक रूप से एक वर्ष होगी, यह तब से शुरू होगी जब पहली बार अनुशंसा की गई थी, और किसी भी दशा में प्रश्नाधीन अधिकारी के सेवाकाल के इक्कीस वर्ष पूरे होने से पहले पूरी कर ली जाएगी।

1.54 इसके विपरीत ईमानदार और कर्मठ अधिकारियों को उनके राजनीतिक प्रमुखों के निरंकुश व्यवहार से सुरक्षा मिलनी चाहिए। केन्द्र और राज्य के प्रशासनिक ट्रिब्युनल अपनी पहल पर ऐसे सभी मामलों को देखेंगे जहाँ किसी अधिकार का स्थानान्तरण उसकी सामान्य समयावधि से पहले कर दिया गया हो, या प्रेरक कारणों से उसका किया जाना प्रतीत होता है। इन स्थितियों में वह तत्काल यथास्थिति स्थापित करने के लिए हस्तक्षेप करेगा। ट्रिब्युनल को प्रत्येक प्रकरण की

गुणवत्तापरक परीक्षा करने के लिए तीन महीने का समय दिया जाएगा और आवश्यकता हुई तो वह पूर्व अवधि से भी यथास्थिति लागू कर सकता है।

1.55 इस सन्दर्भ में यह भी विचारणीय है कि क्या केन्द्रीय प्रशासनिक ट्रिब्युनल (सीएटी) को चुनाव आयोग (ईसी) अथवा प्रस्तावित जीएपी के समान संवैधानिक दर्जा दिया जा सकता है?

1.56 एक लोकतांत्रिक व्यवस्था में नौकरशाही को अराजनीतिक होना आवश्यक है। किन्तु इस विशिष्टता की कूटयुक्ति रखनेवाले राजनेताओं ने लगातार इसका अवमूल्यन किया है, जिनके हाथों में सेवानिवृत्त नौकरशाहों की पुनर्नियुक्ति की गाजर होती है। अधिकांश नौकरशाहों को यदि सेवानिवृत्ति के बाद आराम से जीवन व्यतीत करने का वायदा मिल जाता है, तो वह अपने राजनीतिक स्वामियों का अनुसरण करते हैं या फिर गलत कार्यों में उनका साथ भी देते हैं। यह सुशासन के लक्ष्यों को प्रभावित करता है। किसी भी नौकरशाह को सेवानिवृत्ति के बाद सेवाकाल में विस्तार अथवा संविदा नियुक्ति नहीं दी जानी चाहिए। उसे दो वर्षों तक अनिवार्य रूप से पुनर्नियुक्ति अथवा किसी सरकारी पद पर नियुक्ति की पात्रता नहीं होगी। दो वर्षों की अवधि में कॉरपोरेट क्षेत्र में रोजगार प्राप्त करना भी वर्जित रहेगा।

1.57 और अन्त में, सुशासन के लिए विकेन्द्रीकरण एक सतत मंत्र रहेगा। भारत इतना विशाल और विविधता प्रधान देश है कि जहाँ केन्द्र के स्तर पर सभी नीतियाँ बनाई अथवा क्रियान्वित नहीं की जा सकतीं। ग्रामसभाओं और पंचायतों को शक्तिशाली बनाने का महात्मा गांधी का विचार बिलकुल सही था। इन प्रशासनिक-राजनीतिक इकाइयों को तृणमूल स्तर पर इतनी ताकत दी जानी चाहिए कि ये शासन-प्रबन्धन के समर्थ संवाहन का प्रभावकारी माध्यम बन सकें। उनके कार्यकलापों पर ध्यान रखने के तरीके खोजने होंगे और यह दायित्व केन्द्रीय सरकार के सहयोग से प्राथमिक रूप से राज्यों पर छोड़ देना चाहिए।

यदि ये परिवर्तन किए जाते हैं तो शासन की गुणवत्ता में निश्चित रूप से सुधार होगा। हमारे सामने कठिन चुनौतियाँ हैं। कृषि के क्षेत्र में हमें दूसरी हरित क्रान्ति की जरूरत है। शिक्षा में व्यापक बदलाव होना चाहिए, प्राथमिक स्तर से ही जिससे निरक्षता की शर्म समाप्त हो सके। आर्थिक विकास और उत्पादकता

को तत्काल ही समुचित वातावरण मिलना चाहिए। लाखों रोजगार सम्भावनाओं को उत्पन्न करना आवश्यक है। आर्थिक सुधार और वैश्विक अर्थव्यवस्था से बेहतर समन्वय अत्यावश्यक है। प्रत्येक नागरिक के जीवन की उन्नति पर सीधा प्रभाव डालनेवाले शासन-सुधारों को न तो स्थगित ही किया जा सकता है और न ही उनसे बचा जा सकता है।

अध्याय-4

लोकतंत्र

किसी राष्ट्र की रचना जनता करती है, जनता (सामर्थ्यवान) के अभाव में एक बाँझिन गाय की भाँति राष्ट्र का कोई अर्थ नहीं है। ऐसा व्यक्ति जो मीठा बोलता है, किन्तु होता कुटिल है, वह विष से भरे घड़े के समान है जिसकी ऊपरी सतह पर दूध दिखाई दे रहा है। ऐसा व्यक्ति उससे मित्रता करता है जिसका आचरण दूषित हो, दृष्टि अशुद्ध हो और जो अत्यन्त धोखेबाज हो–शीघ्र ही नष्ट हो जाता है।

–अर्थशास्त्र

1947 में हमारे संस्थापक पूर्वजों ने नवस्वतंत्र देश के लिए, राजव्यवस्था के लिए बुद्धिमत्तापूर्वक लोकतंत्र का चुनाव किया था। सार्वजनिक मताधिकार पर आधारित संसदीय लोकतंत्र उनका विशिष्ट चयन था जिसे उस संविधान में सैद्धान्तिक स्थान मिला जिसे 1950 में हमने स्वीकार किया। बाद में हुए आम चुनावों में लोकतंत्र भारतीयों के जीवन का एक अंग बना दिया है। हमारे चुनावों में हिस्सा लेनेवाले करोड़ों मतदाताओं और प्रत्येक आम चुनाव के लिए किए जानेवाले व्यापक प्रबन्ध को देखते हुए मीडिया ने इस पर विश्व के विशालतम लोक तंत्र का ठप्पा लगा दिया है। यह गलत विवरण नहीं था और हम इस पहचान पर गर्व करते रहे हैं। शायद यही कारण है कि हम अपने लोकतांत्रिक पहचान-पत्र को सहज मानने लगे और उन सभी गम्भीर विकृतियों की अनदेखी करते रहे जो धीरे-धीरे हमारी लोकतांत्रिक पद्धति का अभिन्न अंग बन गई हैं। निहित स्वार्थ, जो अधिकतर लोकतांत्रिक व्यवस्था में ही हैं, के फलस्वरूप इन विकृतियों का पोषण करते हुए वे पर्याप्त प्रसन्न रहे, और इनका लाभ भी उठाया। किन्तु हमारे लोकतंत्र की कुछ बातें बहुत ही असंगत हैं और उनके परिष्कार के लिए उन पर ध्यान दिया जाना आवश्यक है। एक परिपक्व लोकतंत्र

बनने के लिए भारत को प्रयास करना होगा। उन्हें किसी की सहायता नहीं मिल पाती जो अपनी सहायता स्वयं नहीं कर पाते।

हम सब जानते हैं कि सदाशयी कानूनों और चुनाव आयोग (ईसी) की भेदक दृष्टि के बावजूद राजनीतिक दलों और कालेधन का रिश्ता प्रश्नातीत रूप से बना हुआ है। चुनाव आयोग द्वारा निर्धारित व्यय-सीमा के बाद भी कालेधन का इस्तेमाल होता है और यह राजनीतिक दलों के पास पहुँचता है। आपराधिक पृष्ठभूमि के अनेक व्यक्तियों के लिए राजनीति पहली वरीयता भी बन गई है। केन्द्र और राज्य की विधायिका तक पहुँचने के रास्ते को सुगम बनाने के लिए बाहुबल और अपराधी तत्त्वों का सहयोग सुज्ञात है। पहले जिस राजवंशीय राजनीति को जुगुप्सा से देखा जाता था, अब वह चलन बन गई है। पार्टियों के भीतर आन्तरिक लोकतंत्र की अनुपस्थिति को अब सामान्य रूप से स्वीकार किया जाने लगा है। इससे उत्पन्न चाटुकारिता और मानवद्वेष निन्दनीय हैं। हमारे प्रजातांत्रिक ढाँचे के मन्दिर–संसद और विधानसभाएँ–बहुत पहले से तार्किक विवाद और विमर्श का रंगमंच नहीं रहे हैं, गाली-गलौज और अपमान, हिंसा, गुंडागर्दी की जगह बन गए हैं और बार-बार स्थगित होते हैं। इन निकायों में वस्तुतः कोई काम ही नहीं हो पाता। चुनाव की रणनीतियों में जातपाँत के द्वेषपूर्ण समीकरणों का हिसाब-किताब बैठाया जाता है और मतदाताओं को रिझाने के लिए बिना किसी सोच-विचार के असंगत वायदे किए जाते हैं। इस सबका दुखद परिणाम यह हुआ है कि जनता के दृष्टिकोण से लोकतांत्रिक राजनीति को ऐसा माना जाने लगा है जिसमें कोई आदर्शवाद नहीं रह गया है। ऐसे देश के लिए जिसके जनक महात्मा गांधी जैसे व्यक्ति थे, यह अधोपतन की पराकाष्ठा है।

आज एक विचित्र अन्तर्विरोध है, जहाँ पहले किसी भी समय की अपेक्षा अधिक लोग मतदान में भाग लेते हैं, वहीं ऐसे लोगों की संख्या भी पहले से ज्यादा है जो राजनीति को कुटिल व्यापार मानते हैं। निश्चित रूप से अपवाद हमेशा होते हैं। ऐसे लोगों की संख्या बढ़ रही है जो इसे सुविधा, खरीद-फरोख्त, नैतिकताविहीन और सिद्धान्तरहित मानते हैं। सबसे प्रमुख बात यह है कि इसे किसी भी कीमत पर राजसत्ता प्राप्त करने का साधन समझा जाने लगा है। लोकतांत्रिक व्यवस्था की वैधता का इस सबसे क्या होगा? इस विश्वास पर इसका क्या प्रभाव पड़ेगा कि युवजनों को लोकतांत्रिक संस्थाओं को बनाए रखने के लिए प्रयत्नशील होना चाहिए? राजनीति की वर्तमान दुर्दशा को देखते हुए हम यह आशा कैसे कर सकते हैं कि प्रतिभाशाली व्यक्ति इस क्षेत्र में आएँ? यह ऐसे कितने आदर्श प्रस्तुत कर रही है जो अनुकरणीय हैं? ये कुछ तात्कालिक

प्रश्न हैं जिन्हें उत्तरों की तलाश है।

जिस निराशा के गर्त में हमारा लोकतंत्र पहुँच गया है उसका कुछ अपराध-बोध हमें भी होना चाहिए। हम अनुचित की भर्त्सना तो करते हैं लेकिन रहते उसके साथ हैं जिसे हम जानते हैं कि सही नहीं है। उनका तर्क है कि बहुत पहले से स्थापित लोकतांत्रिक संस्थाएँ पवित्र हैं और उनकी कार्यपद्धति पर सवाल उठाना संसद और संसदीय कार्यप्रणाली का अवमूल्यन करने जैसा होगा। यह एक भ्रामक तर्क है और प्राय: उन लोगों के द्वारा रटा जाता है जो अपने स्वार्थ के लिए सुधार और परिवर्तन का विरोध करते हैं। भारत ने अपने राजतंत्र के लिए जिस लोकतंत्र को चुना है वह एक अपरिवर्तनीय व्यवस्था है, और लोकतांत्रिक ढाँचे में संसद की एक गरिमा है जिसे चुनौती नहीं दी जा सकती। लेकिन इसका आशय यह नहीं है कि लोकतंत्र जिस तरह कार्य कर रहा है, उसकी आलोचना या अनदेखी करते रहने से हम कर्तव्य-च्युत हो जाएँगे। स्वयं लोकतंत्र ने ही भारतवासियों को प्रश्न करने का अधिकार दिया है। हमारे लोकतंत्र के अधिकृत संरक्षक भी अपने पक्ष को उस आधार पर प्रतिपादित नहीं कर सकते कि कोई भी व्यक्ति जो इस व्यवस्था में सुधारों की माँग करता है, लोकतंत्र के लिए खतरनाक है।

यह भी कहा जाता है कि लोग चुनावों में मतदान करते हैं और यह तथ्य ही जैसी व्यवस्था मौजूद है, उसकी पुष्टि करता है। यह सच्चाई से बहुत दूर है। लोग इसलिए मतदान कामभ्यास करते हैं क्योंकि वे लोकतांत्रिक चयन की आकांक्षा रखते हैं। इसका यह अर्थ कदापि नहीं है कि इस देश में जिस तरह से लोकतंत्र चल रहा है उसके दोषों से अनभिज्ञ हैं, अक्सर लोग इसलिए मतदान करते हैं क्योंकि उनके पास कोई व्यावहारिक विकल्प नहीं है। एक दूसरा दिए जानेवाला तर्क यह है कि निर्वाचित प्रतिनिधि जनता द्वारा चुने गए हैं इसलिए उनकी कोई आलोचना नहीं की जा सकती। हम जानते हैं कि प्राय: अत्यन्त सन्दिग्ध चरित्र के व्यक्ति भी जातीय निष्ठा अथवा अन्य अनैतिक साधनों का उपयोग करके चुनाव जीत लेते हैं। चुनावों में जीत लोकतांत्रिक दायित्व का पारपत्र है न कि उचित परिवीक्षण से सुरक्षा का।

जो भी हो, जनता का गुस्सा कुन्द करने अथवा समुचित परीक्षण में बाधा डालने के लिए अनेक तथ्य जनता के बीच हैं। भारत में व्याप्त भ्रष्टाचार के लिए कालेधन और राजनीतिक दलों की साँठ-गाँठ प्रमुख कारक है। यदि भ्रष्टाचार के विरुद्ध कानून बनानेवाले खुद ही एक भ्रष्ट व्यवस्था से जन्मे हों, तो फिर शेष समाज कैसे साफ-सुथरा हो सकता है! जब पार्टियाँ 'अज्ञात' दानदाताओं से नकद धन लेती हैं तो उन्हें कर-चोरों के लिए काम भी करना पड़ता है। जब

उम्मीदवार निर्धारित सीमा से कई गुना धन अपने चुनाव पर खर्च करते हैं तो उनकी पहली प्राथमिकता यह बन जाती है कि अपनी 'लागत' की भरपाई करने के लिए राज्य का जितना दोहन कर सकें, करें। लेखक और पत्रकार एम. जे. अकबर ने स्पष्ट शब्दों में कहा है : 'हमारे लोकतंत्र के हृदय में एक कैंसर है, हमारी निर्वाचन पद्धति में सफेद की बजाय कालेधन का घुन लगा हुआ है।[12] 2011 की ग्लोबल इंटीग्रिटी रिपोर्ट के अनुसार राजनीति के वित्त नियामक कानूनों की दृष्टि से भारत निम्नतम स्थिति के देशों में से एक है। राजनीतिक दल और प्रत्याशी को मिलनेवाली राशि के आधार पर भारत को सौ में से शून्य अंक मिले। इसे पार्टी के वित्तीय नियामक कानूनों की प्रभाविकता के क्षेत्र में भी शून्य ही प्राप्त हो सका।[13]

सिर्फ एक उदाहरण लेंगे, राज्य चुनावों में पार्टियों और उम्मीदवारों द्वारा खर्च किए गए धन के औपचारिक आँकड़ों को देखें, ये चुनाव उत्तर प्रदेश, गोवा, पंजाब उत्तराखंड और मणिपुर में 2012 में हुए थे। यह राशि 2000 करोड़ रुपए से कुछ अधिक है। कुलदीप नैयर लिखते हैं, 'चुनाव आयोग (ईसी) कुछ नहीं कर सकता, क्योंकि पैसा अज्ञात स्थानों पर बाँटा जाता है, प्राय: रात के अँधेरे में। कोई लोकपाल इसकी हवा तक नहीं सूँघ सकता क्योंकि वोटरों को व्यक्तिगत स्तर पर खरीदा जाता है और राजनीतिक दल प्रत्येक चुनाव क्षेत्र में सैकड़ों लोगों को इस काम पर लगाते हैं।'[14] चुनाव आयोग की निगाह से बचने के लिए छह से आठ महीने पहले ही कालेधन का चक्कर चलने लगता है। सामान्य तरीका यह है कि किसी मित्र या समर्थक द्वारा धन लगाया जाता है जो उसे बाद में मिल जाता है। उम्मीदवार व्यक्तिगत रूप से चुनाव अभियान पर करोड़ों रुपए आमतौर पर खर्च करते हैं। अनुमान लगाया गया है कि 2009 के लोकसभा चुनाव में लगभग 10,000 करोड़ रुपए खर्च किए गए और उसका चौथाई कालाधन था।

यह संयोग नहीं है कि राजनीतिक दलों को मिलनेवाले चन्दे में अधिकांश रुपए 20,000 की सीमा से कम होते हैं। वर्तमान कानून में इससे अधिक होने पर उन्हें चन्दा देनेवाले का नाम और पहचान बतानी पड़ती है। वास्तव में आकलन से पता यह चला है कि मुख्य दलों को मिलनेवाले चन्दे में से 90 प्रतिशत 'अघोषित' दानदाताओं से प्राप्त हुआ था। उदाहरण के लिए–बहुजन समाज पार्टी ने 2007 और 2009 के बीच चन्दे में 200 करोड़ रुपए एकत्र किए, इसमें एक रुपया भी चेक से नहीं आया था। समाजवादी पार्टी को इस अवधि में 55 करोड़ रुपए मिले, जिसमें लगभग 50 लाख रुपए चेक से दिए गए थे। कांग्रेस को प्राप्त हुए 72 करोड़ रुपए में से 35 करोड़ का भुगतान चेकों के द्वारा

हुआ था, और भाजपा को प्राप्त 297 करोड़ रुपए में चेकों से मिले 55 करोड़ रुपए थे।[15] एक गैर-सरकारी संगठन-एसोसिएशन ऑफ डेमोक्रेटिक रिफार्म्स (एडीआर)-के अनुसार कांग्रेस और भाजपा के दानदाताओं में से 85 प्रतिशत की कोई पहचान ही नहीं है। अतएव व्यवस्था ही इस तरह की है कि जो पार्टियों को इस बात की छूट देती है कि वे विशाल धनराशियों को जमा कर सकें और उन पर यह दायित्व भी न हो कि उन्हें इस धन का स्रोत बताना पड़े।

राजनीतिक दल आयकर विभाग को अपना वार्षिक लेखा-जोखा प्रस्तुत अवश्य करते हैं। इसे आयकर अधिकारियों द्वारा प्रमाणित भी किया जाता है। यद्यपि कुछ टिप्पणीकारों का कहना है कि इनमें यह परीक्षित लेखा-जोखा दिखाता बहुत कम और छुपाता बहुत ज्यादा है। इसके अतिरिक्त औपचारिक लेखा-जोखा में जितना संग्रह दर्शाया जाता है उसका दस गुना वास्तव में एकत्र किया जाता है। खास बात यह है कि निर्वाचन आयोग के पास इस सम्बन्ध में जाँच और प्रवर्तन की शक्तियाँ भी नहीं हैं। अठारह क्षेत्रीय पार्टियाँ ऐसी हैं जिन्होंने 2004 से अपनी आय का ब्योरा ही नहीं दिया है जिनमें नेशनल कॉन्फ्रेंस, तृणमूल कांग्रेस और भारतीय राष्ट्रीय लोकदल (आईएनएलडी) भी शामिल हैं।

लोकतांत्रिक प्रक्रिया में ऐसे लोगों की भागीदारी जिनकी आपराधिक पृष्ठभूमि रही है, सभी भारतीयों के लिए चिन्ता और शर्म का विषय है। यदि यह एक बार की ही बात होती कि कड़ी छानबीन के बाद भी आरोपित प्रत्याशी बचकर निकल गया हो, तो सहन किया जा सकता था। किन्तु यह देखकर दुख होता है कि हमारे जनतंत्र का अपराधीकरण कितने व्यापक रूप से हुआ है। यह 2004 में सामने आया जब निर्वाचन आयोग ने लोकसभा के सभी प्रत्याशियों के लिए यह अनिवार्य कर दिया कि वे अपने अपराधी अतीत की घोषणा करे। तब यह पता चला कि लोकसभा के 128 सांसद, अर्थात् चौथाई संसद सदस्यों की पृष्ठभूमि आपराधिक है।

इन आँकड़ों के सामने आने पर राष्ट्रव्यापी क्षोभ उत्पन्न हुआ, और कुछ नहीं। 2009 के आगामी चुनाव में आपराधिक पृष्ठभूमि के सांसदों की संख्या में 20 प्रतिशत की बढ़ोतरी हो गई, इनमें से आधे पर गम्भीर आरोप थे। इस समय देश-हित के कानून बनाने वाली इस सर्वोच्च संस्था, लोकसभा के एक-तिहाई सदस्यों का आपराधिक चरित्र है, ऐसे संकेत भी नहीं हैं कि इन स्थितियों में सुधार होनेवाले हैं। फरवरी 2012 में हुए चुनाव की प्रारम्भिक पड़ताल से ज्ञात हुआ कि कांग्रेस ने आपराधिक रिकॉर्ड वाले 26 उम्मीदवार खड़े किए हैं, समाजवादी पार्टी की संख्या 24 और भारतीय जनता पार्टी के ऐसे 20 प्रत्याशी

चुनाव लड़ रहे थे। स्वच्छ चुनाव के लिए कार्य कर रही गैर-सरकारी संस्था-नेशनल इलेक्शन वाच के अनुसार अन्तिम तस्वीर से पता चलेगा कि अधिकांश दलों के सन्दर्भ में उपरोक्त संख्या बढ़कर तिगुनी हो गई है।

इन आँकड़ों से कुछ और भी उभरकर सामने आता है जो सचमुच अधिक चिन्ताजनक है। ऐसी पृष्ठभूमि से आनेवाले व्यक्ति लोकतांत्रिक व्यवस्था में कैसे प्रवेश कर जाते हैं और किस तरह फलते-फूलते हैं? इसका दुखद पक्ष यह है कि राजनीतिक दल इस तरह के प्रत्याशियों की मुखर भर्त्सना नहीं करते, बल्कि वास्तव में तो इनका स्वागत और समर्थन ही करते हैं। पार्टी प्रबन्धकों की चिन्ता सिर्फ इतनी होती है कि चुनाव में उनका उम्मीदवार जीत पाएगा या नहीं।

अधिक निन्दनीय तो यह है कि इन आरोपित व्यक्तियों में से कुछ को सरकार में शक्तिशाली पदों के लिए चुन लिया जाता है। सिवान, बिहार से चार बार लोकसभा चुनाव जीतनेवाले मुहम्मद शाहबुद्दीन को चुनाव आयोग ने, हत्या के आरोप में दंडित होने के कारण, 2009 में चुनाव के लिए अपात्र घोषित कर दिया था। भयावह पक्ष यह था कि इससे पहले वे देवगौड़ा सरकार में गृह विभाग के केन्द्रीय राज्यमंत्री रह चुके थे और उनके पास पुलिस का प्रभार था। पुलिस के पास उनकी गिरफ्तारी के लिए कई गैर-जमानती वारंट थे, उन पर हत्या, अपहरण, तस्करी और भारी मात्रा में अवैध हथियार रखने के कई आरोप दर्ज थे। लेकिन वे छुट्टे घूम रहे थे, आखिर नीतीश कुमार ने दिल्ली में उन्हें सांसद के सरकारी बँगले से 2005 में गिरफ्तार करने का साहस दिखाया। चारा घोटाले में नामजद लालू प्रसाद यादव भी भारत के रेलमंत्री होने की पात्रता रखते हैं। शिबू सोरेन यूपीए-एक में कोयला मंत्री थे बावजूद इसके कि उन पर हत्या का आरोप लगा था और सजा भी हुई थी। यद्यपि अपील में उनकी सजा समाप्त हो गई किन्तु हत्या का सन्दिग्ध होना ही कम दहलानेवाली बात नहीं थी।

संसद और विधानसभाओं की कार्य पद्धति में आई इस गिरावट से आम आदमी का उनसे मोह-भंग हुआ है। एक समय था जब संसद में होनेवाली बहसें बहुत ऊँचे स्तर की होती थीं, उनमें वक्तृता, सार, शालीनता और वाक्पटुता का उचित समावेश होता था। आज हमारी विधायी संस्थाएँ प्राय: एक मलिन तस्वीर प्रस्तुत करती हैं, जूते, माइक, कुर्सियाँ और कई चीजें विधायक एक-दूसरे पर उछालते हैं, गालियों का आदान-प्रदान होता है और बार-बार सदन के वेल में भीड़ जमा होती है। संसद के 2012 के मानसून सत्र में राज्यसभा ने पतन के एक नए प्रतिमान को देखा, जब समाजवादी पार्टी और बसपा के सदस्यों के बीच हाथापाई शुरू हो गई। स्थगन आम हो गए हैं और

इस अनुशासनहीनता के सामने पीठासीन अधिकारी लाचार हैं।

उपद्रवी विधायक जो अपना तमाशा खड़ा करते हैं, यही समस्या नहीं है। इस तरह के व्यवहार के कारण कोई कामकाज भी नहीं हो पाता है। पूरा का पूरा सत्र यों ही बरबाद हो जाता है। आठवीं लोकसभा में 111 प्रतिशत काम हुआ था, ग्यारहवीं में 108 प्रतिशत, बारहवीं में कुछ बेहतर स्थिति थी और 109 प्रतिशत काम हुआ। तेरहवीं का आँकड़ा गिरकर 91 प्रतिशत रह गया और चौदहवीं में सबसे खराब 87 प्रतिशत और पंद्रहवीं लोकसभा दयनीय रूप से 72 प्रतिशत कार्य तक ही पहुँच पा रही है।

यह भावना भी बलवती होती जा रही है कि संसदीय कार्रवाई में उत्पन्न गतिरोध के कारण करदाता का करोड़ों रुपया नष्ट हो रहा है। संसद के प्रत्येक मिनट का राजकोष पर पड़नेवाला बोझ 2.5 लाख रुपए है। पूरे सत्र में होनेवाली हानि कुल मिलाकर विशाल होगी इसके विपरीत ब्रिटेन के हाउस ऑफ कॉमन्स में, जहाँ अत्यधिक आवेशपूर्ण राजनीतिक वातावरण में भी बहसें सभ्यतापूर्ण होती हैं, और सदस्य आपा नहीं खोते, कभी एक दिन का स्थगन नहीं किया गया। यह सच है कि भारत बहुत बड़ा देश है और यहाँ के मतभेद भी अनेक हैं, इसलिए ब्रिटेन का उदाहरण यहाँ असंगत है, फिर भी वर्तमान में जो स्थिति है इसमें भारी बदलाव की जरूरत से कोई असहमत नहीं हो सकता।

यह तर्क भी दिया गया है कि हमारी केन्द्रीय और राज्य की विधायिकाओं में इन गड़बड़ियों का होना संसद के जनतांत्रिक होने का प्रमाण है। अब तक वंचित रहे वर्ग की सतत प्रगति से एक विशिष्ट वर्ग का दायरा टूटा है। इसके प्रतिनिधियों की दीक्षा पुराने जमाने की राजनीतिक शालीनता में नहीं हुई है। इसी तरह की और भी विभ्रमित करनेवाली युक्तियाँ हैं। पहली बात तो यही कि हाल ही में सशक्त हुए सांसदों के लिए यह कहना अपमानजनक होगा कि वे संसदीय गरिमा के सार्वभौमिक नियमों का पालन नहीं कर पाते। यह तो कहा जा सकता है कि उनकी अंग्रेजी कच्ची है, लेकिन यह कहना ठीक नहीं होगा कि वे आनुवंशिक रूप से उद्दंड हैं। हमारे सांसदों की अनुशासनहीनता केवल यह प्रतिबिम्बित करती है कि कई वर्षों से संसदीय परिपाटी में लगातार गिरावट आई है। जिसे कभी गर्हित समझा जाता था वह अब आम चलन का हिस्सा बन गया है।

हमारे राजनीतिक दौर में एक अन्य चिन्ता की बात वंशवाद को मिलनेवाली स्वीकृति है। विश्व के सबसे बड़े लोकतंत्र के लिए यह लज्जास्पद है कि वह इस रास्ते को सामान्य समझने लगा है। राजनेताओं पर ऐसा कोई कानूनी बन्धन नहीं है कि वह अपनी सन्तानों को उत्तराधिकार न सौंपे, लेकिन यह व्यवहार उन

सभी के लिए अप्रिय होगा जो लोकतंत्र में आस्था रखते हैं। हमारी लोकतांत्रिक राजव्यवस्था के संस्थापक प्रस्तोताओं ने कभी नहीं सोचा होगा कि 'वंशीय' उत्तराधिकार राजनीतिक दलों का सहज व्यवहार बन जाएगा। महात्मा गांधी ने सक्रियता के साथ अपनी सन्तानों और परिवार को अपनी विरासत से लाभ नहीं उठाने दिया था। सरदार वल्लभभाई पटेल तथा डॉ. राजेन्द्र प्रसाद जैसे अति स्थापित नेताओं ने भी यही किया। जब इन्दिरा गांधी 1959 में कांग्रेस अध्यक्ष निर्वाचित हुईं तो अपनी बेटी को प्रोत्साहित करने के लिए पंडित जवाहरलाल नेहरू की आलोचना हुई थी। उल्लेख्य है कि उन्होंने तत्काल ही अपनी स्थिति स्पष्ट की और आलोचना का उत्तर देते हुए कहा : 'मैं निश्चित रूप से विरासत को बढ़ावा नहीं दे रहा, वास्तव में कुछ समय से मैं मानसिक रूप से उसके विरुद्ध था, लेकिन उसे चुन लिया गया है, और हम पिता- पुत्री नहीं बल्कि राजनीतिक सहयोगी के रूप में काम करते रहे हैं।'

उनकी पुत्री का व्यवहार अलग था। सत्ता में आने पर उन्होंने विरासत-सिद्धान्त को लगभग संस्थागत रूप दे दिया। उन्होंने अपने छोटे बेटे संजय को उत्तराधिकारी के रूप में तैयार किया। इससे भी बुरी बात यह थी कि उनकी पार्टी के सदस्यों ने यह बिना ना-नुकर के स्वीकार कर लिया। जब एक हवाई दुर्घटना में संजय की अकालमृत्यु हुई तो उनके बड़े भाई राजीव को पैराशूट से पार्टी में उतार दिया गया जो एक वायुचालक और पूरी तरह अराजनीतिक व्यक्ति थे। 1984 में अपनी माँ की हत्या के बाद उन्होंने आम चुनाव में कांग्रेस का नेतृत्व किया जिसमें उसे अभूतपूर्व जीत मिली। मुझे यदाकदा उनसे मिलने और विचार-विमर्श के अवसर मिले हैं, और अनुभव किया है कि उनके पास करिश्मा और भविष्यदृष्टि दोनों ही थीं। यहाँ चर्चा का सम्बन्ध उस परिपाटी से है जिसमें केवल विरासत के सिद्धान्त से उन्हें उत्तराधिकार मिल गया था। दुर्भाग्य से कांग्रेस पार्टी और उसके नेताओं की नई फसल इस प्रवृत्ति को ही आगे बढ़ा रही है।

वंशवाद के समर्थकों का कहना है कि यदि 'उत्तराधिकारी' जनता के चुनाव में जीत हासिल कर लेता है तो उसकी वैधता की पुष्टि हो जाती है क्योंकि यह विजय जनता की इच्छा का प्रतिबिम्बन है। यह तर्क टिकाऊ नहीं है। माता-पिता द्वारा तैयार किए गए चुनाव क्षेत्र में किसी चुनिन्दा व्यक्ति का जीत जाना बिलकुल ही कठिन नहीं है। जीत के लिए पूरी पार्टी लग जाती है। एक निजी इलाके में जीतने की योग्यता या अन्यत्र कहीं से समर्थन के लिए चाटुकारी के भगीरथ प्रयत्नों से हुई जीत का अर्थ यह नहीं है कि वंशवादी सिद्धान्त लोकतंत्र के तुल्यसम है। यह तर्क भी दिया जाता है कि वंशाधिकार उस दशा में उचित

है जब 'शासक' परिवार ने देश के लिए भारी कुर्बानियाँ दी हों। यह तर्क किए गए त्याग का अवमूल्यन करता है, और वंशजों के उत्तराधिकार को पुरस्कार का आधार दे देता है। राजनीति में परिवार की पैठ से वंशज को स्वाभाविक रूप से एक अच्छी शुरुआत मिल जाती है, इनकार नहीं किया जा सकता कि यह लाभ की स्थिति है। इसके साथ ही यदि बेटा या बेटी राजनीतिक गलियारे में अपने माता-पिता के पदचिह्नों पर चलना चाहे तो इसमें कुछ गलत भी नहीं है। लेकिन उच्चस्तरीय राजनेताओं की सन्तति को बिना किसी प्रतिरोध के राजसत्ता सहज रूप से सौंप देना बिलकुल अलग बात है। इससे पार्टी का, उसके नेतृत्व का और स्वस्थ जनतंत्र के सिद्धान्त का अवमूल्यन होता है।

शासन से सम्बन्धित पिछले अध्याय में हमने ऐसे प्रधानमंत्री के विनाशक परिणामों की चर्चा की है, जो पार्टी प्रमुख सोनिया गांधी द्वारा नामांकित किया गया हो। संसदीय लोकतंत्र में मनमोहन सिंह के पास एक नियमित प्रधानमंत्री जैसा प्राधिकार कभी नहीं रहा। उनका उत्तराधिकारी राहुल गांधी को माना जा रहा है, जो गांधी परिवार में अगले व्यक्ति हैं, लेकिन उनके पास अभी कोई प्रामाणिकता नहीं है। उन्हें यह श्रेय जाता है कि उन्होंने प्रधानमंत्री बनने या अपनी माँ के स्थान पर पार्टी प्रमुख का पद सँभालने से लगातार इनकार किया है, किन्तु सुप्रशिक्षित कांग्रेस पार्टी के पास ऐसी कोई 'विनम्रता' नहीं है, अधिकतर कांग्रेसजन मानते हैं कि आगामी सर्वोच्च नेता का पद इस नवयुवक को नियति के नियम से स्वीकार करना ही होगा, यह पूर्व निर्धारित निष्कर्ष है।

वंशानुगत उत्तराधिकार पर केवल कांग्रेस का ही एकाधिकार नहीं है। जम्मू-कश्मीर के मुख्यमंत्री उमर अब्दुल्ला हमारे बीच हैं, जो फारूख अब्दुल्ला के पुत्र और शेख अब्दुल्ला के प्रपौत्र हैं। समाजवादी पार्टी में मुलायम सिंह के पुत्र अखिलेश यादव का उदय हो चुका है, जो निर्विरोध युवराज हैं। शिरोमणि अकाली दल में प्रकाश सिंह बादल ने अपने पुत्र सुखबीर को उपमुख्यमंत्री नियुक्त करके यह सन्देह ही समाप्त कर दिया है कि उनका उत्तराधिकारी कौन होगा। बिहार में जब चारा घोटाले में कथित रूप से शामिल होने का आरोप लालू यादव पर लगा और उन्हें मुख्यमंत्री पद छोड़ना पड़ा, तो उन्होंने अपना उत्तराधिकारी अपनी पत्नी राबड़ी देवी को बना दिया जो एक गृहिणी थीं और जिन्हें कोई सार्वजनिक अनुभव नहीं था। तमिलनाडु में द्रविड़ मुन्नेत्र कषगम (डीएमके) करुणानिधि के परिवार में सिमटी हुई है और सत्ता के सारे वास्तविक सूत्र उसके पास हैं। इसका अपवाद वही मुख्यमंत्री हैं जो अविवाहित हैं, जैसे-ममता बनर्जी, नवीन पटनायक और मायावती (और उनके मामलों में भी लगातार निगरानी की आवश्यकता है) या फिर जिन्होंने सैद्धान्तिक रूप से

अपने परिवार को राजनीति से बाहर रखा है। इस मामले में दो पार्टियों–भाजपा और कम्युनिस्ट–का रिकॉर्ड कुछ अच्छा कहा जा सकता है।

वंश राजनीति का अत्यन्त घृणित परिणाम यह है कि यह कुत्सित चाटुकारिता को जन्म देती है। कोई भी वंश के मुखिया या उसके उत्तराधिकारी के आदेश पर अप्रत्यक्ष रूप से भी प्रश्न नहीं उठा सकता। तनिक सी भी असहमति को निष्ठाहीनता या विरोध समझा जाता है। ऐसे व्यक्ति को दिया जानेवाला दंड त्वरित और कठोर होता है। नतीजा निश्चेष्ट सहमति और बौद्धिक अवसन्नता के रूप में सामने आता है जो परम एकतंत्र के युग में सामन्ती दमनकारी न्यायव्यस्था की याद दिलाता है।

जब विगत के महान सांसदों और राजनेताओं से इसकी तुलना की जाती है तो इसके समर्थन में कुछ भी नहीं कहा जा सकता। महात्मा गांधी और जवाहरलाल नेहरू अपने मतभेदों पर खुली बहस करते थे। प्रधानमंत्री के रूप में नेहरू जी ने किसी मुद्‌दे पर गृहमंत्री सरदार पटेल से मतभेद होने पर उनकी आवाज दबाने की कोशिश तक नहीं की। कांग्रेस के प्रारम्भिक वर्षों में पार्टी अनुशासन के भीतर विचार स्वातंत्र्य की स्वस्थ परम्परा थी, जो उसकी शक्ति थी। इससे विरोध और निष्ठाहीनता का आरोप लगे बिना अपना विचार स्पष्ट रूप से व्यक्त किया जा सकता था।

इन दिनों रचनात्मक असहमति और वाद–विवाद की परम्परा, जो लोकतंत्र की वास्तविक आत्मा है, भारत के राजनीतिक मानचित्र से ओझल हो गई है। अब चरम नेता हैं, चरम राजवंश हैं, चरम प्रजा है और चरम अनुयायी हैं। यह विश्व के सबसे बड़े लोकतंत्र के लिए बुरे संकेत हैं, जिसकी अपनी सभ्यता हजारों वर्षों से रचनात्मक तर्कों की संवाद प्रक्रिया से रूप ग्रहण करती आई है। लोकतंत्र को इसके अन्तर्निहित सिद्धान्तों के द्वारा पुनर्स्थापित करने के लिए, आपराधिक विकृतियों से इसकी रक्षा करने के लिए, इसे फिर से आदर्शों और सम्मान से परिपुष्ट करने के लिए, इसके जनगण के अलगाव को दूर करने के लिए, इसकी राजनीति की साख और सक्षमता के प्रति उसे आकर्षित करने के लिए आज की अनिवार्यताएँ यही हैं।

भारतीय लोकतंत्र की विश्वसनीयता और समादर को फिर से पाने के लिए आवश्यक उपायों के सम्बन्ध में चाणक्य का नया घोषणापत्र कहता है :

2.1 भारत के लोकतंत्र के प्रविष्ट दोषों का परिमार्जन करना आवश्यक हो गया है। राष्ट्र को इस चुनौती का सामना संकीर्ण पक्षधरताओं से ऊपर उठकर करना होगा।

2.2 हमारे देश में अपने लोकतंत्र के साध्य लक्ष्यों को प्राप्त करने के मार्ग

में राजनीतिक भटकाव सबसे बड़ी बाधा है। रिकॉर्ड से यही जानकारी मिलती है। बीस वर्ष पहले 1990 में चुनाव सुधारों के लिए गोस्वामी समिति का गठन किया गया था। उसके बाद कई समितियाँ बनीं और प्रतिवेदन प्रस्तुत किए गए, इनमें 1993 की वोहरा समिति, चुनाव खर्च का राजकीय भुगतान सम्बन्धी 1998 की इन्द्रजीत गुप्ता समिति, चुनाव कानूनों में संशोधन सम्बन्धी 1999 की विधि आयोग की रिपोर्ट, संविधान के कार्यों की समीक्षा करनेवाला 2000 में गठित राष्ट्रीय आयोग, प्रस्तावित चुनाव सुधारों पर भारत के निर्वाचन आयोग का 2004 का प्रतिवेदन, और 2008 में दूसरे प्रशासनिक सुधार आयोग (एआरसी) का उल्लेख किया जा सकता है। इनमें से किसी को भी व्यापक परिवर्तन कर पाने में सफलता नहीं मिल पाई और वह प्रस्तावों, विचारों और इरादों से आगे नहीं बढ़ पाई। एक दशक से चुनाव सुधार विषयक कुछ प्रकरण सर्वोच्च न्यायालय में विचाराधीन पड़े हुए हैं।

2.3 इसका मुख्य कारण यह है कि अधिकांश राजनीतिक दलों और राजनेताओं में वर्तमान व्यवस्था को बदलने के प्रति किसी तरह की प्रतिबद्धता नहीं है, क्योंकि उन्हें ही इसका सर्वाधिक लाभ मिलता रहा है। अतः विलम्ब या ज्यादा से ज्यादा परिवर्तन की आवश्यकता पर बहस का रास्ता अपनाया जाता है। उदाहरण के लिए 2005 में राज्यसभा के सभापति ने कार्मिक, जनसमस्या, कानून और न्याय पर संसद की स्थायी समिति से चुनाव सुधारों पर निर्वाचन आयोग द्वारा प्रस्तुत 22 पृष्ठीय प्रस्तावों का परीक्षण करने के लिए कहा था। स्थायी समिति ने केवल छह छोटे सुझावों पर ही अपनी राय दी और राजनीति के अपराधीकरण जैसे बुनियादी विषय पर आगे कार्रवाई की कोई बात नहीं की। यह केवल संयोग ही नहीं है कि एक समग्र चुनाव सुधार विधेयक संसद में पिछले दो दशकों से अधिक समय से लम्बित पड़ा हुआ है।

2.4 मूलभूत परिवर्तन केवल तभी होगा जब संसद को कार्य करने के लिए विवश किया जा सके। एक विशेष सत्र के माध्यम से अनुरोध किया जाना चाहिए कि वह हमारी वर्तमान लोकतांत्रिक व्यवस्था में परिवर्तन लाने के लिए एक मूलभूत और व्यापक चुनाव सुधार विधेयक जुलाई 1913 तक या इससे पहले लाए। नागरिक समूह या इस क्षेत्र में सक्रिय गैर-सरकारी संगठन (एनजीओ), निगरानी

समूह और मीडिया को इसके लिए दबाव डालना चाहिए।

2.5 इस लक्ष्य की प्राप्ति के लिए तत्काल ही एक उच्च समिति का गठन कर देना चाहिए जो चुनाव आयोग, इस क्षेत्र के गैर-सरकारी संगठनों और इस पुस्तक में दिए गए सभी सुझावों की समीक्षा कर सके।

2.6 इस समिति में पाँच सदस्य होंगे : प्रधानमंत्री, लोकसभा अध्यक्ष, भारत के मुख्य न्यायाधीश, लोकसभा में प्रतिपक्ष के नेता और मुख्य चुनाव आयुक्त (सीईओ) जो इस समिति के पदेन सचिव होंगे। समिति सर्वसम्मति से निर्णय लेने का प्रयत्न करेगी। यदि ऐसा न हो सके तो उसके निर्णय बहुमत से होंगे। इसे गठन के चार महीनों में अपना प्रतिवेदन देने के लिए निर्देशित किया जाएगा। यह समय-सीमा अयथार्थवादी नहीं है क्योंकि वांछित परिवर्तन के लिए पहले बनाई गईं अनेक समितियों ने आधारभूत कार्य कर दिया है। चुनाव आयोग (ईसी) भी इस विषय में काफी सोच-विचार कर चुका है और उसके पास कुछ सुझाव पहले से ही हैं।

2.7 प्रस्तावित सिफारिशों का एक मूलभूत पक्ष यह होना चाहिए कि राजनेताओं और राजनीतिक दलों का घातक गठबन्धन टूटे और दूसरी तरफ कालेधन का प्रयोग समाप्त हो। हालाँकि यह कहना आसान है और करना कठिन। इसके लिए व्यवस्थित परिवर्तन करने होंगे, नए कानून बनाने होंगे, त्वरित और दृढ़ निवारक कदम उठाने होंगे और निरन्तर निगरानी करनी होगी।

2.8 20,000 रुपए से कम देनेवाले दानदाताओं की पहचान नहीं बताने की वर्तमान व्यवस्था समाप्त कर दी जानी चाहिए। यह पार्टियों के लिए अघोषित रूप से विशाल धनराशि एकत्र करने का हथकंडा है (हालाँकि यही अकेला नहीं है)। राजनीतिक दल को मिलनेवाले चन्दे के हरेक पैसे का हिसाब हो और इसका लेन-देन बैंकों के द्वारा पारदर्शी रूप से हो, जिसका लेखा-परीक्षण हो सके।

2.9 इसी तरह राजनीतिक दलों द्वारा किया जानेवाला प्रत्येक भुगतान, जो 20,000 रुपए से अधिक हो, एकाउंट पेयी क्रॉस चेकों से होना चाहिए। यह सुझाव चुनाव आयोग (ईसी) और विधि मंत्रालय द्वारा गठित कोर कमेटी ने भी दिया था।

2.10 प्रतिवर्ष सभी राजनीतिक दलों को अपना लेखापरीक्षित हिसाब सार्वजनिक करना आवश्यक होगा। अभी प्रत्याशियों को अपनी

परिसम्पत्ति और दायित्वों की घोषणा करनी होती है, किन्तु पार्टियाँ इससे मुक्त हैं। बहुत पहले 2004 में चुनाव आयोग ने सिफारिश की थी कि 'प्रत्येक दल को अपना हिसाब (या इसका संक्षिप्त रूप) वार्षिक रूप से प्रकाशित करना आवश्यक होना चाहिए, जिससे सामान्य जनता और अन्य सम्बन्धित सूचित हो सकें और उसकी पड़ताल कर सकें। यह लेखा परीक्षण कम्पट्रोटर एंड ऑडिटर जनरल (सीएजी) द्वारा मान्यता प्राप्त किसी भी लेखा परीक्षक संस्था द्वारा करवाया जा सकता है। परीक्षित हिसाब को जनता के सामने प्रस्तुत करना अनिवार्य होगा।'[16]

2.11 चुनाव आयोग (ईसी) और कैग (सीएजी) को यह अधिकार दिया जाना चाहिए कि वह सभी पार्टियों के कोष की पड़ताल और उनकी निगरानी कर सकें। अभी राजनीतिक दलों को केवल एक प्रमाणपत्र चुनाव आयोग से प्राप्त करना होता है कि उन्होंने अपना लेखा परीक्षित वार्षिक हिसाब पेश कर दिया है। यह पूरी तरह अपर्याप्त है।

2.12 केन्द्रीय चुनाव आयोग (सीईसी) अथवा इसके द्वारा प्राधिकृत संस्था को तलाशी लेने की शक्तियाँ होनी चाहिए और उन्हें यह अधिकार भी होना चाहिए कि निर्धारित सीमा से अधिक व्यय किए जाने का प्रमाण मिलने पर वह किसी भी राजनीतिक दल को कारण बताओ नोटिस जारी कर सके।

2.13 इसके लिए हमें सूचना तकनीक (आईटी) की उन क्षमताओं का साहस के साथ प्रयोग करना होगा, जिन पर हमें गर्व है। निगरानी की व्यवस्था के लिए एक ऐसा तंत्र बनाना होगा जो प्रत्येक लेन-देन को डिजिटल रूप से रिकॉर्ड करके उसे पकड़ सके। केन्द्रीय निर्वाचन आयोग (सीईसी) को एक ऐसी सार्वजनिक प्रतियोगिता आयोजित करनी चाहिए जिसमें सभी पंजीकृत आईटी कम्पनियाँ भाग लें और ऑनलाइन अकाउंटिंग की ऐसी समान रूपरेखा बनाएँ जिससे राजनीतिक दलों के लिए अपनी आय और व्यय को छुपाने की सम्भावना ही न रहे। इनके आँकड़ों की जाँच केन्द्रीय निर्वाचन आयोग (सीईसी) और कैग (सीईजी) अथवा दोनों के द्वारा संयुक्त रूप से स्वीकृत आईटी विशेषज्ञों द्वारा की जाएगी। प्रतियोगिता में विजेता को पुरस्कृत किया जाएगा और उसके साथ चुने गए कार्यक्रम को क्रियान्वित करने का करार किया जाएगा। इस प्रकार

जनता द्वारा अपेक्षित लक्ष्य को प्राप्त करने में राष्ट्र सहभागी बनेगा और राजनीतिक दलों पर दबाव बनेगा कि वे अपने आर्थिक व्यवहार (लेन-देन) में अधिक पारदर्शिता बनें और सदाचार का पालन करें।

2.14 इस व्यवस्था से चन्दे की सीमा का प्रच्छन्न रूपों से किया जानेवाला उल्लंघन समाप्त हो सकेगा। फिर भी सूचना के अधिकार (आरटीआई) के कानून के दायरे में सभी राजनीतिक दलों की आर्थिक गतिविधियाँ शामिल की जाएँगी। चूँकि सभी लेन-देनों का इलेक्ट्रोनिक रिकॉर्ड रहेगा इसलिए पार्टियों को दानदाता की पहचान और प्रदत्त राशि सहित किसी भी पूछताछ का उत्तर देना कठिन नहीं रहेगा।

2.15 यदि कोई ऐसा लेन-देन पकड़ में आया, जिसे रिकॉर्ड नहीं किया गया हो, तो लेनेवाले और देनेवाले दोनों ही पक्षों को दंडित किया जा सकेगा। यदि पार्टी का कोई कार्यकर्ता पार्टी के लिए या अपनी तरफ से ऐसा पार्टी कोष इकट्ठा करता है जिसका उल्लेख आर्थिक पारदर्शिता के गठित अनिवार्य व्यवस्था में न किया गया हो और यह आरोप प्रमाणित हो जाए, तो उसे पार्टी से निकालकर उसके छह वर्षों तक चुनाव लड़ने पर प्रतिबन्ध लगा दिया जाना चाहिए। इसके साथ पार्टी को इस प्रकरण के स्पष्टीकरण के लिए कारण बताओ नोटिस दिया जाए।

2.16 चन्दे के अवैध लेन-देन सम्बन्धी अपराध यदि तीन बार से अधिक प्रमाणित हो जाएँ, तो पार्टी के पंजीयन को निरस्त होने की स्थिति बन जाएगी।

2.17 इसी तरह यदि लेन-देन की मिथ्या घोषणा की जाती है तो निर्वाचन आयोग (ईसी) को यह अधिकार मिल जाएगा कि वह पार्टी को उत्तर देने का समुचित समय देने के बाद उसका पंजीयन निरस्त कर दे। यह सिफारिश विधि आयोग (एलसी) द्वारा की गई है और चुनाव आयोग (ईसी) ने इसकी पुष्टि की है। दोनों ने ही दंड अथवा आपराधिक कार्रवाई का सुझाव दिया है, जनप्रतिनिधित्व कानून (आरपी एक्ट) 1951 की धारा 29 (ए) में संशोधन होना चाहिए ताकि चुनाव आयोग (ईसी) को राजनीतिक दलों की मान्यता समाप्त करने का अधिकार मिल सके।

2.18 चुनाव आयोग के फैसलों या चुनाव प्रक्रिया से सम्बन्धित अन्य प्रकरण किसी अन्य न्यायालय में न जाकर, सीधे इस निमित्त गठित किए गए फास्ट ट्रैक न्यायालय/विशेष इलेक्शन ट्रिब्युनलों में न्यायिक

अपील के लिए प्रस्तुत किए जाएँगे, अधिकतम छह महीनों के भीतर इनका निबटारा करना होगा। संविधान की धारा 329 (बी) के अन्तर्गत उनकी स्थापना का सुझाव निर्वाचन आयोग और अन्य शासकीय आयोगों ने दिया है।[17]

2.19 फास्ट ट्रैक न्यायालयों की स्थापना हमारी न्यायिक व्यवस्था में स्वीकार की गई है। सरकार ने इस व्यवस्था को 2002 में मान लिया था और ग्यारहवें वित्त आयोग ने 1734 फास्ट ट्रैक न्यायालयों की स्थापना की सिफारिश की थी। संविधान की धारा 21 में तेजी से मुकदमा चलने का अधिकार निहित है और सर्वोच्च न्यायालय के न्यायाधीश कृष्ण अय्यर ने यह रेखांकित किया है कि हमारी न्याय व्यवस्था की धीमी गतिशीलता 'फेयर ट्राइल' के अधिकार का उल्लंघन करती है। नवें फास्ट ट्रैक की अवधारणा को स्वीकार कर लिया गया है और विगत में अनेक स्थापित भी किए गए हैं और उन्होंने समुचित न्याय करने की क्षमता प्रदर्शित भी की है, तो कोई कारण नहीं है कि उन्हें राजनीतिक दलों की आर्थिक ईमानदारी जैसे महत्त्वपूर्ण क्षेत्र में क्यों काम न करने दिया जाए।

2.20 राजनीतिक दलों के पास बेहिसाबी धन का अपार मात्रा में होना एक बड़ा कारण है कि उम्मीदवार चुनावों में निर्धारित सीमा से बाहर जाकर आदतन और अवैध रूप से धन का व्यय करते हैं। कड़ी निगरानी, राजनीतिक दलों का लेखापरीक्षण और उल्लंघन को रोकने के उपायों से आशा की जाती है कि इस बुराई को दूर करने में सहायता मिलेगी।

2.21 फिर भी बहुत कुछ किया जाना है क्योंकि प्रत्याशियों के चुनाव प्रचार पर व्यय की जानेवाली राशि कानूनी सीमा से बीस-तीस गुना अधिक होती है। प्राय: खर्च किए जानेवाले धन का एक बड़ा हिस्सा प्रत्याशी द्वारा स्वयं जुटाया जाता है। एक अधिकृत शासकीय कमीशन ने देखा है कि 'चुनाव में खर्च होनेवाले धन का एक स्रोत अपराधियों का बेहिसाबी पैसा है जो अपने संरक्षण के बदले में राजनेताओं को देते हैं, व्यावसायिक समूह से मिलनेवाला बेहिसाबी धन रिश्वत, कमीशन आदि की तरह एक निवेश जैसा है जिससे उन्हें अच्छे मुनाफे की आशा होती है।' उसी आयोग ने यह भी कहा था कि 'भ्रष्टाचार की समूची अधिरचना के लिए चुनावों के लिए धन की आवश्यकता एक आधार की तरह काम करती है।'[18]

2.22 राजनीतिक प्रत्याशी किसी भी तरह जीतने की महत्त्वाकांक्षा से प्रेरित होकर जितना धन खर्च कर सकें, उतना करते हैं। इसलिए व्यय-सीमा तय करने का कोई मतलब नहीं है। ये सीमाएँ अवास्तविक रूप से कम से कम हैं और सब जानते हैं कि उनका उल्लंघन किया जाता है लेकिन दूसरी तरफ कोई सीमा निर्धारित करना आवश्यक भी है अन्यथा धनाढ्य प्रत्याशी ही जीत हासिल करते रहेंगे। अत: होना यह चाहिए कि व्यय-सीमा ऐसी तय की जाए जो वास्तविक खर्च के निकट हो और बढ़ती हुई कीमतों के अनुरूप हो। समुचित सीमा जो वर्तमान में लोकसभा के लिए 25 लाख रुपए और विधानसभा के लिए 10 लाख रुपए है, इसे बढ़ाकर दो गुना कर देना चाहिए। समय-समय पर समीक्षा करने के बाद निर्वाचन आयोग (ईसी) इसमें वृद्धि कर सकता है।

2.23 तथापि यह भी आवश्यक है कि सीमा बढ़ाने के साथ ही दो कड़े प्रावधान भी किए जाएँ, जिनके अतिक्रमण की दशा में तत्काल कार्रवाई हो सके। पहला यह कि चुनाव से पहले सभी प्रत्याशियों को अपनी आय के स्रोत, सम्पत्ति और दायित्व की घोषणा करना आवश्यक होगा। यह चुनाव नियमों के पालन 1961 के छब्बीसवें प्रपत्र के अन्तर्गत होता है। किन्तु सभी जानते हैं कि ऐसी घोषणाएँ जानकारी देने से ज्यादा जानकारी छुपाती हैं और यह वास्तव में चार्टर्ड एकाउंटेंट की प्रतिभा की विशेषता है। उदाहरण के लिए 2003 में सीबीआई के अनुसार मायावती ने एक करोड़ रुपए की सम्पत्ति घोषित की थी, 2007 में यह बढ़कर 50 करोड़ हो गई और 2012 में जब उन्होंने राज्यसभा के लिए पर्चे भरे तो उनके अपने आकलन के अनुसार यह 111.64 करोड़ थी। ऐसे मामलों में चुनाव आयोग आयकर अधिकारियों के साथ मिलकर पूछताछ क्यों नहीं कर सकता। चुनाव आयोग पहले ही जनप्रतिनिधित्व कानून की धारा 125 (ए) में संशोधन करने का सुझाव दे चुका है जिससे सही जानकारी छिपाने और गलत जानकारी देनेवालों को कठोर सजा दी जा सके। चुनाव आयोग चाहता है केवल अर्थदंड की वर्तमान व्यवस्था की जगह न्यूनतम दो साल की सजा निर्धारित हो।

2.24 चुनाव प्रत्याशियों द्वारा सम्पत्ति की घोषणाओं का मूल्यांकन करने के लिए आयकर विभाग का एक विशेष सेल चुनाव आयोग के साथ होना चाहिए। (ये घोषणाएँ प्रस्तुत किए जाने के साथ ही मीडिया में

प्रकाशित कर देनी चाहिए क्योंकि मतदाता को इन्हें जानने का अधिकार है।) यदि इन रिटर्नों में कुछ भी कार्रवाई के लायक है तो चार महीने के भीतर इस विषय में फास्ट ट्रैक न्यायालय द्वारा निर्णय दे दिया जाए। ये घोषणाएँ चुनाव से पाँच महीने पहले करवाई जाएँ। (चुनाव से छह महीने पहले प्रत्याशियों की घोषणा के सम्बन्ध में अलग से विचार किया गया है।)[19]

2.25 दूसरी बात, अधिक व्यय सीमा में, जैसा कि निर्वाचन आयोग और दूसरे शासकीय आयोगों ने कहा है, यह व्यय भी सम्मिलित होंगे– प्रत्याशी और पार्टी द्वारा किए सभी खर्चे, उसके मित्रों और शुभचिन्तकों द्वारा किए गए कोई भी खर्चे या वह व्यय जो प्रत्याशी की तरफ से किसी राजनीतिक गतिविधि के लिए किसी व्यक्ति और कॉरपोरेट इकाई द्वारा किए जाते हैं।

2.26 चुनाव के दौरान निर्वाचन आयोग को प्रत्याशियों द्वारा किए खर्च पर निगरानी बढ़ा देनी चाहिए, यदि सम्भव हो तो वह निगरानी के इलेक्ट्रॉनिक उपकरणों का अधिक उपयोग कर सकता है। इस उद्देश्य के लिए स्वीकृत राशि में वृद्धि निश्चित रूप से राष्ट्रीय हित में होगी।

2.27 चुनाव के तत्काल बाद सभी प्रत्याशियों को अपने चुनाव खर्च का ब्योरा देना होगा। इसके लिए मतदान के दिन से बीस दिन बाद की अन्तिम तिथि होगी, जो किसी भी दशा में आगे नहीं बढ़ेगी। जो प्रत्याशी इसका पालन नहीं करे, उसे पाँच साल के लिए अयोग्य घोषित कर देना चाहिए और इसके लिए आरपी एक्ट की धारा 10(ए) में संशोधन करना चाहिए। जीता हुआ प्रत्याशी यदि निर्वाचन आयोग द्वारा मिथ्या घोषणा का दोषी पाया जाता है और जिसकी पुष्टि फास्ट ट्रैक न्यायालय ने कर दी हो तो चुनाव परिणाम निरस्त करने के साथ उसे अपात्र घोषित कर दिया जाएगा। इस निवारक सीमा में वे लोग भी आएँगे जो प्रत्याशी की ओर अधिकाधिक व्यय कर जानबूझकर कानून का उल्लंघन करते हैं। वर्तमान में ऐसे अपराधों के लिए सजा का प्रावधान अत्यन्त कमजोर है और केवल 500 रुपए का अर्थदंड ही दिया जाता है। चुनाव आयोग ने सुझाव दिया है कि यह दंड बढ़ाया जाना चाहिए और इसके लिए छह महीने कैद की सजा मिलनी चाहिए, यह विचारणीय है।

2.28 इन उपायों के लागू होने के बाद चुनाव खर्च राज्यों द्वारा वहन करने की आवश्यकता नहीं रहेगी। इन्द्रजीत गुप्ता समिति ने 1998 में चुनाव के राजकीय व्यय का सुझाव दिया था। यह इसलिए किया गया था कि इससे पार्टियों और प्रत्याशियों को कम खर्च में चुनाव लड़ने में सहायता मिलेगी। फिर भी गुप्ता समिति ने यह नहीं कहा था कि राज्य चुनाव का पूरा खर्च वहन करे, उसने केवल मान्यता प्राप्त दलों को कुछ सुविधाएँ ही उपलब्ध करवाने का सुझाव दिया था। इसके अतिरिक्त यह भी स्वीकार किया गया था कि इस व्यवस्था से राजकोष पर भारी आर्थिक बोझ पड़ेगा। सबसे महत्त्वपूर्ण उसका सुझाव था कि यह केवल उसी स्थिति में क्रियान्वित होगा जब राजनीतिक दल किसी अन्य स्रोत से चन्दा न उगाहें।

2.29 स्टेट फंडिंग राजकोष पर एक अनावश्यक भार ही नहीं बढ़ाएगा, अपितु यह पार्टियों और प्रत्याशियों को राज्य से मिलनेवाले धन के अतिरिक्त और धन गैर-कानूनी तरीके से जमा करने से रोक पाने में भी सफल नहीं रहेगा। भारतीयों की प्रवृत्ति और विगत अनुभवों को देखते हुए इस समस्या को सुलझाने का एक अधिक व्यावहारिक उपाय यह है कि निगरानी को बहुत कड़ाई से लागू किया जाए। निगाह रखने और निवारक तरीकों की चर्चा ऊपर की जा चुकी है।

2.30 जहाँ तक राजनीति के अपराधीकरण का प्रश्न है, उसमें सुधार के लिए कड़े उपाय करने होंगे। जिनकी निष्ठा का अभाव प्रमाणित हो चुका है, ऐसे व्यक्तियों को यह छूट नहीं मिलनी चाहिए कि वे लोकतंत्र को कलंकित कर सकें।

2.31 राजनीतिक वर्ग और कुख्यात अपराधियों के बीच की साँठ-गाँठ सभी को ज्ञात है और इसके लिए प्रश्न उठाना व्यर्थ है। शासन द्वारा स्थापित वोहरा समिति ने स्पष्ट शब्दों में कहा था : 'देश के विभिन्न भागों में अपराधी गिरोहों, पुलिस, नौकरशाही और राजनेताओं की साँठ-गाँठ खुलकर सामने आई है...कुछ राजनेता तो इन गिरोहों/सशस्त्र सेनाओं का नेतृत्व कर रहे हैं और वर्षों से स्थानीय निकायों, राज्य विधानसभाओं और राष्ट्रीय संसद के लिए चुने जाते रहे हैं।'

2.32 चुनाव आयोग, विधि आयोग, प्रशासनिक सुधार आयोग और सरकार द्वारा गठित अन्य समितियों ने अनेक सुझाव इस सम्बन्ध में दिए हैं, इनमें से निम्न पर विचार किया जाना सार्थक होगा।

2.33 राजनीतिक पद के लिए सभी प्रत्याशियों को आपराधिक मामलों में

यदि दंड मिला हो तो इसकी स्पष्ट रूप से घोषणा कर देनी चाहिए। इसके साथ ही उन्हें उन अनिर्णीत प्रकरणों की जानकारी भी देना अनिवार्य हो, जो किसी प्रवर्तन अधिकारी अथवा न्यायालय के संज्ञान में हों। कंडक्ट ऑफ इलेक्शन रूल 1961 के नियम 4(ए) में पहले से ही इसका प्रावधान है, किन्तु सम्बन्धित राजनेता के विरुद्ध प्रकरणों को उनकी गम्भीरता के आधार पर श्रेणीबद्ध किया जाता है जिससे इन प्रावधानों की कमियाँ स्वत: ही उजागर हो जाती हैं। इस अर्हता के बाद किसी अन्य व्याख्या की जरूरत नहीं रहेगी कि उपरोक्त प्रकरणों की घोषणा अनिवार्य होगी।

2.34 निर्वाचन आयोग ने स्वयं स्वीकार किया है कि अनेक प्रत्याशी यह जानकारी खानापूरी के तौर पर देते हैं, कॉलमों की पूर्ति नहीं करते और सामान्यत: बहुत कम जानकारी देते हैं।

2.35 यह व्यवहार बदलना चाहिए, लेकिन इसमें बदलाव तभी होगा जब जानकारी छुपाने अथवा जानकारी देने के लिए दी गई सजा काफी कठोर हो। एक प्रत्याशी जानता है कि मिथ्या या अपूर्ण घोषणा का दंड वर्तमान कानूनों के आधार पर केवल अर्थदंड है, इसकी निवारण व्यवस्था बहुत कमजोर है इसलिए चुनाव आयोग के सुझाव के अनुसार 1951 के जनप्रतिनिधित्व कानून में संशोधन किया जाना चाहिए और अर्थदंड के शिथिल प्रावधान की जगह सूचना छिपाने या मिथ्या सूचना देने के लिए प्रत्याशी को कम से कम दो वर्ष के सश्रम कारावास की व्यवस्था की जानी चाहिए। यह संशोधन तत्काल होना चाहिए।

2.36 सभी राजनीतिक दलों के लिए यह अनिवार्य हो कि वे उन सम्भावित प्रत्याशियों की एक सूची जनता के सामने जारी करें जिन्हें आपराधिक मामलों में सजा मिली हो या उसके विरुद्ध अपराधों के मामले चल रहे हों। यह सूची चुनाव से बहुत पहले प्रकाशित होनी चाहिए–निश्चित समयावधि चुनाव आयोग तय कर सकता है–ताकि मतदाता के पास पूरी जानकारी हो और वह उचित निर्णय ले सके। मिथ्या जानकारी देने पर राजनीतिक दल की मान्यता निरस्त की जा सकती है। मतदाता को मतपत्र पर अंकित सभी प्रत्याशियों और राजनीतिक दलों की पूरी-पूरी जानकारी प्राप्त करने का अधिकार है जिनमें से वह अपना चयन कर सकें।

2.37 प्रत्याशियों और पार्टियों द्वारा दी गई सूचनाएँ चुनाव आयोग द्वारा पूरी

तरह समर्थित होनी चाहिए। यह हो जाने के बाद नियमों की वर्तमान अतिशयता का सरलीकरण किया जाए जिससे उनके क्रियान्वयन की सुगमता निश्चित हो सके। कुछ छोड़ने पड़ेंगे, कुछ सीमित करने होंगे।

2.38 ऐसा कोई प्रत्याशी जो आपराधिक कृत्य के लिए दंडित हुआ है और कम या ज्यादा सजा भोग चुका है, चुनाव लड़ने का पात्र नहीं होगा।

2.39 आपराधिक गतिविधियों में संलिप्त व्यक्ति, जिन पर न्यायालय में आरोप तय हो चुके हों, तब तक चुनाव नहीं लड़ सकेंगे जब तक न्यायालय उन्हें दोषमुक्त नहीं कर देता। चुनाव आयोग ने सुझाव दिया है कि केवल उन्हीं प्रत्याशियों को, जिन्हें पाँच या इससे अधिक कारावास की सजा मिली हो, चुनाव लड़ने से वंचित कर देना चाहिए, किन्तु यह पर्याप्त नहीं है। ऐसा कोई अपराध जो कानून के अनुसार दंडनीय है और जिसके लिए आरोप न्यायालय में तय हो चुके हों, ऐसे व्यक्ति को लांछित करने के लिए काफी है, जो भारत की जनता का प्रतिनिधित्व करना चाहता है।

2.40 कोई भी ऐसा व्यक्ति जिस पर आपराधिक अतीत का सन्देह हो, विशेष रूप से जब न्यायालय समझता हो कि उस पर आरोप तय किए जा सकते हैं, तो वह जनता की दृष्टि में सन्दिग्ध हो जाता है और वह जनता का नेतृत्व या प्रतिनिधित्व करने का दावा नहीं कर सकता।

2.41 कुछ राजनेताओं का स्वभाव किसी भी साधन से सत्ता प्राप्त कर लेने का होता है, इसे देखते हुए अपने प्रतिद्वन्द्वियों को सार्वजनिक जीवन से वंचित कर देने के लिए झूठे मुकदमे चलाए जा सकते हैं। इस सन्दर्भ में निर्वाचन आयोग की सलाह है कि केवल चुनाव के छह महीने पहले दायर किए गए मुकदमे ही किसी प्रत्याशी की अपात्रता का आधार बन सकेंगे। इस सलाह के प्रभावी होने पर इसका आंशिक प्रभाव ही पड़ेगा क्योंकि कुटिल व्यक्ति कोई मुकदमा छह महीने से एक दिन पहले भी शुरू कर सकता है और न्यायिक प्रक्रिया की धीमी गति को देखते हुए इस प्रावधान का लक्ष्य ही अधूरा रह जाता है। ऐसे सहेतुक मामलों का समाधान–जिसका कोई अचूक समाधान है ही नहीं–दो तरह से होना चाहिए। पहला यह कि प्रत्याशी के विरुद्ध आपराधिक मामले अनिवार्यतः फास्ट ट्रैक न्यायालय को अग्रेषित कर दिए जाएँ जिसे इस पर अधिकतम साठ

दिन में या इससे कम अवधि में–अपना निर्णय देना होगा कि क्या आरोपित पर प्रथमद्रष्टया कोई प्रकरण बनता है। द्वितीयत:, यदि शिकायत झूठी और दुराग्रह से प्रेरित पाई जाए तो जिस व्यक्ति ने आरोप लगाए हैं, उसे मुकदमे का पूरा खर्च देने के साथ छह महीने के कारावास का दंड दिया जाए।

2.42 इन उपायों के बाद भी यदि सम्भावित प्रत्याशी के विरुद्ध अपराध का मुकदमा अनिर्णीत रहता है, और चुनाव तक न्यायालय ने आरोप तय न किए हों तो वह चुनाव में खड़ा हो सकता है, किन्तु तब तक कोई राजनीतिक पद ग्रहण नहीं कर सकेगा जब तक फास्ट ट्रैक न्यायालय प्रथमद्रष्टया से यह तय न कर दे कि आरोपी के विरुद्ध कोई ऐसा मामला नहीं बनता जिस पर कार्रवाई हो सके। यदि लम्बित प्रकरण में न्यायालय आरोप तय करके संज्ञान लेता है तो उस व्यक्ति को अयोग्य घोषित करके नए चुनाव का आदेश दिया जाएगा। आरोपित प्रत्याशी चुनाव में खड़े होने से तब तक वंचित रहेगा जब तक वह बरी नहीं हो जाता।

2.43 इस तरह की स्पष्ट और अविचलित कार्यप्रणाली से ऐसी भाग्यपूर्ण स्थितियाँ रोकी जा सकेंगी जो सामने आ जाती हैं। उदाहरण के लिए एक राजा भैया हैं, जो सुपरिचित अपराधी हैं और जेल भी जा चुके हैं, हत्या जैसे अपराधों सहित उन पर दर्जनों मुकदमे चल रहे हैं। उन्होंने चुनाव ही नहीं लड़ा बल्कि महत्त्वपूर्ण पद पर भी जा पहुँचे, विडम्बना यह कि यह उत्तर प्रदेश के जेलमंत्री का पद था।

2.44 न्याय की मद्धिम गति का फायदा राजनेता उठाते हैं, जहाँ मामलों का कई वर्षों तक घिसटते रहना असामान्य नहीं है। अपराधियों और राजनेताओं की निर्लज्ज साँठ-गाँठ को तोड़ने के लिए यह प्रवृत्ति समाप्त होनी चाहिए।

2.45 फास्ट ट्रैक न्यायालयों के माध्यम से, जिनकी निष्पक्षता और निर्णायकता पर उच्चतर न्यायपालिका की निगरानी रहे, इस दिशा में कार्य होना चाहिए कि हमारा राजनीतिक वातावरण अपराधी तत्त्वों से मुक्त रह सके। इस सन्दर्भ में सुप्रीम कोर्ट के द्वारा अपीलों की प्रक्रिया में गम्भीर समीक्षा की आवश्यकता है जो क्रमश: न्यायिक सीढ़ियों पर उत्तरोत्तर की जाती रहती हैं। उसे यह सुनिश्चित करना होगा कि हमारी लोकतांत्रिक साख के व्यापक हित में नीचे के स्तर पर सक्षम न्यायालय का निर्णय, प्रत्याशी की पात्रता और राजनीतिक

पद पर नियुक्ति के सम्बन्ध में, अन्तिम हो।

2.46 चुनाव के दौरान जो प्रत्याशी बाहुबल का प्रयोग करते हैं या नकदी अथवा शराब की रिश्वत मतदाताओं को देते हैं अथवा आचार संहिता में उल्लिखित अन्य अनैतिक हरकतें करते हैं, उनके विरुद्ध दृढ़ता से कार्रवाई करनी चाहिए और ऐसा करने के लिए निर्वाचन आयोग को शक्तिशाली बनाना चाहिए। इलेक्ट्रॉनिक निगरानी और जानकारी एकत्र करने का स्तर सुधारना होगा। ऐसी गतिविधियों में लिप्त होने का सन्देह यदि किसी उम्मीदवार पर हो तो उसे तत्काल कारण बताओ नोटिस दिया जाए। उसे तब तक के लिए अपना सारा चुनाव अभियान रोक देना होगा जब तक उसे चुनाव आयोग इसकी इजाजत नहीं दे देता। यदि वह दोषी पाया जाता है तो भारतीय दंड संहिता की धारा 171 (बी) और 171 (सी) के अन्तर्गत उसे एक साल तक के लिए जेल भेज दिया जाए।

2.47 चुनाव से पूर्व जिला अधिकारियों को जाने-पहचाने गुंडों पर नजर रखनी चाहिए और चुनाव क्षेत्र में वैध (और अवैध) हथियारों की आमद की निगरानी करनी चाहिए। यदि चुनाव के दौरान कोई ज्ञात अपराधी जाँचे बिना रह जाता है और आचार संहिता का उल्लंघन करता है तो इसके लिए स्थानीय अधिकारी जिम्मेदार होंगे। अनाचार पर निगरानी रखने के लिए जनता की निगरानी समितियों और गैर-सरकारी संगठनों को प्रोत्साहित करना चाहिए।

2.48 चुनाव में धाँधली के लिए हारे हुए प्रत्याशियों पर भी मामला चलाया जा सकेगा, जिसका सुझाव चुनाव आयोग ने दिया है।

2.49 ये उपाय कठोर लग सकते हैं लेकिन लोकतांत्रिक मान्यताओं के अनुकूल हैं। हमारे लोकतंत्र का जिस अनुपात में अपराधीकरण हुआ है, उसी अनुपात में उन पर निर्णय करना चाहिए। यह ध्यान में रखना आवश्यक है कि वर्तमान में जो लज्जाजनक स्थिति है उस पर नियंत्रण के लिए सुस्पष्ट और प्रभावकारी निवारक कानून चाहिए। अमर्त्य सेन उचित ही कहते हैं कि न्याय का पक्ष सदा 'पूर्णतः न्यायपूर्ण संस्थाओं' से ही सबल नहीं होता। अपितु इसके लिए 'लोगों के वास्तविक व्यवहार' पर भी विचार करना होता है। इस सन्दर्भ में वह नीति और न्याय के बीच भी अन्तर करते हैं। यद्यपि संस्कृत में दोनों ही शब्द न्याय के लिए व्यवहार में हैं। यदि नीति नियम संहिता के आशय में संस्थागत औचित्य को व्यक्त करती है

तो न्याय प्राप्य न्याय की समग्र अवधारणा को व्यक्त करता है, जहाँ संस्थाओं, नियमों और संगठनों को वास्तविक विश्व के व्यापक सन्दर्भों में देखा जाना चाहिए।[20] तुलसीदास की रामायण की एक पंक्ति यहाँ उल्लेख्य है–'बिन कड़वी भेषज पिए, मिटै न तन को ताप।'

2.50 अवांछित प्रत्याशियों को निरुत्साहित करने का एक तरीका यह है कि मतदाताओं को किसी उम्मीदवार को अस्वीकार करने का अधिकार दिया जाए। इसका अर्थ यह हुआ कि किसी के पक्ष में वोट डालने के स्थान पर मतदाता जिस प्रत्याशी को नहीं चाहते हैं, उसके लिए नकारात्मक वोट डाल सकते हैं। यदि यह नकारात्मक मत पहले से निर्धारित संख्या में पड़ते हैं तो सम्बन्धित प्रतिवादित प्रत्याशी चुनाव लड़ने का अपना अधिकार खो देगा। तथापि इस प्रावधान का प्रतिद्वन्द्वियों द्वारा दुरुपयोग किया जा सकता है जो योग्य प्रत्याशी को अयोग्य ठहराने का एक अभियान आयोजित कर सकते हैं। हमारे औसत चुनाव क्षेत्र का आकार संख्या की और भौगोलिक दृष्टि से विशाल होता है और प्रत्याशी भी अनेक होते हैं। ऐसी वर्तमान व्यवस्था में नकारात्मक वोटों को एकत्र करने से उस पर अतिरिक्त भार पड़ेगा और मतदाता दिग्भ्रमित होंगे। फिर एक प्रत्याशी के पक्ष में मतदान अपने आपमें यह प्रदर्शित ही करता है कि अन्य को नकार दिया गया है। अतएव इस सुझाव की आवश्यकता नहीं है।

2.51 चुनाव आयोग और विधि आयोग दोनों ने ही यह सुझाव दिया है कि नकारात्मक अथवा तटस्थ मतदान का एक विकल्प बनाया जाना चाहिए। इसका अर्थ यह है कि मतदाताओं को सभी उम्मीदवारों को अस्वीकृत करने का अधिकार होना चाहिए और वह मतपत्र के 'इनमें से कोई नहीं' पर अपना विकल्प अंकित कर सकें। यदि मतदान के एक निश्चित प्रतिशत वोट नकारात्मक तटस्थ आते हैं तो चुनाव को निरस्त माना जाएगा और पुनः चुनाव करवाया जाएगा। यह भी एक सदाशयी सुझाव है किन्तु इसमें भी भेदभाव है। यदि एक, दो या अधिक प्रत्याशियों से मतदाताओं को समस्या है तो पूरी चुनाव-पार्टी को ही निरस्त क्यों किया जाए? खतरा यह है कि षड्यंत्रकारी राजनेता जानबूझकर अवांछित व्यक्तियों को खड़ा कर देंगे, जिससे वोटर 'इनमें से कोई नहीं' का विकल्प चुने। नतीजा यह

होगा कि अच्छे व्यक्ति, जिन्हें चुनाव जीतना चाहिए, को भी इसका अवसर नहीं मिलेगा।

2.52 चुनाव सुधार के लिए काम करनेवाले कुछ कार्यकर्ताओं ने 'वापिस बुलाने के अधिकार' को लागू करने की माँग की है। इसका मकसद यह है कि चुनाव के बाद भी यदि निर्वाचित प्रत्याशी के कामकाज से मतदाता सन्तुष्ट नहीं हैं तो वे उसे वापस बुला सकें। यदि अपने असन्तोष को व्यक्त करनेवाले मतदाताओं का पर्याप्त प्रतिशत हो तो, निर्वाचित प्रतिनिधि को हटना होगा और चुनाव फिर से होगा। यद्यपि मतदाता के पास यथासम्भव शक्तियाँ होनी चाहिए, लेकिन इस तरह के उपाय के साथ कई समस्याएँ होंगी। पहली यह कि अवांछित व्यक्तियों को लोकतांत्रिक प्रक्रिया से दूर रखने के सम्बन्ध में पूर्व में जो उपाय सुझाए गए हैं, वह स्वत: ही वापस बुलाने की सम्भावना को कम कर देते हैं। दूसरी बात यह कि इससे व्यवस्था में किसी सीमा तक अस्थिरता आ जाएगी। निर्वाचित व्यक्ति के सामने हमेशा वापस बुलाए जाने की तलवार लटकती रहेगी, जिसके कारण वह किसी निर्णय पर पहुँचने से पहले सुरक्षित विकल्प पर अमल करेगा। तीसरी बात यह कि बड़े चुनाव क्षेत्रों में हमें वापस बुलाने की कई याचिकाओं के पक्ष में मतदाताओं को जुटाने और उनका संयोजन का प्रयत्न करना होगा जो व्यवस्था पर भारी भार डालेगा। अन्तिम बात यह है कि इस प्रावधान का दुरुपयोग पराजित प्रत्याशी कर सकते हैं ताकि नए सिरे से फिर चुनाव करवा सकें। राज्य विधानसभाओं और संसद में क्षीण बहुमत को देखते हुए राजनीतिक दल केवल इसलिए वापस बुलाने की याचिकाएँ दायर कर सकते हैं कि वह अनुचित साधनों से किसी भी तरह सत्ता तक पहुँच जाए। मतदाताओं के पास निश्चित रूप से इतनी शक्ति होनी चाहिए कि वह अपने चुने हुए प्रतिनिधियों के कामकाज की निगरानी कर सके। उनके द्वारा किए गए वायदों को पूरा करने के लिए दबाव बना सके। चुनावों के बीच मिलनेवाले समय में मतदाता को मूकदर्शक बनकर नहीं रहना चाहिए। तथापि इस उद्देश्य की प्राप्ति मतदाताओं को उनके अधिकार के प्रति सचेत और जागरूक करने से भी की जा सकती है। चैतन्य और जागरूक मतदाता, जो समुचित रूप से निरन्तर अपनी भावनाएँ प्रकट करता रहता है, लोकतंत्र का आवश्यक पक्ष है। नागरिक समूहों, गैर–सरकारी संगठनों और लोकसेवा

संस्थाओं को इसके लिए काम करना चाहिए। हमारी निर्वाचन व्यवस्था में वापस बुलाने के अधिकार को अन्तिम सहमति देने से पहले यह एक बेहतर विकल्प होगा।

2.53 मतदाता अपनी जानकारी के आधार पर सर्वश्रेष्ठ योग्यता वाले व्यक्ति का ही चयन करे, इसके लिए उन्हें सूचना-सम्पन्न बनाने और अवसर देकर सक्षम बनाने का एक और रास्ता है। इस समय मतदाता के पास यह गुंजाइश बहुत कम है कि वह प्रत्याशियों से पूछताछ कर सके या विवादास्पद विषयों पर उन्हें शान्तिपूर्ण तरीके से सुन सके अथवा तर्कयुक्त बहसों से यह जान सके कि निर्वाचन क्षेत्र की विभिन्न आवश्यकताओं के लिए राजनीतिक दल क्या करनेवाले हैं। अन्य लोकतांत्रिक व्यवस्थाओं में प्रतिपक्षी प्रत्याशी संस्थागत रूप से संगठित सार्वजनिक मंचों पर बहस के लिए मिलते हैं। कुछ लोकतंत्रों में प्राइमरीज (प्रारम्भिक सभाओं) की व्यवस्था है, जिनमें मतदाताओं को चुनाव से पहले की प्रक्रिया में सक्रियतापूर्वक भाग लेने का अवसर मिलता है जिससे वे अपने प्रत्याशियों और सामयिक समस्याओं से परिचित हो पाते हैं। हमारे चुनावों में ऐसा कुछ नहीं होता है।

2.54 जैसा कि पहले सुझाव दिया गया है, चुनाव से छह माह पहले ही सभी उम्मीदवारों के नाम की घोषणा कर दी जाएगी। इससे मतदाताओं को अपने सम्भाव्य प्रतिनिधियों के विषय में कुछ जानने का अवसर मिल सकेगा। सशक्तीकरण की प्रक्रिया को और आगे ले जाने के लिए स्थानीय प्रशासनिक प्राधिकारी निर्वाचन आयोग की देखरेख में प्रत्याशियों के बीच बहस के लिए सार्वजनिक मंत्र उपलब्ध कराएँगे और यह प्रयत्न करेंगे कि इन आयोजनों का अधिकतम प्रचार हो। अपने पक्ष-प्रतिपादन और प्रश्नों का उत्तर देने के लिए प्रत्याशियों को स्थानीय संस्थाओं, जैसे-ग्रामपंचायत या जिला परिषद अथवा नागरिक संस्थाओं के सामने जाना होगा। एक परिपक्व लोकतंत्र में प्रत्याशी और मतदाता, और प्रत्याशियों के अपने बीच मतदान करने से पहले सार्थक राजनीतिक संवाद के अधिक से अधिक अवसर उपलब्ध होने चाहिए।

2.55 पिछले वर्षों में अगम्भीर प्रत्याशियों की वृद्धि एक वास्तविक समस्या बन गई है। चुनाव आयोग और विधि आयोग दोनों का ही कहना है कि प्रत्याशियों की जमानत की राशि बढ़ाकर इस समस्या पर काबू

किया जा सकता है। इसके अतिरिक्त प्रत्येक चुनाव से पहले निर्वाचन आयोग के पास यह अधिकार होना चाहिए कि वह जमानत राशि को निर्धारित कर सके, इससे जनप्रतिनिधित्व कानून में बार-बार किए जानेवाले संशोधनों से छुटकारा मिल सकेगा।

2.56 विधि आयोग का सुझाव है कि निर्दलीय उम्मीदवारों के लोकसभा चुनाव लड़ने पर रोक लगा दी जानी चाहिए किन्तु ऐसे प्रस्ताव का समर्थन करना कठिन है। जो व्यक्ति इस या उस दल से सम्बद्ध हुए बिना राजनीतिक क्षेत्र में अपना योगदान करना चाहते हैं, लोकतांत्रिक प्रक्रिया में उन्हें भी स्थान मिलना चाहिए। निर्दलीय प्रत्याशी के रूप में चुनाव लड़ना सभी राजनीतिक दलों से अपनी असहमति को व्यक्त करना है। यह एक ऐसा तरीका भी है जिससे पक्षपात के कारण विभिन्न दल प्रत्याशियों को वंचित कर दें तो वे अपनी लोकप्रियता का परीक्षण कर सकें।

2.57 निर्वाचन आयोग का एक सुझाव यह भी है कि सदन का कार्यकाल समाप्त होने की तिथि अथवा कार्यकाल के पूरा होने से पहले सदन के भंग होने के दिन से, छह महीने पहले केन्द्र अथवा राज्य सरकारों द्वारा सरकार की उपलब्धियों का प्रचार करनेवाले विज्ञापनों पर रोक लगा दी जानी चाहिए।[21] इस सुझाव को शीघ्रातिशीघ्र क्रियान्वित किया जाना चाहिए। निर्वाचन आयोग का कहना है कि इस नियम का अपवाद ऐसे विज्ञापन होंगे जो गरीबी उन्मूलन या स्वास्थ्य-विषयक जानकारी ज्ञापित करते हैं किन्तु ऐसा करना एक भूल होगी। क्योंकि सरकार की उपलब्धियों को प्रचारित करने के लिए खर्च राजकीय कोष से ही आता है और चुनावों के वक्त इसका काफी दुरुपयोग होता है। चुनाव के छह महीने पहले से इस पर पूरा प्रतिबन्ध होना चाहिए। जो भी हो, जानकारी विज्ञापित करने के लिए सरकार से बाहर भी अनेक स्रोत हैं।

2.58 चुनाव आयोग का यह सुझाव अच्छा है कि एक व्यक्ति के एक से अधिक क्षेत्रों से चुनाव लड़ने पर रोक होनी चाहिए। यदि वह दोनों क्षेत्रों से चुनाव में विजयी होता है तो उसे एक स्थान छोड़ना पड़ेगा और वहाँ फिर से चुनाव कराना पड़ेगा। इसके लिए अतिरिक्त व्यय और मानव साधनों को लगाना पड़ेगा। किन्तु पार्टी के कर्ता-धर्ता प्राय: इसलिए दो स्थानों पर चुनाव लड़ते हैं ताकि वह एक जगह से तो जीत सके। केवल उन्हीं के पास दुहरा चुनाव लड़ने का व्यय

उठाने की सामर्थ्य होती है। अतएव यह प्रावधान मूलतः अनुचित है और अपेक्षाकृत विपन्न लोगों के जनतांत्रिक अधिकारों का उल्लंघन करता है।

2.59 निर्वाचन आयोग देश के उन गिने-चुने संस्थानों में से एक है जिसने अपनी सक्षमता और ईमानदारी को प्रमाणित किया है। स्वतंत्र और निष्पक्ष चुनाव करवाने में इसकी भूमिका को दोनों पक्ष की पार्टियों ने सराहा और स्वीकार किया है। वैधता और लोकतांत्रिक अधिकारों के ढाँचे में भारत के चुनाव-सुधारों की दृष्टि से हमें एक अधिक शक्तिशाली और प्रभावकारी निर्वाचन आयोग की आवश्यकता है जिसमें निगरानी, जाँच और रोकथाम की व्यापक शक्तियाँ हों।

2.60 चुनाव आयोग को मजबूत करने में एक महत्त्वपूर्ण कदम यह होगा कि सभी तीनों आयुक्तों को समान रूप से वही संवैधानिक संरक्षण दिया जाए जो केन्द्रीय चुनाव आयोग (सीईसी) को प्राप्त है। संविधान की धारा 324 के उपबन्ध (5) में स्पष्ट किया गया है कि मुख्य चुनाव आयुक्त को हटाया नहीं जा सकता, उसे हटाने के लिए वही तरीका और आधार होंगे जो सर्वोच्च न्यायालय के किसी न्यायाधीश के लिए होते हैं। यही व्यवस्था तीनों आयुक्तों के लिए होनी चाहिए।

2.61 चुनाव आयोग की कार्यकुशलता और स्वतंत्रता की रक्षा के लिए इसे कार्यपालिका के हस्तक्षेप से बचाना होगा। यह आवश्यक है। इसलिए चुनाव आयोग की स्वायत्तता उसके अपने सचिवालय पर होनी चाहिए। इसी तरह लोकसभा और राज्यसभा तथा सुप्रीम कोर्ट और हाई कोर्टों के रजिस्ट्रार कार्यालय भी स्वायत्त होने चाहिए।

2.62 इसी कारण से निर्वाचन आयोग का बजट भारत के समेकित कोष से लिया हुआ माना जाना चाहिए।

2.63 किन्तु ये सभी प्रावधान तभी प्रभावशाली होंगे जब भारत के राष्ट्रपति निर्वाचन आयोग की प्रभावकारी भूमिका और स्वतंत्रता की रक्षा के लिए सक्रियतापूर्वक कार्य करें। मुख्य चुनाव आयुक्त और अन्य दो चुनाव आयुक्तों की नियुक्ति राष्ट्रपति द्वारा की जाती है। अन्य कार्यपालक संस्थाओं के विपरीत जहाँ नियुक्तियाँ कार्यपालिका की अनुशंसा पर होती हैं, चुनाव आयोग को अपना प्रतिवेदन सीधे राष्ट्रपति को देना होता है। अवकाश या विदेशयात्रा के प्रार्थनापत्र जैसे साधारण मामले भी राष्ट्रपति ही स्वीकार करते हैं। अतएव एक

संस्थान के रूप में निर्वाचन आयोग अपनी शक्ति इस संवैधानिक संरक्षण से ग्रहण करता है जो इसे राष्ट्रपति द्वारा प्रदत्त है।

2.64 दुर्भाग्य से हाल ही समय में राष्ट्रपति का कार्यालय अपनी संवैधानिक भूमिका पूरी करने की दृष्टि से खामोश रहा है। 2012 के उत्तर प्रदेश के विधानसभा चुनावों में चुनाव आयोग के सामने राष्ट्रपति से हस्तक्षेप करने की माँग करने के सिवाय और कोई रास्ता ही नहीं रहा था जब दो काबीना मंत्री जानबूझकर और लगातार चुनाव आयोग के निर्देशों की अवज्ञा कर रहे थे। राष्ट्रपति ने कोई निर्णायक कार्रवाई किए बिना मुख्य चुनाव आयुक्त की चिट्ठी को प्रधानमंत्री के पास भेज दिया। मुख्य चुनाव आयुक्त के इस पत्र, जो संवैधानिक रूप से केवल राष्ट्रपति को ही सूचना देने के लिए बाध्य है, की पावती तक नहीं मिली। इसका सच यह था कि दोनों चर्चित मंत्री प्रधानमंत्री के दल से थे, और आश्चर्य नहीं कि प्रधानमंत्री ने कुछ नहीं किया।

2.65 यह फिर से कहना आवश्यक है कि अनुच्छेद 42 की–जिसे आपातकाल में संशोधित किया गया और बाद में पुनर्स्थापित हुआ– समीक्षा की जानी चाहिए। संविधान की पवित्रता और मंशा को बनाए रखने में एक निर्वाचित राष्ट्राध्यक्ष की भूमिका, विशेष रूप से चुनाव आयोग जैसी स्वायत्त संस्थाओं के सन्दर्भ में, केवल आलंकारिक नहीं हो सकती। ऐसे संसदीय लोकतंत्र में भी जहाँ वास्तविक सत्ता प्रधानमंत्री के पास हो, यह आज अधिक प्रासंगिक हो गया है, क्योंकि हमारा लोकतंत्र ऐसे परिवर्तनों से गुजर रहा है जिनकी हमारे संविधान के संस्थापकों ने कभी कल्पना नहीं की थी।

2.66 पार्टियों में आन्तरिक लोकतंत्र की चर्चा किए बिना हमारी लोकतांत्रिक राजनीति में किसी सुधार की बात पूरी नहीं हो सकती। जब राजनीतिक दलों में नियमित, स्वतंत्र और निष्पक्ष चुनाव होते हैं, और जो अपने सदस्यों को रचनात्मक विमर्श और बहस का अवसर देते हैं। केवल तभी व्यवस्था को परिपक्व लोकतंत्र का नाम दिया जा सकता है। वंशवादी राजनीति के निर्बाध प्रसार अगम्य, सर्वज्ञ तथा सर्वशक्तिमान हाईकमान की संस्कृति ने जिस चाटुकारिता के दौर को जन्म दिया है, और बलात् सहमति को प्रोत्साहित किया है वह लोकतांत्रिक प्रकृति के लिए अनैतिक है।

2.67 इसलिए सभी राजनीतिक दलों को अपने आन्तरिक चुनाव के

कार्यक्रम की राज्य और केन्द्रीय दोनों ही स्तरों पर सार्वजनिक घोषणा करनी चाहिए। यद्यपि पिछले अनुभव यह बताते हैं कि यदि चुनाव 'नियमानुसार' हों तो भी वह पहले से प्रबंधित होते हैं, और पार्टी का हाईकमान ऐसी व्यवस्था कर लेता है कि चुने हुए लोग ही 'सर्वसम्मति' से चुने जा सकें। अन्य अवसरों पर, जो चाटुकारिता की संस्कृति पनप गई है इसके अनुसार गम्भीर विषयों पर निर्णय अथवा विविध स्तरों पर नेतृत्व का चयन पार्टी प्रमुख पर छोड़ दिया जाता है, जो इस पद पर इसलिए पहुँचा होता है क्योंकि वह एक राजनीतिक वंश का सदस्य है। इन दोनों व्यवहारों की निन्दा की जानी चाहिए।

2.68 इन परिस्थितियों में सुधार के लिए पहल को केवल राजनीतिक दलों पर ही नहीं छोड़ा जा सकता। इसलिए सुझाव दिया गया है कि पार्टियों के भीतर चुनाव का संचालन नियोजित और निष्पक्ष तरीके से निर्वाचन आयोग द्वारा करवाया जाए। इसके लिए चुनाव आयोग के पास पर्याप्त साधन हैं। चुनाव आयोग की भूमिका निर्देशात्मक न होकर पर्यवेक्षक की रहेगी, जो यह देखेगा कि निर्धारित प्रक्रिया का पालन हो रहा है या नहीं। प्रत्याशियों को किसी, मंडली या गुट से प्रभावित हुए बिना निष्पक्ष अवसर मिल सकेंगे। इसके अतिरिक्त चुनाव आयोग ने संकेत भी दिए हैं कि वह इस दायित्व को वहन क रने के लिए तैयार है।

2.69 कुछ पार्टियाँ इस आधार पर इसमें आपत्ति कर सकती हैं कि निर्वाचन आयोग के पास पार्टियों के आन्तरिक चुनाव करवाने की पात्रता नहीं है और वह यदि ऐसा करता है तो यह उनके भीतरी मामलों में अनावश्यक हस्तक्षेप होगा। ऐसा विरोध करने में वही दल आगे रहेंगे जिनमें आन्तरिक लोकतंत्र न्यूनतम है। किन्तु देश में स्वस्थ लोकतंत्र के व्यापक हितों की दृष्टि से यह निर्णय जल्दी से जल्दी ले लेना चाहिए। मोटे तौर पर चुनाव आयोग पर भारत में होनेवाले चुनावों के संचालन का दायित्व है। निर्वाचकों के प्रतिनिधित्व का दावा करनेवाले राजनीतिक दल इस प्रक्रिया का महत्त्वपूर्ण भाग हैं। यदि मान्यताप्राप्त दलों के भीतर आपसी विवाद होते हैं, अपनी अर्द्धन्यायिक शक्तियों का प्रयोग कर चुनाव आयोग उन्हें सुलझाता है। पार्टियाँ सार्वजनिक संस्थाएँ हैं जिनका लोकतांत्रिक व्यवहार पूरी व्यवस्था के सम्मान के लिए आवश्यक होता है, ऐसी पार्टियों को

मान्यता देने का अधिकार चुनाव आयोग के पास है। अपनी शक्तियों के अन्तर्गत चुनाव आयोग को यह देखना होता है कि मान्यता चाहनेवाले दल के पास आवश्यक लोकतांत्रिक प्रामाणिकता है या नहीं। यदि कोई पार्टी मान्यता के लिए प्रस्तुत अपने आवेदन में कहती है कि वह आन्तरिक लोकतंत्र में विश्वास नहीं रखती और केवल वंशानुगत रूप से अपने पदाधिकारियों को नियुक्त करती है, तो चुनाव आयोग यह प्रश्न उठा सकता है कि क्या ऐसी पार्टी के पास एक लोकतंत्र में पंजीकृत होने की आवश्यक पात्रता है। सुप्रीम कोर्ट का निर्णय है कि जब चुनाव विषयक मामलों में वर्तमान कानून मौन हो तो संविधान के अन्तर्गत निर्वाचन आयोग के पास अतिरिक्त शक्तियाँ हैं जिनके द्वारा उचित ढंग से निर्णय ले सकता है। इसके अतिरिक्त चुनाव आयोग ने यह निर्देश पहले भी दिए हैं कि राजनीतिक दलों को नियमित अन्तराल पर अपने संगठन का चुनाव करवाना अनिवार्य है। इसे देखते हुए चुनाव आयोग को स्वयं ही पार्टियों के आन्तरिक चुनाव का दायित्व सँभाल लेना चाहिए। सभी पार्टियों को अपने संगठन की साख और लोकतंत्र के व्यापक हित में इस कदम का स्वागत करना चाहिए।

2.70 यह भी कहा जाता है कि पार्टियों में आन्तरिक लोकतंत्र लाने से संगठन कमजोर हो जाएगा। प्रायः एक शक्तिशाली नेता और असहमति व्यक्त करने की सीमित स्वतंत्रता को मुख्य पार्टियों में अनुशासन स्थापित करने का एकमात्र तरीका मान लिया जाता है। हमें ऐसा सन्तुलन स्थापित करना चाहिए जिससे आन्तरिक लोकतंत्र और अनुशासन के बीच सहअस्तित्व रह सके। जिससे अहमति व्यक्त करने और बहस का अवसर मिलने के बाद पार्टी नेतृत्व के अन्तिम निर्णय का सभी सदस्यों द्वारा पालन किया जाए। हमें ऐसा नेतृत्व विकसित करना चाहिए जो इतना मजबूत हो कि आन्तरिक विवादों को नियंत्रित कर सके लेकिन इतना मजबूत न हो कि वह अपने आपमें एक अलोकतांत्रिक शक्ति बन जाए।

2.71 ऐसी अनुशासनहीनता जिससे बचा जा सके और स्वार्थपूर्ति के लिए पार्टी के आन्तरिक लोकतंत्र का दुरुपयोग जैसे जो भी खतरे हों, पार्टी का आन्तरिक लोकतंत्र अपरिहार्य रूप से आवश्यक है। यह लोगों को विचारों के लिए प्रोत्साहित करता है, और यदि रोकता नहीं तो व्यक्ति पूजा को कम तो करता ही है। यह बहस को खुले में ले

आता है। यह उन पार्टी कार्यकर्ताओं के छद्म को निरर्थक बना देता है जो नेता के सामने एक बात कहते हैं और उसकी पीठ के पीछे दूसरी। यह चयन की स्वतंत्रता और व्यक्ति की गरिमा के अनुकूल है। यह मस्तिष्क को जड़ बना देनेवाली उस चाटुकारिता का इलाज है जो इन दिनों आम हो गई है।

2.72 जो भी हो पार्टी द्वारा संगठन और अनुशासन को बनाए रखने के लिए जब विमर्श और बहस के बाद कोई निर्णय ले लिया जाए तो पार्टी प्रमुख के पास इतनी शक्ति होनी चाहिए कि वह पार्टी निर्देशों का उल्लंघन करनेवालों या हितों के विरुद्ध काम करनेवालों पर कार्रवाई कर सके। इसके लिए संसद में पार्टियों द्वारा 'व्हिप' देने का तरीका बना रहना चाहिए। यद्यपि एक विचारधारा के अनुसार यह सांसदों के वैयक्तिक दृष्टिकोण के अधिकार को कुंठित करता है तथापि पार्टी मंचों पर असहमति व्यक्त करने का अधिकार अवश्य होना चाहिए, लेकिन सदन में इसकी अनुमति नहीं दी जा सकती जहाँ पार्टी की एकता सर्वोपरि है।

2.73 अन्ततः पार्टी के आन्तरिक लोकतंत्र का प्रश्न ऐसा नहीं है जिसे पत्थर पर उकेरे गए नियमों से संहिताबद्ध किया जा सके। प्रत्येक पार्टी के राजनीतिक नेतृत्व को इसे सम्भव बनाना होगा।

2.74 आखिर में संसद के भीतर राजनेताओं के व्यवहार का प्रश्न सामने आता है। संसद आज की तरह काम नहीं कर सकती जिसमें आए दिन इसके सदस्य कार्रवाई पंगु बना देते हैं। बार-बार होनेवाले स्थगनों से सरकार की कार्यसूची धरी की धरी रह जाती है। जब हमारे देश के युवा अपने सांसदों और विधायकों का व्यवहार संसद और विधानसभाओं में देखते हैं तो उन्हें वितृष्णा होती है। हमारे विविध विधायी सदनों में होनेवाली अधिकांश बकवास को रोका जा सकता है यदि पीठासीन अधिकारी उन शक्तियों का प्रयोग करें जो उन्हें प्रदान की गई हैं। लोकसभा के अध्यक्ष के पास अनुशासन बनाए रखने के लिए व्यापक शक्तियाँ हैं, वह तय करता है कि सदस्य कब और कितना बोलेगा, वह सदस्य से अपना भाषण समाप्त करने के लिए कह सकता है, वह निर्देशित कर सकता है कि रिकॉर्ड में कितना शामिल किया जाना है, वह किसी सदस्य को कुछ अवधि के लिए बाहर जाने को कह सकता है। कोई सदस्य यदि अध्यक्ष की आज्ञा और निर्देश की अवहेलना करता है तो अध्यक्ष

उसका नाम पुकार सकता है, और इस दशा में उसे सदन छोड़ना होगा। अध्यक्ष सदन के अधिकारों और विशेषाधिकारों का संरक्षक है। यह केवल अध्यक्ष ही निश्चित करता है कि विशेषाधिकार का कौन सा प्रश्न परीक्षण, जाँच और रिपोर्ट के लिए विशेषाधिकार समिति को भेजा जाएगा। वह सदन के आदेशों को क्रियान्वित करने के लिए वारंट जारी करता है, वह नियमापत्ति पर निर्णय करता है। सदन से सम्बन्धित संवैधानिक प्रावधानों अथवा प्रक्रिया के नियमों पर उसकी व्याख्या बन्धनकारी है। प्रक्रिया के नियमों पर वह जो 'निर्देश' देता है उन्हें पवित्र माना जाता है। अध्यक्ष के कार्यकाल की सुरक्षा सुनिश्चित की गई है, उसे निश्चित आधारों पर सदन के बहुमत प्रस्ताव द्वारा ही हटाया जा सकता है, न कि आरोपों और व्याख्याओं से। अध्यक्ष के वेतन और भत्तों के लिए मतदान नहीं होता। अपितु वह भारत के समेकित कोष से निकाले जाते हैं। संक्षेप में, वह सदन के सम्मान और गरिमा का प्रतिनिधित्व करता है और उसके पास उन्हें लागू करने की शक्तियाँ भी हैं।

2.75 राज्यसभा के सभापति और राज्यों के सदनों के पीठासीन अधिकारियों की शक्तियाँ भी इसी तरह की हैं।

2.76 इतनी शक्तियाँ पास में होते हुए भी पीठासीन अधिकारी सदन के शिष्टाचार और अनुशासन को बनाए रखने में इनका इस्तेमाल क्यों नहीं करते? कई वर्षों से चली आ रही संसदीय अव्यवस्था का कारण सम्भवत: यह है कि किसी पीठासीन अधिकारी ने इसे दूर करने के लिए दृढ़ता से कदम नहीं उठाए हैं। इसके साथ ही विगत में प्राय: यह भी हुआ है कि लोकसभा अध्यक्ष राष्ट्रपति अथवा उपराष्ट्रपति जैसे उच्चतर पद का सम्भावित प्रत्याशी होता है। यह बात अधिकांशत: राज्यसभा के सभापति के सम्बन्ध में प्राय: देखी जाती है, जो देश का उपराष्ट्रपति भी होता है, जब ऐसी महत्त्वाकांक्षाएँ हों तो यह समझा जा सकता है–और देश की दृष्टि से यह गलत भी नहीं है–कि इन दोनों पदों पर आसीन व्यक्ति सदस्यों को अपनी तरफ से कड़ी कार्रवाई करके नाराज नहीं करना चाहते, यद्यपि अमर्यादित व्यवहार के लिए ऐसी कार्रवाई आवश्यक होती है।

2.77 जो भी कारण हो, अब समय आ गया है कि हमारी संसद और राज्य विधानसभाओं के सुचारु संचालन के लिए स्पष्ट और दृढ़ निर्णय लेना आवश्यक है।

2.78 इसकी शुरुआत इस तरह से हो सकती है कि यदि कोई सदस्य नियमों की उपेक्षा या सदन के शिष्टाचार को भंग करता है तो उसे चेतावनी देने के बाद पीठासीन अधिकारी को उसका नाम लेकर सदन से बाहर चले जाने को कह देना चाहिए।

2.79 सदन के कार्यकाल में यदि कुल मिलाकर तीन बार किसी सदस्य को बाहर निकाला गया हो तो उसे सदन से निलम्बित कर दिया जाना चाहिए। यह निलम्बन सदन की शेष अवधि के लिए होगा। इस अवधि में निलम्बित सदस्य उन सुविधाओं और भत्तों को प्राप्त नहीं कर सकेगा जो उसे अन्य स्थिति में सदन की सदस्यता के लिए मिलते।

2.80 यदि निलम्बित किया गया सदस्य, फिर से नियमों को अथवा सदन के निर्धारित शिष्टाचार को भंग करता है, जिसका संज्ञान पीठासीन अधिकारी को हो, तो उसे सदन के शेष कार्यकाल के लिए अथवा तीन वर्षों के लिए, जो भी अधिक हो, अयोग्य घोषित कर देना चाहिए।

2.81 कोई भी सदस्य सदन के बीचोबीच नहीं आएगा। यह अब सामान्य प्रवृत्ति बन गई है जो सदन के नियमों और गरिमा का घनघोर उल्लंघन है। यह आचरण लोकतांत्रिक स्वतंत्रता की अभिव्यक्ति न होकर लोकतांत्रिक व्यवहार के लिए शर्मनाक है। कोई भी सदस्य इस आवश्यक मर्यादा को लाँघता है तो उसे सदन की शेष अवधि के लिए निष्कासित कर देना चाहिए।

2.82 सदन के नियमों में परिभाषित दुर्व्यवहार पर पीठासीन अधिकारी की प्रतिक्रिया ऊपर सुझाई गई है। इसके अतिरिक्त सदन में किसी भी सदस्य द्वारा की गई असभ्यता अथवा शारीरिक हिंसा पर सदन की शेष अवधि या तीन वर्ष के लिए, जो भी अधिक हो, सम्बन्धित व्यक्ति को तत्काल निष्कासित कर दिया जाए।

2.83 सदन को किसी भी दशा में स्थगित न किया जाए। संसद करदाता के धन से कार्य करती है और इससे यह अपेक्षा की जाती है कि यह व्यवस्थित रूप से निर्धारित बैठकों को सम्पन्न करे क्योंकि जनता ने इसी सत्रों के साथ इसके सदस्यों को चुनकर भेजा है। परिपक्व लोकतंत्रों में संसद की कार्रवाई केवल तभी स्थगित की जाती है जब कोई बड़ा संकट सामने हो। यदि सदस्य बहिर्गमन करना चाहें तो वे ऐसा कर सकते हैं। लेकिन स्थगन करवाने के लिए वे कार्रवाई में

बाधा डालकर संसद की गरिमा नष्ट नहीं कर सकते। जो ऐसा करते हैं उन्हें दिए गए सुझावों के अन्तर्गत दंड मिलना चाहिए।

2.84 जब तक कोई आवश्यक कारण न हो प्रश्नकाल की पवित्रता बनी रहनी चाहिए। इसे विशेष परिस्थितियों में स्थगित करने के लिए सदन के नेता और प्रतिपक्ष के नेता को पीठासीन अधिकारी से पहले से अग्रिम सम्पर्क करना चाहिए।

2.85 देश अपने निर्वाचित प्रतिनिधियों से उच्च स्तर की तर्कयुक्त बहसों की अपेक्षा रखता है। प्रतिपक्ष को नारे लगाने की जगह अपना पक्ष गरिमापूर्वक विषयवस्तु के प्रतिपादन के साथ प्रस्तुत करना चाहिए। शासकीय पक्ष को भी इसी का अनुसरण करना चाहिए।

2.86 संसद के प्रत्येक सत्र के प्रारम्भ में सभी राजनीतिक पार्टियों के नेता पीठासीन अध्यक्ष को यह लिखित आश्वासन दें कि वे यह निश्चित करेंगे कि उनके सदस्यों का व्यवहार इस संस्था की मर्यादा और नियमों के अनुसार ही होगा। यदि किसी पार्टी विशेष का सदस्य सदन की मर्यादा का अतिक्रमण करता पाया जाता है तो पीठासीन अधिकारी को यह अधिकार होगा कि इसके लिए पार्टी के नेता को जिम्मेदार माने।

2.87 ये सभी उपाय पीठासीन अधिकारियों के वर्तमान अधिकारों के अन्तर्गत आते हैं और भारतीय लोकतंत्र का सम्मान और मर्यादा की रक्षा के लिए इनका उपयोग होना चाहिए। यदि पीठासीन अधिकारी पक्षपात या निजी कारणों से इनकी उपेक्षा करते हैं अथवा अपना उत्तरदायित्व पूरा नहीं करते तो उन्हें जवाबदेह माना जाना चाहिए। सदस्य ही यह तय करेंगे कि वे ऐसा किस तरह करेंगे।

भारत के लिए लोकतंत्र गर्व का विषय है। अब वह समय है जब हमें उन विकृतियों को दूर करना है जो हमारी लोकतांत्रिक संस्थाओं के रास्ते में रोड़ा बनने लगी हैं। यदि इन सुझावों का दृढ़तापूर्वक पालन किया जा सके तो भारत का लोकतंत्र एक बार फिर प्रभावकारी ढंग से भारत की जनता का प्रतिनिधित्व कर सकेगा।

अध्याय-5

भ्रष्टाचार

अपनी जीभ पर रखे हुए शहद अथवा विष का स्वाद नहीं लेना जिस तरह असम्भव है, उसी तरह यह भी सम्भव नहीं है कि राजकोष के कर्मचारी उस संचित धन का किंचित् स्वाद न लें।

तैरती हुई मछली के विषय में यह पता नहीं चलता कि उसने कब पानी पी लिया। इसी तरह यह जान पाना भी सम्भव नहीं है कि उपक्रम का प्रभारी कब धनराशि में हेर-फेर कर लेता है।

केवल दंड की शक्ति से ही यह सम्भव है, जब अपराध के अनुरूप उसका प्रयोग किया जाए और यह न सोचा जाए कि दंडित होनेवाला व्यक्ति राजपुत्र है या शत्रु। केवल उसी से वर्तमान और भावी संसार की रक्षा हो सकती है।

–अर्थशास्त्र

हमें अपने आपसे यह प्रश्न कर लेना चाहिए कि स्वतंत्रता प्राप्ति के लिए जिस देश का नेतृत्व ऐसे व्यक्ति ने किया जिसका आचरण पवित्र और सदाचारी था–महात्मा गांधी–वह देश अब विश्व के सर्वाधिक भ्रष्ट देशों में से एक क्यों गिना जाता है? क्या हमारे चरित्र में ऐसा कुछ निहित है कि हम भ्रष्टाचार को सह लेते, उसकी अनदेखी करते और उसे प्रोत्साहित करते हैं? क्या यह ऐसा राष्ट्र हैं जिसके पास उचित और अनुचित की स्पष्ट व्याख्या नहीं है? क्या हम आदर्श और व्यवहार की खाई को सहज मान लेते हैं? संक्षेप में क्या हम ऐसे जनगण हैं जो भ्रष्ट होने के लिए जन्म से ही अभिशप्त हैं?

इन प्रश्नों को उठाने का कारण यह है कि किसी व्यावहारिक परिवर्तन का कोई उपाय तभी कारगर हो सकता है जब वह जनता की वास्तविक मनोदशा पर आधारित हो। परिवर्तन लाने के प्रति उसकी पहल और अनिच्छा का आकलन भी सावधानी से निश्चित करना होगा।

निश्चय ही भ्रष्टाचार केवल भारत की ही समस्या नहीं है। इसकी अनन्यता इस बात में है कि इसे किस स्तर तक बरदाश्त किया जाता है और वे 'सकारात्मक' तरीके कौन से हैं जिनसे इसे पाला-पोसा जाता है। भारत सदाचार को धूमिल करनेवाली धारणाओं में विश्वास नहीं करता जो स्कैंडिनेविया जैसे देशों में प्रचलित हैं। उचित और अनुचित की हमारी समझ नैतिकता के चरम अभिप्राय से सम्बद्ध न होकर इस बात में अधिक है कि वांछित परिणाम को किस तरह प्राप्त किया जा सकता है। किसी अधिकारी को फाइल को तेजी से बढ़ाने के लिए कुछ दे देना तब तक उचित है जब तक फाइल वांछित परिणाम तक पहुँच सकती हो। रिश्वत देना नैतिकता का विषय न होकर एक प्रकार का चतुर निवेश है। धन की देवी लक्ष्मी की उपासना में कहीं पर इस बात पर जोर नहीं दिया गया कि धन केवल परम्परागत वैध तरीकों से ही अर्जित किया जाना चाहिए। देवी धन और समृद्धि का प्रतिनिधित्व करती हैं। इन्हीं के लिए उनकी पूजा की जाती है, इसके लिए नहीं कि समृद्धि किस तरह प्राप्त की जाए।

सच तो यह है कि सार्वजनिक रूप से भ्रष्टाचार की तमाम भर्त्सना के बावजूद भारतवासी इसके चलन को लेकर दुहरा दृष्टिकोण रखते हैं। जब उन्हें न चाहते हुए भी रिश्वत देनी पड़े तो वह इसे बुरा मानते हैं, लेकिन जब इसे देने से उनका काम सधता हो तो यह इसे अच्छी समझते हैं। इस अर्थ में रिश्वत एक लिटमस पेपर की तरह है जिसका रंग विशिष्ट अनुभव के साथ बदलता रहता है। दुनियादारी पर चलनेवाले व्यक्तियों के लिए भ्रष्टाचार से जोड़ दी गई अनैतिकता एक गौण विषय है। विश्व सदा से न्यायसंगत नहीं रहा। यह प्रतिस्पर्द्धा के लिए समतल मैदान उपलब्ध नहीं कराता। साधनों से अधिक महत्त्वपूर्ण है लक्ष्य। दुनियादारी की अन्तर्निहित भावना भ्रष्टाचार से जुड़ी अनैतिकता को पीछे छोड़ देती है। इस तरह के परिदृश्य में लेन-देन अपरिहार्य हो जाता है ताकि बदले में आप वह पा सकें जिसकी आपको जरूरत है। गलाकाट प्रतिस्पर्धी दुनिया में लक्ष्य तक पहुँचने की पहल करते ही बाधाओं को चतुराई से दूर करना होता है। अवसर आते ही उसे साधने और उससे लाभ उठाने के लिए व्यावहारिकता और लोच से काम लेना होता है। तब सैद्धान्तिकता की कठोरता नहीं रहती, केवल लक्ष्य की स्पष्टता ही सामने होती है।

इस देश में नैतिकता की कोई निरपेक्ष और अपरिवर्तनीय परिभाषा नहीं है। नैतिकता का उल्लंघन परिस्थितियों पर निर्भर करता है। परिस्थितियों के अनुरूप थोड़ा-बहुत विचलन स्वीकार भी कर लिया जाता है। कम से कम हिन्दुत्व में ऐसी कोई बन्धनकारी अथवा सार्वभौमिक आचार संहिता नहीं है जो नैतिक आयामों को असन्दिग्ध प्राथमिकता देती हो, 'भारत के पास अपनी विकसित

नैतिक व्यवस्था नहीं है–यह अच्छे और बुरे कार्यों में विभेद करने की जगह उस पौराणिक बोध पर ही केन्द्रित रहा है जो अच्छाई और बुराई में समान रूप से व्याप्त है।[22] धर्म एक अपरिभाषित और अस्थिर प्रत्यय है–इतना सूक्ष्म कि उसे पत्थरों पर नहीं उकेरा जा सकता–जैसा कि सच्चरित्रता के प्रतीक युधिष्ठिर ने स्वयं महाभारत में कहा है। दैनिक जीवन में यह वस्तुत: उस व्यवहार में छूट भी देता है जिसे सामान्यत: सदाचार कहा जाता है। किसी मनुष्य को कदाचार का दोषी नहीं ठहराया जा सकता यदि वह अपने स्वधर्म की रक्षा के लिए कुछ करता है और उसका व्यवहार उसकी जाति अथवा स्थान के लिए उचित है। जो कार्य उसके आश्रमधर्म का अंग हैं उन्हें करने पर उसे उत्तरदायी नहीं ठहराया जा सकता। ऐसे कर्तव्य जो उसके जीवनकाल के लिए अनुकूल हों, कालधर्म के हित में उल्लंघन के लिए उसे सजा नहीं दी जा सकती। ऐसे व्यवहार के लिए भी जो उसके परिवार के लिए उचित हो वह सजा का पात्र नहीं होगा। और अन्त में, वह जो भी करता है, उसका निर्णय संकट अथवा आपदा की स्थिति से किया जाएगा। वह तब आपद्धर्म के वशीभूत होकर वैसा करेगा, ऐसा व्यवहार जो संकट की घड़ी में करना होता है।

मैं जिस आवश्यक बिन्दु को स्पष्ट करने का प्रयत्न कर रहा हूँ, वह यह है कि अपनी तमाम दार्शनिक उदारताओं के बाद भी हिन्दू परम्परा ने नैतिक क्षेत्र में सुविधाजनक विकल्प ही सुझाए हैं। नीति का आधार उपयोगितावादी जमीन पर टिका हुआ है जहाँ उचित–अनुचित की निर्विवाद परिभाषाएँ नहीं हैं। केवल अन्तिम परिणाम के लिए ही सतत आग्रह किया गया है। वांछित लक्ष्य को पाने के लिए नैतिकता को पूरी तरह से यदि छोड़ा नहीं गया तो व्यावहारिक रूप से उसका अवमूल्यन अवश्य हुआ है। 'हिन्दू नीतिशास्त्र का एक सार्वजनिक चेहरा है–धर्म अथवा सामान्य नियम–और इसके साथ मनुष्य की अपनी समझ और व्यावहारिक नियम हैं : जिनसे वह अपने चयनित सिद्धान्तों और अपनी अपनाई गई कार्यरीति में अन्तर कर सकता है।'[23] इसका परिणाम है एक सुविधाजनक सापेक्षता। वैयक्तिक अथवा व्यापक हित के लिए वह नैतिक चरमताओं से समझौता कर सकता है। स्तर, सत्ता और धन जैसे मामलों में सफलता पाने के लिए नैतिक आदर्श इनके सामने गौण हो जाते हैं।

इस तरह की विश्वदृष्टि में यह उल्लेखनीय है कि भ्रष्टाचार ऐसे अभियान का रूप ले लेती है जो नैतिकता के प्रति उदासीन है। एक व्यापारी के लिए रिश्वत देना उस कीमत के जैसा है जो उसे दम घोंटनेवाले नियमों और नियंत्रणों और निर्लज्ज शोषणकर्ता, नौकरशाही अथवा अनुचित कार्यों के लिए मिलने वाले दंड से सुरक्षा के बदले में चुकानी पड़ती है। यह भुगतान कभी-कभी

असुविधाजनक हो जाता है। लेकिन इस लेन-देन में बड़े-बड़े नैतिक प्रश्न कभी आड़े नहीं आते। जो लोग रिश्वत लेते हैं उनके लिए यह अतिरिक्त आमदनी उनके काम के एक उचित भत्ते की तरह है। वास्तव में जो रिश्वत देता है और जो रिश्वत लेता है, दोनों ही 'उद्यमी' हैं, जो समान अनैतिक प्रेरणा का पालन कर रहे हैं कि पैसे का प्रभावशाली सदुपयोग होना चाहिए। एक तरह से भ्रष्टाचार का मुद्दा पूरी तरह से नैतिक क्षेत्र से बाहर हो जाता है और यह केवल मूल्य, लागत, मुनाफा, रणनीति और लाभ का सरल विषय बन जाता है।

यही वह कारण है कि अधिकांश भारतवासी अपने निजी जीवन में भ्रष्टाचार और सार्वजनिक रूप से उसकी भर्त्सना के बीच किसी अन्तर्विरोध को स्वीकार नहीं करते। नैतिकता का क्षेत्र ऐसा कोई सम्पूर्ण नहीं है जिसमें कोई जोड़ न हो, और जो निजी आचरण तथा सार्वजनिक आदर्श को एकरूप करता हो। इसमें विभाजन है और दोनों ही के लिए अलग-अलग मानदंड हैं। इसलिए बिना किसी मनोवैज्ञानिक तनाव या अपराध-बोध के हमारे लिए यह सम्भव है कि हम भ्रष्टाचार की बुराई के सम्बन्ध में अपना क्रोध व्यक्त कर सकते हैं और जहाँ तक हमारे अपने कार्यों का सम्बन्ध है, उनका बचाव भी। इससे यह समझा जा सकता है कि हमें क्यों वैयक्तिक बुराई और जनता की व्यापक अच्छाई के बीच का अन्तर्सम्बन्ध समझ में नहीं आता। इससे यह भी स्पष्ट होता है कि हम क्यों सैद्धान्तिक रूप से सर्वश्रेष्ठ कानून और संस्थाएँ बनाते हैं, जबकि व्यवहार में उनका अतिक्रमण करने की हमें आदत ही पड़ गई है। इस नैतिक कमजोरी को समझा जा सकता है, क्योंकि अपने आसपास की दुनिया से जब हम आदान-प्रदान करते हैं तब उस व्यापार में एक प्रकार का अति व्यक्तिवाद हमारे संस्कारों में उपस्थित रहता है। हिन्दू जीवन शैली का (और इससे प्रेरित अन्य धर्मों का भी) लक्ष्य है व्यक्तिगत मोक्ष अथवा मुक्ति, सामूहिक उद्धार इसका वांछित लक्ष्य नहीं है। एक भक्त जब मन्दिर में दान करता है तो यह अलौकिक से उसका निजी लेन-देन होता है। उसकी चिन्ता आत्मकेन्द्रित है और वह शायद ही कभी सामाजिक सुख अथवा विशद समाज के हित की बात सोचता हो। इस तरह जब भी वह समाज के व्यापक हित के लिए प्रक्षिप्त होता है, उसी समय व्यक्तिगत लाभ के त्रिपार्श्व में रख दिया जाता है।

विडम्बना यह है कि जब हम एक भ्रष्ट निजी संसार को बिना अपराधबोध के स्वीकार कर लेते हैं, तो उसके साथ भरपूर 'इज्जत' या समादरणीयता को भी जोड़ देते हैं। हम पूरी तरह यह मान लेते हैं कि अपनी खामियों से भरे व्यवहार के बावजूद हम नैतिकता की दृष्टि से श्रेष्ठजन हैं। इससे यह भी ज्ञात होता है कि हम इतनी आसानी से नैतिकता पर प्रवचन क्यों करने लगते हैं। जो भी हो,

पारम्परिक हिन्दुत्व में विशेष रूप से यह व्यवस्था है कि व्यक्तिगत रूप से की गई सभी भूलों का परिमार्जन कर्मकांडीय प्रायश्चित्त से किया जा सकता है। हिन्दुओं के देवता उदार, अतिशय क्षमाशील, आसानी से प्रसन्न होनेवाले और अत्यन्त उत्कोच-कामी हैं।

भ्रष्टजनों के लिए आश्वस्ति का विषय यह है कि जनता सार्वजनिक जीवन के भ्रष्टाचार की भर्त्सना करती है लेकिन इससे मिलनेवाले लाभ उसे स्वीकार्य हैं। इससे किसी व्यक्ति को जो शक्ति और दौलत मिलती है वह प्रायः उसके आश्रितों और सम्बन्धियों तक पहुँचती है, जो यह परवाह नहीं करते कि आ रहा धन ईमानदारी का है या नहीं है, इसके साथ ही भव्य जीवनशैली और धनशक्ति के प्रति सराहना और ईर्ष्या का आकर्षण भी होता है और उसकी आलोचना नहीं की जाती। फिर गलत कार्यों की सराहनीय स्वीकृति और सहमति क्रमशः कुख्याति का रूप लेने लगती है। यह व्यवहार सीधे-सीधे भ्रष्टाचार के प्रति हमारे दोहरे दृष्टिकोण का द्योतक है : सार्वजनिक रूप से गर्हित और व्यक्तिगत रूप से स्वीकृत। इसलिए भ्रष्ट व्यक्ति को सजा से भय लगता है, क्योंकि इससे उसके सम्मान को धक्का लगता है, जो भारतीय सन्दर्भों में बहुत महत्त्वपूर्ण है और उसके समर्थक समूह के लिए भी जो अब उससे अपनी दूरी बनाने लगता है।

यह सच है कि भ्रष्ट लोग कभी-कभी ही कानून के शिकंजे में फँस पाते हैं। इसका कारण भ्रष्टाचार की सर्वव्यापकता है जिसने दो सुविधाजनक और सायास विकसित विश्वासों को जन्म दिया है-पहला यह कि भ्रष्टाचार के लिए कभी कोई पकड़ा नहीं जाता और दूसरा यह कि भ्रष्ट तो सभी हैं। पहले से व्यक्ति भ्रष्टाचार के प्रति प्रेरित होता है। अनैतिक आचरण का जोखिम हट जाता है। ऐसा कोई उदाहरण शायद ही मिले कि भ्रष्टाचार में सजा हुई हो। जबकि ऐसे अनगिनत लोग हैं जो भ्रष्टाचार से फलते-फूलते रहे हैं। तार्किक निष्कर्ष नैतिक रूप से विनाशकारी है जो कदाचारी के लिए एक आदर्शवादी गठजोड़ उपलब्ध करवाता है : यदि छोटा या बड़ा भ्रष्ट होना है, चलन में है तो वैसा करने के लिए जैसा सब कर रहे हैं, हमें हिचकना क्यों चाहिए! वास्तविकता तो यह है कि जो चलन के अनुसार नहीं चलते उन्हें अव्यावहारिक पथभ्रमित, दूसरी दुनिया के आदर्शवादी समझा जाता है जो अपने अनावश्यक कल्पनालोक को भोग रहे हैं।

कुल मिलाकर इन तमाम कारणों से यह समझा जा सकता है कि महात्मा गांधी जैसा महान आदर्श सामने होते हुए भी, जो अति की सीमा तक ईमानदार थे, भारत और भारतवासी भ्रष्ट क्यों हैं? सच तो यह है कि तमाम भारतीय गांधी

की वैयक्तिक सच्चरित्रता को अभी समझ ही नहीं पाए हैं। भौतिक आकर्षणों के प्रति उनकी अनासक्ति हमें चकित करती है लेकिन हम उसका अनुसरण नहीं करते। हम इच्छाओं को संयमित करने की उनकी क्षमता का सम्मान करते हैं लेकिन उनका अनुकरण नहीं करते। उनके आश्रम हमारे लिए उत्सुकता का विषय हैं, उनसे हम प्रेरित नहीं होते। उनके प्रति श्रद्धा इसलिए है क्योंकि वह आर्थिक लाभों के आकर्षणों से सदा विमुख रहे, जो ऐसी बात है जिसके प्रति भारतीय सोच रही है कि यह किसी के लिए सम्भव नहीं। उन्हें महात्मा इसलिए कहा जाता है कि अपने त्याग और बलिदान में वे अद्वितीय थे अन्य किसी से भी अलग। इसके अतिरिक्त उनके निजी मानदंड इतने उच्च थे कि अधिकांश लोगों ने उन जैसा बनने की कोशिश तो की लेकिन बन नहीं पाए। दुर्भाग्य से दोलक दूसरी दिशा में झूल गया। चूँकि उन जैसा बन पाना असाध्य था इसलिए नैतिक प्रश्न पर उनके विपरीत जाना ही श्रेयस्कर जान पड़ा।

भारतीय मानसिकता के इस उलझाव के अतिरिक्त भ्रष्टाचार को हमारी सार्वजनिक व्यवस्था की संस्थागत कार्यशैली से भी प्रोत्साहन मिलता है–पदासीन अधिकारियों की निरंकुशता, जवाबदेही का अभाव, अपारदर्शी और जान-बूझकर कुंडलित बना दिए गए कायदे-कानून, लाइसेंस-परमिट-कोटा राज, विलम्बकारी न्याय व्यवस्था, व्यापक रूप से भ्रष्ट राज और इसके उच्छृंखल चलानेवाले और सर्वोपरि राजनीतिक संस्थाओं और कालेधन का गर्भनाल सम्बन्ध। इन सभी ने इस देश में, विशेष रूप से देश के सार्वजनिक क्षेत्र में, भ्रष्टाचार को जीवन शैली बना देने में अपना-अपना योगदान दिया है। व्यवस्था ऐसी हो गई है कि यदि कोई ईमानदार होना भी चाहे तो उसके पास अपने नैतिक मूल्यों से समझौता करने के अलावा और कोई विकल्प नहीं होता।

हजारों वर्षों के सांस्कृतिक विकास और हमारे हाल ही के इतिहास का प्रतिफल है हमारा देश–इस देश के निवासियों की मनोदशा को देखते हुए यह आवश्यक है कि हम बिना किसी भावुकता के स्पष्ट रूप से यह सोचें कि भ्रष्टाचार पर हमारी आचरणगत प्रतिक्रियाएँ क्या हो सकती हैं। इन प्रतिक्रियाओं को संक्षेप में इस प्रकार व्यवस्थित किया जा सकता है :

भ्रष्टाचार के उन्मूलन या इसे कम करने में नैतिक उपदेश प्रभावकारक नहीं होगा। अन्ना हजारे जैसे किसी निष्कलंक और ईमानदार व्यक्ति की प्रशंसा तो की जा सकती है किन्तु उनका अनुकरण नहीं किया जा सकता। उनके प्रभाव से कुछ लोगों की बेईमानी तो रुक सकती है लेकिन भ्रष्टाचार उन्मूलन के लिए उनका आन्दोलन सदा हाशिए पर ही बना रहेगा।

यदि अवसर उपलब्ध हो अथवा उसे सम्भव किया जा सके तो भारतीय

भ्रष्टाचार के सामने समर्पण नहीं करेंगे। नैतिक भ्रष्टाचार के प्रति, जैसा कि हम देख चुके हैं, इस प्रवृत्ति को मूल्य व्यवस्था और परिस्थितियाँ दोनों ही सन्दर्भों में समझा जा सकता है। एक अत्यन्त प्रतिस्पर्द्धात्मक संसार में, जहाँ अवसर बहुत कम हैं और हर सफलता के पीछे अनेक असफलताएँ होती हैं, ऐसा कोई भी भ्रष्टाचार विरोधी उपाय सफल नहीं होगा जो व्यक्तिगत चरित्र की दृढ़ता पर अवलम्बित हो। दूसरी तरफ ऐसे कदम जो योजनाबद्ध हो और व्यक्तिगत चरित्र की कमजोरियों को ध्यान में रखते हुए उठाए गए हों, सफल हो सकते हैं।

भ्रष्ट आचरण के लिए पकड़े जाने और उसके लिए निर्धारित कठोर सजा का भय ही सर्वाधिक शक्तिशाली उपाय है। तात्कालिक दंड की सुनिश्चितता ही वह जाल है जिसमें भ्रष्टाचार को जकड़ा जा सकता है। इसके साथ सजा के रूप में कारावास होने से हुआ अपमान भी एक प्रभावी उपाय है। यदि भ्रष्टाचार में बहुत जोखिम हो, और इसे करने में बड़े खतरे हों तो वह उसे करने में डरेंगे।

इसलिए चाणक्य का नया घोषणापत्र कहता है :

3.1 अनैतिक आचरण के विरुद्ध नियमों का आधार आदर्शवाद के अमूर्त प्रत्यय और उच्च आचरण-संहिताएँ नहीं बनाई जा सकतीं।

3.2 गांधीजी का निष्कलंक निजी आदर्शवाद शायद हमें यह विश्वास दिला दे कि व्यक्ति स्वतः ही उचित नैतिक चयन कर लेंगे। किन्तु 1947 के बाद के दशकों ने निर्विवाद रूप से यह प्रमाणित कर दिया है कि यदि भ्रष्टाचार रोकने के लिए एक सुदृढ़ और अनम्य व्यवस्था न हो तो व्यक्तियों का चुनाव भ्रष्ट अथवा पूरी तरह अनैतिक ही होगा।

3.3 खंडशः सुधारों से काम नहीं चलेगा। उनका असर सिर्फ इतना होगा कि भ्रष्ट लोग बेईमानी के नए तरीके निकाल लेंगे। इसका मुकाबला करने के लिए ऐसे उपाय करने चाहिए जो समस्या के मूल में जाकर समझौता रहित और तीव्र प्रतिरोधकों की खोज कर सकें। इसके साथ ही समस्या की जटिलता और व्यापकता को देखते हुए हमें अपनी प्रतिक्रिया में यथार्थवादी होना पड़ेगा। जल्दबाजी में किए गए किसी त्वरित निर्णय से हम असफल हो सकते हैं। अच्छा यह होगा कि हम कार्रवाई के विशिष्ट क्षेत्रों में स्पष्टता के विचार करते हुए उन्हीं पर अपने अभियान को केन्द्रित करें।

3.4 सावधानीपूर्वक विचार करने के बाद यह सुझाव दिया जाता है कि भ्रष्टाचार उन्मूलन के हमारे प्रयास को पाँच मुख्य क्षेत्रों में केन्द्रित करना होगा। ये हैं राजनीतिक दलों की चंदा-प्रणाली में सुधार और

वित्तीय जवाबदेही और राजनीतिक व्यवस्था के उन क्षेत्रों में जहाँ तक हो सके निरपेक्ष तकनीकी का प्रवेश, जहाँ नागरिकों का वास्ता सरकार से होता है, एक आदर्श कानूनी संरचना का विस्तार और निर्धारण जिसका सम्बन्ध प्राकृतिक संसाधनों के अधिग्रहण और वितरण से और सरकार की वसूली से हो, तथा भ्रष्टाचार के सभी मामलों में समयबद्ध और उदाहरणीय तरीके से निरोधक कार्रवाई के लिए संस्था की स्थापना। इससे क्रमिक रूप से ठोस न्यायिक सुधारों की आवश्यकता होगी और एक प्रभावकारी और स्वतंत्र लोकपाल बनाना होगा।

3.5 यह बहुत साफ है कि राजनीतिक दलों का चन्दा और खर्च में धाँधली देश के अधिकांश भ्रष्टाचार का उद्गम स्थल है। पिछले अध्याय में इससे निपटने के उपायों पर विस्तार से चर्चा हो चुकी है। यह सच है कि जब तक इस क्षेत्र में ठोस सुधार नहीं किए जाते तब तक देश से भ्रष्टाचार का उन्मूलन कभी नहीं हो सकता। इस दिशा में पहला चरण यह होना चाहिए कि चुनाव सुधारों के लिए एक प्रभावशाली कानून बनाया जाए।

3.6 निरपेक्ष तकनीकी का हस्तक्षेप नागरिक और शासन के बीच की मानवीय मध्यस्थ की भूमिका को समाप्त कर सकेगा।

3.7 तकनीकी की भूमिका आवश्यक है क्योंकि यह मानना चाहिए कि इसके न होने से अलिखित और बिना निगरानीवाली विवेकाधीन शक्तियों का अधिकारी भ्रष्ट उद्देश्य के लिए दुरुपयोग करेंगे। यह छिद्रान्वेषी आरोप नहीं है। इसके कारण पहले दिए जा चुके हैं और विविध अनुभवों के आधार पर यह कहा जा सकता है कि यह समझ अधिकांशतः सही निकली है।

3.8 हम सभी यह जानते हैं कि जब कोई आम नागरिक जाति, जन्म, विवाह या निवास का अपना प्रमाणपत्र लेने, बिजली का कनेक्शन, मतदाता पत्र, राशन कार्ड, भू अभिलेख की प्रतियाँ, आय प्रमाणपत्र पाने या ड्राइविंग लाइसेंस का पुनर्नवीनीकरण कराने जाता है, उसे घूसखोर अधिकारियों की वजह से बहुत परेशान होना पड़ता है। तकनीकी इस अभिशप्त घेरे को समाप्त कर देगी, इसलिए भ्रष्टाचार के विरुद्ध संघर्ष में यह एक विश्वस्त सहयोगी है।

3.9 भ्रष्टाचार पर नियंत्रण करने में तकनीकी के प्रयोग की सामर्थ्य सिद्ध हो चुकी है। पहले क्लर्कों की साँठ-गाँठ से दलाल रेल आरक्षण

जैसे मामूली कामों के लिए घूस माँगते और लेते थे। आज रेल और हवाई यात्रा के ऑनलाइन आरक्षणों ने इन निर्लज्ज मध्यस्थों को समाप्त कर दिया है। यही करों की ऑनलाइन वापसी और पासपोर्ट के आवेदनों में भी हुआ है। दिल्ली जैसे कई शहरों में सम्पत्तिकर का भुगतान रिश्वतखोरों के लिए एक सुनहरा अवसर होता था। अब स्पष्ट रूप से परिभाषित स्व-आकलन की योजना, बैंकों अथवा ऑनलाइन पोर्टल द्वारा भुगतान के कारण उनकी भूमिका समाप्त हो गई। ऐसे उदाहरण अनेक होने चाहिए।

3.10 अतएव अब यह अपरिहार्य है कि संघीय शासन की सहमति के द्वारा सभी राज्य आवश्यक रूप से तत्काल लोकसेवा के अधिकार का कानून (राइट टु पब्लिक सर्विसेज या आरटीपीएस) लागू करें। अलग-अलग राज्यों के लिए अलग प्रावधान तो इस कानून में हों, लेकिन इसकी मुख्य बातें यह होनी चाहिए : जहाँ तक सम्भव हो अधिक से अधिक भिन्न क्षेत्रों को उन सेवाओं के अन्तर्गत लाना चाहिए जिनमें आम नागरिकों का वास्ता सरकार से पड़ता है। इन सेवाओं का उपयोग करने के लिए ऑनलाइन पहुँच के साथ सभी साधन उपलब्ध होने चाहिए। सेवा की पूर्ति के लिए किसी सक्षम पदाधिकारी द्वारा निश्चित कार्यावधि निर्धारित की जाए। अन्तिम निराकरण के लिए एक से अधिक अपील की सुविधा न हो और अपील अधिकारी के लिए भी अवधि निश्चित हो। ऐसे आवेदनों की तत्काल स्थिति की निगरानी के लिए कम्प्यूटरीकृत प्रणाली का प्रयोग किया जाए। यदि उत्तरदायी सक्षम अधिकारी निश्चित समय में निपटारा नहीं करता हो तो उसे दंडित किया जाए। कानून पर किस तरह अमल हो रहा है यह जाँचने के लिए किसी अन्य पक्ष से इसके वार्षिक मूल्यांकन की व्यवस्था हो।

3.11 ऐसे कानून को बनाने में तेरह राज्यों ने पहल की है और उन्हें अलग-अलग सीमा तक सफलताएँ मिली हैं। केवल दो राज्यों- मध्य प्रदेश और बिहार-को ही मिलनेवाली सफलता उल्लेखनीय है। भ्रष्टाचार के विरुद्ध संघर्ष में इतने महत्त्वपूर्ण साधन के रूप में इस कानून के प्रति आधा-अधूरा, असमान और अपूर्ण रवैया असहनीय है।

3.12 मध्य प्रदेश और बिहार को मिलनेवाली सफलता का कारण है कि मध्य प्रदेश पब्लिक सर्विसेज गारंटी कानून 2010 और बिहार राइट

टु पब्लिक सर्विसेज कानून 2011 में काफी सीमा तक उपरोक्त अनिवार्यताओं को सम्मिलित किया गया है। इस कानून के क्रियान्वयन के लिए मध्य प्रदेश में एक विशेष विभाग बनाया गया है और बिहार में एक अलग अभिकरण है। नागरिकों की आवश्यकताओं के मद्देनजर अधिसूचित सेवाओं का चुनाव सावधानी के साथ किया गया है। सभी ब्लॉक कार्यालयों, जिलाधीश कार्यालयों और अन्य सरकारी दफ्तरों में लोकसेवा काउंटर बनाए गए हैं और ऑनलाइन सुविधा के अतिरिक्त अन्य कई प्रावधान किए गए हैं जिससे नागरिक उनका उपयोग कर सकें। आवेदन के मानक प्रपत्र बनाए गए हैं जिनसे कार्रवाई एकाग्र और स्पष्ट रूप से शीघ्र की जा सके। नागरिकों की जिज्ञासाओं का समाधान करने के लिए कॉल सेंटर और (वीआरएस वाइस रिस्पांस सिस्टम) स्थापित किए गए हैं जहाँ उन्हें उनके प्रश्नों का उत्तर मिल जाता है। भूल करनेवाले अधिकारियों के लिए दंड की व्यवस्था अनुकरणीय है, देर अथवा निराकरण न होने पर प्रतिदिन 250 रुपए से शुरू होकर 5000 रुपए तक का अर्थदंड दिया जा सकता है। एक महत्त्वपूर्ण बात यह है कि अवज्ञा करनेवाले अधिकारी को उतना ही दंड मिलेगा जितना पीड़ित व्यक्ति को मुआवजे के रूप में प्रस्तावित है। पूरे तंत्र की निगरानी की भी विस्तृत व्यवस्था की गई है।

3.13 नागरिक जानते हैं कि सरकारें कब सही इरादे और निश्चय के साथ काम करती हैं। बिहार का राइट टु पब्लिक सर्विस कानून 15 अगस्त, 2011 से प्रभाव में आया। कुछ ही दिनों में इस कानूनी कागज के टुकड़े से 280,000 आवेदन सामने आए। जनता की ऐसी प्रतिक्रिया इसलिए थी क्योंकि वह जानती थी कि बिहार प्रशासनिक सुधार मिशन सोसाइटी नामक संस्था इस कानून का समुचित क्रियान्वयन निश्चित करने के लिए विशेष रूप से बनाई जा चुकी है। उसे यह जानकारी भी थी कि कानून के दायरे में दस प्रमुख विभागों की पचास सेवाओं को रखा गया है, जो यह थीं–स्वास्थ्य, परिवहन, शिक्षा, खाद्यान्न और नागरिक पूर्ति, पंजीयन और समाज कल्याण, पृथक् मानवीय साधनों के अतिरिक्त, आरटीपीएस सेवाओं के लिए शुरू से अन्त तक ऑनलाइन सेवाएँ भी उपलब्ध करवाई गई थीं। सभी आवेदकों को आवेदन के पहुँचने की स्वीकृति दी जाती थी। आवेदन अस्वीकृत होने पर उन्हें स्पष्ट शब्दों में अपील

की प्रक्रिया की जानकारी दी जाती थी। समय पर सेवा देना सुनिश्चित करने के लिए 1948 समर्पित व्यक्तियों की टीम इस हेतु नियुक्त की गई। यह व्यवस्था सचमुच कार्य कर सके इसके लिए प्रत्येक जिले में एक सुशिक्षित सॉफ्टवेयर इंजीनियर को आईटी मैनेजर के रूप में नियुक्त किया गया। चुने हुए दस विभागों में भी प्रत्येक के लिए भी एक आईटी मैनेजर की नियुक्ति की गई। इनके अतिरिक्त राज्य भर में 729 आईटी सहायक बनाए गए जो इस कार्यक्रम में सहयोग दे सकें। ऑनलाइन भेजे गए किसी आवेदन की स्थिति अधिकृत वेबसाइट से प्राप्त की जा सकती थी या एसएमएस से उसका पता किया जा सकता था।

3.14 आश्चर्य नहीं कि स्वतंत्र अभिकरणों ने मध्य प्रदेश और बिहार में इस कानून के प्रतिपालन के सम्बन्ध में सकारात्मक आकलन किए हैं। मध्य प्रदेश के विषय में बताया गया है कि वहाँ निर्धारित अवधि में 99 प्रतिशत आवेदनों का निपटारा किया गया। बिहार में भी लाखों आवेदक इस कानून से लाभान्वित हुए हैं।

3.15 अन्य भारतीय राज्यों में राजनीतिक इच्छाशक्ति और प्रशासकीय दृढ़ता का अभाव रहा और वे बहुत पीछे हैं। उदाहरण के लिए दिल्ली में नौकरशाही के प्रबन्धन पर ध्यान नहीं दिया गया, इसलिए भूल करनेवाले अधिकारी पर लगनेवाला दंड 10 रुपए प्रतिदिन और अधिकतम 200 रुपए जितना कम है। कर्नाटक में भी दोषी अधिकारियों पर प्रतिदिन 20 रुपए और अधिकतम 500 रुपए अर्थदंड दिया जा सकता है। इतने कम अर्थदंड के लिए औचित्य यह बताया जाता है कि अधिकारियों को दंडात्मक साधनों की अपेक्षा अन्य तरीकों से प्रेरित किया जाना चाहिए।

3.16 भ्रष्टाचार को अपना स्वभाव बना चुकी नौकरशाही के प्रति ऐसा रवैया मूर्खतापूर्ण और अयथार्थवादी है। भारत के बाबू वर्ग के लिए निवारक दंड ऐसा होना चाहिए जो उदाहरण बन सके तभी वह आदेशों का पालन करेगा।

3.17 कोई कारण नहीं कि मध्य प्रदेश और बिहार के कानूनों की अच्छाइयाँ पूरे भारत में स्वीकार कर ली जाएँ। भ्रष्टाचार एक राष्ट्रव्यापी बुराई है, इसे राष्ट्रीय प्रतिक्रिया की जरूरत है। इसका समाधान राज्यों की सनक पर नहीं छोड़ा जा सकता जो इसे स्वीकार करें या न करें, या खम्भा छूकर भागने का रास्ता चुनें, जो पूरी तरह

से प्रभावकारी प्रमाणित हो चुका है, इसका अनुसरण उन्हें करना चाहिए। यह तदर्थवाद आपराधिक है और इसका आशय है कि भ्रष्टाचारियों का साथ दिया जा रहा है। केन्द्रीय सरकार को एक कानून बनाकर यह अनिवार्य कर देना चाहिए कि सभी राज्य सरकारें बिहार और मध्य प्रदेश के आदर्श का अनुगमन करते हुए लोकसेवा अधिकार कानून (आरटीपीएस) बनाएँगी। केन्द्रीय कानून में यह व्यवस्था होगी कि राज्य अपना कानून बना सकें और पारित कर सकें। लेकिन इसके लिए उसमें एक दिशा-निर्देशक रूपरेखा होगी, जिसमें सेवाओं का व्यापक विवरण, निर्णय के लिए अनिवार्य अवधि, अपील की ठीक-ठीक प्रक्रिया, अनुकरणीय दंड के लिए प्रावधान, ऑनलाइन सम्बन्धी जानकारियाँ, मानवीय साधनों से पहुँच के तरीके और निगरानी रखने के लिए सूचना व्यवस्था के प्रबन्धन सम्बन्धी जानकारियाँ सम्मिलित की जाएँगी। सभी राज्यों को जुलाई 2013 तक अपने कानून पारित करवाकर उनके क्रियान्वयन के प्रयास करने चाहिए।

3.18 भारत इस तरह के राष्ट्रव्यापी कानून को लागू करनेवाला पहला देश नहीं होगा। ब्रिटेन ने 1997 में 'पहले नागरिक : नया चार्टर कार्यक्रम' लागू किया था। बेल्जियम में अपना 'पब्लिक सर्विस यूजर्स चार्टर' (1992) है, मलेशिया ने 1993 में अपने 'क्लाइंट्स चार्टर' की घोषणा की थी, कनाडा ने 1995 में इसके सर्विस स्टैंडड इनीशिएटिव को लागू किया था। इसी तरह के कानून आस्ट्रेलिया, स्वीडन और स्पेन जैसे अन्य देशों में भी हैं, प्रत्येक देश के कानून उस देश की परिस्थितियों को ध्यान में रखकर बनाए गए हैं। भारत को भी यही करना चाहिए और लोकसेवा के अधिकार (आरटीपीएस) को हमारे कानून की प्राथमिक चिन्ता होनी चाहिए।

3.19 सभी राज्यों में कानून के क्रियान्वयन पर निगरानी के लिए इंडियन इंस्टीट्यूट ऑफ पब्लिक एडमिनिस्ट्रेशन (आईआईपीए) को एक अभिकरण का रूप दिया जा सकता है। इंस्टीट्यूट को एक द्विवार्षिक प्रतिवेदन संसद और अलग-अलग राज्यों को देना होगा, जिसमें यथासम्भव सुतथ्यता के आधार पर कानून के क्रियान्वयन का राज्य-सापेक्ष मूल्यांकन होगा। इस प्रतिवेदन के सुझाव यद्यपि बन्धनकारी नहीं होंगे, लेकिन उन्हें सार्वजनिक करना होगा।

3.20 आईआईपीए द्वारा मूल्यांकन इसलिए भी आवश्यक है क्योंकि जिस

वातावरण में भ्रष्टाचार मुक्त लोकसेवा को सुनिश्चित करने के अभियान की शुरुआत की जा रही है, उसकी प्रक्रिया के पूरा होने में अभी समय लगेगा। पूरे देश में लोकसेवा अधिकार (आरटीपीएस) के सक्षम कानून के लागू हो जाने के बाद शासन और आम नागरिकों की अन्तर्क्रिया में उन्हें जिस भ्रष्टाचार का सामना करना पड़ता है उसके प्रतिशत में काफी कमी आ सकेगी।

3.21 इस सन्दर्भ से जुड़े तीन और विषय हैं जिन पर विचार कर लेना चाहिए। पहला यह कि क्या शिकायतों के समाधान का व्यापक क्षेत्र अधिसूचित सेवाओं की उपलब्धता के अन्तर्गत समयबद्ध रूप से नहीं लाया जाना चाहिए। भारत सरकार का सिटिजंस राइट टु ग्रीवांस रिड्रेस बिल 2011 दोनों बातों को दूसरे अध्याय में मिलाता है। तथापि इस विधेयक की समस्या है कि यह मुख्य रूप से अभिप्राय की घोषणा है। यह शिकायतों का समाधान केन्द्र और राज्यों के सार्वजनिक शिकायत निवारण आयोगों के माध्यम से करना चाहता है, जो नौकरशाही की दन्तविहीन संस्थाएँ होंगी, जबकि आरटीपीएस कानून अपने सर्वाधिक प्रभावकारी रूप में, स्पष्टता के साथ इस कार्य के लिए एक निश्चित प्राधिकारी और अपील प्राधिकारी को नियुक्त कर सकेगा। इसके अतिरिक्त केन्द्रीय विधेयक में दंड के प्रावधान नहीं हैं और यह मानदंडों, निगरानी के साधन तथा निदान के संस्थागत तंत्र के सम्बन्ध में या तो अस्पष्ट है या फिर वाक्जाल में उलझा हुआ है।

3.22 दूसरा विषय सिटिजंस चार्टर से सम्बन्धित है। ऐसे चार्टर नागरिकों को उन अधिकारों को दिलवाने में उपयोगी हैं जो उन्हें लोकसेवा प्रदान करने वालों से मिलना चाहिए। किन्तु हमारी अवस्था को ध्यान में रखकर कहा जा सकता है कि सिटिजंस चार्टर की घोषणा भर से हमारी प्रशासनिक संस्थाओं के वास्तविक कार्यकलापों में कोई खास अन्तर आने की सम्भावना नहीं है। अब तक सैकड़ों चार्टर गढ़े और घोषित हुए हैं लेकिन सचमुच सुधार के नाम पर उनसे कुछ मिला नहीं है। 2008 में आईआईपीए द्वारा किए गए एक अध्ययन से ज्ञात हुआ कि प्रतीकात्मक मूल्य के अतिरिक्त अनेक चार्टर या तो अस्तित्वहीन हैं अथवा पुराने पड़ चुके हैं, संस्थागत या सार्वजनिक रूप से उनके दर्शन नहीं होते और उनमें मानदंडों, प्रतिबद्धता और तंत्रव्यवस्था का अभाव है। उन्हें सरकारी अधिकारियों

ने बेमन से बनाया, लकीर पीटने के अन्दाज में जारी किए गए और प्राप्त किए गए। एक बार की हलचल के बाद वे कहीं जाकर जम गए, उनमें भागीदारी और संवाद का अभाव रहा और जवाबदेही तथा पुनर्विचार की अनुपस्थिति उनकी लाक्षणिकता रही।[24] सच्चाई तो यह है कि हमारे देश में अभिप्रायों (फिर वह कितने ही सदाशयी न हों) की घोषणा करनेवाले वक्ताओं का प्रभाव बहुत कम होता है और उन्हें लागू किए जानेवाले कानूनों में बदलना आवश्यक है।

3.23 तीसरा विषय पब्लिक सर्विस डिलिवरी एक्ट और लोकपाल (राज्यों में लोकायुक्त) के पारस्परिक सम्बन्धों का है। अन्ना हजारे द्वारा प्रतिपादित जन लोकपाल विधेयक में लोकपाल के अन्तर्गत एक जन शिकायत निवारण अधिकारी और प्रत्येक जिले में अपील के लिए निवारण अधिकारी नियुक्त करने का प्रस्ताव है। सूचना के नागरिक अधिकार के लिए राष्ट्रीय अभियान (एनसीपीआरआई) कुछ और आगे जाकर केन्द्र में और राज्यों में जनता के लिए शिकायत निवारण लोकपाल की माँग करता है, जिसकी शाखाएँ ब्लॉक स्तर तक फैली हुई हों।

3.24 यह सम्भवत: लोकपाल संस्था पर अतिरिक्त भार होगा कि उस पर ऐसे दायित्व लाद दिए जाएँ जो बिहार और मध्य प्रदेश के शिकायत निवारण कानूनों का पहले से ही हिस्सा हैं। लोकपाल अथवा अलग से शिकायत निवारण लोकपाल को जो काम पहले ही मिले हुए हैं, उन्हें दुहराने का कोई अर्थ नहीं निकलेगा। अनेकानेक अभिकरण से भला होने की अपेक्षा नुकसान अधिक होता है। वे नागरिकों को भ्रम में डालते हैं और दंड से बचने के लिए विकल्प के दूसरे रास्ते उपलब्ध करवाते हैं। हम आगे चर्चा करेंगे कि लोकपाल के पास बहुत ही महत्त्वपूर्ण विशिष्ट कार्य करने के लिए है। लोकपाल उन पर ध्यान केन्द्रित करना चाहिए और ऐसी जिम्मेदारियाँ नहीं लेनी चाहिए जो अन्य प्रभावशाली संगठन पहले से ही निभा रहे हैं।

3.25 भ्रष्टाचार के विरुद्ध लड़ाई में तकनीकी के प्रयोग की सम्भावनाएँ बहुत हैं। ऐसा कोई कारण नहीं है कि कालान्तर में सभी सार्वजनिक सेवाएँ इलेक्ट्रॉनिक पद्धति के माध्यम से उपलब्ध न करवा दी जाएँ। वर्तमान में भारत 192 देशों में निराशाजनक 119वें स्थान पर है जो संयुक्त राष्ट्र (यूएनई) के ई-गवर्नमेंट डेवलपमेंट इंडेक्स 2010 के अनुसार नागरिकों को सूचना तकनीकी (आईटी) की सेवाएँ दे रहे

हैं। हमें इसमें सुधार करना होगा और ऐसा करने के लिए तकनीकी पराक्रम की आवश्यकता होगी। केन्द्र ने इलेक्ट्रॉनिक सर्विस डिलिवरी बिल 2011 बनाया है जिसका लक्ष्य सभी सेवाओं को पाँच वर्षों में ऑनलाइन कर देना है। महाराष्ट्र में महाराष्ट्र मेंडेटरी इलेक्ट्रॉनिक डिलिवरी ऑफ पब्लिक सर्विसेज एक्ट 2010 (एमएमईडीपी कानून) पहले ही पारित हो चुका है, जिसमें बीच के अधिकारियों को समाप्त करके, अगले पाँच वर्षों में कम से कम सौ सेवाएँ ऑनलाइन उपलब्ध करवाने का लक्ष्य है। यह प्रोत्साहित करनेवाली पहल है। किन्तु उद्देश्य को प्राप्त करने के लिए निरन्तर आगे बढ़ना होगा।

3.26 भ्रष्टाचार के विरुद्ध संघर्ष में जिस तीसरे महत्त्वपूर्ण क्षेत्र पर ध्यान केन्द्रित करना है वह है राज्य के संसाधनों के वितरण, अधिग्रहण और वसूली प्रक्रियाओं में पारदर्शिता का समावेश और साथ ही ठेकों तथा सेवाओं के आवंटन में भी। कई वर्षों से इस क्षेत्र में भारी भ्रष्टाचार हो रहा है। इन राज्य संसाधनों–जमीन, खनिज, जंगल, स्पेक्ट्रम आदि–को शासकीय अधिकारी सहज रूप से पक्षपात करते हुए मामूली मूल्यों पर बाँट देते हैं। 2008 के आवंटनों से सम्बन्धित 2 जी घोटाला, जिसमें स्पेक्ट्रम के उपयोग का वितरण टकों में चुने हुए ग्राहकों में कर दिया गया था, देश को झकझोर गया है कि भ्रष्टाचार किस सीमा तक जा सकता है। कोलगेट मामले में, 2004–09 के बीच 140 कोयला प्रखंडों को प्रतिस्पर्द्धात्मक नीलामी के बिना ही निजी पार्टियों को आवंटित कर दिया गया जिनमें से कई की पृष्ठभूमि सन्देहास्पद थी, यह दूसरा विचारणीय मामला है। वसूली पर सरकार वार्षिक रूप में 250,000 से 300,000 करोड़ रुपए तक खर्च करती है जो संघीय बजट का लगभग एक–चौथाई है। इतनी विशाल धनराशि यदि खर्च करने के लिए सरकार के पास उपलब्ध हो तो भ्रष्टाचार के अवसरों की केवल कल्पना ही की जा सकती है। इसके अतिरिक्त नागरिक कार्यों और सेवा अनुबन्धों पर भी सरकार विपुल धनराशि व्यय करती है। यहाँ भी भारी भ्रष्टाचार है। यह केवल ठेका पानेवालों के चयन में ही नहीं बल्कि योजनाओं के क्रियान्वयन में भी होता है। जानबूझकर बनाए गए अबूझ नियम, एकतरफा ऐच्छिक शक्तियाँ, पूरी तरह उद्घाटन का अभाव, अधूरा सार्वजनिक लेखा परीक्षण और पारदर्शिता का अभाव इन क्षेत्रों में भ्रष्टाचार का कारण है।

3.27 यदि एक बार कारण ज्ञात हो जाएँ तो समाधान आसान हो जाता है। संयुक्त राज्य के सर्वोच्च न्यायालय के न्यायाधीश लुइस ब्रांडीस ने एक बार कहा था कि ऐसे मामलों में सूर्य का प्रकाश ही सर्वश्रेष्ठ दुर्गन्धनाशक होता है। अतः निर्णय करनेवाली सरकार के दबे-छुपे गलियारों में हमें सूर्य का प्रकाश पहुँचाना होगा। इस उद्देश्य के लिए पहला कदम होगा कि इस क्षेत्र में सरकार के कार्य-व्यवहार को पूरी तरह पारदर्शी बना दिया जाए। दूसरी बात, इस प्रक्रिया के अन्तर्गत सुस्पष्ट नियम और प्रक्रिया निर्धारित की जाए और उनका अनुपालन कड़ाई से लागू करके उस पर नजर रखी जाए।

3.28 इसमें सन्देह नहीं कि राज्य संसाधनों के आवंटन में बन्धु-बान्धववाद को समाप्त करने का एक तरीका पारदर्शिता के साथ की गई प्रतिस्पर्द्धात्मक नीलामी हो सकती है। 2जी मामले में सुप्रीम कोर्ट ने कहा है कि स्पेक्ट्रम के नए आवंटन अब नीलामी के द्वारा ही होंगे।

3.29 तथापि इससे यह निष्कर्ष नहीं निकाला जाना चाहिए कि राज्य के सभी संसाधन अनिवार्यतः सदा नीलाम ही किए जाएँ। उदाहरण के लिए पानी और खाद्य पदार्थ जैसे संसाधन नीति के आधार पर वितरित किए जाने चाहिए। अन्य महत्त्वपूर्ण मामले में भी इसका ध्यान रखा जाए, जैसे-सामाजिक न्याय, समान वितरण अथवा अनुदान सहित आपूर्ति।

3.30 इस प्रकार प्रतिस्पर्द्धात्मक नीलामी एक विकल्प तो है लेकिन इसका प्रयोग तभी होना चाहिए जब आवश्यकता हो। ज्यादा जरूरी यह है कि एक सुस्पष्ट नीति, नियम और प्रक्रिया हो, जो जब भी ऐसे संव्यवहार किए जाएँ जब सार्वजनिक संवीक्षा के लिए उपलब्ध रहें।

3.31 इस बात पर भी हमारा बल होना चाहिए कि 2जी घोटाले में सर्वोच्च न्यायालय का हस्तक्षेप तो उचित था लेकिन पारदर्शिता और न्यायसंगत प्रक्रिया को सुनिश्चित करने के लिए निश्चित नीतिगत संरचना निर्धारित करने और उसे व्यवहार में लाने का दायित्व सरकार को ही निभाना चाहिए, उच्चतम न्यायिक संस्था का इसमें दखल नहीं होना चाहिए।

3.32 इसके लिए यह आवश्यक है कि एक व्यापक कानून पारित करें जिसके द्वारा सभी राज्य संसाधनों के किसी भी रूप में व्यवस्थापन के लिए विस्तार से नियम निर्धारित किए जा सकें। (यह उन विशिष्ट कानूनों के अतिरिक्त होगा जो विशेष क्षेत्रों से सम्बन्धित हैं)

नए कानून में पूरी तरह सार्वजनिक घोषणा सहित तथा अन्य बातों के साथ निम्नलिखित के लिए सुस्पष्ट मानदंडों का प्रावधान किया जाए–(क) कार्य-व्यवहार के लिए नीतिगत संरचना का निर्धारण, (ख) लागू किए जानेवाले नियम और उनकी प्रक्रिया की बोली लगाने के लिए पात्रताएँ, (ग) चयन प्रक्रिया के आधार, (घ) ऐसी शर्तें जो किसी विशेष सौदे के लिए स्वतंत्र नियामक प्राधिकारी की नियुक्ति की आवश्यकता के समय लागू होंगी, (च) सार्वजनिक पड़ताल की पुष्टि के लिए ई-तकनीक का प्रयोग, (छ) सभी जानकारियाँ पूरी तरह सार्वजनिक करने का समय और (ज) अनैतिक व्यवहार की दशा में मिलनेवाले दंड।

3.33 जब तक सामाजिक नीति की बाध्यताएँ कोई अन्य सम्भावना उत्पन्न करती हों, प्रतिस्पर्द्धात्मक ऑनलाइन नीलामी स्वस्थ स्पर्द्धा के लिए सर्वाधिक प्रभावी प्रणाली है। यह शासन को सबसे अच्छा प्रतिदान दे सकेगी।

3.34 इससे एक स्वतंत्र पारदर्शिता आयोग की स्थापना में भी सहायता मिलेगी जिसका कार्यक्षेत्र राष्ट्रीय होगा और जो बड़े कार्य-व्यवहारों पर नजर रखेगा। अन्य नियामक संस्थाओं, जैसे–प्रतिस्पर्द्धा आयोग और सेबी (सिक्यूरिटीज एंड एक्सचेंज बोर्ड ऑफ इंडिया–एसईबीआई) की सफलताओं से हम विश्वास कर सकते हैं कि यह आयोग भी उपयोगी होगा। पारदर्शिता आयोग का प्रमुख सर्वोच्च न्यायालय के सेवानिवृत्त न्यायाधीश को बनाया जा सकता है। अन्य सदस्यों में सेबी और प्रतिस्पर्द्धा आयोग के अध्यक्ष और भारत के महाधिवक्ता हो सकते हैं। प्रमुख का कार्यकाल तीन वर्ष का होगा और अन्य सदस्य पदेन होंगे।

3.35 ऐसे सभी राज्य संसाधन जिनका स्वतंत्र आकलन में मूल्य 100 करोड़ रुपए से अधिक कूता गया हो, अनिवार्य रूप से क्रियान्वयन से पहले पारदर्शिता और स्वस्थ स्पर्द्धा के परीक्षण के लिए पारदर्शिता आयोग के सामने प्रस्तुत किए जाएँगे।

3.36 निस्सन्देह पीड़ित पक्ष के लिए न्यायिक मार्ग हमेशा खुला रहेगा और सभी कार्य-व्यवहार कैग (सीएजी) के लेखा परीक्षण के क्षेत्र में यथावत् बने रहेंगे।

3.37 भूमि की खरीद और विक्रय दूसरा ऐसा विशाल क्षेत्र है जहाँ व्यापक भ्रष्टाचार होता है। एक विस्तृत भूमि अधिग्रहण कानून का अत्यन्त

महत्त्व है। इस विधेयक में अधिग्रहण के लिए स्पष्ट मानदंड, मुआवजे की दर और जमीन के विक्रय अथवा आवंटन के लिए अनिवार्यत: ग्रहण की जानेवाली प्रक्रिया का स्पष्ट उल्लेख होना चाहिए। कानून का अपने आपमें पारदर्शी होना आवश्यक है, ताकि व्याख्या सम्बन्धी और प्रक्रिया विषयक उन छिद्रों से बचा जा सके जो भ्रष्टाचार का कारण बन जाते हैं।

3.38 शासकीय अधिग्रहण के क्षेत्र में संघीय मंत्रिमंडल ने पहले ही सही पहल करते हुए जन अधिग्रहण विधेयक 2012 को पारित कर दिया है, जिसके द्वारा 50 लाख रुपए से ऊपर नागरिक कार्यों, सेवा अनुबन्धों और खरीद की प्रक्रिया को खुला और पारदर्शी बनाया जा सकेगा। विधेयक में व्यवस्था है कि बोली लगानेवालों की संख्या पर कोई रोक नहीं होगी, अन्य शर्तों के साथ जो अनुबन्ध किए जाएँगे उन्हें विस्तार से सार्वजनिक करना आवश्यक होगा। इस प्रावधान के अन्तर्गत खुली इलेक्ट्रॉनिक नीलामी प्रयुक्त होगी और समूची प्रक्रिया सार्वजनिक पड़ताल के अन्तर्गत रहेगी। यह ठीक ही है कि भूकम्प और बाढ़ जैसी प्राकृतिक आपदाओं के समय की जानेवाली आकस्मिक खरीद तथा रक्षा और रणनीतिक मामलों को इस विधेयक के दायरे से बाहर रखा गया है। यह सिद्धान्त कि सूर्य का प्रकाश सबसे अच्छा पूतिनाशक है अपने आपमें सही है, लेकिन यह सूत्र तभी सफल हो सकता है जब इसके लिए समुचित संस्थागत ढाँचा का निर्माण हो सके।

3.39 चौथा उपाय है कि भ्रष्टाचार के लिए ऐसी सजा दी जाए जो निवारक हो और उदाहरण बन सके। भ्रष्टाचारी को प्रोत्साहन देनेवाली अकेली बात यह है कि उसे लगता है कि उस पर ध्यान नहीं दिया जाएगा या उसके आपराधिक कृत्य के कोई परिणाम नहीं निकलेंगे।

3.40 जब हम निवारक दंड की बात करते हैं तो इसका अर्थ यह नहीं है कि हम अतिदंडनीय राज्य व्यवस्था अथवा अलोकतांत्रिक राज्य-व्यवस्था का समर्थन कर रहे हैं। इसके विपरीत हम ऐसा राज्य बनाना चाहते हैं जो लोकतांत्रिक संरचना के भीतर दोषी को उसके अपराध की प्रकृति के अनुसार दंडित करने में अपनी योग्यता को प्रदर्शित कर सके।

3.41 अब तक भ्रष्टाचारी को दंडित करने में हमारा रिकॉर्ड बहुत अच्छा नहीं रहा है। वास्तव में यह इतना खराब है कि यदि कोई बाहर का

पर्यवेक्षक इसे देखकर यह सोचने लगे कि राज-व्यवस्था की भ्रष्टों से साँठ-गाँठ है तो वह गलत नहीं होगा। विधि आयोग ने अपनी 166वीं रिपोर्ट (1996) में साफ-साफ कहा था, और इसका अनुपोदन दूसरे प्रशासनिक सुधार आयोग-एआरसी (2007) द्वारा किया गया कि भ्रष्टाचार निरोधक कानून (पीसीए) भ्रष्टाचार को रोकने में पूरी तरह विफल रहा है। इस तथ्य के बावजूद कि भारत विश्व के सर्वाधिक भ्रष्ट देशों में से एक है। यहाँ अभियोजनों की संख्या और अभियोजनों में दंडित मामलों की संख्या बेहद कम है। कानून के अन्तर्गत एक भ्रष्ट मंत्री या नौकरशाह पर शायद ही मुकदमा चलता हो और उसे सजा मिलने के उदाहरण तो इक्का-दुक्का ही होंगे, अभियोजन का निष्कर्ष नहीं निकल पाता।

3.42 यह स्पष्ट है कि इस शर्मनाक स्थिति में सुधार के लिए त्वरित कार्रवाई की आवश्यकता है किन्तु यह तब तक सम्भव नहीं है जब तक न्यायिक सुधार न किए जाएँ। क्योंकि वांछित निवारक सजा देने के लिए न्यायव्यवस्था ही राज्य का प्राथमिक साधन होती है।

3.43 हमारे देश की न्यायिक व्यवस्था को सुधारों की अत्यन्त आवश्यकता है, और आश्चर्य तो यह है कि इस दिशा में काफी लम्बे समय से उल्लेखनीय कुछ भी नहीं किया जा सका है। हाल ही के आँकड़ों के अनुसार, 2.75 करोड़ मामले जिला और अधीनस्थ न्यायालयों में अटके पड़े हैं, 49.2 लाख मुकदमे उच्च न्यायालयों में अनिर्णीत हैं और सर्वोच्च न्यायालय में 54.612 मामले फैसले की प्रतीक्षा सूची में हैं। इस निराशाजनक आँकड़े के बाद भी जिला और अधीनस्थ न्यायालयों में 3,422 रिक्तियाँ हैं, हाइकोर्टों में यह संख्या 276 है, जहाँ स्वीकृत पदसंख्या 895 है। देश की सर्वोच्च अदालत सुप्रीम कोर्ट में कुल 31 पदों में से दो पद खाली हैं। देश के छह उच्च न्यायालय पूर्णकालिक न्यायाधीशों के बिना ही काम कर रहे थे। क्योंकि सर्वोच्च न्यायालय के कॉलेजियम इन पदों के लिए अपनी अनुशंसाएँ नहीं भेज पाए थे। फिर कोई आश्चर्य नहीं कि मामले लम्बे समय तक घिसटते रहते हैं, जबकि आरोपी अनन्त विलम्ब के लिए या फिर सजा से बचने के लिए न्याय प्रक्रिया की दीर्घसूत्रता का फायदा उठाते हैं।

3.44 दंड दिए जाने में दूसरा बड़ा व्यवधान न्यायपालिका के भीतर का भ्रष्टाचार है। अपनी न्यायिक स्वतंत्रता के कारण न्यायपालिका

इसकी कार्यविधि में किसी भी पड़ताल से बची हुई है। यह न्यायाधीशों के द्वारा भी स्वीकार किया गया है, वास्तव में भारत के एक पूर्व मुख्य न्यायाधीश (सीजेआई) ने तो यहाँ तक कह दिया था कि प्रत्येक पाँच न्यायाधीशों में से एक भ्रष्ट है। हाल ही में एक पूर्व प्रधान न्यायाधीश वीएन खरे ने कड़ुवाहट के साथ स्वीकार किया कि न्यायपालिका में भ्रष्टाचार व्यापक है और जमानत के लिए रिश्वत लेना आम है।[25] जिनसे भ्रष्टों को दंड देने की अपेक्षा की जाती है, यदि वह स्वयं भ्रष्ट हो तो भ्रष्टाचार के विरुद्ध संघर्ष में क्या आशा की जा सकती है? उच्च न्यायपालिका के न्यायाधीश केवल महाभियोग के द्वारा ही हटाए जा सकते हैं, यह प्रक्रिया जिसमें संसद की सहमति आवश्यक है, इतनी बोझिल है कि आज तक किसी भी न्यायाधीश पर महाभियोग नहीं चल सका है। वरिष्ठ न्यायाधीशों की नियुक्ति उच्च न्यायपालिका के कॉलेजियम द्वारा होती है। यह अपवाद रूप से सुरक्षित है, 'भारत में न्यायिक नियुक्तियों पर अभूतपूर्व न्यायिक नियंत्रण है। दुनिया के किसी भी देश में न्यायपालिका स्वयं को ही नियुक्त नहीं करती।'[26]

3.45 सूचना के अधिकार (आरटीआई) के अन्तर्गत चाही गई एक जानकारी के उत्तर में विधिमंत्रालय के न्याय विभाग ने अप्रैल, 2012 में कहा था कि उसने सर्वोच्च न्यायालय और उच्च न्यायालय के वर्तमान न्यायाधीशों के विरुद्ध पचहत्तर शिकायतें उचित कार्रवाई के लिए भारत के प्रधान न्यायाधीश और सम्बन्धित मुख्य न्यायाधीशों के पास भेजी हैं, किन्तु इन शिकायतों पर कोई निर्णय हुआ या नहीं, इसकी जानकारी उसके पास नहीं है।

3.46 इन प्रश्नों को उठाने का अर्थ न्यायपालिका जिस सम्मान की अधिकारी है उसे कम करना या उसकी स्वाधीनता को क्षति पहुँचाना नहीं है। लेकिन एक लोकतंत्र में सभी संस्थाओं को अपना दातव्य सम्मान और स्वतंत्रता स्वयं ही अर्जित करनी चाहिए, जैसा कि विधि आयोग (एलसी) और प्रशासनिक सुधार आयोग (एआरसी) दोनों ही ने कहा है कि यह दोनों निरपेक्ष नहीं हो सकते। स्वाधीनता और जवाबदेही एक ही सिक्के के दो पहलू हैं। वस्तुतः जवाबदेही और क्रियान्वयन के मानक न्यायपालिका के लिए और ऊँचे होने चाहिए। क्योंकि यदि न्याय नहीं मिलता तो न्याय का अनैतिक रूप से दमन होता है और जवाबदेही विलम्बित हो जाती है।

3.47 न्यायिक सुधारों पर सोचते हुए अब काफी समय बीत गया और हमारे पास दिखाने के लिए बहुत कम है। संसद में सड़सठवाँ संविधान संशोधन विधेयक 1990 में लाया गया था जिसमें एक राष्ट्रीय न्यायिक आयोग के गठन का प्रस्ताव था। यह सुबह का सूरज नहीं देख पाया। 2005 और 2006 के न्यायाधीश जाँच कानून इसी प्रकार पारित होने से पहले निरस्त हो गए। संविधान के कार्य की समीक्षा करनेवाले राष्ट्रीय आयोग ने इस विषय की व्यापक चर्चा की है, वित्त आयोग, दूसरे प्रशासनिक सुधार आयोग (एआरसी) और हाल ही में योजना आयोग ने बारहवीं पंचवर्षीय आयोग के प्रस्तावना प्रपत्र में इसका उल्लेख हुआ है।

3.48 इस दिशा में किए जा रहे प्रयत्नों में हाल में जुडिशियल स्टैंडर्ड्स एंड अकाउंटेबिलिटी बिल (जेएसएबी) और जुड़ गया है। इस नए विधेयक का आधारभूत लक्षण यह है कि जजों द्वारा अपनी पत्नी और परिवार सहित इसमें अपनी सम्पत्ति और देनदारियों की घोषणा करने का प्रावधान किया गया है। एक राष्ट्रीय जुडिशियल ओवरसाइट कमेटी, कम्पलेंट्स स्क्रूटिनी पैनल और एक जाँच समिति का गठन किया जाएगा। कोई भी व्यक्ति किसी भी न्यायाधीश के विरुद्ध ओवरसाइट कमेटी में शिकायत दर्ज कर सकता है जिसका आधार 'कदाचार' होगा। यह प्रक्रिया किसी न्यायाधीश को उसके पद से हटाने की वर्तमान पद्धति का निषेध नहीं करती जिसमें कदाचार के आधार पर उसे संसद के प्रस्ताव द्वारा हटाया जा सकता है। संसद में रखा गया प्रस्ताव भी ओवरसाइट कमेटी के पास भेजा जाएगा। न्यायाधीश के विरुद्ध शिकायतें और जाँच पूरी तरह गोपनीय होंगी और झूठी शिकायतों के लिए दंडित किया जा सकेगा। ओवरसाइट कमेटी को केवल इतना अधिकार है कि वह न्यायाधीश को 'परामर्श' या 'चेतावनी' दे सके या फिर उसे हटाने के लिए राष्ट्रपति को अपनी सलाह भेज सके।

3.49 इस विधेयक के साथ कई समस्याएँ हैं–पहली, जुडिशियल ओवरसाइट कमेटी के पास कोई वास्तविक शक्ति नहीं है सिवाय इसके कि वह शिकायत को आगे कम्पलेंट्स स्क्रूटिनी पैनल दोनों को बढ़ा दे। दूसरी, इस स्क्रूटिनी पैनल के तीन सदस्यों में से दो उसी न्यायालय के होंगे जिसके न्यायाधीश के विरुद्ध शिकायत की गई है, साफ तौर पर यह अव्यावहारिक होगा। तीसरी बात, जाँच करनेवाली टीम के

तरीकों की व्याख्या नहीं की गई है। चौथी, सजा केवल सलाह अथवा चेतावनी के रूप में है, ज्यादा से ज्यादा राष्ट्रपति से उसको हटाने की सिफारिश की जा सकती है। पाँचवीं, ओवरसाइट कमेटी में महाधिवक्ता को शामिल किया गया है (जो कोई नियमित रूप से न्यायाधीशों के सामने प्रस्तुत होता रहा हो, इनमें वह न्यायाधीश भी हो सकते हैं जिनके विरुद्ध शिकायत है और जिनकी जाँच चल रही है, वह लगाए गए आरोपों के प्रति वस्तुपरक दृष्टिकोण कैसे अपना सकता है)। छठी, विधेयक में सुधारों के महत्त्वपूर्ण पक्ष की चर्चा नहीं है, जैसे–न्यायाधीशों की नियुक्ति की प्रक्रिया। सातवीं, विधेयक में निचली न्यायपालिका को इसके दायरे से बाहर रखा गया है। आठवीं, (सीजेआई) को इस विधेयक की सीमा से बाहर निकाल दिया गया है। नवीं, विधेयक कार्रवाई को एक रहस्य का वातावरण देता है, यहाँ तक कि इसके साथ सूचना के अधिकार (आरटीआई) का प्रयोग भी नहीं किया जा सकता। और अन्ततः ओवरसाइट कमेटी के अंग के रूप में प्रतिष्ठित नागरिक के प्रावधान की कोई उपादेयता नहीं है सिवाय इसके कि इससे सरकार का एक और व्यक्ति नामांकित हो सकेगा।

3.50 न्यायिक जवाबदेही के लिए अन्य देशों, जैसे–ब्रिटेन, सं. रा. अमरीका, जर्मनी, फ्रांस, कनाडा और दक्षिण अफ्रीका में किए प्रावधानों को देखते हुए और भारत की विशिष्ट आवश्यकताओं को ध्यान में रखकर मैं मानता हूँ कि यहाँ अलग से ओम्बड्समैन की नियुक्ति की जानी चाहिए–न्यायिक क्षेत्र लोकपाल (एनकेएल) जो सिर्फ न्यायपालिका के लिए ही रहेगा।

3.51 सामान्य लोकपाल के सम्बन्ध में दिए गए कुछ प्रस्ताव उसे न्यायपालिका के भ्रष्टाचार पर निगाह रखने की शक्ति प्रदान करते हैं। तथापि न्यायपालिका जो स्वयं भ्रष्टाचार के मामलों में एक निर्णायक संस्था है और लोकपाल के बीच हितों का टकराव प्रकट है, अतएव यह सम्भव नहीं कि न्यायपालिका अपने से बाहर के किसी प्राधिकारी को स्वीकार करेगी और देश के सर्वोच्च न्यायालय के कामकाज में उसका हस्तक्षेप सहन करेगी। किन्तु न्यायपालिका को तब कोई आपत्ति नहीं होगी जब भारत के मुख्य न्यायाधीश (सीजेआई) से परामर्श के बाद उसके ही सदस्यों के बीच से किसी अधिकरण बनाया जाए, जिस पर संस्था के भीतर सद्व्यवहार बनाए

रखने का स्वतंत्र दायित्व हो। इसके विपरीत वह तो इसका स्वागत ही करेगी क्योंकि सभी न्यायाधीशों की न्यायपरकता और समुचित व्यवहार के प्रति उसने भी अपनी प्रतिबद्धता घोषित कर रखी है।

3.52 इसे ध्यान में रखते हुए यह सुझाव दिया जाता है कि न्यायिक क्षेत्र लोकपाल का प्रमुख भारत का सेवानिवृत्त मुख्य न्यायाधीश (सीजेआई) होगा, जिसका चयन वर्तमान मुख्य न्यायाधीश के परामर्श से किया जाएगा। किसी भी उच्च न्यायालय के दो सेवानिवृत्त मुख्य न्यायाधीश इस पैनल के अन्य सदस्य होंगे और उनकी नियुक्ति न्यायिक क्षेत्र लोकपाल (एनकेएल) और भारत के मुख्य न्यायाधीश (सीजेआई) के बीच परामर्श से की जाएगी।

3.53 तीन सदस्यीय पैनल पर्याप्त है क्योंकि इसका कार्यक्षेत्र सरकार की एक शाखा तक सीमित होगा और इसे प्रकरणों की न्यून संख्या पर ही विचार करना है।

3.54 न्यायिक क्षेत्र लोकपाल (एनकेएल) को संवैधानिक दर्जा प्राप्त होगा। पैनल प्रमुख और सदस्यों का कार्यकाल पाँच वर्षों का होगा।

3.55 भ्रष्टाचार की किसी भी शिकायत का परीक्षण और जाँच करने की अपनी स्वयं की शक्ति के अतिरिक्त नागरिकों की सभी शिकायतों पर भी इसे विचार करना होगा। शिकायत मिलने पर यह प्राथमिक पड़ताल करेगा और यदि यह आश्वस्त हो जाए कि प्रथमद्रष्टया कोई मामला बनता है तो यह इसकी जाँच करने के लिए निर्देशित कर सकता है। प्रथमद्रष्टया जाँच तीस दिनों में पूरी हो जानी चाहिए।

3.56 शिकायतों की जाँच में सहयोग देने के लिए न्यायिक क्षेत्र लोकपाल (एनकेएल) को सीबीआई की एक चुस्त और समर्पित टुकड़ी विशेष रूप से दी जाएगी। यह टुकड़ी छह महीने के भीतर खोजबीन पूरी करके अपने निष्कर्ष समापन-प्रतिवेदन अथवा आरोप पत्र के रूप में न्यायिक क्षेत्र लोकपाल (एनकेएल) को सौंप देगी। आरोप तय करने से पहले लोकपाल आरोपी को सुनवाई का एक अवसर देगा। (जुडिशियल स्टैंडर्ड्स एंड अकाउंटेबिलिटी विधेयक (जेएसएबी) जिस रूप में अभी प्रस्तावित है, वास्तव में कहता है कि जाँच के उद्देश्य से ओवरसाइट कमेटी केन्द्र-राज्य सरकारों अथवा किसी भी अभिकरण या प्राधिकारी से, जिसे वह ठीक समझे, सहायता ले सकती है। मैं इस अस्पष्ट प्रावधान के स्थान पर यह

सुझाव दे रहा हूँ कि न्यायिक क्षेत्र लोकपाल के पास सीबीआई का एक समर्पित दस्ता होना चाहिए।)

3.57 इस चरण में भारत के मुख्य न्यायाधीश (सीजेआई) और उस उच्च न्यायालय के मुख्य न्यायाधीश को, जिसके क्षेत्रान्तर्गत आरोपित आता है, सूचना दी जाएगी। उनके दृष्टिकोण, जो बन्धनकारी नहीं होंगे, न्यायिक क्षेत्र लोकपाल दृष्टिगत रख सकता है।

3.58 आरोप पत्र दाखिल हो जाने के बाद, पड़ताल के लिए अधिकृत सीबीआई के दस्ते को आरोपित पर वाद चलाने का अधिकार भी होगा।

3.59 न्यायाधीश और अधीनस्थ कर्मचारियों पर मुकदमा चलाने के लिए एक विशेष न्यायालय गठित किया जाएगा। विशेष न्यायालय की अध्यक्षता सर्वोच्च न्यायालय का कोई सेवानिवृत्त न्यायाधीश अथवा सेवानिवृत्त मुख्य न्यायाधीश द्वारा की जाएगी। यह फास्ट ट्रैक कोर्ट की तरह काम करेगा और सुनवाई शुरू होने से छह महीने के भीतर अपना निर्णय दे देगा।

3.60 यदि न्यायाधीश को दोषी पाया जाता है तो उसे देश के कानून के अनुसार दंड दिया जाएगा। इसके साथ ही उच्च न्यायालय अथवा सर्वोच्च न्यायालय के न्यायाधीश के प्रकरण में भारत के मुख्य न्यायाधीश (सीजेआई) द्वारा उसे तत्काल पदमुक्त किए जाने की अनुशंसा राष्ट्रपति से की जाएगी। अधीनस्थ न्यायपालिका के प्रकरण में सम्बन्धित उच्च न्यायालय का मुख्य न्यायाधीश सेवा-मुक्ति के आदेश देगा।

3.61 उच्च न्यायालय के मुख्य न्यायाधीश अथवा सर्वोच्च न्यायालय के न्यायाधीश से सम्बन्धित प्रकरण में न्यायिक क्षेत्र लोकपाल (एनकेएल) के सभी सदस्य एक राय से पड़ताल और मुकदमा चलाने का निर्णय करेंगे। यदि शिकायत भारत के मुख्य न्यायाधीश (सीजेआई) के पास विचाराधीन है तो न्यायिक क्षेत्र लोकपाल (एनकेएल) प्रारम्भिक जाँच के उपरान्त भारत के राष्ट्रपति के सामने अपने निष्कर्ष प्रस्तुत करने के बाद पड़ताल अधिकृत करेगा। राष्ट्रपति प्रकरण पर पुनर्विचार के लिए कह सकते हैं किन्तु यदि न्यायिक क्षेत्र लोकपाल (एनकेएल) पड़ताल के साथ ही मुकदमा शुरू करने की अनुशंसा करता है तो राष्ट्रपति को इसके लिए अधिकृत करना होगा।

3.62 प्रारम्भिक जाँच-पड़ताल की प्रक्रिया गोपनीय रहेगी, किन्तु आरोपित

न्यायाधीश पर मुकदमा गोपनीय नहीं रहेगा। इसके अतिरिक्त न्यायिक क्षेत्र लोकपाल (एनकेएल) का कामकाज सूचना का अधिकार (आरआईटी) प्रावधानों के अन्तर्गत रहेगा।

3.63 यदि न्यायिक क्षेत्र लोकपाल (एनकेएल) को शिकायत के झूठा होने का विश्वास हो जाए तो शिकायतकर्ता को अधिकतम दो साल की सजा और दो लाख रुपए तक का अर्थदंड दिया जा सकता है।

3.64 न्यायिक क्षेत्र लोकपाल (एनकेएल) की स्थापना के बाद न्यायाधीशों के संसदीय महाभियोग सम्बन्धी अव्यावहारिक प्रावधान निरस्त करने होंगे। संविधान के अनुच्छेद 124(4) और 217(1) महाभियोग से सम्बन्धित हैं, वर्तमान में न्यायाधीशों के अनुचित व्यवहार के विरुद्ध कार्रवाई शुरू करने के लिए यही एक उपाय है। किन्तु इसकी निष्प्रभाविता सरकार ने स्वयं स्वीकार की है। दूसरे प्रशासनिक सुधार आयोग (एआरसी) का मत इस सन्दर्भ में स्पष्ट है–संविधान के निर्माण के समय यह अनुभव किया गया था कि न्यायिक परम्परा और प्रतिमान प्रभावशाली निरोधक सिद्ध होंगे तथापि महाभियोग के प्रावधान अव्यावहारिक रहे हैं, क्योंकि महाभियोग की प्रक्रिया का शुरू करना पहले तो कठिन है ही, फिर उसे सफलतापूर्वक अन्त तक ले जाना असम्भव है। सबसे पहले इसके लिए लोकसभा के 100 सदस्यों अथवा राज्यसभा के 50 सदस्यों की अनिवार्य आवश्यकता नोटिस देने के लिए होगी। दूसरे चरण में इस प्रस्ताव पर स्पीकर या चेयरमैन की स्वीकृति चाहिए। यदि वह स्वीकृति नहीं देता तो मामला वहीं खत्म हो जाता है। तीसरे चरण में जाँच के लिए एक समिति गठित करनी होती है। चौथे चरण में यह समिति एक प्रतिवेदन बनाकर स्पीकर अथवा चेयरमैन के सामने प्रस्तुत करेगी। पाँचवाँ और अन्तिम चरण तब आता है जब संसद के दो सदन न्यायाधीश (जाँच) कानून की धारा 6 (3) में दी गई प्रक्रिया के अनुसार कार्रवाई की शुरुआत करते हैं। वर्तमान तरीके की कमियों की पुष्टि के. वीरस्वामी प्रकरण में और फिर वी. रामास्वामी के महाभियोग प्रकरण में हुई। जहाँ न्यायाधीश (जाँच) एक्ट 1968 के अन्तर्गत गठित न्यायाधीशों की समिति ने प्रतिकूल निष्कर्ष दिए थे।[27]

3.65 किसी महाभियोग प्रकरण में, भ्रष्टाचार के प्रकट प्रमाण होने पर भी, किसी न्यायाधीश को अब तक दंड नहीं भुगतना पड़ा। क्या यह

अपने आपमें हमारे संविधान के विवेक और आशय का अपमान नहीं है? इस प्रक्रिया को ठुकरा देना ही ठीक होगा।

3.66 इसके साथ-साथ ही वह समय भी आ गया है जब उस पूरी प्रक्रिया पर प्रकाश डाला जाए जिसके द्वारा देश में न्यायाधीशों की नियुक्तियाँ की जाती हैं। हमने पहले ही कहा है कि संसार का कोई भी देश ऐसा नहीं है जहाँ बिना किसी बाहरी उपलब्ध सहायता के न्यायपालिका के अपने आपमें से नियुक्ति की व्यवस्था हो। दूसरे प्रशासनिक सुधार आयोग (एआरसी) ने कहा था : 'नियुक्तियों की वर्तमान प्रणाली जन-संवीक्षा के लिए सुलभ नहीं है और इस तरह उसमें न तो जवाबदेही है और न पारदर्शिता?'[28]

3.67 अस्तु, यह सुझाव है कि संघ लोकसेवा आयोग के जैसा ही राष्ट्रीय उच्च न्यायपालिका चयन आयोग (एनएचजेएससी) सभी उच्च न्यायालयों में नियुक्ति के लिए गठित किया जाए।

3.68 इस चयन आयोग (एनएचजेएससी) में सात सदस्य होंगे और इसका प्रधान भारत का मुख्य न्यायाधीश (सेवा-निवृत्त) होगा। अन्य सदस्य निम्न प्रकार से सम्मिलित किए जाएँगे : सर्वोच्च न्यायालय का एक सेवानिवृत्त न्यायाधीश, उच्च न्यायालयों के तीन सेवा-निवृत्त मुख्य न्यायाधीश-जिनके लिए क्षेत्रीय प्रतिनिधित्व का ध्यान रखा जाए, एक पूर्व महाधिवक्ता, विधि मंत्रालय का सचिव जो पदेन सदस्य होगा और आयोग के सचिव का भार भी निभाएगा।

3.69 उच्च न्यायालय अपने न्यायालयों में रिक्त पदों की घोषणा करते हुए वकीलों और जिला न्यायाधीशों से उन मानदंडों के आधार पर आवेदन आमंत्रित करेंगे जो भारत के मुख्य न्यायाधीश (सीजेआई) से परामर्श के बाद चयन आयोग (एनएचजेएससी) द्वारा निर्धारित किए जाएँगे। इन आवेदन पत्रों को एक समिति मूल्यांकित करेगी जिसमें सम्बन्धित हाईकोर्ट का मुख्य न्यायाधीश, राज्य का मुख्यमंत्री और उच्च न्यायालय के मुख्य न्यायाधीश द्वारा नामित दो न्यायाधीश होंगे। विज्ञापित पदों से तीन गुनी संख्या में प्रत्याशियों के नामों की सूची विचार करने के लिए अन्तिम चयन आयोग के पास भेजी जाएगी।

3.70 सम्बन्धित उच्च न्यायालय के रजिस्ट्रारों के लिए यह आवश्यक होगा कि वे रिक्त पदों को छह महीने पहले से विज्ञापित करें और प्रत्येक राज्य के आवेदनों पर विचार करने के लिए समितियों का गठन पूरा

करें। चुने गए उम्मीदवारों की सूची, प्रत्येक उम्मीदवार की पूरी जानकारी के साथ, पद रिक्त होने से कम से कम साठ दिन पहले चयन आयोग के पास पहुँच जानी चाहिए।

3.71 चयन आयोग (एनएचजेएससी) को यह अधिकार होगा कि वह उच्च न्यायालयों द्वारा सम्प्रेषित नामों का परीक्षण कर सके। उस पूरी सूची को ही निरस्त करने और इसके लिए कारण देते हुए नई सूची माँगने का भी अधिकार होगा। यह सर्वसम्मति से अन्तिम चयन करेगा और सर्वसम्मति न बन पाए तो सभी प्रत्याशियों के साक्षात्कार के बाद बहुमत से चयन किया जाएगा। चुने हुए प्रत्याशियों की अनुशंसा भारत के मुख्य न्यायाधीश (सीजेआई) के माध्यम से राष्ट्रपति को भेजी जाएगी। पहले प्रधान न्यायाधीश और बाद में राष्ट्रपति चयन आयोग (एनएचजेएससी) से अनुशंसाओं पर फिर से विचार करने को कह सकते हैं किन्तु यदि चयन आयोग उन्हीं नामों को फिर से अग्रेषित करता है तो उन्हें स्वीकार कर लिया जाएगा।

3.72 न्यायाधीशों की क्षमता और सच्चरित्रता के सर्वोपरि महत्त्व को देखते हुए कोई कारण नहीं है कि उच्च न्यायपालिका में सभी नियुक्तियों के लिए यही पारदर्शी, निष्पक्ष और अवधि-बाध्य तरीका नहीं अपनाया जाए।

3.73 सर्वोच्च न्यायालय में न्यायाधीशों की नियुक्ति चयन आयोग (एनएचजेएससी) के अन्तर्गत नहीं आएगी। वर्तमान व्यवस्था में किंचित् फेरबदल करते हुए उनका चयन सर्वोच्च न्यायालय के दो न्यायाधीशों (जिन्हें वह इस कार्य के लिए नामित करेगा) और विधि मंत्री से परामर्श के बाद भारत के प्रधान न्यायाधीश (सीजेआई) द्वारा किया जाएगा। चार व्यक्तियों की यह समिति राष्ट्रपति से नामों की अनुशंसा करेगी। राष्ट्रपति इस समिति से कोई अन्य नाम या कई नाम जोड़ने अथवा पुनर्विचार करने के लिए कह सकते हैं। किन्तु यदि नाम फिर से भेजे जाते हैं तो राष्ट्रपति अनुशंसा को स्वीकार करने के लिए बाध्य होंगे।

3.74 एक स्वतंत्र न्यायिक ओम्बड्समैन (लोकपाल) का गठन (भ्रष्ट न्यायाधीशों को हटाने की नई व्यवस्था के साथ) और न्यायाधीशों की नियुक्ति के लिए पारदर्शी प्रक्रिया से न्यायपालिका के भ्रष्टाचार को काफी कम करने में सहायता मिलेगी और उच्च न्यायपालिका

हद तक पर चिन्तनीय रिक्तियों के कारण होनेवाले विलम्ब को भी दूर किया जा सकेगा।

3.75 तद्यपि इसके साथ ही न्याय व्यवस्था के वीक्षण और निगरानी के लिए उच्च स्तर पर अधिक बेहतर तंत्र का होना आवश्यक है। संविधान का अनुच्छेद 235 उच्च न्यायालयों को नीचे की अदालतों पर नियंत्रण की शक्ति देता है और न्यायिक कार्रवाई की निराशाजनक सुस्त रफ्तार और अनिर्णीत पड़े हुए मुकदमों की भारी संख्या को देखते हुए यह आवश्यक है कि सुप्रीम कोर्ट को इसे क्रियान्वित करने पर ध्यान देना चाहिए। दूसरे प्रशासनिक आयोग (एआरसी) और बारहवीं पंचवर्षीय योजना के प्रस्ताव-प्रपत्र में इस सम्बन्ध में उपयोगी सुझाव दिए गए हैं। इनमें न्यायालय के लिए लेखा परीक्षण और निरीक्षण की टीम बनाना, विभिन्न प्रकार के प्रकरणों के लिए एक निदर्शक रूपरेखा निर्धारित करना, समरी ट्रायल की प्रक्रिया के सम्बन्ध में एक मैनुअल बनाना, अनपेक्षित स्थगन रोकने के लिए दिशा-निर्देश, विभिन्न मुकदमों के लिए चरणबद्ध समय सीमा तय करने के लिए अपराध प्रक्रिया संहिता में संशोधन और न्याय व्यवस्था की कार्यविधि की बेहतर निगरानी शामिल हैं।

3.76 इसके अतिरिक्त देश के सभी न्यायालयों को राष्ट्रहित में हर छह माह में उन प्रकरणों की संख्या घोषित करनी चाहिए जो निपटाए जा सके हैं और जो विचाराधीन हैं।

3.77 एक बार न्यायिक सुधार कार्यान्वित हो जाने के बाद भ्रष्टाचार के लिए समय पर निरोधक और अनुकरणीय दंड दिए जाने के लक्ष्य की राह आसान हो जाएगी।

3.78 भ्रष्टाचार की परिभाषा पर लगातार बहस की जा सकती है। समयानुसार इसके दायरे में दूसरे क्षेत्र लाए भी जा सकते हैं, किन्तु हाल-फिलहाल भ्रष्टाचार निवारक कानून 1988 के अनुच्छेद 7 से 15 तक में उल्लिखित रिश्वत और अन्य सम्बन्धित अपराध अभियान के प्रारम्भ के लिए पर्याप्त हैं। यह अधिक अच्छा रहेगा कि पहले उस क्षेत्र में सजा को सुनिश्चित किया जाए जो परिभाषित किए जा चुके हैं, बजाय इसके कि हम इस दायरे की अभिवृद्धि करने में ऊर्जा नष्ट करें और इसे वहाँ तक विस्तार दें जहाँ हमारे पास कार्रवाई करने के लिए कोई वास्तविक नाममात्र का है।

3.79 प्रभावकारी न्यायपालिका स्थापित हो जाने के पश्चात् भ्रष्टाचार के

सभी प्रकरणों पर फास्ट ट्रैक न्यायालयों में विचार किया जाएगा। जो विशेष रूप से इसी निमित्त गठित किए जाएँगे, जो अधिकतम छह महीने की समयावधि में अपना अन्तिम और बन्धनकारी फैसला सुना देंगे।

3.80 जैसा कि कहा जा चुका है। फास्ट ट्रैक संस्था को पूरी कानूनी वैधता प्राप्त है। अप्रैल 2012 में सुप्रीम कोर्ट ने ऐसे न्यायालयों की स्थापना के लिए सरकार की नीति को स्वीकृति दे दी थी और यह भी कहा था कि इनकी स्थापना स्थायी रूप से की जानी चाहिए, न कि कामचलाऊ अस्थायी रूप से। संविधान के अनुच्छेद 142 में प्रदत्त शक्तियों के द्वारा सुप्रीम कोर्ट ने केन्द्र और राज्य सरकारों को ऐसे न्यायालयों की स्थापना के सम्बन्ध में कई निर्देश भी दिए थे। इनके अनुसार फास्ट ट्रैक न्यायालयों (एफटीसी) के न्यायाधीशों का चयन सम्बन्धित उच्च न्यायालय द्वारा किया जाएगा। तत्पश्चात् मुख्य न्यायाधीश और हाईकोर्ट के चार वरिष्ठतम न्यायाधीश उनका साक्षात्कार लेंगे।

3.81 इस व्यवस्था को अधिक धारदार बनाने के लिए सर्वोच्च न्यायालय को एक आदेश के द्वारा सभी उच्च न्यायालयों में छह महीने के भीतर फास्ट ट्रैक न्यायालयों (एफटीसी) की स्थापना अनिवार्य कर देनी चाहिए जो भ्रष्टाचार के मामलों को देखें, और इसके साथ ही सरकारों को निर्देशित करना चाहिए कि वह इनके लिए वित्त, अधोरचना उपलब्ध कराएँ जिससे ये अपना काम शुरू कर सकें।

3.82 भ्रष्टाचार के लिए सजा को बढ़ा देना चाहिए। उदाहरण के लिए–बिहार में बिहार विशेष न्यायालय कानून 2009 (जो राष्ट्रपति की स्वीकृति न मिल पाने के कारण 2010 में ही प्रभावी हुआ) के अनुसार शासन को यह अधिकार मिल गया है कि वह उन लोकसेवकों की सम्पत्ति राजसात् कर सकता है जिन पर भ्रष्टाचार के आरोप हैं और जिनकी अर्जित सम्पत्ति आय के ज्ञात स्रोतों से अधिक पाई जाती है। बिहार के कानून में उचित ही भ्रष्टाचार निरोधक कानून (पीसीए) से आगे बढ़कर प्रावधान किया गया है, जो भ्रष्ट पदाधिकारियों के लिए केवल सजा और अर्थदंड की व्यवस्था देता है। एक बार जब किसी भी किस्म के भ्रष्टाचार के लिए आरोपित अधिकारी के विरुद्ध आरोप तय हो जाएँ तो तदर्थ रूप से उसकी सम्पत्ति अटैच कर देना पूरी तरह कानूनी है। ऐसा नहीं होने पर भ्रष्ट

अधिकारी गलत तरीकों से अर्जित की गई अपनी सम्पत्ति का उपभोग करते रहेंगे या फिर उन्हें इस सम्पत्ति को खुर्दबुर्द करने अथवा इसके प्रमाण नष्ट करने के लिए काफी समय मिल जाएगा। यदि आरोप प्रमाणित हो जाएँ तो सरकार इस सम्पत्ति को राजसात् कर सकती है। यदि सम्बन्धित अधिकारी निर्दोष पाया जाता है तो उसे सम्पत्ति वापस की जा सकती है।

3.83 यह देखना शिक्षाप्रद होगा कि बिहार के विशेष न्यायालय कानून के अन्तर्गत तीन वरिष्ठ अधिकारियों की सम्पत्तियाँ जब्त की गई हैं। आईएएस अधिकारी एस.एस. वर्मा के पास 1.4 करोड़ रुपए की सम्पत्ति थी। वे लघु सिंचाई के भूतपूर्व राज्य सचिव हैं, इसे जब्त किया गया और जब उनकी अपील भी अस्वीकृत हो गई तो यह स्थायी रूप से जब्त हो गई। इस सम्पत्ति में अब एक सरकारी स्कूल चल रहा है। एक पूर्व सप्लाई इंस्पेक्टर और एक पूर्व ट्रेजरी सहायक की सम्पत्तियाँ भी राजसात् की गई हैं।

3.84 संघ के सभी राज्यों को आवश्यक रूप से ऐसे ही कानून बनाने चाहिए।

3.85 रिश्वत के मामले में–लेनेवाले और देनेवाले–दोनों को ही सजा मिलनी चाहिए। रिश्वत देनेवाला यदि यह प्रमाणित कर दे कि उसके पास दूसरा कोई रास्ता ही नहीं बचा था और यह उसकी विवशता बन गई थी तो उसे छोड़ा जा सकता है किन्तु यह प्रमाणित करने का दायित्व रिश्वत देनेवाले पर ही होगा।

3.86 स्पष्ट है कि सूचना देनेवालों को पर्याप्त सुरक्षा मिलनी चाहिए। हाल ही के कुछ दुखद मामले ध्यान में आते हैं। इंडियन ऑयल कॉरपोरेशन के एक कर्मचारी मंजुनाथ शनमुगन लखनऊ से आईआईएम स्नातक थे। उन्होंने रिश्वत लेने से इनकार किया और पेट्रोल पम्प के उन मालिकों को पकड़ा जो मिलावट कर रहे थे। 19 नवम्बर, 2005 को उन्हें गोली मार दी गई। एनएचएआई के साथ काम कर रहे सत्येन्द्र दुबे ने सड़क निर्माण में चल रहे भीषण भ्रष्टाचार का पर्दाफाश किया था। 27 नवम्बर, 2003 को उनका शव पाया गया। जिन प्रकरणों में सूचना देनेवालों की भूमिका हो उनमें जान के खतरे को देखते हुए उन्हें जल्दी निपटाना चाहिए।

3.87 एक प्रभावकारी और स्वतंत्र लोकपाल की नियुक्ति आवश्यक है–भ्रष्टाचार का सामना करने के लिए प्रभावी अधोरचना के निर्माण का

यह पाँचवाँ उपाय होगा, किन्तु इसकी स्थापना भ्रष्टाचार की लड़ाई के लिए बनाई गई समग्र रणनीति का ही हिस्सा हो। इस रणनीति में पहले सुझाए गए चारों उपाय शामिल होने चाहिए अर्थात् चुनाव सम्बन्धी सुधार, विशेष रूप से जहाँ राजनीतिक दलों के कोष का प्रश्न हो। तकनीकी के तटस्थ हस्तक्षेप की नाटकीय अवस्था, प्राकृतिक संसाधनों के वितरण और अधिग्रहण प्रक्रियाओं सम्बन्धी कानूनों में पारदर्शिता तथा न्यायिक सुधारों सहित भ्रष्ट अधिकारियों के लिए त्वरित दंड व्यवस्था। इसके लिए एक राष्ट्रीय और विस्तृत तंत्र की रचना करनी होगी। इस संरचना के बिना लोकपाल अपने आपमें भ्रष्टाचार उन्मूलन के लिए कोई जादुई छड़ी नहीं बन पाएगा।

3.88 अन्ना हजारे के आन्दोलन ने निर्विवाद रूप से यह प्रमाणित कर दिया है कि सरकार को राष्ट्रीय आकांक्षाओं के अनुरूप काम करने के लिए विवश तभी किया जा सकता है जब सुधी नागरिकों का उस पर दबाव बनाया जाए, अन्य कोई विकल्प नहीं है। लोकपाल का इतिहास इस बात को स्पष्ट करता है। 1963 में पहली बार लोकपाल की स्थापना का विचार सामने आया था। पहले प्रशासनिक सुधार आयोग (एआरसी) ने 1966 में इसका परामर्श दिया था। संसद में 1968 में इसके लिए एक विधेयक प्रस्तुत किया गया किन्तु उसे निरस्त हो जाने दिया गया। तब से अब तक सात अन्य अवसरों पर आधे मन से ऐसे विधेयक आए और इसी तरह चले गए। आखिरी विधेयक 2001 में आया था। एक अवसर पर 1985 में यह वापस ले लिया गया था। 2004 में संयुक्त प्रगतिशील गठबन्धन (यूपीए) ने अपने चुनाव घोषणापत्र के न्यूनतम कार्यक्रम में वायदा किया कि वह इसका कानून बनाएगा। किन्तु जनवरी 2011 तक कुछ भी नहीं हुआ जब प्रणव मुखर्जी के नेतृत्व वाले एक मंत्री समूह ने इस पर विचार शुरू किया। इसमें सन्देह नहीं कि सदन में इसे स्वीकृति केवल इसलिए मिल पाई क्योंकि राजनीतिक वर्ग पर जनता का बहुत अधिक दबाव था। वर्तमान में तमाम सुझाव हवा में हैं : सरकार के लोकपाल और लोकायुक्त विधेयक 2011, अन्ना हजारे का जन लोकपाल, लोकतांत्रिक सुधारों के लिए लोकसत्ता फाउंडेशन द्वारा सुधार के लिए सुझाए गए प्रस्ताव, एनसीपीआरआई द्वारा सुझाए गए सुधार के उपाय, बहुजन लोकपाल विधेयक 2011 और सामाजिक कार्यकर्ता अरुणा राय द्वारा दिए गए सुझाव। वर्तमान स्वरूप में

बनाया गया लोकपाल विधेयक लोकसभा से पारित हो चुका है किन्तु राज्यसभा में विचाराधीन है। अन्ना हजारे के आन्दोलन और अन्य कई गैर-सरकारी संगठनों द्वारा इसकी कड़ी आलोचना भी की गई है जिनकी शिकायत है कि यह मजबूत विधेयक नहीं है।

3.89 जहाँ तक लोकपाल की नियुक्ति का प्रश्न है, तो यह काफी होगा कि इसके लिए एक सीमित समिति हो, जिसके सदस्य प्रधानमंत्री, प्रधान न्यायाधीश और लोकसभा में प्रतिपक्ष के नेता हों। विधेयक में इस समिति को विस्तार देने के लिए एक प्रतिष्ठित 'न्यायविद्' अथवा किसी 'प्रतिष्ठित व्यक्ति' को सम्मिलित करने का सुझाव दिया गया है, जो आवश्यक नहीं है। जहाँ तक अन्य न्यायधीशों की नियुक्ति का सम्बन्ध है, जब न्यायपालिका का प्रतिनिधित्व करने के लिए प्रधान न्यायाधीश (सीजेआई) है तो यह अनावश्यक ही रहेगा। तीन सदस्यों की समिति सुगठित होगी और इसमें प्राथमिक घटकों का समुचित प्रतिनिधित्व हो जाएगा।

3.90 यह सुझाव कि चयन समिति की सहायता के लिए एक बहुसदस्यीय खोजी समिति होनी चाहिए, बहुत अच्छा है। इस खोजी समिति का गठन और संख्या-जैसा कि विधेयक में प्रस्तावित है-चयन समिति पर छोड़ देना चाहिए। इस अनुरोध के साथ कि वह नागरिक समाज से ऐसे व्यक्तियों की खोज करे, जो भारत के सामाजिक-आर्थिक परिप्रेक्ष्य के साथ ही क्षेत्रीय परिदृश्य के प्रतिनिधित्व का ध्यान रखें।

3.91 शासकीय विधेयक में लोकपाल संस्था के गठन (यह आठ सदस्यीय होगा, जिसमें से कम से कम चार न्यायपालिका से होंगे), सदस्यों की अर्हता, कार्यकाल और उनके हटाए जाने की प्रक्रिया के सम्बन्ध में सन्तोषजनक प्रावधान किए गए हैं।

3.92 लोकपाल किसी भी नागरिक से मिलनेवाली शिकायत पर कार्रवाई कर सकेगा। इसके अतिरिक्त उसके पास स्वयं संज्ञान लेने की शक्ति भी है।

3.93 भ्रष्टाचार निरोधक कानून (पीसीए) में उल्लिखित सभी श्रेणियों के लोकसेवक, अ, ब, स, द वर्गों सहित इसकी सीमा में होंगे, किन्तु न्यायपालिका इसके अन्तर्गत नहीं होगी जिसका अपना अलग लोकपाल होगा। इस पर चर्चा पूर्व में की जा चुकी है।

3.94 प्रधानमंत्री (पीएम) को लोकपाल के दायरे में होना चाहिए किन्तु उन उचित सीमाओं के साथ जिनका सुझाव सूचना के अधिकार के

लिए राष्ट्रीय अभियान (एनसीपीआरआई) द्वारा दिया गया है। हमारे राजनीतिक वर्ग की आवेशपूर्ण अवस्था और इसमें निहित स्वार्थों को देखते हुए यह आशंका है कि शासनाध्यक्ष के विरुद्ध अभिप्रेरित आरोप लगाए जा सकते हैं। लोकतंत्र में मुख्य कार्यकारी के रूप में प्रधानमंत्री की अभिप्रेरित आरोप से रक्षा की जानी चाहिए। ऐसा न हो कि वह हमेशा आरोपों से ही घिरा रहे क्योंकि उसकी स्थिरता में ही सरकार की राष्ट्रीय और अन्तर्राष्ट्रीय स्तर पर स्वयं शासन की स्थिरता निहित है तथापि यह भी सच है कि कोई व्यक्ति पद में कितना भी ऊपर हो लेकिन कानून की पड़ताल से ऊपर नहीं है। इन दो ध्रुवों के बीच सन्तुलन के लिए सूचना अधिकार के राष्ट्रीय अभियान (एनसीपीआरआई) द्वारा दिए गए सुझाव सारगर्भित हैं– इनके अनुसार प्रधानमंत्री के विरुद्ध किसी भी शिकायत को पहले लोकपाल संस्था के सभी सदस्य मिलकर भारत के प्रधान न्यायाधीश (सीजेआई) के पास अग्रेषित करेंगे। जो इसे सर्वोच्च न्यायालय की पूरी बेंच के पास भेजेगा। यदि बेंच सिफारिश करती है केवल तभी लोकपाल शिकायत पर अपनी जाँच शुरू कर सकेगा। इसके अतिरिक्त चूँकि राष्ट्रीय सुरक्षा सर्वोपरि है, इसलिए सुरक्षा से सम्बन्धित किसी भी शिकायत से प्रधानमंत्री को अवगत कराने के बाद ही प्रधान न्यायाधीश (सीजेआई) इसे सार्वजनिक करने का निर्णय कर सकेगा।

3.95 जैसा कि विधेयक में प्रावधान किया गया है लोकपाल के अधिक्षेत्र में ऐसे सभी प्रशासक, प्रबन्धक अथवा निर्देशक आएँगे जो सरकार के स्वामित्व वाली किसी कम्पनी अथवा संस्था के प्रमुख हों तथा उस सोसाइटी या ट्रस्ट के अधिकारी, जिसे शासकीय वित्त या सार्वजनिक कोष से धन की प्राप्ति होती हो।

3.96 सूचना के लिए अधिकार के राष्ट्रीय अभियान (एनसीपीआरआई)ने जैसा प्रस्तावित किया है, यदि किसी निजी कम्पनी ने सरकार से कोई लाइसेंस अथवा अनुबन्ध किया है जो किसी कानून का उल्लंघन करता हो तो उसे भी लोकपाल के क्षेत्राधिकार में होना चाहिए।

3.97 पड़ताल और अभियोजन के सम्बन्ध में मेरा मत है कि सीबीआई का जो वर्तमान ढाँचा है उसे तीन शाखाओं में बाँट देना चाहिए। एक शाखा न्यायिक क्षेत्र लोकपाल (एनकेएल) को सौंप दी जानी

चाहिए जैसा कि पूर्व में कहा जा चुका है। एक मजबूत शाखा लोकपाल के अन्तर्गत होगी। तीसरी शाखा का सम्बन्ध उन प्रकरणों से होगा जो भ्रष्टाचार निवारक कानून (पीसीए) के क्षेत्र में नहीं आते, और इसकी देखभाल की जिम्मेदारी सरकार के पास रहेगी।

3.98 यदि पड़ताल और अभियोजन की शक्तियाँ न हों तो न्यायिक क्षेत्र लोकपाल और लोकपाल, दोनों ही संस्थाएँ दन्तविहीन रहेंगी। इन शक्तियों का प्रभावी प्रयोग तभी सम्भव है जब उनके अधिकार क्षेत्र में एक ऐसी एजेंसी हो जो शासन से मुक्त होकर उन अधिकारियों के साथ काम कर सके जिनके लिए वह नियुक्त हुई है। इस बात के अकाट्य प्रमाण हैं कि सैद्धान्तिक रूप से सीबीआई सरकार से स्वतंत्र है लेकिन वह तत्कालीन सरकार के इशारों पर काम करती है। इसके असंख्य उदाहरण हैं लेकिन एक ही इस बात को प्रमाणित कर सकेगा। लालू यादव पर 1996 में चारा घोटाले से सम्बन्धित आरोप लगे, 2003 में सीबीआई ने उनके विरुद्ध आरोप पत्र दाखिल किया। किन्तु 2004 में जब संप्रग सरकार (यूपीए) सत्ता में आई तो इन आरोपों को ठंडे बस्ते में डाल दिया गया। लालू यादव पर आरोप अन्ततः मार्च 2012 में ही तय किए जा सके। यह रवैया बदलना चाहिए। सीबीआई के दो अलग विभाग आवश्यकता होने पर नई भर्ती के साथ लोकपाल और न्यायिक क्षेत्र लोकपाल के नियंत्रण में सौंप दिए जाने चाहिए।

3.99 इसके साथ ही केन्द्रीय सतर्कता आयोग (सीवीसी) को जैसा कि लोकतांत्रिक सुधार फाउंडेशन ने सुझाया है, लोकपाल में सम्मिलित कर देना चाहिए।

निगरानी संस्थाओं की बहुलता से कोई लाभ नहीं है। लोकपाल का गठन हो जाने के बाद अलग से केन्द्रीय सतर्कता आयोग के होने का औचित्य नहीं रह जाता। वर्तमान में सतर्कता आयोग की जैसी स्थिति है, उसके संसाधनों का विलय लोकपाल में कर देना चाहिए। मुख्य सतर्कता आयुक्त और आयोग के दो सदस्य लोकपाल के पदेन सदस्य रह सकते हैं। लोकपाल के अन्तर्गत काम करते हुए उनका विशेष दायित्व स और द वर्ग के कर्मचारियों के विरुद्ध शिकायतों पर ध्यान देना रहेगा।

3.100 यह सब सम्पन्न हो जाने के बाद, भ्रष्टाचार के लिए आरोपी व्यक्तियों पर अभियोजन के लिए एक समय सीमा निर्धारित की जाएगी।

शिकायत प्राप्त होने अथवा स्वयं संज्ञान के बाद लोकपाल को अपनी जाँच छह दिन में पूरी कर लेनी चाहिए। यदि वह अनुभव करे कि प्रथमद्रष्टया कोई मामला बनता है तो वह इसे जाँच-पड़ताल के लिए अपनी अधीनस्थ सीबीआई को दे देगा। जाँच छह महीनों में पूरी हो जानी चाहिए। यदि जाँच में मुकदमा चलाने की सलाह दी गई हो तो न्यायालय में प्रकरण प्रस्तुत किया जाएगा और इस पर छह महीनों में फैसला हो जाना चाहिए। लोकपाल इसके लिए भी प्राधिकृत होगा कि दंडात्मक जुर्माना कर सके।

3.101 लोकपाल को अपने अधिदेश का पालन करने के लिए शासन की कोई पूर्व-स्वीकृति लेना आवश्यक नहीं होगा। जैसा कि दूसरे प्रशासनिक सुधार आयोग (एआरसी) का कहना है, संविधान के अनुच्छेद 311 से स्वतंत्र होने का समय आ गया है जिसमें यह व्यवस्था है कि किसी लोकसेवक के विरुद्ध शासन से पहले स्वीकृति लिये बिना कोई कार्रवाई शुरू नहीं की जा सकती। किसी भी देश में इस तरह का संवैधानिक प्रावधान नहीं है। इंग्लैंड में भी नहीं जिसकी प्रशासनिक व्यवस्था भारत ने अपनाई है। ऐसा प्रतीत होता है कि हमारे संविधान निर्माताओं ने यह प्रावधान इसलिए किए थे कि लोकसेवकों को अनावश्यक उत्पीड़न से बचाया जा सके। किन्तु यह तर्क तो किसी भी तरह नहीं दिया जा सकता। एक ईमानदार, प्रभावी और भ्रष्टाचार मुक्त प्रशासन सुनिश्चित करने की अपेक्षा एक भ्रष्ट नौकरशाह के अधिकारों का संरक्षण अधिक आवश्यक है। अन्ततः एक लोकसेवक जो राज्य का प्रतिनिधित्व करता है। जो राज्य से ऊपर तो हो नहीं सकता। उसका यह प्राथमिक कर्तव्य है कि वह निष्ठा, समर्पण, ईमानदारी, निष्पक्षता, वस्तुपरकता और पारदर्शिता के साथ राज्य की सेवा करे।[29]

3.102 यह तर्क लोकपाल के गठन के साथ ही और भी स्पष्ट हो जाता है। जिसके गठन में सावधानी से चुने हुए प्रतिष्ठित व्यक्ति-न्यायविदों सहित-सम्मिलित होंगे और जिन्हें विस्तृत और सम्पूर्ण प्रारम्भिक जाँच करने का अधिदेश दिया गया है। केवल और केवल तभी वह जाँच के लिए आदेश दे सकेगा जब कदाचार का प्रमाण उसे प्रथमद्रष्टया मिल गया हो। यह जाँच-पड़ताल एक समर्पित और व्यावसायिक एजेंसी द्वारा की जाएगी। सम्बन्धित लोकसेवक को अपने बचाव का पूरा-पूरा अवसर मिलेगा। इतने सारे निरापद उपायों

के बाद लोकपाल के लिए कार्रवाई से पहले सरकार की अनुमति प्राप्त करना आवश्यक नहीं रह जाता। हमें लोकपाल संस्था में विश्वास करना चाहिए।

3.103 लोकपाल का दर्जा संवैधानिक होना चाहिए। संसद की स्थायी समिति और लोकतांत्रिक सुधार फाउंडेशन तथा अन्य के सुझावों के अनुसार लोकपाल और राज्यों के लोकायुक्तों की नियुक्ति के लिए एक ही केन्द्रीय कानून होना चाहिए। लोकायुक्तों की नियुक्ति इसी तरह की चयन समिति द्वारा की जाए जिसमें मुख्यमंत्री, राज्य के मुख्य न्यायाधीश और प्रतिपक्ष के नेता सदस्य हों और उसे राज्य स्तर पर शासकीय अधिकारियों के सम्बन्ध में वही शक्तियाँ प्राप्त हों। लोकपाल की ही भाँति उसके पास भी पड़ताल और अभियोजन के लिए सीबीआई की विशेष इकाई हो और भ्रष्टाचार निरोधक ब्यूरो (एसीबी) लोकायुक्तों के अन्तर्गत रहे।

3.104 लोकपाल और लोकायुक्त के सम्बन्ध में एक ही कानून का कुछ मुख्यमंत्रियों द्वारा किया जा रहा विरोध समझ से परे है। राष्ट्रीय हित में किए जा रहे भ्रष्टाचार निरोधक सुधारों पर कुछ राज्यों द्वारा संघवाद के नाम पर दिए गए इस तर्क को कैसे स्वीकार किया जा सकता है कि वह राष्ट्रीय व्यवस्था से बाहर रहेंगे? फिर संयुक्त राष्ट्र की भ्रष्टाचार विरोधी सभा (यूएनसीएसी) का समर्थन भी है। संविधान के अनुच्छेद 253 में संसद को यह अधिकार दिया गया है कि वह पूरे भारत के लिए भ्रष्टाचार से सम्बन्धित कानून बना सकती है। पारस्परिक सहमति के लिए यह व्यवस्था है कि केन्द्र एक आदर्श विधेयक बनाएगा और राज्य इसके आधार पर अपने कानून बना सकेंगे।

3.105 रिश्वत लेने के लिए लोकसेवकों पर तीन से सात वर्षों का कारावास उचित है, उसी तरह जैसे आपराधिक कृत्यों के लिए चार से दस वर्षों की सजा देने का प्रावधान है। आदतन अपराध के लिए पाँच से दस वर्षों का कारावास भी पर्याप्त निरोधक है। निश्चय ही महत्त्वपूर्ण बिन्दु यह है कि अपराधी को समय के आधार पर दंडित किया जाए। अन्ना हजारे के जन लोकपाल प्रारूप में भी एक प्रावधान है जिसके अनुसार यदि कोई व्यावसायिक इकाई किसी अपराध से लाभान्वित होती है तो उसको उस हानि का पाँच गुना दंड देना पड़ेगा, जो जनता को हुई है। इसमें यह व्यवस्था भी है कि यदि किसी कम्पनी के निदेशक को सजा हुई तो उस कम्पनी को काली

सूची में डाल दिया जाएगा और आगे वह शासकीय अनुबन्ध प्राप्त नहीं कर पाएगी। यह अच्छे सुझाव हैं और इन्हें क्रियान्वित किया जाना चाहिए। निरोधक और सामयिक दंड चाणक्य की दंड संहिता के केन्द्र में हैं, जो समाज के हित में अपराधियों पर प्रयुक्त होना चाहिए–यही दंडनीति है।

3.106 जनता की कठिनाइयों के निराकरण का बड़ा मसला हाल–फिलहाल लोकपाल के दायरे से बाहर रखना पड़ेगा। देशव्यापी रूप से लोकसेवा अधिकार कानून (आरटीपीएस) के लागू होने पर यह समस्या काफी हद तक सुलझ जाएगी, विशेष रूप से तब जब सिटीजन्स चार्टर भी इसके साथ हो। इस समय यह आवश्यक है कि लोकपाल पर ज्यादा बोझ न डाला जाए, और उसे ज्यादा जिम्मेदारियाँ न सौंपी जाएँ, ताकि वह भ्रष्टाचार की मूल समस्या पर ही अपने आपको केन्द्रित कर सके।

3.107 शासकीय विधेयक में झूठी शिकायतों के लिए एक वर्ष तक के कारावास और 5 लाख रुपए तक अर्थदंड की व्यवस्था भी बिलकुल ठीक है। तथापि जब प्रधानमंत्री के विरुद्ध झूठी या शरारतपूर्ण शिकायतें दर्ज करवाई जाएँ तो इस दंड को दुगुना कर देना चाहिए।

3.108 इस अध्याय को पूरा करने से पहले मैं कालेधन के मसले को भी छूना चाहूँगा। ट्रांसपैरेंसी इंटरनेशनल द्वारा 2010 में एकत्र किए गए आँकड़ों के अनुसार भारत में उससे कहीं ज्यादा कालाधन है जितना कुल मिलाकर शेष विश्व के लिए अनुमानित है। कुछ आकलन के अनुसार भारत की काली अर्थव्यवस्था समग्र घरेलू (जीडीपी) उत्पाद की एक–तिहाई है, अर्थात् लगभग 30 लाख करोड़ रुपए (600 बिलियन)। इस गम्भीर समस्या का कोई एकमात्र समाधान नहीं हो सकता, यह तथ्य मई 2012 में वित्त मंत्रालय द्वारा ज्ञापित श्वेतपत्र में स्वीकार किया गया है।

3.109 कालाधन इस तरह का एक लक्षण है जो दर्शाता है कि हमारी भ्रष्टाचार विरोधी राष्ट्रीय संरचना किस तरह काम करती है। यदि यह संरचना दोषपूर्ण और कमजोर होगी तो कालाधन अवश्य ही फैलेगा। यदि यह सुदृढ़ होगी तो इसे बनाने और छुपाने के रास्ते अवरुद्ध हो जाएँगे या कम से कम थम तो जाएँगे ही। इस अध्याय में मैंने जिस नियोजन की चर्चा की है उससे कालेधन की समस्या का पूरी तरह से समाधान भले न हो लेकिन इसे घटाने में निश्चय ही

काफी कुछ सहायता मिल सकेगी।

3.110 इसके साथ ही यह भी याद रखा जाना चाहिए कि बुरे नियम और कानूनों से आर्थिक लेन-देन भूमिगत हो जाते हैं।[30] एक अधिक सरलीकृत विन्यास, जो करों की अदायगी को प्रोत्साहित कर सके, इसका एक समाधान हो सकता है। माल और सेवा-कर कानून (जीएसटी) से भी सहायता मिल सकती है। अधिकांश कालेधन की उत्पत्ति जमीन और सोने के लेन-देनों में होती है। इन दोनों ही क्षेत्रों में बुद्धिमत्तापूर्ण नियमों की आवश्यकता है, जैसे-रीयल एस्टेट सौदों की स्टांप ड्यूटी को घटाना। ग्लोबल फाइनेंशियल इंस्टीट्यूट ने 2010 में अनुमान लगाया था कि 1948 से 2008 की समयावधि में भारत को वर्तमान मुद्रा-मूल्य से पूँजी अपसरण में 462 बिलियन डॉलर की हानि हुई। इसमें अधिकांश योगदान हमारे उन कानूनों की वजह से था जो बेहिसाबी धन को विदेशों में भेजना अधिक लाभदायक बनाते हैं। इसकी वजह अर्थव्यवस्था का कुप्रबन्धन और आर्थिक सुधार क्रियान्वित करने व दृढ़ता का अभाव भी रही। यदि शासन में सुधार होता है, और यदि आर्थिक सुधारों के परिणामस्वरूप आर्थिक सुधार अवसरों का विस्तार होता है, वित्तीय कानूनों का सरलीकरण और युक्तीकरण होता है तो भूमिगत अर्थव्यवस्था में कमी आ जाएगी।

3.111 अपने घर में हमें जो कुछ भी करने की आवश्यकता है, इसके अलावा हमें विदेशों से भी उस कालेधन को वापस लाने का प्रयास करना चाहिए जो अवैध तरीके से वहाँ जमा किया गया है। सरकार को अभी भी इस विषय में अपनी दृढ़ता का परिचय देना है। यह एक महत्त्वपूर्ण विषय है, क्योंकि हम पहले से ही जानते हैं कि विदेशों में छिपाए गए धन का पता लगाना बहुत मुश्किल है। इस दिशा में पहले चरण के रूप में एक समय की बुद्धिमत्तापूर्ण क्षमादान योजना उपयोगी हो सकती है।

भ्रष्टाचार भारत से रातोरात समाप्त नहीं हो जाएगा तथापि इसके विरुद्ध एक स्वप्न और यथार्थपरक अभियान, यदि सरकार इसके लिए आवश्यक संकल्प-शक्ति का परिचय दे सके तो प्रभावशाली होगा। सरकार अपनी गलतियों पर कभी-कभी ही कार्रवाई करती है। सरकार को इसके लिए काम करने के लिए विवश होने में हम सभी के दबाव की भूमिका महत्त्वपूर्ण है।

अध्याय-6

सुरक्षा

उसकी (राजा की) गोपनीयता का ज्ञान किसी शत्रु को नहीं होना चाहिए, किन्तु शत्रु की सभी कमजोरियों की जानकारी उसे होनी चाहिए। उसे कछुए की तरह अपने अनावृत अंग को समेट लेना चाहिए।

विजेता को अपने राज्य-क्षेत्र को एक पहिए की तरह समझना चाहिए–वह स्वयं इसकी धुरी है, और उसके मित्र अराओं के माध्यम से उससे जुड़े हुए हैं, यद्यपि घेरे के बीच का स्थान उन्हें पृथक् करता है। जन, धन और माल की अपार क्षति के बाद भी शत्रु का विनाश किया ही जाना चाहिए।

–अर्थशास्त्र

चाणक्य एक आधारभूत सत्य का उद्घाटन करते हैं : यदि राज्य वेध्य है अथवा निकृष्टतम परिप्रेक्ष्य में इसका अस्तित्व समाप्त हो सकता है तो इसके सम्बन्ध में किसी भी बात का बहुत कम महत्त्व होता है या होता ही नहीं। इसीलिए उन्होंने अनुभव किया कि सभी शासनों और समाजों को राज्य की सुरक्षा को परमोच्च लक्ष्य मानना चाहिए। भारत के आधुनिक लोकतंत्र ने इस बुनियादी सच को स्वीकार नहीं किया है। सुरक्षा के प्रति इसका दृष्टिकोण अस्थिर और तदर्थ है। यह योजना रहित और प्रतिक्रियात्मक है जिसमें एकाग्रता और संकल्प का पूर्ण अभाव है। कुल मिलाकर आधुनिक भारत सुस्पष्ट, अन्तिम और सुविचारित सुरक्षा सिद्धान्त का विकास नहीं कर पाया है। यह बहुत चिन्ता का विषय है और इसमें सुधार होना चाहिए क्योंकि यदि भारत विघटित होता है या पराजित होता है अथवा इसके हमेशा के लिए टुकड़े हो जाते हैं, तो फिर कुछ भी नहीं बचेगा।

कई तत्त्वों से मिलकर एक सुरक्षा सिद्धान्त का निर्माण होता है। पहली बात यह है कि यह पूरी तरह अनिवार्य है कि एक सुचिन्तित तथापि लचकदार सुरक्षा दृष्टि होनी चाहिए। दूसरी बात, इस दृष्टि के साथ दृढ़ राजनीतिक इच्छाशक्ति का भी होना आवश्यक है। तीसरी बात, लक्ष्य को निर्धारित कर लेना चाहिए और इसे प्राप्त करने के लिए साधन जुटाए जाने चाहिए। चौथी, यह कि एक आदेश और नियंत्रण के लिए तंत्र स्थापित करना भी आवश्यक है जो पूर्वानुमान लगा सके और योजनाबद्ध समन्वयात्मक और प्रभावशाली प्रतिक्रिया कर सके। इस तंत्र को यह अधिकार होना चाहिए कि वह राज्य की सुरक्षा के लिए कार्रवाई कर सके। छठी बात, जहाँ जनहित का प्रश्न हो, इसे पूरी तरह गोपनीयता से काम करने का अधिकार होना चाहिए, और अन्ततः जिन पर सुरक्षा का दायित्व है उन लोगों को राष्ट्र पर आनेवाले किसी भी संकट के प्रति सतत सावधान रहना चाहिए।

उपरोक्त में से भारत किसी का भी अनुसरण नहीं करता है, करता भी है तो कम से कम पूरी तरह से तो नहीं। नीति के रूप में हमने अहिंसा का चयन किया था, जिसे विस्तार देकर महात्मा गांधी ने नाटकीय क्षमता के साथ क्रियान्वित किया और फलस्वरूप हमें स्वाधीनता की प्राप्ति हुई। स्वतंत्र भारत कई दशकों तक इसके सम्मोहन में बँधा रहा। अधिक शक्तिशाली शत्रु के विरुद्ध अहिंसा का चुनाव महात्मा के वास्तविक आदर्शवाद के अनुरूप तो था लेकिन यह चाणक्य की कूटनीति से मेल नहीं खाता था। गांधीजी के पास वह दृष्टि और स्पष्टता थी जिससे कि वे इसे विजय के साधन-रूप में प्रयुक्त कर सके। 1947 के बाद सुरक्षा की भाषा में अहिंसा और इसके परिणामस्वरूप उत्पन्न होनेवाले राज्य-संचालन का प्रभावहीन शान्तिप्रियतावाद कुछ ऐसी चीज थी जिसे देखकर उन्हें भी आश्चर्य होता।

रणनीतिक दृष्टि के लिए वह योग्यता चाहिए जो किसी परिस्थिति विशेष में उस नीति को अपना सके जो उस समय सर्वश्रेष्ठ हो। इसीलिए चाणक्य ने साम, दाम, दंड और भेद के चार साधनों की घोषणा की है–मेल-मिलाप, लालच, कठोर प्रतिरोध और उच्छेद और इनके साथ अल्पज्ञात आसन अर्थात् साशय किनारे पर बैठकर रणनीति की कला। प्रत्येक युक्ति की अपनी उपादेयता है। आज आवश्यकता इस बात की है कि हम अपने सुरक्षा सिद्धान्त में आमूल परिवर्तन करके उसे प्रभावशाली बनाएँ और इसके समर्थन के लिए एक अधोरचना का निर्माण करें। विश्व के सर्वाधिक संकटग्रस्त क्षेत्र में हमारी उपस्थिति से यह तथ्य स्वतः ही स्पष्ट है। दो आक्रामक देश हमारे पड़ोस में हैं–चीन और पाकिस्तान। अफगानिस्तान को अस्थिरता का रोग लगा है, नेपाल

सुलग रहा है, म्याँमार का बड़ा हिस्सा अलग-अलग रंगों के आतंकवाद के चंगुल में है। समूचा क्षेत्र कट्टरतावाद और उग्र पराकाष्ठावाद की चपेट में है। चीन की सामरिक मोर्चाबन्दी से भारत को घेरने की नीति सब जानते हैं। हमारे सामने बाहरी शक्तियों द्वारा प्रायोजित आतंकवाद की चुनौती तो थी ही और अब स्थानीय आतंकवाद की समस्या भी बढ़ती जा रही है और 200 से ज्यादा जिले नक्सलवाद के साए में हैं।

प्रभावी सुरक्षा सिद्धान्त के लिए मुख्य रूप से तीन क्षेत्रों पर ध्यान देना होगा : विदेश नीति, रक्षा की तैयारी और सूचना एकत्र करने का खुफिया तंत्र। हाल ही के दिनों में हमारे विदेश नीति प्रतिष्ठान का अवमूल्यन बहुत तेजी से हुआ है। कूटनय के नित्यकर्म और कार्यकलाप से तात्कालिक और दीर्घकालीन दोनों ही स्तरों पर किसी ठोस नीति का निर्धारण कठिन हो रहा है, जो विदेश मंत्रालय का मुख्य कार्य है। कोई भी संस्थान जब अपने बुनियादी दायित्वों को भुलाकर छोटी-मोटी बातों को महत्त्व देने लगता है तब उसका अवमूल्यन दिखाई देता है। हम जिन जटिल चुनौतियों का सामना कर रहे हैं, उन्हें देखते हुए विदेश मंत्रालय (एमईए) का महत्त्वपूर्ण हिस्सा एक नीति-निर्धारण प्रभाग का होना चाहिए, जो अभी लगभग निष्क्रिय है। इसमें सर्वश्रेष्ठ और प्रतिभावान व्यक्ति होने चाहिए, जिन पर कूटनय का नित्यकर्म भार न हो और जो गत्यात्मक रूप से नीतियों के विकल्प निरन्तर प्रस्तुत कर सकें।

यह भी आवश्यक है कि विदेश मंत्रालय स्वतंत्र रूप से नीतिगत सुझाव सरकार को देता रहे, जो उसके निर्णय में उसकी सहायता कर सकें। इसका अर्थ यह है कि एक संस्था के रूप में यह किसी भी परिस्थिति के अच्छे और बुरे पक्षों का आकलन करता रहे और इसकी आवाज प्रधानमंत्री कार्यालय (पीएमओ) तक पहुँचती रहे। कभी आंशिक रूप से ही सही, लेकिन विदेश मंत्रालय (एमईए) के पास एक दृष्टिकोण होता था (वह प्रधानमंत्री कार्यालय से भिन्न भी हो सकता था) और वह इसका बचाव कर सकता था। इससे नीति-निर्माण में सहायता मिलती थी और संस्था को अपने एक निश्चित लक्ष्य का भान होता था। अब विदेश मंत्रालय (एमईए)एक मशीन की तरह काम करता है जो प्रधानमंत्री कार्यालय (पीएमओ) के पूर्वग्रहों से संचालित होती है।

कोई अचरज नहीं कि हमारी विदेश नीति अधिकांशतः प्रतिक्रियात्मक है। यह उस समय और भी स्पष्ट होती है जब हम अपने क्षेत्र के दो महत्त्वपूर्ण देशों-पाकिस्तान और चीन के-साथ व्यवहार करते हैं। चीन कुछ कहता है और भारत मान लेता है। पाकिस्तान नए रास्ते को अपनाने का तय करता है और भारत हड़बड़ाकर चल पड़ता है। जब चीन ने घोषणा की कि अरुणाचल प्रदेश

के नागरिकों को स्टेपल वीसा दिए जाएँगे तो भारत आश्चर्यचकित हो गया। हमें कहना चाहिए था कि तिब्बती-मूल के चीनियों को हम भी स्टेपल वीसा देंगे। किन्तु हमारे पास किसी भड़काऊ स्थिति में पहल करने या समुचित जवाब देने का साहस नहीं है। इसी तरह जब चीन ने दक्षिण चीनी सागर में हमारे तेल खोजने पर आपत्ति उठाई तो हम इसके लिए तैयार नहीं थे कि उनसे पूछें-तुम पाक अधिकृत कश्मीर (पीओके)में क्या कर रहे हो। पाक अधिकृत कश्मीर (एमईए) को अन्तर्राष्ट्रीय रूप से एक विवादित क्षेत्र माना जाता है, दक्षिण चीन सागर के साथ ऐसा नहीं है। चीनी खुले खजाने पाकिस्तान को हथियारों से लैस करता है जबकि उसे मालूम है कि ये हथियार भारत के विरुद्ध इस्तेमाल किए जाएँगे। वह पाक अधिकृत कश्मीर (पीओके) में बेशर्मी से आर्थिक निवेश कर रहा है, लेकिन जब भारत अमरीका, जापान और ऑस्ट्रेलिया के साथ 'चारपक्षीय' वार्ता या जापान और अमेरिका के साथ 'त्रिपक्षीय' संवाद पर सोचता है, तब चीन विरोध दर्ज करवाता है और भारत पीछे हट जाता है।

चीन भारत के साथ एकनिष्ठ भाव से 'वियोजन के साथ संयोजन' (कंटेंनमेंट विद एंगेजमेंट) की नीति बरतता है। पाकिस्तान ने विस्फोटक आक्रामकता और सामरिक सुलह की नीति अपना रखी है। भारत असमंजस में है कि वह किसका प्रत्युत्तर दे, इसके लिए एक संकुल नीति की आवश्यकता है जिसमें दोनों विकल्पों का ही समावेश हो। संवाद, वार्ता अथवा सम्पर्क में तब तक कोई हानि नहीं है जब तक हमें लगता हो कि हम उनसे अपने लक्ष्य को हासिल कर सकते हैं लेकिन ऐसी बात नहीं है। पहल हमेशा दूसरी तरफ से की जाती है, और वह इसके प्रति आश्वस्त होते हैं कि हमारी प्रतिक्रिया वही होगी जो उन्होंने सोच रखी है। कभी-कभी प्रतीत होता है कि चीन और पाकिस्तान ने चाणक्य की सीख उतनी ही सीमा तक मान ली है जितना हम उसे भूले हुए हैं। हम नीति के चयन के प्रति अप्रत्याशित रूप से दोलायमान बने रहते हैं जबकि वे अपनी जगह पर अडिग बने रहते हैं। 26/11 के मुम्बई हमले के बाद हमने घोषणा की थी कि हम पाकिस्तान से तब तक कोई संवाद नहीं करेंगे जब तक हमले के षड्यंत्रकारी, जिनका अपराध सन्देह से परे था, पकड़ नहीं लिये जाते। उसके बाद कदम-ब-कदम हम पीछे हटते गए। 13 दिसम्बर, 2001 को संसद पर हुए आतंकवादी हमले के बाद प्रत्युत्तर में हमने संकल्प के साथ सीमा पर सैनिकों को जमा करना शुरू किया, जब इससे पाकिस्तान की चिन्ताएँ बढ़ने शुरू ही हुई थीं, हमने अनपेक्षित रूप से दबाव कम कर दिया। तत्कालीन प्रधानमंत्री अटल बिहारी वाजपेयी की मैत्री बस-यात्रा के ठीक बाद हुए निर्लज्ज कारगिल आक्रमण के पीछे हमने राष्ट्रपति मुशर्रफ को आगरा आने का न्योता

दिया, अपना काम पूरा हुआ समझकर उन्होंने हड़बड़ी में वार्ता छोड़कर हमें घाव ही नहीं दिए बल्कि हमारा अपमान भी किया। सितम्बर 2006 में हवाना में सम्पन्न हुए निर्गुटीय शिखर सम्मेलन में वास्तव में हमने मान लिया कि आतंकवाद को प्रोत्साहित करनेवाला पाकिस्तान, जो हमारी सुरक्षा के लिए इकलौता बड़ा खतरा है, खुद भी आतंकवाद का शिकार है। पाकिस्तान को खुश करने के लिए शरम-अल-शेख में हम स्वीकार कर बैठे कि बलूचिस्तान में चल रहे विद्रोह के दोषी हम हैं। जब भी हम नई दिल्ली में पाकिस्तान से बात करते हैं, पाक नेताओं से हुर्रियत के आका को मिलने की इजाजत भी दे देते हैं, जबकि वे हमारे प्रधानमंत्री, जम्मू-कश्मीर राज्य के मुख्यमंत्री या किसी भारतीय वार्ताकार से मिलने को तैयार नहीं हैं। हिचक और भटकाव के इन उदाहरणों की सूची बहुत लम्बी है।

पाकिस्तानी नेताओं से मिलने का अवसर हम हुर्रियत को देते हैं, रॉ के एक भूतपूर्व सचिव विक्रम सूद ने इसकी आलोचना करते हुए बताया है कि हमारा रवैया अन्य देशों से कितना अलग है : 'दुनिया इसकी तारीफ नहीं करती क्योंकि यह देश के लोकतंत्र की शक्ति प्रदर्शित नहीं करता बल्कि उसकी कमजोरी को प्रकट करता है। ब्रिटिश ब्रॉडकास्टिंग कॉरपोरेशन ने नॉदर्न आइसलैंड पीस प्रोसेस के एक महत्त्वपूर्ण नेता गेरी एडम्स को टी.वी. पर नेपथ्य स्वर के बिना नहीं दिखाया था, यद्यपि आइरिश रिपब्लिकन आर्मी (आईआरए) और ब्रिटिश सरकार के बीच बातचीत चल रही थी। जब उत्तरी द्वीप पर मेज जेलखाने में आईआरए के बन्दियों ने क्रमिक मृत्युपर्यंत भूख हड़ताल की, ब्रिटेन दृढ़ बना रहा। कुछ बंदियों की मृत्यु हो गई। और अन्ततः हताश आईआरए ने अपना आन्दोलन वापस ले लिया। तब तक दस बन्दियों की मृत्यु हो चुकी थी। उस समय मार्गरेट थैचर इंग्लैंड की प्रधानमंत्री थी और वह महिला कठोर रुख अपनाने से झिझकी नहीं। दुनिया आगे बढ़ गई। एक उदार लोकतंत्र के कार्य की दृढ़ता और संकल्प का दुनिया सम्मान करती है, उसकी शक्ति से डरती भी है। दूसरी तरफ वह उन पर तरस खाती है जो अपने सदाचार के लिए समर्थन चाहते हैं। अन्तर्राष्ट्रीय सम्बन्ध हितों पर आधारित हैं, न कि अच्छे होने के लिए की जानेवाली प्रशंसा पर।'[31]

एक कमजोर केन्द्र सरकार भी विदेश नीति के पौरुष को क्षीण कर देता है। हाल ही इसका प्रमाण मिला। सितम्बर 2011 में प्रधानमंत्री मनमोहन सिंह की बांग्लादेश यात्रा नए रास्तों को खोलनेवाली सिद्ध हो सकती थी, किन्तु सरकार की एक क्षेत्रीय सहयोगी ममता बनर्जी ने इसमें पलीता लगा दिया। उन्होंने 'तीस्ता समझौते' पर अपनी सहमति देने से इनकार कर दिया था। यह सच है

कि केन्द्र बेहतर तरीके से मामले को सँभाल सकता था यदि उसने पहले से उचित राजनीतिक स्तर पर ममता को विश्वास में ले लिया होता। सच तो यह भी है कि उनकी हठधर्मिता के सामने सरकार लाचार थी क्योंकि अस्तित्व बनाए रखने के लिए ममता की पार्टी का समर्थन अपरिहार्य था। इसी तरह जेनेवा में सं. रा. मानवाधिकार परिषद में श्रीलंका के विरुद्ध प्रस्ताव पर हमारा समर्थन सरकार के एक अन्य सहयोगी के द्वारा निर्देशित था–तमिलनाडु की द्रविड़ मुन्नेत्र कषगम (डीएमके) पार्टी। यह प्रस्ताव अस्वीकार्य दखलन्दाजी और 'देश विशेष' के विरुद्ध था (जिसका विरोध भारत ने हमेशा किया है), जो हमने कभी माना नहीं होता यदि इसमें कश्मीर के मुसलमानों या उत्तर–पूर्व में मानवाधिकारों के कथित उल्लंघन की बात कही गई होती। हमारी समझदारी इसी में थी कि हम इसे नरम करवाने का प्रयत्न करते। यदि यह सम्भव नहीं होता तो हमें मतदान से बाहर रहना चाहिए था। इस प्रस्ताव पर हमारे समर्थन ने हमें प्रतिहिंसक तथापि सिंहली समर्थन से अत्यन्त लोकप्रिय राष्ट्रपति राजपक्षे की सरकार से अलग कर दिया, जिससे वह चीन के अधिक सम्बन्ध बनाने के लिए झुकी जो हमारा शत्रु है और श्रीलंका के तमिलों के लिए समस्या उत्पन्न हुई जो सिंहलियों की अभूतपूर्व जीत के उल्लास का सामना कर रहे हैं। सावधानी से निर्धारित की गई नीति से हमें यह समझने में सहायता मिली होती कि श्रीलंका के अल्पसंख्यक तमिल समुदाय की सहायता करने का रास्ता राजपक्षे सरकार के सहयोग से उनके कल्याण के लिए कार्य का हो सकता है। कम से कम उसे उत्तेजित तो करना ही नहीं चाहिए। किन्तु एक मजबूर सरकार, जो द्रमुक के समर्थन से जीवित है, उसके आगे झुक गई। मालदीव में राष्ट्रपति नशीद की सरकार थी, जो विधिवत् निर्वाचित सरकार थी, वह भारत के मित्र थे और लोकतंत्र तथा धार्मिक आधुनिकतावाद के प्रवर्तक रहे थे। इस सरकार को जनवरी 2012 में एक विद्रोह के द्वारा उलट दिया गया। दिल्ली की सरकार इसके लिए तैयार नहीं थी और अपनी ही समस्याओं में उलझी हुई थी। उसने चौबीस घंटों के भीतर न जाने क्यों मुहम्मद वहीद के नेतृत्व वाले नए शासन को मान्यता दे दी, और फिर बाद में स्थितियों को समझने के लिए एक दूत (फिर बाद में विदेश सचिव को) वहाँ भेजा। हमारी हड़बड़ी को समझते हुए कॉमनवेल्थ से मंत्रियों के एक दल को हमारे सामरिक पिछवाड़े में मध्यस्थता के लिए आना पड़ा।

विदेश नीति के अनेक आयाम होते हैं। कूटनयिक अन्त:क्रिया का बहाव और प्रवाह भूमंडल–व्यापी है, यहाँ भारत भी स्थित है। कई क्षेत्र ऐसे हैं जहाँ हमने सराहनीय सफलताएँ प्राप्त की हैं (जैसे 2009 की अमेरिका के साथ

परमाणु सन्धि जिसके लिए संकल्पबद्ध और एकाग्र प्रयत्न किए गए थे), और हमारे कूटनयिकों का व्यक्तिगत स्तर पर उनकी योग्यता और व्यावसायिकता के लिए सम्मान किया जाता है। तथापि हमारी विदेश नीति में, विशेष रूप से सुरक्षा-चिन्ताओं को लेकर, जिस मुख्य तत्त्व की कमी है, वह नित्यकर्म के कार्यकलाप न होकर उस सुविचारित और समग्र नीतिगत ढाँचे की अनुपस्थिति है, जिसके भीतर आवश्यक पूर्वानुमान, सुस्पष्टता और योजनाबद्ध रूप से दूरगामी सन्दर्भों में अपना ईप्सित लक्ष्य सामने रखकर नापतौल के साथ विविध विकल्पों पर हमें काम करना होता है। यही कारण है कि टिप्पणीकारों ने हमारी विदेश नीति को 'परवर्ती सोच के बाद का विचार' कहा है।[32]

हमारी प्रतिरक्षा नीति पर भी गम्भीरता से सोचने की जरूरत है। निश्चय ही हमारी सुरक्षा सेवाएँ दुनिया की सर्वाधिक व्यावसायिक सशस्त्र बलों में से एक हैं। किन्तु अधिकतम परिणामों की दृष्टि से सैन्य-शक्ति के पीछे मजबूत राजनीतिक नेतृत्व होना चाहिए जो निरन्तर देश की प्रतिरक्षा आवश्यकताओं पर अल्पकालीन और दीर्घकालीन ध्यान केन्द्रित रखे। हमारे जवानों और अधिकारियों ने विषम परिस्थितियों में भी अपने शौर्य का प्रदर्शन किया है। किन्तु शौर्य सुगठित नीति का स्थान नहीं ले सकता। युद्ध में उदारमना होना एक बात है। युद्ध को बेमन से स्वीकार करना या अन्तिम रास्ते के रूप में चुनना अथवा अपनी तरफ से उसकी पहल न करना भी रणनीति की दृष्टि से समझा जा सकता है। किन्तु जब सशस्त्र मुठभेड़ में हमारे सामने एक विन्यास उभरने लगता है तो यह जरूरी हो जाता है कि हम अपनी सामरिक और प्रतिरक्षा प्राथमिकताओं पर पुनर्विचार करें और उन्हें फिर से सँजोएँ।

ईसा पूर्व पाँचवीं सदी में चाणक्य ने सिकन्दर के पीछे रह गए सेनापतियों के सम्भावित आक्रमण का प्रतिरोध करने के लिए बिखरे हुए भारतीय राज्यों को सफलतापूर्वक संगठित कर लिया था। तथापि ऐतिहासिक रूप से और हाल के समय में विशेष रूप से जब विदेशी आक्रान्ताओं के सामने अपने आपकी सुरक्षा का प्रश्न उठता है तो हम भारतवासियों का रिकॉर्ड बहुत अच्छा नहीं रहा है। मुगलों, तुर्कों या यूरोपीय शक्तियों की भाँति हमारे पूर्वजों ने उपमहाद्वीप की सीमाओं से बाहर जाकर कभी सैन्य अभियान नहीं चलाए। भारतीय सभ्यता का प्रभाव समूचे दक्षिण एशिया और दक्षिण-पूर्व एशिया पर देखा जाता है लेकिन यह धार्मिक और सांस्कृतिक है। महान सभ्यताओं में भारत 'अन्य के प्रति सहिष्णुता में अद्वितीय' है,[33] और उतना ही अद्वितीय क्षमादान में भी। किन्तु विगत में भले ही हम निष्क्रियता में जीवित रहे हों, आज की चुनौतियाँ एक बिलकुल ही भिन्न व्यवहार की माँग करती हैं। लेकिन हम बदलना ही नहीं

चाहते। 1948 में जब कश्मीर घाटी में हम पाकिस्तानी आक्रमणकर्ताओं को पीछे खदेड़ रहे थे, और भारतीय सेना ने पूरे कश्मीर पर अधिकार कर लिया होता, लेकिन नेहरू ने माउंटबेटन के आग्रह पर जनरल थिमैया को रोक दिया। जब 1962 में चीन ने भारत पर हमला किया तो हमारी सशस्त्र सेनाएँ और नेहरू आश्चर्यचकित रह गए। पाकिस्तान के विरुद्ध 1965 के युद्ध में भारतीय सेनाएँ विजेता थीं, किन्तु प्रधानमंत्री लालबहादुर शास्त्री ने उदारतापूर्वक सामरिक महत्त्व के हाजी पीर दर्रे को दुश्मन को लौटा दिया। 1971 के युद्ध में, जिसमें पाकिस्तान की पराजय और बांग्लादेश का उदय हुआ, सम्भवतः भारत की सर्वश्रेष्ठ रणनीतिज्ञ इन्दिरा गांधी सभी सैन्य उपलब्धियाँ पाकिस्तान को लौटाने की उदारता से बच नहीं पाईं।[34]

भारत 1974 में ही परमाणु शक्ति बन सकता था लेकिन उसने ऐसा नहीं किया, हालाँकि वह जानता था कि चीन का बढ़ता हुआ पारमाणविक शस्त्रागार सीधा खतरा है, और पाकिस्तान की उद्दंडता को काबू में लाने के लिए हमें ऐसी सैन्य शक्ति जुटानी चाहिए जो गुणात्मक रूप से भिन्न और अपवादरूपेण शक्तिशाली हो। किसी अन्य राष्ट्र द्वारा ऐसे व्यवहार का दूसरा उदाहरण नहीं है। परमाणु निरस्त्रीकरण का शोर मचानेवाले दूसरे देशों ने यह सब तब शुरू किया जब वह परमाणु अस्त्र बना चुके थे। भारत ही एक ऐसा देश है जिसने बम के नहीं होते हुए भी परमाणु कार्यक्रम को आगे नहीं बढ़ाने का निर्णय किया। अन्त में हम 1998 में परमाणु–शक्ति बने, उसके चौथाई सदी बाद जब हम दिखा चुके थे कि हमारे पास इसकी क्षमता है, तब तक चीन की परमाणु क्षमता हमसे बहुत आगे निकल गई थी और पाकिस्तान हमारे समकक्ष आ पहुँचा था।

सुरक्षा अपरिहार्यताओं के प्रति हमारी उदासीनता एक बार फिर कारगिल युद्ध में प्रदर्शित हुई। मई 1999 में, प्रधानमंत्री अटल बिहारी वाजपेयी की नई दिल्ली से लाहौर तक की बस यात्रा के कुछ दिनों बाद, जो उन्होंने प्रधानमंत्री नवाज शरीफ के सामने दोस्ती का हाथ बढ़ाने के लिए की थी, पाकिस्तान ने कारगिल क्षेत्र के वीरान इलाके में भारत पर एक बड़ा हमला कर दिया। भारतीय फौज आक्रमण के निशाने पर थी और पाक घुसपैठिए ऊँचाई के गुप्त ठिकानों से उन पर गोलियाँ चला रहे थे। इस समय खुला विकल्प यही हो सकता था कि भारतीय वायुसेना को नियंत्रण रेखा (एलओसी) पार करके इन ठिकानों और आक्रान्ताओं की सप्लाई लाइन नष्ट करने की इजाजत दे दी जाए। इसकी बजाय भारत ने चुना कि वह दुनिया के दूतावासों से अच्छे व्यवहार और संयम के प्रमाणपत्र इकट्ठा करता रहे, और उसने अपने सैकड़ों जवानों और अधिकारियों की जानें गँवा दीं (सरकारी दस्तावेजों के अनुसार 527 अधिकारी और अन्य मारे गए और हजार से ज्यादा

गम्भीर रूप से घायल हुए) 'संयम' के ऐसे उदाहरण सैन्य इतिहास में दुर्लभ ही होंगे। हमें केवल इतना सोचने की जरूरत है कि किसी दूसरे देश के आक्रमण के परिणामस्वरूप उनके देशवासियों के शवों के दर्जन भर ताबूत भी यदि पेरिस, लन्दन या बीजिंग में पहुँचे होते तो वहाँ क्या प्रतिक्रिया हुई होती और हम समझ जाएँगे कि हमारी भीरुता इतनी चकरानेवाली और हताशाजनक क्यों है।

यदि धमकियों के सामने हमारी सामरिक प्रतिक्रिया सुस्त और कायराना है तो हम तब भी कोई बेहतर काम नहीं करते जब हमारे सामने अपनी सशक्त सेनाओं को सुसज्जित करने की चुनौती होती है। हमारी सशस्त्र सेनाओं में ऐसे जवान और अधिकारी हो सकते हैं जो दुनिया के सर्वश्रेष्ठों से तुलनीय हैं। लेकिन उनके पास युद्ध करने के लिए अच्छा साजो-सामान होने पर ही वो प्रभावी हो सकते हैं। दुर्भाग्य से जब देश में रक्षा उत्पादन और उपार्जन का प्रश्न उठता है तो हमारा कार्य निराशाजनक रहा है। हमने बहुत पहले 1958 में रक्षा अनुसन्धान और विकास संगठन (डीआरडीओ) की स्थापना कर दी थी। लेकिन इसका प्रदर्शन एक शब्द में त्रासद रहा है। इसकी उल्लेखनीय असफलताओं में हल्के लड़ाकू हवाई जहाज (लाइट कॉम्बेट एयरक्राफ्ट) का उत्पादन है, जिसे एक दशक पहले शुरू किया गया था, यह कार्यक्रम से आधा दशक पीछे है और इसकी लागत में लगभग 5000 हजार करोड़ रुपए की वृद्धि हुई है। हलके लड़ाकू हवाई जहाज के लिए कावेरी इंजन को दो दशक पहले कमीशन दिया गया था। लेकिन यह निश्चित कार्यक्रम से पन्द्रह साल पीछे है और इसकी लागत भी उसी तरह बढ़ गई है। रक्षा अनुसन्धान और विकास संगठन (डीआरडीओ) को सौंपी गई परियोजनाएँ, जैसे-एयरबोर्न अर्ली वार्निंग एंड कंट्रोल सिस्टम और नेवल लाइट कांबेट एयरक्राफ्ट भी अन्तिम अवधि से कई साल पीछे हैं। हमारे सार्वजनिक क्षेत्र के रक्षा उद्यम इसी तरह से फिसड्डी हैं। हिन्दुस्तान एरोनाटिक्स लिमिटेड (एचएल) एचपीटी 32 के साधारण डिजाइन के दोषों को दूर नहीं कर पाया और हमारी वायुसेना को प्रॉपेलर से चलनेवाले प्रशिक्षकों का आयात करना पड़ा। इंटरमीडिएट जेट (आईजीटी) ट्रेनर प्रारूप अभी उड़ान भरने के कहीं आसपास नहीं है, और लाइट अटैक हेलीकॉप्टर तथा बहुमुखी नागरिक वायुयान सारस हमेशा से कतार में पड़ा हुआ है। नालन्दा का आयुध कारखाना, जो इजराइली कम्पनी के सहयोग से लगाया जा रहा था, तीन दशकों के बाद भी अभी केवल 19 प्रतिशत ही पूरा हुआ है। एक हजार फौज को टी-90 एस युद्ध टैंकों की देशी सप्लाई नहीं की जा सकी क्योंकि योजना ही असफल हो गई। कहा जाता है कि भारत में निर्मित 125 एमएम की टी-72 टैंक की बैरल भी सफल नहीं हुई। क्योंकि वह मैदान में परीक्षण किए जाने के दौरान फट गई थी।

रक्षा अनुसन्धान विकास संगठन (डीआरडीओ) का लक्ष्य 2005 तक हमारी रक्षा जरूरतों का 70 प्रतिशत तक पूरा करना था, वह अब भी 30 प्रतिशत के आसपास ठहरा हुआ है–और इसके कारखानों से जो निकलता है वह अधिकांशतः स्क्रू-पेचकस तकनीक का उत्पाद है।

वैश्विक महत्त्वाकांक्षाएँ रखनेवाले देश के लिए अपनी रक्षा आवश्यकताओं की सम्पूर्ति में की जा रही भारी भूलें अपवाद ही कही जाएँगी। हमारे अत्यन्त निराशाजनक और अनुपयुक्त देशी रक्षा उत्पादन के परिणामस्वरूप भारत विश्व का सबसे बड़ा शस्त्र आयातकर्ता देश बन गया है (अधिक बड़े शस्त्रागार के साथ चीन अब चौथे स्थान पर पहुँच गया है क्योंकि उसने अपने राष्ट्रीय उत्पादन में कई गुना अभिवृद्धि की है)। हमारे राजकोष पर अनावश्यक भार डालने के अतिरिक्त यह आयात हमें अति निर्भर बनाता है जिसके परिणाम सुरक्षा की दृष्टि से ठीक नहीं हैं। कारगिल युद्ध पर अपनी पुस्तक में उस समय सेना प्रमुख रहे जनरल वी.पी. मलिक ने बताया है कि पाकिस्तानी आक्रमण से दो वर्ष पहले सेना ने एएन/टीपीक्यू-37 फायर फाइंडर राडारों के अमेरिका से आयात करने का सौदा तय किया था। कीमतें तय की जा चुकी थीं और खरीद से ठीक पहले रक्षा अनुसन्धान और विकास संगठन (डीआरडीओ) ने उन्हें सस्ते दाम पर दो वर्ष के भीतर बनाने का प्रस्ताव किया। सरकार ने इन राडारों को खरीदने की सेना की योजना ठंडे बस्ते में डाल दी। 1999 में कारगिल युद्ध में इन राडारों की बेहद जरूरत थी। रक्षा अनुसन्धान और विकास संगठन (डीआरडीओ) इन्हें न तो बना सका था और न ही यह अमेरिका से खरीदे जा सके थे (1998 के पोखरण परमाणु परीक्षण के बाद हथियारों की खरीद पर पाबन्दी लग चुकी थी)। (नतीजा यह हुआ कि) पाकिस्तान की गोलाबारी में हमें कई जान गँवानी पड़ीं।[34]

राडार, जो कभी नहीं पहुँचे एक उदाहरण हैं उस लम्बी-चौड़ी सूची में से, जिसमें हमारी सशस्त्र सेना को नागरिक और सैन्य प्रतिष्ठानों की विभिन्न शाखाओं से हताश होना पड़ा है। उदाहरण के लिए चेतक और चीता हेलीकॉप्टर, जो पचास साल पुरानी तकनीकी पर आधारित हैं, बहुत पहले ही अव्यवहार्य घोषित हो जाने चाहिए थे, वह अब भी हमारे सैनिकों की जान का जोखिम बनकर उड़ रहे हैं। नए हेलीकॉप्टरों के लिए 2000 में निविदा माँगी तब भी पच्चीस साल की देर हो चुकी थी। अब तक कोई अनुबन्ध नहीं किया गया है। साज-सामान प्राप्त करने का रक्षा मंत्रालय का कार्यक्रम शायद कभी ही उस दावे को पूरा करता है कि वह इन्हें एक वर्ष के भीतर उपलब्ध करा देगा।

प्रधानमंत्री के नाम मार्च 2012 में अपने एक पत्र में (जिसने मीडिया और राजनीतिक प्रतिष्ठान में भारी हलचल मचा दी थी) पूर्व सेनाध्यक्ष जनरल वी.के.

सिंह ने साफ-साफ कहा था कि सेना को सामरिक साजो-सामान के मिलने में हो रही देरी से उसकी युद्ध क्षमता काफी प्रभावित हुई है। उनके अनुसार अत्यन्त आवश्यक टैंक निरोधक गोलों के सुरक्षित भंडार खतरनाक सीमा से नीचे चले गए हैं क्योंकि इजराइल की जो फर्म इनकी आपूर्ति करती थी वह रिश्वत देने के आरोप में काली सूची में डाल दी गई है, इसी आरोप में तोपों का गोला-बारूद मिलना भी रुका हुआ है, और सीधे अमेरिका से संकटकालीन आपूर्ति पाने की अनुमति रक्षा मंत्रालय की नौकरशाही में अटकी हुई है। इत्यादि-इत्यादि।

इस तरह देश के सामने दोहरी जोखिम है, हमें जिसकी जरूरत है उसका हम देशी उत्पादन नहीं कर सकते, और जो हमें विदेशों से खरीदना है, उसका सहजता से और समय पर आयात हम कर नहीं सकते। प्रकट है कि रक्षा सम्बन्धी खरीद में कोई भ्रष्टाचार नहीं होना चाहिए, लेकिन अस्पष्ट आरोपों के आधार पर मुख्य विदेशी आपूर्तिकर्ताओं पर रोक लगाना एक प्रकार का नैतिक पक्षाघात है, जिसे क्षम्य नहीं कहा जा सकता। भ्रष्टाचार का उन्मूलन तभी हो सकता है जब आपूर्ति की नीति कार्यक्षम हो, जो नहीं है, और जिस पर अब विस्तार से चर्चा करूँगा।

किन्तु अप्रमाणित आरोपों के आधार पर महत्त्वपूर्ण आयात को रोक देना आत्महत्या के समान है। दुनिया के सबसे बड़े शस्त्रास्त्र ग्राहक को अपना सामान बेचने की प्रतिस्पर्द्धा में कई कम्पनियाँ जब होती हैं तो सौदा हार जानेवालों के लिए भ्रष्टाचार के आरोप लगाना सबसे आसान है। अब यह रक्षा मंत्री पर है कि वह अपने वैयक्तिक चरित्र की ही चिन्ता न करे, साथ ही राष्ट्र के रक्षा हितों का भी पूरा-पूरा ध्यान रखे। 'सभी निर्णयों को स्थगित कर देना या मूल्यांकन सम्पन्न होने से पहले ही सीबीआई को बुला भेजना, या अनाम शिकायतों से बेचैन हो जाना, केवल हस्तलिखित और अहस्ताक्षरित आरोपों पर बड़े उत्पादकों को काली सूची में डाल देना, यह सब कायराना पागलपन है।'[35] इंडियन एक्सप्रेस के सम्पादक शेखर गुप्ता ने लिखा था। पूर्व रक्षा मंत्री जसवंत सिंह ने यही बात व्यंग्यात्मक शब्दों में कही थी : 'माननीय प्रधानमंत्री और रक्षा मंत्री दोनों ही भले आदमी हैं। उनके साथ मैं लार्ड हेलीफेक्स की इस सभ्य उपहास वाली टिप्पणी का साझा करना चाहता हूँ कि 'राज-काज चलाना एक निर्मम कार्य है, और इसमें भला होना एक फूहड़ता है।' मेरा विश्वास करें आदरणीय महानुभाव, देश आपके भलेपन से चिन्तित है। हम आपसे 'सुशासन' की अपेक्षा करते हैं, क्या अब कृपा करके, केवल बदलाव के नाम पर ही वह हमें दे सकेंगे?'[36]

एक राष्ट्र के रूप में हम यह जोखिम नहीं उठा सकते कि प्रतिरक्षा के प्रश्न

को कम करके आँकें या हाशिए पर डाल दें। दुर्भाग्य से हो यही रहा है। सेनाध्यक्ष के प्रधानमंत्री के नाम पत्र से होनेवाली हलचल से कुछ महीने पहले कैग (सीएजी) की रिपोर्ट संसद में रखी गई थी, उसकी ज्यादा प्रतिक्रिया नहीं हुई, यद्यपि उसमें कहा गया था कि फौज जो गोला-बारूद इस्तेमाल कर रही है वह पुराना, द्वितीय विश्वयुद्ध के जमाने का है। 2011 के मानसून सत्र में नौसेना की तैयारी के सम्बन्ध में प्रस्तुत की गई कैग (सीएजी) की रिपोर्ट इतनी ही त्रासद थी, लेकिन उस पर भी नगण्य प्रतिक्रिया हुई। इसके विपरीत-और यह भी एक बड़ी दुर्बलता है-हमारे रक्षा मंत्री ने विश्वास दिलाया कि सब कुछ बिलकुल सामान्य है। दूसरे दिन 11 अप्रैल, 2012 को रक्षा सम्बन्धी संसद की स्थायी समिति को जनरल वी.के. सिंह ने बताया कि टैंक निरोधी युद्ध सामग्री इतनी कम हो गई है कि केवल चार दिन ही चल सकती है, कुछ दिनों बाद जब ग्यारहवीं पंचवर्षीय योजना (2007-12) के लिए रक्षा मंत्रालय द्वारा तैयार की गई सेना की समीक्षा-रिपोर्ट में जोर देकर कहा गया था कि गोला-बारूद और साजो-सामान की स्थिति अभी भी 'गम्भीर' है (जैसे एंटी टैंक गाइडिंग मिसाइलों (एटीजीएम) का स्टॉक निर्धारित 80,000 की सीमा का ठीक आधा है)। रक्षा मंत्री ने मीडिया के सामने दावा किया कि चिन्ता की कोई बात नहीं है और देश पूरी तरह तैयार है।

आक्रामक और प्रतिरक्षात्मक शस्त्रों की हमारी कमी तब और उजागर हो जाती है जब हम अपने सम्भावित शत्रुओं से उनकी तुलना करते हैं। उदाहरण के लिए चीन के पास छासठ अन्तर्महाद्वीप बैलिस्टिक मिसाइल (आईसीबीएम) लांचर हैं जिनकी मारक क्षमता 5,500 किलोमीटर से अधिक है। अग्नि 5, जिसकी मारक क्षमता 5,000 किलोमीटर है (देशी रक्षा उद्योग की अद्‌भुत सफलता), भारत और चीन की समूची रक्षा तैयारी में असन्तुलन की जगह पूरी नहीं कर सकती, यथा-चीन के पास 2800 युद्ध टैंक हैं और हमारे पास 568। हमारी 15 पनडुब्बियों की तुलना में उसके पास 60 पनडुब्बियाँ हैं। उसके पास चौथी पीढ़ी के 747 टैक्टिकल एयरक्राफ्ट हैं, हमारे पास 280 है। उसके पास कुल मिलाकर 1669 फाइटर एयरक्राफ्ट हैं और हमारे पास 784 है। इसकी सशस्त्र सेना में 2390 लड़ाकू वाहन हैं और हमारी सेना में 1105।[37] चीन भारत से लगनेवाली नियंत्रण रेखा (एलएसी) पर 30 डिवीजन सैनिक (पाँच लाख) एक महीने में ला सकता है, यह उस क्षेत्र में भारतीय सैनिकों से बहुत ज्यादा, अनुपात में 3:1 है। उसने तिब्बत की अधोरचना का बहुत विस्तार करके-3000 किलोमीटर नई सड़कें, 1956 किलोमीटर रेल लाइनें, 1080 किलोमीटर लम्बी गोलमुद-ल्हासा पाइप लाइन और अनेक हवाई अड्‌डे बनाए हैं। इसकी तुलना

में हमारी सीमा पर अधोरचना का काम शुरू तक नहीं हुआ है। कारगिल समिति की रिपोर्ट में यह सिफारिश बहुत जोरों से की गई थी कि भारत की अपनी चौकसी की क्षमताएँ विकसित किए जाने की आवश्यकता है विशेषत: उपग्रहों के माध्यम से। इसमें कहा था कि हमारे लिए ऊँचाई पर कारगर होनेवाले मानवरहित विमानों को प्राप्त करना आवश्यक है, ताकि उनसे तस्वीरों को शीघ्रता के साथ विभिन्न एजेंसियों तक पहुँचाया जा सके। इससे संचार अवरोध तकनीक भी उन्नत होगी क्योंकि इस प्रकार शत्रु राष्ट्रों के संवाद में हस्तक्षेप कर सकते हैं, इनमें से किसी भी सलाह पर ठीक से अमल नहीं किया गया। सेना ने भी सुझाव दिया था कि चीन को ध्यान में रखते हुए पहाड़ों में लड़नेवाला एक सैन्य दल बनाया जाए जिसमें उत्तराखंड के लिए एक ब्रिगेड और दो जिरह बख्तर ब्रिगेडें लद्दाख और सिक्किम के लिए हों। प्रधानमंत्री ने इसके लिए अप्रैल 2011 में अपनी सहमति दे दी। इस प्रस्ताव को अभी भी हमारे वित्त मंत्रालय से धन प्राप्त होने की प्रतीक्षा है। जहाँ तक चीन और पाकिस्तान का सम्बन्ध है राष्ट्रीय सुरक्षा में इस तरह से खुले हुए घावों के अनगिनत उदाहरण मिलेंगे।

शस्त्रीकरण में समुचित निवेश किए जाने के विरोधी तर्क देते हैं कि हमारे देश में गरीबों और वंचितों की इतनी विशाल जनसंख्या को देखते हुए हमें प्रतिरक्षा पर नहीं, विकास पर खर्च करना चाहिए। इसकी उलट-युक्ति स्वाभाविक रूप से यही है कि भारत को विकास और प्रतिरक्षा दोनों ही क्षेत्रों में कुशलता के साथ अग्रसर होना चाहिए, हम किसी एक का चुनाव नहीं कर सकते। किसी देश की सुरक्षा तब कमजोर पड़ जाती है जब उसकी अर्थव्यवस्था की गति मद्धिम हो और खिन्न गरीब वर्गों के असन्तोष और वंचनाओं पर ध्यान नहीं दिया जाए। इसके साथ ही, विकास भी सुरक्षा अनिवार्यताओं की अनदेखी को बाध्य नहीं कर सकता, क्योंकि हम विश्व के एक अत्यन्त आक्रामक परमाणु आयुध क्षेत्र में हैं। हमारे पास चीन के साथ 4,057 किलोमीटर लम्बी विवादास्पद वास्तविक नियंत्रण (एलएसी) रेखा है, पाकिस्तान और हमारे बीच में 778 किलोमीटर लम्बी विवादास्पद वास्तविक नियंत्रण रेखा (एलओसी) है। सात देशों से कुल 15,106 किलोमीटर हमारी अन्तर्राष्ट्रीय सीमारेखा मिलती है, और हमारी समुद्री तट रेखा असुरक्षित रूप से 7,516 किलोमीटर तक फैली हुई है। इन स्थितियों में किसी भी देश के लिए सुरक्षा चिन्ताओं की अवहेलना करना आत्मघाती हो सकता है।

सच तो यह है कि हम न तो विकास पर और न ही सुरक्षा पर प्रभावशाली रूप से ध्यान दे पा रहे हैं। भारत अपनी सेना पर जितना खर्च करता है उससे

चीन का खर्च दुगुना है (2010-11 के आँकड़ों के अनुसार भारत : 37.3 बिलियन, चीन 89.8 बिलियन)। फिर भी चीन का रक्षा व्यय उसके सकल घरेलू उत्पाद की दृष्टि से भारत से कम है (1.3 के विरुद्ध 1.89)। चीन की अर्थव्यवस्था तेजी से विकसित हुई है। और वह अपने रक्षा बजट का, यद्यपि वह विशाल है, इस्तेमाल अधिक कुशलता के साथ करता है। शस्त्र आयात में नाटकीय कमी आई है। बाहर से केवल रूस और यूक्रेन ही चीन को शस्त्रास्त्र भेज रहे हैं, जिसका अधिक हिस्सा वह कम कीमत पर देश में ही बनाने लगा है। यदि भारत ने देशी शस्त्र उत्पादन पर ध्यान दिया होता तो अब तक वह विश्व के विशालतम सैन्य-औद्योगिक संकुल के रूप में विकसित हो चुका होता, और शस्त्रों का निर्यात कर रहा होता, जिससे मिलनेवाली आय को विकास में लगाया जा सकता था।

भारत उन थोड़े से नवस्वतंत्र देशों में से है जहाँ सेना पर सदैव नागरिक नियंत्रण रहने का आदर्श उदाहरण प्रस्तुत हुआ है। तथापि प्रतिरक्षा आवश्यकताओं का तकाजा है कि सैन्य-नागरिक सम्बन्धों के महत्त्वपूर्ण क्षेत्र की पुनर्वीक्षा की जाए और इसे फिर से संगठित करके, वर्तमान की अपेक्षा, उच्च सैन्य नेतृत्व को, हमारी रक्षा नीति को बनाने और क्रियान्वित करने में अधिक भूमिका दी जाए। कारगिल समिति की रिपोर्ट में इस पहलू के सम्बन्ध में कहा गया है : 'बड़े लोकतंत्रों में भारत शायद ऐसा अकेला देश है जहाँ सशस्त्र सेनाओं के मुख्यालय शीर्ष सरकारी कार्यालयों की इमारत से बाहर हैं, सेनाध्यक्षों ने अपनी-अपनी सेनाओं के ऑपरेशनल कमांडरों की भूमिका ग्रहण कर ली है और वह प्रधानमंत्री और रक्षा मंत्री के सेना प्रमुख नहीं रह गए हैं। वह एक साथ ऑपरेशनल कमांडर और राष्ट्रीय सुरक्षा योजनाकार, प्रबन्धक की भूमिका का निर्वाह करते हैं। उनका अधिक समय ऑपरेशनल भूमिका में व्यतीत होता है, जो होना ही था। इसके कई नकारात्मक परिणाम हुए हैं। भविष्य को दृष्टि में रखकर दीर्घकालीन योजना बनाने पर इसका प्रभाव पड़ता है-प्रधानमंत्री और रक्षा मंत्री को सेनाध्यक्षों और नौसेना तथा वायुसेना में उनके समकक्ष अधिकारियों के विचारों और निपुणता का लाभ नहीं मिल पाता...।'[38] नतीजा यह है कि सुरक्षा का नियोजन पिछड़ा हुआ है, इसके साथ सेनाओं में असन्तोष भी बढ़ रहा है, जो किसी भी सुरक्षा-सचेत देश में सहन नहीं किया जा सकता।

हाल में, निकम्मे नागरिक नेतृत्व ने राजनीतिक स्तर पर नागरिक-सैन्य सम्बन्धों के बीच की खाई चौड़ी करने की कोशिश की है। इसका अति नाटकीय प्रमाण तब आश्चर्यचकित राष्ट्र के सामने आया जब पूर्व सेनाध्यक्ष जनरल वी.के. सिंह की आयु के विवाद के रूप में आया। राजनीतिक नेतृत्व इस

विवाद को बेहतर तरीके से सुलझा सकता था। सरकार और सेना के प्रमुख के बीच सार्वजनिक बहस केवल सुरक्षा के लिए ही खतरा नहीं है, बल्कि यह सावधानी से रचे गए सैन्य-नागरिक अन्तर्सम्बन्धों की गत्यात्मकता को भी विचलित कर सकती है।

सिंह की आयु के सम्बन्ध में परस्पर विरोधी प्रमाण मिल सकते हैं, तथापि एक जागरूक राजनीतिक नेतृत्व को इस मामले को अनिर्णीत छोड़ने के परिणामों का सेना के भीतर उत्तराधिकार की परम्परा के राजनीतीकरण सहित पूर्वानुमान करते हुए सिंह की नियुक्ति से पहले ही दृढ़ता के साथ इस विवाद का समाधान कर लेना चाहिए था। आखिर दावा तो यही किया गया था कि सैन्य कमांडर पद पर नियुक्ति से पहले सिंह से अपनी जन्मतिथि 1950 स्वीकार करने को कहा गया था। ऐसी ही लिखित स्वीकारोक्ति उनसे तब क्यों नहीं ली गई जब उन्हें सेना प्रमुख के पद पर नियुक्त किया जा रहा था? यह नहीं हो पाया और प्रकरण तब उठा जब वह सेवा में थे। रक्षा मंत्री को अपने नौकरशाहों के झमेले में न पड़कर सीधे जनरल सिंह को बुलाकर इस मामले को अनपेक्षित और नुकसानदायक रूप में भड़कने से पहले, अन्तिम रूप से सुलझा लेना चाहिए था।

रक्षा मंत्री के पास दो विकल्प थे। पहला यह कि वह विश्व की सबसे विशाल सेना के प्रमुख, जिसे उन्होंने ही चुना था, में अपना विश्वास व्यक्त करते हुए उसके पक्ष में अपना निर्णय दे सकते थे। स्थिति जो भी रही हो। सिंह का पक्ष पूरी तरह निराधार नहीं था। जब आप एक सेना प्रमुख की नियुक्ति करते हैं तो आपको उसका विश्वास करना चाहिए या फिर वह सिंह से कह सकते थे यद्यपि सरकार जन्मतिथि के सम्बन्ध में आपका पक्ष स्वीकार करती है किन्तु इसमें तनिक भी सन्देह होने पर यह अपेक्षा की जाती है कि सेना की उच्च परम्परा को ध्यान में रखकर आप इस विवाद को समाप्त करें और समयपूर्व सेवानिवृत्ति स्वीकार लें। अपने सेनाध्यक्ष में विश्वास की पुष्टि करने के बाद और उसकी स्वीकृति से इस तिथि को सार्वजनिक किया जाता। ऐसा करने से जनरल सिंह के स्वाभिमान को बचाया जा सकता था, उन्हें संस्था के उच्चतर हितों के लिए अनुशासित व्यवहार की जनता की सराहना मिलती। इसके अतिरिक्त अधिकारियों और उद्धत जनरल के बीच का विवाद भी सामने नहीं आता। जनरल को यह लगा कि उन्हें अपनी उम्र के सम्बन्ध में मिथ्या कथन का जान-बूझकर दोषी ठहराया जा रहा है, अपनी नाराजगी व्यक्त करने के लिए वह हद से थोड़ा बाहर चले गए।

समर्पित राजनीतिक नेतृत्व ही किसी देश के सुरक्षा-हितों के प्रति कटिबद्ध

हो सकता है। जनरल सिंह की आयु को लेकर हुए अनपेक्षित विवाद से प्रकट हुआ यह कि ऐसा प्रकरण नहीं था।

अधिकतम नागरिक सुरक्षा युद्ध नीति समन्वय का अभाव हमारे परमाणु आयुधों के प्रबन्धन में देखने को मिलता है। इस प्रश्न का अध्ययन करनेवाली हाल की एक पुस्तक में कहा गया है[39] : 'भारत एक ऐसी परमाणु शक्ति प्रबन्धन व्यवस्था में फँसा हुआ है जो उस काम को करने के योग्य ही नहीं है जो उसे सौंपा गया है।' परमाणु शक्ति प्रबन्धन के नीति-निर्णयों में तीनों सेनाध्यक्षों की बहुत कम भूमिका से स्पष्ट है कि हमारी सरकार में बदलती हुई जरूरतों को पूरा करने की योग्यता ही नहीं है। इसके अतिरिक्त हमारी परमाणु संकल्पना को आगे बढ़ना चाहिए। परमाणु आयुध पा लेने से ही यह पूरा नहीं हो जाता।

एयरफोर्स एसोसिएशन के सामने 2 अप्रैल, 2012 को पी.सी. लाल स्मृति व्याख्यान देते हुए राष्ट्रीय सुरक्षा सलाहकार (एनएसए) शिवशंकर मेनन ने कहा था : 'आन्तरिक सुरक्षा के हमारे कुछ उपाय निराशा की अवस्था में हैं।' यह ईमानदार स्वीकारोक्ति थी लेकिन बहुत कम कहा गया था। आन्तरिक सुरक्षा के हमारे सारे उपाय गम्भीर रूप से निराशा की स्थिति में हैं। बाहर से प्रोत्साहित और स्थानीय आतंकवाद भारतीय राज्य की सुरक्षा के लिए और निर्दोष नागरिकों की सुरक्षा के लिए बड़ा खतरा बन गया है। किन्तु इससे निबटने का कानूनी ढाँचा अक्षम्य रूप से कमजोर बना हुआ है। 1985 में टाडा (टेररिज्म एंड डिसरप्टिव एक्टिविटीज टीडीए) प्रिवेंशन एक्ट बनाया गया था, किन्तु मानवाधिकार संगठनों के अनुचित दबाव में इसे 1985 में समाप्त कर दिया गया। 2002 में पोटा (प्रिवेंशन ऑफ टेररिस्ट एक्टिविटीज) एक्ट स्वीकार किया गया, अब हमारे पास एक दन्तविहीन कानून है–अनलॉफुल एक्टिविटीज प्रिवेंशन एक्ट (यूएपीए)।

इंटेलीजेंस ब्यूरो (आईबी) मानवशक्ति और साधनों की कमी से एक लाचार संगठन है। इसे खुफिया जानकारियाँ राष्ट्रीय तकनीकी अनुसन्धान संस्था (नेशनल टेक्निकल रिसर्च ऑर्गेनाइजेशन–एनटीआरओ) से मिलती हैं, जो विशेषज्ञों के मत से अक्षम संगठन है। नेशनल इन्वेस्टिगेटिव एजेंसी (एनआईए) के पास ताकत नहीं है और राज्यों की पुलिस का सहयोग इसे बहुत कम मिलता है जो इसके हस्तक्षेप को पसन्द नहीं करती। हमारी खुफिया इकाइयों की क्रियाशीलता लगभग शून्य है, इनमें काम करनेवाले कार्मिक अधिकतर कानून और व्यवस्था तथा विशिष्टजनों (वीआईपी) की सुरक्षा के लिए काम करते हैं, बजाय उस काम के जो उन्हें दिया गया है। यह कोई रहस्य नहीं है कि अंडरवर्ल्ड, जिसकी कड़ियाँ प्राय: आतंकवादी समूहों से जुड़ी होती हैं, हमारे

राज्यों के पुलिस ढाँचे में बहुत गहरे तक प्रवेश कर गया है। सर्वोच्च न्यायालय के निर्देशों सहित पुलिस-सुधारों के सारे प्रस्ताव लागू नहीं किए जा सके हैं। नेटग्रिड (नेशनवाइड इंटेलीजेंस डेटा कलेक्टिंग सेंटर) अपने कार्यक्रम से पीछे चल रहा है। जैसा कि कारगिल समिति की रिपोर्ट में कहा गया था, ज्वाइंट इंटेलीजेंस कमेटी (जेआईसी) अवमूल्यित हो गई है और राष्ट्रीय खुफिया तंत्र में इसकी भूमिका और स्थान पर फिर से विचार करने की आवश्यकता है। कारगिल समिति की रिपोर्ट यह भी कहती है कि डिफेंस इंटेलीजेंस कमेटी की भूमिका उन क्षेत्रों में अस्पष्ट है जहाँ यह रॉ (आरडब्ल्यूए) अथवा कैबिनेट सचिवालय की भूमिका के साथ जुड़ी हुई है, जानकारियाँ उपलब्ध करवाने के सम्बन्ध में जिनका कार्य औसत से कम रहा है। राष्ट्रीय सुरक्षा परिषद (एनएसए) में सुरक्षा सम्बन्धी मंत्रिमंडलीय समिति के सभी सदस्यों और राष्ट्रीय सुरक्षा सलाहकार से मिलकर बनती है। इसकी बैठक कभी-कभी ही होती है। कोई यह नहीं जानता कि राष्ट्रीय सुरक्षा सलाहकार करता क्या है। क्या वह महिमामंडित विदेश सचिव है या फिर उसे आन्तरिक सुरक्षा को देखना है? उसे रिपोर्ट कौन देता है? बाहरी निगरानी में उसका हस्तक्षेप कितना है? सभी खुफिया जानकारियों को संश्लेषित करने में क्या वह सर्वोच्च एजेंसी पर ध्यान रखता है? या फिर वह उच्च पदस्थ अधिकारी है जिसका काम प्रधानमंत्री की नित्यकर्मी विदेशी व्यस्तताओं को आँख मूँदकर पूरा करवाना है-किसी के पास भी इसका समुचित उत्तर नहीं है। मल्टी एजेंसी सेंटर (एमएसी) को प्रस्तावित राष्ट्रीय आतंकवाद विरोधी केन्द्र (एनसीटीसी) द्वारा निगल लिया गया, जो अपनी शक्तिहीनता में भी संघवाद की पवित्रता पर अनावश्यक बहस में उलझा हुआ है। इन एजेंसियों की सक्रियता को क्षीण करनेवाली दूसरी सभी समस्याओं के साथ इनमें मैदानी युद्ध चलता रहता है जिससे न तो उनमें वांछित तालमेल ही हो पाता है और न ही वह सूचनाओं को साफ कर पाती हैं।

स्थिति बहुत चिन्ताजनक है, क्योंकि जहाँ तक आन्तरिक सुरक्षा का सम्बन्ध है, कुछ देशों में इसका इतिहास इतना खराब रहा होगा। हमारी संसद हमले का शिकार बनी, हमारे हवाई जहाजों का अपहरण हुआ और हमारे बड़े शहरों पर आतंकवादी आक्रमण पलक झपकाते ही हो जाते हैं। केवल 2010-11 के बीच ही पाँच बड़े हमले पुणे, नई दिल्ली, बंगलुरु, वाराणसी और मुम्बई में हुए, इनमें 45 लोग मारे गए और सैकड़ों घायल हुए। केवल एक दशक के भीतर ही राष्ट्र की राजधानी नई दिल्ली ने आठ बड़े आतंकी हमले झेले हैं, जिनमें अनेक मारे गए और सैकड़ों घायल हुए। राजधानी में 29 अक्टूबर, 2005 को सरोजिनी नगर और पहाड़गंज के व्यस्त इलाकों में एक साथ हुए बम धमाकों में 62 लोग मारे

गए थे और 150 से ज्यादा घायल हुए। 26 नवम्बर, 2008 को भारी शस्त्रों से सज्जित आतंकवादी समुद्री रास्ते से पाकिस्तान से आए और उन्होंने मुम्बई को घेर लिया, दर्जनों मारे गए और सैकड़ों घायल हुए, पाकिस्तान द्वारा प्रेरित आतंकवाद का यह अत्यन्त निर्लज्ज प्रदर्शन था। इस तथ्य के असन्दिग्ध प्रमाण हैं कि पाकिस्तान के समर्थन से स्थानीय आतंकवाद के अड्डे फल-फूल रहे हैं। इस खतरे को देखते हुए हमारी प्रतिक्रिया क्या रही है? 1990 के दशक के मध्य में प्रधानमंत्री इन्द्रकुमार गुजराल की अध्यक्षता में पाकिस्तान में हमारी छद्म गतिविधियों पर विराम लगा दिया गया था। इसके परिणामस्वरूप हमने अपनी उस क्षमता को कुन्द कर दिया जिसके द्वारा हम पाकिस्तान के उन आतंकवादी गुटों में घुस जाते थे जो भारत में हत्या और जनसंहार की योजनाएँ बनाते हैं। हम महत्त्वपूर्ण खुफिया सूचनाएँ एकत्र करने से वंचित हो गए, जो होनेवाले हमलों को नाकाम करने में सहायक हो सकती थीं। हमने शत्रु-शिविरों में घुसकर हमला करने का अवसर भी खो दिया जिससे हम भारत में वांछित आतंकवादियों को पकड़कर ला सकते थे।

स्थानीय पुलिस भी खुफियागीरी का आधारभूत स्रोत होती है, लेकिन पूर्व गृहमंत्री पी. चिदम्बरम ने 20 अप्रैल, 2012 को मुख्यमंत्री सम्मेलन में स्वीकार किया था कि 'एक लाख की आबादी के लिए केवल सौ पुलिस अधिकारी हैं, सभी पदों के लिए रिक्त स्थानों की संख्या (1 जनवरी, 2011 को) 501,069 थी, स्वीकृत संख्या का लगभग 25 प्रतिशत।' चिदम्बरम ने बातचीत में मुझे बताया था कि जिस हिसाब से अभी भर्ती हो रही है, उसे देखते हुए इन रिक्तियों को भरने में सात वर्ष लग जाएँगे, फिर दो वर्ष के प्रशिक्षण के बाद ही वह कार्यक्षम हो पाएँगे। पुलिस थानों में मूल साजो-सामान, जैसे-मोटरसाइकलों, आधुनिक हथियारों, रात में दिखाई देनेवाले दूरदर्शी आदि का अभाव है और राष्ट्रीय पुलिस आयोग की स्थापना सहित पुलिस सुधारों पर कोई काम नहीं हो रहा है।

सभी खुफिया एजेंसियों द्वारा दी गई जानकारियों को एकत्र करने के लिए एमएसी (मल्टी एजेंसी सेंटर) का विचार 2001 में सामने आया था। इसे 2008 तक क्रियान्वित नहीं किया जा सका। इसके स्थान पर एनसीटीसी का प्रस्ताव 2008 में दिया गया, इसके गठन में फिर तीन साल लग गए। लेकिन इसे रोक दिया गया क्योंकि इसका विरोध करनेवाले राज्य अपने 'संघीय अधिकारों' का बाजा बजा रहे थे। सुरक्षा के सर्वोपरि विषयों में हमारा व्यवहार कैसा है, यह एनसीटीसी विवाद से भलीभाँति उजागर हो जाता है। पहले तो एनसीटीसी का मूल प्रस्ताव ही, जिसे स्वीकार कर लिया जाना चाहिए था, इतना नरम कर दिया

गया कि वह एक निष्क्रिय संस्था का रूप ले ले। मूल प्रस्ताव में एनसीटीसी को व्यापक शक्तियाँ प्रदान की गई थीं, एनएसजी (नेशनल सिक्यूरिटी गार्ड) और एनआईए दोनों ही इसके अन्तर्गत थे और इसे स्वायत्त रूप में कार्य करना था। तथापि भूतपूर्व गृह सचिव गोपाल पिल्लई ने सेवानिवृत्ति के बाद एक साक्षात्कार में बताया[40] कि इससे अन्य एजेंसियों में असन्तोष था जो नहीं चाहती थीं कि इतनी शक्तिशाली संस्था के नीचे काम करना पड़े। उन्होंने इसके पर कतरे और इसे इन्फॉर्मेशन ब्यूरो के अन्तर्गत एक अतिरिक्त निदेशक स्तर के व्यक्तिको इसका प्रमुख बनाकर ले आए। इससे भी ज्यादा चौंका देनेवाली बात यह थी कि एनसीटीसी पर गृह मंत्रालय द्वारा तैयार किए गए विमर्श पत्र को पढ़ने में सुरक्षा सम्बन्धी कैबिनेट कमेटी (एनसीटीसी) को तेरह महीने लगे थे।

एनसीटीसी पर बाद में हुई बहस का राजनीतीकरण संसार में शायद इस बात का अकेला उदाहरण है कि महत्त्वपूर्ण सुरक्षा चिन्ताओं को अल्पकालिक और अदूरदर्शी राजनीतिक लाभ के लिए चतुराई से इस्तेमाल किया जाता है। हम यह मान भी लें कि एनसीटीसी की स्थापना के लिए विज्ञप्ति जारी होने के बाद भी राज्यों से अधिक संवेदनशील और व्यापक परामर्श किए जाने थे, कुछ गैर-कांग्रेसी मुख्यमंत्रियों का आतंकवाद के व्याप्त संकट के लिए अखिल भारतीय शक्ति से सम्पन्न एक सर्वोपरि एजेंसी का विरोध सचमुच असाधारण था। भारत तीन दशकों से आतंकवाद के निशाने पर रहा है। आतंकवादियों के लिए कोई सीमा नहीं है और अपनी मर्जी से हमला कर देते हैं। उनके पास अच्छे से अच्छे आधुनिक साधन और अति आधुनिक संचार साधन तथा हथियार होते हैं। बाहर से प्रायोजित आतंकवाद के कम होने का कोई लक्षण दिखाई नहीं दे रहा। इसने स्थानीय रूप से विकसित आतंकवाद मॉड्यूलों को संरक्षण देकर अपनी ताकत और भी बढ़ा ली है। आतंकवादी परम्परागत तरीकों को बदल रहे हैं, उनके पास पैसे की कोई कमी नहीं और वह प्रतिशोधात्मक विकृत घृणा से भरे हुए हैं। इन परिस्थितियों में केवल वही देश, जिसने अतीत से कोई सीख न ली हो और जो देश के सुरक्षा-हितों को अल्पकालिक, राजनीतिक लाभों के समक्ष दोयम दर्जे का मानता हो, इस प्रकार के प्रस्ताव को आधारों पर संघवाद के सिद्धान्त में हस्तक्षेप कह सकता है।

यदि भारतीय राष्ट्र का अस्तित्व न हो या फिर वह गम्भीर खतरे का सामना कर रहा हो तो क्या इसके घटक जीवित रह पाएँगे? जब समूचा भारत शत्रु के निशाने पर हो, तो क्या हमें प्रत्युत्तर खंड-खंड में देना चाहिए? राष्ट्रीय संकट की घड़ी में राष्ट्रीय प्रतिक्रिया से संघवाद के सिद्धान्तों ने केन्द्र को कदम लेने से कहाँ रोका है? क्या संविधान का अनुच्छेद 355 यह स्पष्ट नहीं करता कि राज्यों

की विदेशी आक्रमण और आन्तरिक गड़बड़ी से रक्षा करने का दायित्व संघ का होगा। सीमा सुरक्षा बल (बीएसएफ), कोबरा (कमांडो बटालियन फॉर रिजोल्यूट एक्शन), एनआईए, एनएसजी, केन्द्रीय रिजर्व फोर्स बल (सीआरपीफ) की एजेंसियाँ हमारे पास पहले ही मौजूद हैं और उनके अधिकार क्षेत्र में पूरा देश है, उन पर तो कभी किसी राज्य ने आपत्ति नहीं की। मान लिया कि 'कानून और व्यवस्था' का विषय राज्यों के अधिकार क्षेत्र में आता है, और एनसीटीसी के खोजने-गिरफ्तार करने की शक्तियों तथा इसकी कार्यशैली में राज्यों की पुलिस को शामिल करने जैसे प्रस्तावों पर रचनात्मक बहस की जा सकती है। लेकिन यह तर्क देना कि एनसीटीसी अपने आपमें 'प्रति उत्पादक' विचार है या यह भारत के संघीय सूत्र को नष्ट कर देगा, घटिया था। भाजपा नेता अरुण जेटली ने संसद में बहुत यथार्थपरक प्रश्न उठाया था : 'भारत कब सुरक्षा नीतियों को केवल सुरक्षा चिन्ताओं के आधार पर निर्धारित करेगा?'

यदि यह आतंकवाद के खतरे और उसके प्रतिरोध की क्षमता के बीच की असंगति बेहद गम्भीर है तो राष्ट्र के सामने एक अत्यन्त गम्भीर खतरा वाममार्गी चरमतावाद का भी है। माओवादी नक्सलियों का आठ राज्यों के बड़े क्षेत्र पर अधिकार है और उनके कैडर छह अन्य राज्यों में स्थानीय जनता को लगातार परेशान कर रहे हैं। मुख्यमंत्रियों के सम्मेलन में चिदम्बरम ने स्वीकार किया था इस संकट का सामना करने की क्षमता 'चुनौती की प्रकृति के अनुरूप नहीं है' और 'बहुत कम सफलताएँ मिली हैं'। पर्याप्त संख्या में पुलिस थाने नहीं हैं, जवान, हथियार और वाहन नहीं हैं, पर्याप्त अधोरचना नहीं है...सड़कें पर्याप्त नहीं हैं और नागरिक प्रशासन की उपस्थिति भी पर्याप्त नहीं है...[41] जिन क्षेत्रों पर नक्सलियों का अधिकार है वहाँ वे अपनी जन अदालतें, जोनल कमेटियाँ और सैन्य प्रशिक्षण अड्डे बेधड़क चलाते हैं, राज्य की आर्थिक अधोरचना को निशाना बनाते हैं और कथित पुलिस के मुखबिरों की चाहे जब हत्या कर देते हैं। वह वरिष्ठ अधिकारियों सहित अन्य लोगों का अपहरण करते हैं और फिरौती वसूलते हैं। उनके पास हथियारों की कमी नहीं है। और सावधानी से योजनाबद्ध किए गए अभियान को सैन्य कुशलता से चलाकर निर्मम हत्याएँ करते हैं। ओडिशा में जून 2008 में चरमपन्थियों द्वारा छत्तीस पुलिसवालों की हत्या की गई। दांतेवाड़ा (छत्तीसगढ़) में अप्रैल 2010 में घात लगाकर केन्द्रीय सुरक्षा बल (सीआरपीएफ) के छिहत्तर जवानों को मार दिया गया और महाराष्ट्र में उनकी बिछाई हुई लैंड माइन विस्फोट में अर्द्धसैनिक बलों के अनेक जवान मारे गए।

नक्सल खतरे के फैलाव के सम्बन्ध में अतिशयोक्ति नहीं की जा सकती,

लेकिन इसका प्रत्युत्तर देने की हमारी क्षमता इसलिए कमजोर होती है क्योंकि हम उनके प्रति वैचारिक रूप से दृढ़ नहीं हैं। माओवादियों का लक्ष्य है भारतीय राज्य को उखाड़ फेंकना। प्रचार तंत्र उन्हें जिस रूप में प्रस्तुत करता है, वे मासूम या अल्हड़, असन्तुष्ट युवा अथवा शोषित आदिवासी या गुमराह विद्रोही नहीं हैं। वे राज्य के शत्रु हैं और एक संवैधानिक लोकतंत्र को हिंसा के माध्यम से समाप्त कर देना चाहते हैं। ऐसा कोई कार्य राजद्रोह है और उससे इसी रूप में निबटना होगा। लेकिन अपर्याप्त साजो-सामान के कारण हमारे सुरक्षा बलों की प्रतिक्रिया इस बहस से और भी कमजोर हो जाती है कि उनके प्रति हमें सुधार का रास्ता चुनना चाहिए अथवा दंड का। निश्चय ही गरीबी और विकास का अभाव एक समस्या है और माओवादियों के लिए कैडर भर्ती करने के लिए उपजाऊ जमीन बनाती है। किन्तु विकास की शुरुआत कैसे हो सकती है जब राज्य का अस्तित्व ही 40,000 वर्ग किलोमीटर के विशाल क्षेत्र से मिट गया हो। स्थिति तब और भी हास्यास्पद हो जाती है जब गृह मंत्रालय और योजना आयोग इस विषय में एकमत नहीं होते कि विकास का जिम्मा कौन ले-पंचायतें या जिला प्रशासन और नक्सल प्रभावित क्षेत्रों में विकास योजनाएँ चलाए, जबकि सच यह है कि यह दोनों के ही वश में नहीं है। अतएव पहली प्राथमिकता यह है कि नक्सलवादियों को परास्त करके ये इलाके फिर से अपने हाथों में लेने चाहिए और उनके अवैध शासन को समाप्त करना चाहिए। शत्रु की हिंसक वृत्ति को देखते हुए इसके लिए कोई दूसरा तरीका हो नहीं सकता सिवाय इसके कि राज्य द्वारा दृढ़, प्रभावी और दंडात्मक कार्रवाई की जाए। एक बार नक्सली पराजित हो जाएँ, उनका प्रभाव समाप्त या काफी कम हो जाए तब राज्य को उसी उत्साह से वंचितों के लिए विकास और प्रगति लाने का काम करना चाहिए। यदि इस तरह की दुहरी नीति पर अमल नहीं किया गया तो न तो हम विकास को ही पटरी पर ला सकेंगे और न ही अपने शत्रु को नियंत्रित कर पाएँगे, जो राज्य की कमजोरी का फायदा उठाकर अपने नियंत्रण वाले क्षेत्र का विस्तार करता जा रहा है।

भारतीय राज्य के वैचारिक सम्भ्रम का नक्सली खूब फायदा उठाते हैं। वे लोकतंत्र के प्रत्येक पक्ष का भरपूर इस्तेमाल करते हैं जिसे वे नष्ट करना चाहते हैं, ताकि अपने पक्ष में भ्रांत सहानुभूति अर्जित कर सकें। ऐसे तमाम गैर-सरकारी संगठन (एनजीओ), मानव अधिकार समूह और दुर्भाग्य से राजनीतिक नेता हैं जिनमें मानवीय करुणा का क्षीर उफन रहा है और जो उनके प्रचार तंत्र में योगदान देते हैं। सरकार की गलतियों से नक्सली आक्रमण करने का अपना अवसर चुनते हैं और जब किसी वरिष्ठ नौकरशाह अथवा विदेशी नागरिक का अपहरण करते

हैं तो वह खबर राष्ट्रीय सुर्खियाँ पा जाती है। यह देखकर विचित्र अनुभव होता है, हमारे राजनेता बन्धकों की रिहाई के लिए चरमपन्थियों से वार्तालाप करते हैं, उनके बीच में नक्सलियों द्वारा स्वीकार किए मध्यस्थ होते हैं। यह भी बहुत बड़ा रहस्य है कि टी.वी. का अमला माओवादियों के छुपने की जगहों तक पहुँच जाता है, मध्यस्थ उनके नेताओं के सीधे सम्पर्क में रहते हैं, लेकिन हमारी खुफिया एजेंसियाँ और सशस्त्र बल उन्हें खोज नहीं पाते। यह समझ से परे है कि माओवादी अपहरण की बढ़ती हुई घटनाओं से सरकार ने अब तक बन्धकों की रिहाई सम्बन्धी वार्ता के लिए कोई नीति क्यों नहीं बनाई और ऐसी वार्ता के लिए व्यक्तियों को प्रशिक्षित क्यों नहीं किया? 2006 की एक निर्देशिका के अनुसार, जो केन्द्रीय गृह मंत्रालय ने जारी की थी, बन्धक बनाए जाने की दशा में बातचीत पर रोक लगा दी गई है। लेकिन सच क्या है, हर बन्धक बनाए जाने की दशा में सरकार बातचीत करती है, और बहुत कम नहीं बल्कि अधिकांश अवसरों पर झुक जाती है। उसने 1989 में यही किया जब रूबिया सईद का कश्मीर के आतंकवादियों ने अपहरण कर लिया था। इसने तब भी ऐसा ही किया जब आईसी 804 का अपहरण हुआ था। और निकट समय में उसने हर बार वार्ता की है, जब नक्सलियों ने किसी अधिकारी या विदेशी को बन्धक बनाया है। वार्ता एक रणनीतिक युक्ति है जिसे छोड़ा नहीं जा सकता। लेकिन वार्ताकारों को अनुभवी होना चाहिए जिनके पास नीतिगत समझ हो, और ध्यान रहे कि अन्ततः उन्हें शत्रु को परास्त करना है। अमेरिका और इजराइल में संकटकालीन वार्ता इकाइयाँ हैं, लेकिन भारत में नहीं, जहाँ बन्धक बनाया जाना आम है। यह देखना हमारे लिए शिक्षाप्रद हो सकता है कि अमेरिका जैसे अन्य देशों ने भीतरी और बाहरी आतंकवादी चुनौतियों का सामना किस तरह किया। 11 सितम्बर, 2001 को आतंकवादी हमले के बाद देश के नेतृत्व ने तत्काल देश के सुरक्षा तंत्र में सुधार के उपाय शुरू कर दिए। कांग्रेस कई आतंकवादी विधेयकों पर विचार करने लगी। न्याय विभाग ने आतंकवाद विरोधी विधेयक 2001 बनाया और इसे कांग्रेस में पैट्रिअट एक्ट 2001 (प्रोवाइड एप्रोप्रिएट टूल्स रिक्वायर्ड टु इंटरसेप्ट एंड ऑब्सट्रक्ट टेररिज्म) के नाम से कांग्रेस में प्रस्तुत किया गया और 12 अक्टूबर, 2001 को यूनाइटिंग एंड स्ट्रेंग्थनिंग अमेरिका (यूएसए) एक्ट के नाम से पारित कर दिया गया। सीनेट में कुछ संशोधनों के साथ यूएसए पेट्रिअट (पीएटीआरआईओटी) एक्ट को 23 अक्टूबर, 2001 को अपनी स्वीकृति दे दी। 26 अक्टूबर, 2001 को राष्ट्रपति बुश के हस्ताक्षरों के बाद यह कानून बन गया। इस प्रकार 9/11 के लगभग छह सप्ताह के भीतर ही देश के प्रमुख अंगों– सरकार, न्याय विभाग, कांग्रेस और सीनेट–ने एक होकर राष्ट्र को ऐसा कानून

प्रदान कर दिया जो आतंकवाद के प्रकार के अनुसार निष्पादन एजेंसियों को सूचना जुटाने के व्यापक अधिकार देता था, सन्दिग्ध लेनदेन की निगरानी का वित्त सचिव का अधिकार बढ़ाता था, आव्रजन और सम्बन्धित एजेंसियों को आतंकवाद कानूनों के अन्तर्गत सन्देहास्पद प्रवासियों को रोकने और निष्कासित करने की कार्य-स्वतंत्रता प्रदान करता था। आतंकवाद की परिभाषा को बदलकर उसके अन्तर्गत स्थानीय आतंकवाद को भी शामिल किया गया। आव्रजन अधिकारियों को मिले पूर्णकालिक कर्मचारियों पर से सभी बन्धन हटा लिये गए, बल्कि सच तो यह है कि सीमा गश्त, कस्टम और आव्रजन विभाग के कर्मचारियों की संख्या में तीन गुना वृद्धि की गई और इस विस्तार के लिए समुचित कोष की व्यवस्था कर दी गई। अपेक्षित रूप से इस कानून के कुछ प्रावधानों का मानव अधिकार समूहों ने विरोध किया किन्तु विधि निर्माताओं ने इस विरोध की परवाह नहीं की।

एक वर्ष बाद 25 नवम्बर, 2002 को अमेरिका में होमलैंड सिक्यूरिटी कानून (एचएसए) बनाया गया। यह 484 पृष्ठ का विशाल कानून था, जिसे कई दशकों में संघीय सरकार के वैधानिक ढाँचे का सबसे बड़ा परिवर्तन बताया गया। इस कानून का मकसद बढ़ते हुए आतंकवाद के खतरे को पहचानने और समाप्त करने में सरकार की प्रभावशालिता को नाटकीय विस्तार देना था। इसे पूरा करने के लिए इस कानून में पहले से मौजूद संघीय कानूनों को इसमें शामिल किया गया। इनमें शामिल थे-फेडरल इमरजेंसी मैनेजमेंट एजेंसी, यू एस सीक्रेट सर्विस, यू एस कोस्टम सर्विस, यू एस कस्टम गार्ड एवं इमीग्रेशन और न्यूट्रलाइजेशन सर्विसेज। यह एक ही होमलैंड सिक्यूरिटी विभाग के अन्तर्गत लाए गए। इस कानून से वैयक्तिक निजता के कुछ पक्ष प्रभावित होते थे किन्तु इसके निर्माताओं का तर्क था कि 9/11 इसका औचित्य प्रतिपादित करता है। उपराष्ट्रपति डिक चेनी ने गर्व के साथ कहा : 'घरेलू सुरक्षा का विभाग बनाकर हम 22 एजेंसियों के 180,000 संघीय कर्मचारियों को एक साथ ले आए हैं, इसका एक ही लक्ष्य है अमेरिका की अधिक अच्छी सुरक्षा।'

आश्चर्य नहीं कि 9/11 के बाद से एक भी आतंकवादी हमला अमेरिका में घटित नहीं हुआ है। संयुक्त राज्य (यूएस) सम्मानित लोकतंत्र बना हुआ है। विधि निर्माताओं को अब भी मानवाधिकार समर्थकों का विरोध सहना पड़ रहा है, कभी-कभी उन्हें न्यायिक चुनौतियाँ भी मिलती हैं। किन्तु इस सबसे राष्ट्र अपने इस विश्वास से विचलित नहीं हुआ कि उसे एक होकर एक अपवादात्मक खतरे का मुकाबला करने के लिए अपवाद उपाय ही अपनाने पड़ेंगे। इसके साथ

युद्ध और आतंकवाद के प्रति हमारी कामचलाऊ, ढुलमुल, असंगठित, विभाजित और भूल भरी प्रतिक्रिया की तुलना करके देखें।

राष्ट्र की सुरक्षा सुनिश्चित करने के लिए असाधारण एकाग्रता, योजना और अमल की आवश्यकता होती है। अमेरिका ने जिस तरह से आखिरकार ओसामा बिन लादेन को खोज निकाला और उसे मौत के घाट उतार दिया, वह इसका आदर्श उदाहरण है। राष्ट्रपति ओबामा का 2009 में अपने (सीआईए) निर्देशक लियोन पैनेट्टा को दिया गया पहला आदेश यही था : 'अलकायदा के विरुद्ध हमारे युद्ध की सर्वोच्च प्राथमिकता है ओसामा बिन लादेन की गिरफ्तारी या मौत।' उनकी अभियान-प्रतिज्ञा का तर्क भी यही था : 'हम लादेन को मार डालेंगे, हम अलकायदा को कुचल देंगे। वह हमारी राष्ट्रीय सुरक्षा की सबसे बड़ी प्राथमिकता है।' (सीआईए) ने जब लादेन के सम्भावित खुफिया ठिकाने को एबटाबाद में चीन्ह लिया, उसके बाद महत्त्वपूर्ण योजना पर काम करने की शुरुआत हुई। अगस्त 2010 और अप्रैल 2011 के बीच चालीस बार खुफिया एजेंसियों द्वारा इसकी समीक्षा की गई। नाजुक फैसलों पर पहुँचने की समूची प्रक्रिया की जानकारी सुरक्षा की दृष्टि से केवल छह व्यक्तियों को ही थी। 'तीन इंच की एक जिल्द तैयार की गई जिसमें ऑपरेशन के सम्बन्ध में हर प्रश्न को दर्ज किया गया। विभिन्न चरणों में गोपनीयता भंग होने की आशंका से लेकर लादेन के शव के साथ क्या करना होगा तक'[42], मैदानी लड़ाइयों और वैयक्तिक अहमों से ऊपर सर्वश्रेष्ठ व्यक्ति और हथियार चुने गए, अन्तिम चरण के छह सप्ताहों में राष्ट्रीय सुरक्षा सलाहकार (एनएससी) के प्रमुख सदस्यों ने स्थितियों का आकलन करने के लिए पाँच बार बैठकें कीं। बताया गया है कि इन बैठकों में ओबामा के प्रति विरोधी दृष्टिकोणों का स्वागत तो किया लेकिन इस कार्य को पूरा करने के लिए वे संकल्प से कभी विचलित नहीं हुए। इसका नतीजा था उस आदमी की निर्ममतापूर्ण सफल हुई मृत्यु जिसने हजारों अमरीकियों की मौत की योजना को साकार किया था, एक ऐसा कठिन ऑपरेशन जो पाकिस्तान के लिए भी 'पूरे ऑपरेशन का सबसे बड़ा आश्चर्य यह था कि यह एक आश्चर्य के रूप में घटित हुआ।'[43]

राष्ट्रों का सम्मान उनकी उस दृढ़ता और योग्यता के लिए किया जाता है जिसका परिचय राष्ट्र के रूप में उन पर प्रहार करनेवालों के विरुद्ध वे प्रदर्शित करते हैं। यदि उनके पास यह गुण हैं तो वे उस अवहृत हवाई जहाज को जाने नहीं देंगे जो उनके इलाके में फिर से आ गया हो। देश की आर्थिक राजधानी पर एक भयंकर हमले के बाद आतंकवाद विरोधी एजेंसी के गठन पर कैबिनेट के एक नोट को पढ़ने में उन्हें तेरह महीनों का वक्त नहीं लगता, जब देश की

एकता, अखंडता को खतरा हो तो उनकी प्राथमिकता उस खतरे का उन्मूलन होता है और तब वह मानवाधिकार और विकास के प्रश्न नहीं उठाते, वह अपनी प्रतिरक्षा क्षमताओं को उपेक्षा या हवाई नैतिकता की मान्यताओं से पिछड़ने नहीं देते, उन्हें अपने देश को निशाना बनानेवालों के खिलाफ कार्रवाई करने, अन्य की स्वीकृति लेने की जरूरत नहीं पड़ती। वह ऐसी विदेश नीति अपनाते हैं जो आश्वस्तकारी, व्यावहारिक और सक्रिय हो, विशेष रूप से रक्षा मामलों में जहाँ किसी वार्ता की सम्भावना न रहे, उनकी सभी एजेंसियों के पास एकत्रित सूचनाएँ रहें और आन्तरिक तथा बाहरी सुरक्षा तंत्रों के बीच सहयोग हो, और सर्वोपरि, जहाँ राष्ट्र की सुरक्षा का सवाल है, वह तत्काल और सोद्देश्य ढंग से और कभी-कभी निर्ममता से कार्रवाई करते हैं। देश की सुरक्षा तभी प्रभावशाली हो पाती है जब समन्वयपूर्ण सुरक्षा अधोरचना का निर्माण किया जा सके जो इसके अंगों से-इसकी विभिन्न एजेंसियाँ, मंत्रालय और विभाग-ऊपर हो और विदेश कार्यालयों, रक्षा प्रतिष्ठानों, इंटेलीजेंस, पुलिस और सुरक्षा एजेंसियाँ इस आवर्त में आती हों।

इन उद्देश्यों को प्राप्त करने के लिए चाणक्य का नया घोषणापत्र कहता है कि :

4.1 यह आवश्यक है कि भारत एक नई सुरक्षा चेतना की मानसिकता विकसित करे। जब हमारे दृष्टिकोण में यह बदलाव आएगा तभी एक मजबूत सुरक्षा संस्कृति का विकास हो सकेगा।

4.2 सुरक्षा अंशकालिक व्यवसाय नहीं है।

4.3 यदि एक समन्वित संरचना निर्मित भी हो जाए, तब भी इसका अधिक प्रभाव तब तक नहीं होगा जब तक इसका मार्गदर्शन करने के लिए राजनीतिक नेतृत्व का ध्यान एकाग्र रूप से इस पर न हो। एक किंकर्तव्यविमूढ़ राजनीतिक नेतृत्व या जिसके पास आवश्यक अधिकार न हो या जिसके पास संकल्प और इच्छाशक्ति का अभाव हो-किसी भी संगठन को प्रभावहीन बनाता है।

4.4 सुरक्षा के लिए कार्यशैली की कठोरता और राष्ट्रीय रूप से वांछित लक्ष्यों को पाने के लिए निष्ठुरता की आवश्यकता होती है जहाँ गोपनीयता परम आवश्यक है। लक्ष्यों को पाने की समयावधि तय होनी चाहिए। कार्यक्रम का क्रियान्वयन करने में कोई ढील नहीं होनी चाहिए। सुरक्षा एक ऐसा क्षेत्र है जिसमें भावुकता के लिए कोई जगह नहीं, इसे रूपायित करने का एकमात्र सिद्धान्त है राष्ट्र और इसके नागरिकों की हिफाजत और कल्याण।

4.5 भारत को अपनी विदेश नीति ऐसी बनानी चाहिए जिसमें सुरक्षा केन्द्रीय चिन्ता हो। इसके बिना कूटनय एक आलंकारिक पहेली के समान है। सुरक्षा-उन्मुख कूटनीति के लिए लक्ष्य की अविचलितता और साधनों की नम्यता आवश्यक होती है। इसके लिए यह समझने की क्षमता होनी चाहिए कि देश की सुरक्षा के लिए उत्पन्न खतरों का उद्गम स्थल कहाँ है और यह पहचान बिना हिचक के की जानी चाहिए।

4.6 भारत की विदेश नीति की आधारभूमि यह होनी चाहिए कि जब तक असन्दिग्ध रूप से भारत के प्रति उनका सद्व्यवहार प्रमाणित नहीं हो जाता तब तक चीन और पाकिस्तान को उसके अमित्र देशों की श्रेणी में रखा जाए और उन्हें आक्रामक अथवा सम्भावित आक्रमणकर्ता माना जाए। इसका अर्थ यह नहीं है कि द्विपक्षीय सम्बन्धों में सुधार के लिए उनके साथ किसी तरह के प्रयास भी न हों और न ही यह कि समय-समय पर उनके साथ वार्ता और संवाद के सभी रास्ते बन्द कर दिए जाएँ। जहाँ जनता के स्तर पर सम्बन्ध सुधर सकते हैं, वहाँ प्रयास करते रहना चाहिए किन्तु विभिन्न तरीकों को यदि व्यवहार में लाया भी जाए, तब भी हम इस सच्चाई को कभी नजरअन्दाज नहीं करना चाहिए। कोई भी देश जो हमारी सुरक्षा व्यवस्था को मजबूत करने में मददगार है, उससे निकट के सम्बन्ध बनाना चाहिए। जो देश हमें धमकी देनेवाले देशों के मित्र अथवा निकटवर्ती हैं, उन्हें संयमित रखने के प्रयत्न होने चाहिए। इसके लिए सहयोग, मनौवल, सम्पर्क या कोई और तरीके हो सकते हैं।

4.7 हमारी सुरक्षा के लिए चीन और पाकिस्तान की साँठ-गाँठ से वास्तविक खतरा है। ऐसी स्थिति में हमें दोनों से ही युद्ध के लिए तैयार रहना चाहिए। हमारी विदेश नीति का मुख्य सरोकार यह होना चाहिए कि इन दोनों देशों के सम्बन्ध समाप्त, कमजोर या नरम किए जा सकें। यदि इसके लिए हमें उनके बीच मतभेद पैदा करने, अविश्वास बढ़ाने और सन्देह उत्पन्न करने की भी आवश्यकता हो, तो हमें वैसा करना ही चाहिए। यदि उनमें से किसी एक को भारत के साथ सम्बन्धों में किसी प्रकार का लालच भी देना पड़े, तो वह भी करना चाहिए, किन्तु यह एक सुविचारित नीति के अन्तर्गत होना चाहिए, किसी तरह का भटकाव नहीं। विदेश नीति में जिन देशों से भारत को सीधा खतरा है उनके सम्बन्ध में पूरा-पूरा अध्ययन करना

हमारी प्राथमिकता हो। तभी हम अनुमान कर सकते हैं कि शत्रु का इरादा क्या है, उनके आक्रामक व्यवहार को व्यर्थ कर सकते हैं, उनके छद्म उपायों को समझ सकते हैं, उनकी आक्रामक नीतियों के पीछे की गत्यात्मक को जानकर, उन्हें नाकाम कर देने की आशा कर सकते हैं।

4.8 सुरक्षा कूटनय के लिए एक पृथक् नीति-नियोजक इकाई (पीपीडी) होनी चाहिए। जो देश लगातार हमारी सुरक्षा के लिए खतरा हैं, उनसे मिलनेवाली जानकारियों के विश्लेषण और जिन देशों पर हमारी सुरक्षा निर्भर है उनके सम्बन्ध में निरन्तर नई जानकारी एकत्र करने के लिए नीति×नियोजक इकाई (पीपीडी) का होना अपरिहार्य है। यह इकाई तभी लाभदायक हो सकती है जब इसके पास सुस्पष्ट दिशा-निर्देश हों। इस पर केवल सुरक्षा से सम्बन्धित मामलों का ही दायित्व होना चाहिए, जो इन निर्देशों के भीतर आते हों। सुरक्षा से सम्बन्धित होनेवाली घटनाओं पर इसे, शत्रु देशों में घटित हो रही आन्तरिक घटनाओं सहित प्रतिदिन की जानकारी और भावी परिदृश्य का संकलन प्रस्तुत करना चाहिए।

4.9 नीति नियोजन इकाई (पीपीडी) के पास पर्याप्त कर्मचारी होने चाहिए और परामर्श के विविध क्षेत्रों की विशेषज्ञ सेवाएँ उसे उपलब्ध रहनी चाहिए।

4.10 आदर्श स्थिति तो यह होगी कि इस नीति-नियोजक इकाई (पीपीडी) द्वारा तैयार स्मरण-पत्र को विदेश मंत्री अपने कार्यालय में सबसे पहले देखें, और फिर नित्यक्रम का निर्वाह करे।

4.11 विदेश मंत्री को हमारे विदेश मंत्रालय और प्रधानमंत्री कार्यालय (पीएमओ) के बीच डाकखाने की तरह काम नहीं करना चाहिए। इसका दायित्व है कि यह विदेश नीति से सम्बन्धित विषयों पर सुचिन्त्य परामर्श देता रहे। इसके लिए विदेश मंत्रालय (एमईए) का संस्थागत परिवेश बदला जाना आवश्यक है। इसका प्रमुख एक युवा और ऊर्जावान व्यक्ति होना चाहिए जो मंत्रालय को इस दायित्व का निर्वाह करने के लिए प्रेरित कर सके। इसके साथ अब समय आ गया है जब विदेश सचिव द्वारा विदेश मंत्रालय को एक स्वतंत्र नीति निर्माता के रूप में प्रतिष्ठित करना आवश्यक हो गया है।

4.12 सुरक्षा-उन्मुख विदेश नीति को गठबन्धन अथवा क्षेत्रीय राजनीति के दबाव और तनावों से अप्रभावित रहना चाहिए। कोई भी देश जो

अपनी समग्र और दीर्घकालिक सुरक्षा-चिन्ताओं को तात्कालिक राजनीतिक लाभों के लिए कुर्बान कर देता है, उसे सत्ता में रहने का अधिकार नहीं है। इसी तरह जो राजनीतिक दल देश के व्यापक हित को देखना नहीं चाहते उन्हें राजनीतिक क्षेत्र में भाग लेने से निषिद्ध कर दिया जाना चाहिए। केन्द्र में कोई कमजोर सरकार इन अदूरदर्शी दवाबों का सामना कर पाने में सक्षम हो सके इसमें पूर्वोल्लित सुधारों से सहायता मिलेगी जो गठबन्धन सरकारों को शासन के एक सहमत कार्यक्रम से शक्ति प्रदान करेंगे और तीन वर्ष के लिए उसे स्थिर रखेंगे।

4.13 हमारे प्रतिरक्षा क्षेत्र को भी नियंत्रण और निर्णय करने के लिए एक बेहतर संरचना की आवश्यकता है। यह तो स्वत:सिद्ध है कि हमारी रक्षा सेनाओं को नागरिक नियंत्रण में रहना चाहिए। लेकिन इसका यह आशय कदापि नहीं है कि महत्त्वपूर्ण सामरिक निर्णयों में हमारी सशस्त्र सेनाओं के नेतृत्व को क्रमश: हाशिए पर पहुँचा दिया जाए।

4.14 जिस तरह विदेश मंत्रालय को गतिशील और युवा मंत्री की आवश्यकता है उसी तरह रक्षा मंत्रालय में भी एक युवा और ऊर्जावान मंत्री होना चाहिए। देश को एक ऐसे व्यक्ति की जरूरत है जो सेनाओं में प्रेरणा का संचार कर सके और निर्णायक नेतृत्व की क्षमता रखता हो। रक्षा मंत्री का चयन यों ही गठबन्धन के समझौतों के अन्तर्गत अथवा उन पुराने 'वरिष्ठों' को समायोजित करने के लिए नहीं किया जाना चाहिए जो अपनी क्षमता को पीछे छोड़ आए हैं।

4.15 ऐसे रक्षा मंत्री (आरएम) के नीचे एक प्रतिरक्षा समिति होनी चाहिए जिसमें नागरिक नौकरशाही के रक्षा सचिव जैसे महत्त्वपूर्ण व्यक्तियों के अतिरिक्त तीनों सेना प्रमुख शामिल रहें। इस समिति की बैठके नियमित रूप से हों, और सप्ताह में एक बार उसका होना तो अनिवार्य रहे। वह रक्षा क्षेत्र के महत्त्वपूर्ण विषयों की समीक्षा करते हुए उन पर निर्णय करे।

4.16 प्रतिरक्षा समिति अपनी रिपोर्ट प्रधानमंत्री की अध्यक्षता वाली रक्षा सम्बन्धी कैबिनेट समिति को सौंपेगी। तीनों सेनाध्यक्ष भी इस समिति के सदस्य रहेंगे, जिसकी बैठक अनिवार्य रूप से पखवाड़े में एक बार अवश्य ही होगी।

4.17 इस व्यवस्था में कारगिल समिति के उस सुझाव को मानने की आवश्यकता नहीं रहेगी जिसमें तीनों सेना प्रमुखों में से किसी एक

को मुख्य रक्षा प्रमुख नियुक्त करने के लिए कहा गया है और न ही शीर्ष पर वर्तमान तीनों सेना प्रमुखों के ऊपर एक चौथे प्रमुख की नियुक्ति की आवश्यकता होगी जो एक विभाजक सुझाव है। तीनों प्रमुखों में से प्रत्येक अपने-अपने निर्धारित दायरों में कार्य करता है जिनकी आवश्यकताएँ एक समन्वित रक्षा नीति में अलग-अलग होंगी। इसके अतिरिक्त, पद में समान होते हुए भी, उनकी सापेक्ष्य शक्ति में पहले से ही समानता नहीं है, सेना प्रमुख को बजट और कार्मिकों की दृष्टि से कहीं अधिक विशाल अधोरचना को देखना पड़ता है। अस्तु, निर्णय प्रक्रिया में तीनों ही सेनाध्यक्षों को सम्मिलित करना अच्छा रहेगा। बजाय इसके कि सेना, नौसेना और वायुसेना के हितों का प्रतिनिधित्व केवल एक ही प्रमुख द्वारा किया जाए। महत्त्वपूर्ण बात यह है कि राष्ट्रीय सुरक्षा को प्रभावित करनेवाले मुद्दों पर निर्णय करने की प्रक्रिया में सशस्त्र सेनाओं की संस्थागत उपस्थिति निश्चित की जाए।

4.18 रक्षा अनुसन्धान और विकास संगठन (डीआरडीओ) में आमूलचूल परिवर्तन की आवश्यकता है। कैग (सीएजी) को इस संगठन के सम्बन्ध में एक व्यापक रिपोर्ट तैयार करनी चाहिए, जिससे समयावधि पार कर चुकी योजनाओं को छाँटकर अलग किया जा सके और सभी योजनाओं की वस्तुपरक समीक्षा के बाद भविष्य में संगठन क्या निर्माण करने जा रहा है, इस पर ध्यान दिया जा सके। यह रिपोर्ट तीन महीने में आ जानी चाहिए।

4.19 साथ ही साथ, देश में होनेवाले रक्षा उत्पादन को सार्वजनिक निजी (पीपीपी) क्षेत्र के लिए खोल दिया जाना चाहिए। यह कोई समझदारी नहीं है कि हम विदेशों के निजी क्षेत्र के उत्पादकों से भारी मात्रा में खरीद करते रहें और शस्त्रास्त्रों को अपने ही निजी क्षेत्र के पहुँच से बाहर रखें। एक सोद्देश्य देशीकरण की नीति बननी चाहिए जिसके द्वारा ऐसे क्षेत्रों का निर्धारण हो सके जिनमें बाहर से सामान प्राप्त करने अथवा निजी क्षेत्र की भागीदारी की नीति तय होनी चाहिए। इस नीति में स्थायित्व और दीर्घकालिता होनी चाहिए जिससे निजी क्षेत्र आश्वस्त होकर निवेश कर सके और अधोरचना का निर्माण बिना किसी आशंका के कर सके कि इस नीति को बदला जा सकता है। शस्त्र उत्पादकों की चयन प्रक्रिया के लिए पारदर्शी नीति का होना आवश्यक है, और यह भी आवश्यक है कि

इसमें मूल्य और समय सीमा के नियंत्रण की जवाबदेही भी तय रहेगी। हाल ही के बजट में सार्वजनिक-निजी भागीदारी में रक्षा उत्पादन के सार्वजनिक उद्यमों द्वारा बनाए जानेवाले संयुक्त रक्षा उद्योगों के लिए मार्गदर्शक सिद्धान्त निश्चित कर दिए गए हैं। यह अपरिहार्य है कि इन मार्गदर्शक सिद्धान्तों से आगे निकलकर वास्तविक भागीदारी की दिशा में चला जाए।

4.20 राष्ट्रीय सुरक्षा पर नरेश चन्द्र टास्क फोर्स ने एक राष्ट्रीय तकनीकी परिषद की स्थापना का सुझाव दिया था जिसकी अध्यक्षता रक्षा मंत्री करें और जिसमें हथियारों का उत्पादन करनेवाली निजी कम्पनियों का प्रतिनिधित्व हो। तथापि एक और समिति के गठन से नीतियों में गुणात्मक परिवर्तन नहीं हो सकता, जहाँ संस्थागत और योजनाबद्ध आधार पर निजी क्षेत्र को रक्षा उत्पादन में अधिक भागीदारी देकर देशी उत्पादन में वृद्धि का राष्ट्रीय लक्ष्य सामने है।

4.21 रक्षा उत्पादन में प्रत्यक्ष विदेशी निवेश (एफडीआई) की सीमा वर्तमान में 26 प्रतिशत है, इसे बढ़ाकर कम से कम 49 प्रतिशत और जहाँ वांछनीय हो 74 प्रतिशत कर दिया जाना चाहिए। ऐसी स्थिति में जहाँ हमारे निजी क्षेत्र को शस्त्रास्त्र कारखाने खोलने की अनुमति नहीं है और हम दुनिया में सबसे बड़े शस्त्रों के आयातकर्ता हैं, इससे कोई हानि नहीं है। इस बीच हमें विश्व के प्रमुख शस्त्र निर्माताओं को देश में सहायक कारखाने स्थापित करने की अनुमति दे देनी चाहिए जो देश को शस्त्रास्त्रों की आपूर्ति कर सकें, विशेष रूप से इसलिए क्योंकि हम पहले से ही उनके शस्त्रास्त्र मँगवा रहे हैं। ऐसी कम्पनियों के प्रारम्भिक चरण में भारतीय कम्पनियाँ उनकी कनिष्ठ हिस्सेदार रहेंगी, और हमारे कॉरपोरेट क्षेत्र को वांछित उद्यमिता का विकास करने में सहायता देंगी। इससे भविष्य में विदेशी रक्षा आपूर्ति पर अतिशय निर्भरता को हम कम कर सकेंगे।

4.22 अल्पकाल और दीर्घकाल में हमें अपनी रक्षा आपूर्ति में पर्याप्त वृद्धि करना बहुत आवश्यक है। कई वर्षों तक भारत शस्त्रास्त्रों और रक्षा सम्बन्धी साजो-सामान का एक बड़ा आयातकर्ता बना रहनेवाला है। इसलिए हमें वर्तमान उपार्जन नीति में भारी सुधार करने होंगे। यदि राष्ट्रीय सुरक्षा के लिए जुबानी जमाखर्च से कुछ अधिक करना चाहते हैं तो बिना किसी सुविचारित और क्रियान्वित नीति के रक्षा उपार्जन की संस्थाएँ गठित करने से ज्यादा लाभ नहीं होगा। रक्षा

मंत्रालय में एक डिफेंस एक्विजिशन काउंसिल है जिसके अध्यक्ष रक्षा मंत्री होते हैं। इसके अन्तर्गत दो शाखाएँ हैं, रक्षा उपार्जन बोर्ड और रक्षा तकनीकी बोर्ड। किन्तु ये शाखाएँ तभी प्रभावी ढंग से कार्य कर सकती हैं जब उनके सामने दीर्घकालिक उपार्जन की तस्वीर स्पष्ट हो। इस क्षेत्र की सभी वर्तमान संस्थाओं के स्थान पर एक एकीकृत रक्षा उपार्जन निदेशालय (डीपीडी) बनाया जाना चाहिए जो रक्षा मंत्रालय के अधीन हो और जिसकी अध्यक्षता रक्षा मंत्री करें। नागरिक सेवाओं और सशस्त्र सेनाओं, दोनों ही से सम्बद्ध अधिकारियों और विशेषज्ञों के अतिरिक्त रक्षा उपार्जन निदेशालय (डीपीडी) में कैग (सीएजी) के कार्यालय और लोकपाल कार्यालय बन जाने के बाद के प्रतिनिधि भी शामिल होने चाहिए।

4.23 उपार्जन प्रक्रिया में कैग (सीएजी) और लोकपाल की उपस्थिति से यह निश्चित हो सकेगा कि प्रतिरक्षा आपूर्ति और प्रतिरक्षा की तैयारियों पर गलत निर्णय या भ्रष्टाचार के आरोपों का प्रभाव न पड़ सके। वर्तमान में रक्षा मंत्रालय जिस पक्षाघात का शिकार है उसे समाप्त होना चाहिए। हमारा शत्रु भ्रष्टाचार है न कि अपनी रक्षा के लिए की जानेवाली तैयारियाँ। यह ध्यान में रखते हुए उन प्रतिबन्धों पर तत्काल विचार करना चाहिए जो हमने अपने प्रमुख विदेशी आपूर्तिकर्ताओं पर लगा रखे हैं। उन पर लगे भ्रष्टाचारों की जाँच आगे भी चलती रहनी चाहिए और यदि कोई भी भारतीय अथवा विदेशी दोषी पाया जाए तो उसे दंड मिलना चाहिए किन्तु हमारी रक्षा जरूरतों के मूल्य पर सम्पूर्ण प्रतिबन्ध को केवल मूर्खता ही कहा जा सकता है।

4.24 रक्षा उपार्जन निदेशालय (डीपीडी) सख्ती से समयावधि में कार्य करेगा। रक्षा आपूर्ति के तमाम बड़े निर्णय टेंडर जारी होने के बाद दो वर्ष के भीतर कर लिये जाएँगे। इस समय सीमा में वह अवधि भी शामिल होगी जिसमें मैदानी परीक्षण होने हैं। इस समय सीमा में हुई किसी भी चूक की जानकारी रक्षा मंत्री की अध्यक्षता वाली रक्षा समिति और रक्षा सम्बन्धी कैबिनेट कमेटी को दी जाए जिसका नेतृत्व प्रधानमंत्री करते हैं। दोनों समितियाँ प्रमुख प्रतिरक्षा सौदों का अपनी तरफ से त्रैमासिक आकलन भी करेंगी।

4.25 नई नीति के लिए आवश्यक होगा विलम्ब के लिए जिम्मेदारियाँ तय हों, और जो भी, इसके लिए जो दोषी हों उनके विरुद्ध प्रशासनिक कार्रवाई की जाए।

4.26 रक्षा उपार्जन में भ्रष्टाचार की किसी भी घटना को राष्ट्रद्रोह माना जाएगा और तदनुसार ही कार्रवाई होगी।

4.27 रक्षा सौदों में कथित मध्यस्थों पर प्रतिक्रियाजन्य प्रतिबन्ध लगाने पर नए सिरे से विचार करना चाहिए। चाणक्य की समझ राष्ट्रीय हित की ओर उन्मुख है और इसमें स्वाभाविक व्यावहारिकता का समावेश होना चाहिए। यदि भारत को करोड़ों रुपयों का प्रतिरक्षा साजो-सामान खरीदने की आवश्यकता है और आदेश पाने के लिए कई विदेशी कम्पनियाँ कोशिश कर रही हों, तो यह स्वाभाविक है कि अपने सौदे को आगे बढ़ाने के लिए उनके एजेंट भी होंगे। सौदे तय करने के लिए अधिकृत एजेंट, लगभग सभी आर्थिक गतिविधियों में, केवल भारत ही नहीं बल्कि विदेशों में भी रखे जाते हैं। जहाँ भारी रकम दाँव पर लगी हो, यदि हम अधिकृत एजेंटों पर प्रतिबन्ध लगा देंगे तो अनधिकृत व्यक्ति उनकी जगह ले लेंगे, भले फिर इसमें कितना ही जोखिम क्यों न हो! व्यावहारिकता का तकाजा है कि हमें प्रक्रिया को खुला छोड़ देना चाहिए, इसे पारदर्शी बनाकर अधिकृत एजेंटों को इस बात की अनुमति दे देनी चाहिए कि वे नवगठित सुरक्षा उपार्जन निदेशालय (डीपीडी) (जो प्रस्तावित किया गया है) के सामने अपना पक्ष प्रस्तुत करें। समय आ गया है कि राष्ट्र बोफोर्स डील के पुराने पड़ गए साये से बाहर निकले और ऐसे मामलों में अधिक परिपक्वता का परिचय दे।

4.28 एक नया बॉर्डर इन्फ्रास्ट्रक्चर सेल (बीआईसी) स्थापित किए जाने की तत्काल आवश्यकता है। प्रधानमंत्री इसके प्रमुख होंगे और प्रतिरक्षा, विदेश, वित्त और गृह विभाग के मंत्री सदस्य। इसके संवाद में उपस्थित रहने का आमंत्रण तीनों सेना प्रमुखों को दिया जाएगा। चीन और पाकिस्तान से लगनेवाली सीमा पर सुरक्षा से सम्बन्धित हमारी अधोरचना की हालत सन्तोषजनक नहीं है। इसी तरह तटरक्षकों को भी बड़े सुधार की आवश्यकता है, जिन पर 7500 किलोमीटर लम्बी तटरेखा की हिफाजत का दायित्व है। इस क्षेत्र में हमें मैदानी स्तर पर अपनी कुशलता और क्रियान्वयन में नाटकीय सुधार करने होंगे। इसीलिए एक पृथक् प्रकोष्ठ गठित करने का सुझाव दिया जा रहा है, जो सीधे प्रधानमंत्री के अधीन हो, और प्रमुख मंत्री उसके सदस्य हों। और जो व्यावहारिक रूप से सीमाई अधोरचना के प्रत्येक पक्ष की नियमित पड़ताल करते हुए तेजी से

क्रियान्वयन सम्पन्न कर सके। बीआईसी को कम से कम महीने में एक बार अवश्य ही मिलना चाहिए।

4.29 इसी से जुड़ा हुआ एक गम्भीर महत्त्व का मामला है। बांग्लादेश से अवैध घुसपैठ को रोकना विशेष रूप से जातीय रूप से संवेदनशील सीमावर्ती राज्य असम में। असम के सताईस जिलों में से सात जिले मुस्लिम-बहुल हो गए हैं, जो इसके मूल जनसंख्या विन्यास के अनुरूप नहीं हैं। दुर्भाग्य की बात यह है कि यह समस्या कुछ राजनीतिक दलों की अदूरदर्शी वोट बैंक राजनीति से उत्पन्न हुई है। अवैध घुसपैठियों की पहचान के लिए एक कड़ी और निष्पक्ष जनगणना की जानी चाहिए, और किसी एक तिथि के बाद जो लोग देश में प्रवेश पा गए हैं उन सभी को बांग्लादेश वापस भेज देना चाहिए। बांग्लादेश से लगनेवाली पूरी सीमा पर काँटेदार बाड़ लगानी चाहिए और वहाँ कड़ी निगरानी होनी चाहिए।

4.30 हमारी सशस्त्र सेनाओं में स्वीकृत पद रिक्त पड़े हैं। वहाँ कम लोग काम कर रहे हैं। एक आकलन के अनुसार केवल थलसेना में ही 12,000 रिक्तियाँ हैं। इस स्थिति को बरदाश्त नहीं किया जा सकता। रक्षा मंत्री को अतिशीघ्र एक आन्तरिक समिति बनाकर इन रिक्तियों की पूर्ति के लिए एक योजना बनानी चाहिए।

4.31 भारत की रक्षा सम्बन्धी चुनौतियों को देखते हुए रक्षा सेनाओं के विस्तार, शक्ति वृद्धि और आधुनिकीकरण की सुसंगत आवश्यकता की अनदेखी नहीं की जा सकती। बजट की सीमाएँ और अन्य प्रतिस्पर्द्धात्मक प्राथमिकताओं का ध्यान भी रखना होगा, किन्तु इन्हीं सीमाओं में हमें अपनी आधारभूत आक्रामक और प्रतिरोधात्मक क्षमताओं को भी बढ़ाना है। यह स्वीकार कर लेना चाहिए कि हम चीन की रक्षा-क्षमताओं का मुकाबला नहीं कर सकते, लेकिन हमें इतना कुछ तो करना ही होगा कि चीन और पाकिस्तान या दोनों संयुक्त रूप से हम पर हमला करने से पहले सौ बार सोचने पर मजबूर हो जाएँ।

4.32 भारत के लिए अब यह अपरिहार्य हो चुका है कि वह अपने परमाणु कार्यक्रम में तेजी लाए, किन्तु सिर्फ इतने से ही सुरक्षा सुनिश्चित नहीं हो जाएगी, जब तक इसे एक सुविचारित परमाणु-सिद्धान्त का विषय न बनाया जाए। भारत ने भले ही यह नीति घोषित कर रखी हो कि वह पहले परमाणु शस्त्रों का प्रयोग नहीं करेगा, लेकिन

इसका क्या औचित्य जब पाकिस्तान इस नीति का अनुपालन करने से इनकार कर दे? पाकिस्तान अपने परमाणु आयुधों में वृद्धि कर रहा है, और उसकी कमांड एंड कंट्रोल व्यवस्था में अनिश्चितताएँ बनी हुई हैं, आन्तरिक राजनीति में उसकी स्थिति विस्फोटक है। इस सब निष्कर्ष से यह सम्भावना के रूप में सामने आता है कि जब भी परम्परागत युद्ध में पाकिस्तान की पराजय होगी, वह परमाणु आयुधों का सहारा लेने से नहीं हिचकेगा। इस चुनौती का सामना करने के लिए भारत को अपना पूरा ध्यान और शक्ति तत्काल अचूक द्वितीय प्रहार क्षमता विकसित करने पर लगानी चाहिए और इसके साथ प्रभावी प्रक्षेपण क्षमता बढ़ानी चाहिए। यह चीन के प्रति भी प्रतिरोधात्मक रहेगी।

4.33 आन्तरिक सुरक्षा पर ठीक से ध्यान देने के लिए गृह मंत्रालय से पृथक् एक आन्तरिक सुरक्षा मंत्रालय (एमआईएस) का गठन किया जाना चाहिए जिसका प्रमुख कैबिनेट मंत्री हो। कुछ मंत्रिमंडलों में पहले भी एक मंत्रालय रहा है, किन्तु उसके मंत्री के पास विशिष्ट अधिकार या प्रभाव नहीं था और सदैव वह गृह मंत्रालय के अधीन ही रहा।

4.34 नए मंत्रालय के अन्तर्गत दो प्रभाग होंगे, एक आतंकवाद निरोधक इकाई जिसमें सभी एजेंसियों को एकत्र करके इस चुनौती के विरुद्ध राष्ट्रीय युद्ध को निर्देशित किया जाएगा। दूसरी इकाई राष्ट्रद्रोह सम्बन्धी मामले देखेगी और वाममार्गी चरमतावाद और अन्य विद्रोहों पर ही ध्यान देगी। इन दो प्रभागों के गठन के बाद इन्फॉर्मेशन ब्यूरो (आईबी) के वर्तमान स्वरूप की भी गम्भीर समीक्षा की जानी चाहिए। आईबी पर सामान्य निगरानी का दायित्व है, जो हमने ब्रिटेन से लिया है। तब से आज तक चुनौतियों के स्वरूप और सौंपे गए दायित्वों में भारी बदलाव आ चुके हैं, उन पर ध्यान देना आवश्यक है। इसलिए यह आवश्यक है कि आईबी का पूरी तरह पुनर्गठन करके ऐसी विशिष्ट इकाइयों का गठन किया जाए जो केवल विशिष्ट क्षेत्रों के लिए ही उत्तरदायी हों।

4.35 आतंकवाद से निपटने के लिए जो प्रभाग बनाया जाएगा, वह एनसीटीसी का ही एक अधिक शक्तिसम्पन्न संस्करण होगा। इसका नेतृत्व आईबी का अपर निदेशक नहीं बल्कि स्वयं निदेशक करेगा, जो प्रायः एक वरिष्ठ पुलिस अधिकारी होता है। इससे नौकरशाही

के झगड़ों से बचा जा सकेगा और एजेंसी को वांछित गतिशीलता मिल सकेगी। एनसीटीसी के अन्तर्गत तीन प्रमुख सहायक एजेंसियाँ होंगी : पहली, नेटग्रिड जो सूचनाओं और जमीनी आतंकवादी धमकियों के आधार पर राष्ट्रव्यापी आँकड़े उपलब्ध करवाएगी, नेटग्रिड को वर्तमान में जो सूचनाएँ मिलती हैं, उनसे उसकी पहुँच बैंकिंग और वित्तीय लेन-देन जैसे अन्य क्षेत्रों में भी बढ़ाई जानी चाहिए। दूसरी, नेशनल इनवेस्टीगेशन एजेंसी (एनआईए) का अधिकार क्षेत्र सम्पूर्ण भारत होना चाहिए और उसके पास (और समयपूर्व) आतंकवाद से सम्बन्धित अपराधों की जाँच कठोरतापूर्वक और मुकदमा चलाने की शक्ति होनी चाहिए। यदि इसके लिए वर्तमान में प्रभावी अवैध गतिविधि (निरोधक) कानून (यूएपीए) में कुछ संशोधन करना पड़े तो किया जाना चाहिए। एनआईए को सन्दिग्ध आतंकवादियों को गिरफ्तार करने और उनसे पूछताछ करने का यथोचित अधिकार होना चाहिए और तीसरी, राष्ट्रीय सुरक्षा गार्ड (एनएसजी)-जो तुरन्त प्रतिक्रिया करनेवाले चुनिदा लोगों की इकाई है, इसके देश भर में अनेक ठिकाने होने चाहिए जिससे इसे आतंकवादी गतिविधियों के विरुद्ध तुरन्त सक्रिय किया जा सके।

4.36 एनसीटीसी और राज्य के बीच अनावश्यक बहस को टालने के लिए एनसीटीसी विशेष रूप से प्रशिक्षित आतंकवाद विरोधी दस्तों के साथ काम करेगी-जैसा कि एनसीटीसी कानून में प्रस्तावित है-और राज्य पुलिस की अधोरचना में शामिल होगी। इस व्यवस्था से विभिन्न राज्यों की पुलिस के प्रमुख राष्ट्रीय और क्षेत्रीय आन्तरिक सुरक्षा बनाए रखने की प्रक्रिया का अंग हो जाएँगे। इन पुलिस प्रमुखों को एनसीटीसी की गतिविधियों की सूचनाएँ मिलती रहेंगी। जब्ती और गिरफ्तारी की शक्ति सीधे एनसीटीसी के पास रखने का प्रस्ताव है, जो अन्तिम उपाय के रूप में इसका प्रयोग करेगी। सामान्य स्थितियों में सन्दिग्ध आतंकवादियों को गिरफ्तार करने का काम राज्य की पुलिस का होगा। पूर्व गृहमंत्री चिदम्बरम के सुझाए अनुसार एक मानक प्रक्रिया केन्द्रीय मुख्य एजेंसी और राज्य के पारस्परिक सम्बन्धों के लिए अपनाई जा सकती है।

4.37 एनसीटीसी भारत की संघात्मक व्यवस्था को हानि पहुँचा सकती है। यह बेकार की बहस खत्म हो जानी चाहिए। सच तो यह है कि आतंकवादी न तो राष्ट्रों के बीच की सीमाएँ मानते हैं और न ही

राज्यों के बीच की, यह देखते हुए ऐसी बहस का कोई औचित्य नहीं है। राष्ट्रीय सुरक्षा तंत्र के प्रत्येक भाग का सक्रिय होना आवश्यक है।

4.38 नवगठित आन्तरिक सुरक्षा मंत्रालय का दूसरा प्रभाग राष्ट्रद्रोह विरोधी विभाग (एआईडी) होगा। इसका प्रमुख सचिव स्तर का अधिकारी होगा। इसका पहला काम होगा देश में नक्सली गतिविधियों को उखाड़ फेंकना। इसके लिए एआईडी को यह शक्ति दी जाएगी कि वह त्वरित कार्रवाई करनेवाला एक दल गठित करे, (जो आन्ध्र प्रदेश के ग्रेहाउंड का परिष्कृत रूप होगा)। यह उन सभी राज्यों में बनाया जाएगा जो नक्सलवाद से प्रभावित हैं। इसकी सम्भावना भी खोजी जानी चाहिए कि केन्द्रीय रिजर्व पुलिस बल (सीआरपीएफ) को राष्ट्रद्रोही गतिविधियों के विरोध का दायित्व सौंपा जाए। इस बल की इकाइयों को एआईडी की केन्द्रीय कमान के अन्तर्गत रखा जाएगा, लेकिन जहाँ तक योजना बनाने और कार्रवाई करने का प्रश्न है इसमें राज्य के पुलिस महानिरीक्षक (डीजी) और मुख्यमंत्री का परामर्श भी आवश्यक होगा।

4.39 तथापि जब दंडात्मक कार्रवाई करनी हो तो सरकार को उन सभी के लिए आम माफी का प्रस्ताव देना चाहिए, जो नक्सल आन्दोलन में हैं और जो अपने हथियार डालकर संविधान के अन्तर्गत रहना चाहते हैं। जहाँ इस सम्बन्ध में कोई भ्रम न हो कि राज्य की सुरक्षा को बचाने के लिए बल-प्रयोग आवश्यक हो गया है, वहाँ सशस्त्र सेनाओं के लिए बल-प्रयोग अन्तिम विकल्प बना रहना चाहिए। इसलिए दंडात्मक तरीके की अपेक्षा सहमत कराने का राजनीतिक रास्ता अपनाया जाना चाहिए। जहाँ आम माफी प्रभावशाली हो रही है इसके साथ प्रोत्साहक उपाय भी किए जाने चाहिए। नकद सहायता, बच्चों के लिए छात्रवृत्ति, घर या जमीनें इनके अन्तर्गत दी जा सकती हैं।

4.40 सचेत नीति के अंग के रूप में सरकार को नक्सल नेतृत्व से बात करने के लिए प्रस्तुत रहना चाहिए। उनकी ऐसी माँगें क्या हैं जो संवैधानिक ढाँचे के भीतर पूरी की जा सकती हैं। इस रणनीति को सफल करने के लिए एआईडी के पास एक खुफिया तंत्र होगा जो नक्सल आन्दोलन का अध्ययन करेगा और इसकी योजना, नेतृत्व, कार्यशैली, संचार प्रणाली और स्थानीय समर्थन के सम्बन्ध में जानकारियाँ जुटाएगा। जहाँ सम्भव हो वह इस जानकारी का प्रयोग आन्दोलन को विभाजित करने के लिए करेगा या अपने लोगों को उसमें प्रविष्ट करा

देगा जिससे वे इसे कमजोर कर सकें। उद्देश्य यही रहेगा कि जिन उपायों से भी सम्भव हो, आन्दोलन को समाप्त किया जा सके।

4.41 यदि राजनीतिक प्रयासों को सफलता नहीं मिल पाती तो एआईडी न्यूनतम किन्तु प्रभावी दंडात्मक कार्रवाई करके, एक राष्ट्रव्यापी योजना के आधार पर समन्वयात्मक अभियान के द्वारा नक्सली प्रभाव वाले क्षेत्रों को क्रमशः मुक्त कराएगा।

4.42 यह स्पष्ट है कि इस तरह का राष्ट्रव्यापी अभियान राज्य पुलिस इकाइयों द्वारा नहीं चलाया जा सकता, जिनके पास न तो साधन हैं और न निपुणता और प्रशिक्षण और कानून-व्यवस्थाओं के अपने दायित्वों की वजह से उनके पास इसके लिए समय भी नहीं है। यह भी उतना ही स्पष्ट है कि ऐसे शत्रु का सामना करने के लिए जो अलग-अलग राज्यों की सीमाओं के आर-पार सक्रिय हैं, उन जानकारियों की आवश्यकता है जो एक संघीय एजेंसी ही जुटा सकती है।

4.43 जब किसी क्षेत्र को नक्सलियों से खाली करवा दिया जाए तो केन्द्र और सम्बन्धित राज्य सरकार को वहाँ की जनता की विकास सम्बन्धी जरूरतें पूरा करने के लिए धन खर्च करके अधोरचना के निर्माण की पहल करनी चाहिए। यह अत्यन्त आवश्यक है। एआईडी का लक्ष्य घर फूँक-नीति नहीं होना चाहिए क्योंकि इससे कोई समस्या हल नहीं होगी और नक्सलियों को इस इलाके में फिर से पैर जमाने का अवसर मिलेगा। इसके लिए एक पृथक् प्रकोष्ठ की स्थापना होनी चाहिए जो ग्रामीण विकास मंत्रालय के अन्तर्गत राज्य के मुख्यमंत्री के परामर्श से कार्य करे। उसके पास नक्सलियों से मुक्त किए गए क्षेत्र के लिए एक विकास योजना होनी चाहिए। पूर्व में नक्सलियों द्वारा नियंत्रित क्षेत्रों में सरकार के विकास कार्यक्रमों की दशा दयनीय रही है। इसका कारण यह भी है, जैसा कि कहा जा चुका है, यदि इन क्षेत्रों पर सरकार का अधिकार न हो तो ऐसे किसी कार्यक्रम को क्रियान्वित कर पाना सम्भव नहीं होता। 1995 में प्रधानमंत्री नरसिंह राव ने ओडिशा को 4600 करोड़ रुपए का एक पैकेज विशेष रूप से नक्सल प्रभावित क्षेत्रों के विकास के लिए दिया था। इसमें से केवल 20.49 करोड़ रुपए ही खर्च किए जा सके । प्रधानमंत्री वाजपेयी ने फिर 5,600 करोड़ रुपए का नया पेकैज स्वीकार किया, किन्तु यह भी कभी पात्र लाभार्थियों तक नहीं पहुँच पाया। इसी तरह का 2000 करोड़ रुपए का अनुदान आन्ध्र के

मुख्यमंत्री चन्द्रबाबू नायडू ने भी दिया था, जिसका अधिकांश भ्रष्ट अधिकारियों और बिचौलियों की जेबों में पहुँच गया।[44]

4.44 नवगठित एआईडी उत्तर-पूर्व के पहचाने हुए विद्रोही गुटों के साथ अन्तर्क्रिया के समन्वय के लिए भी एक केन्द्रीय समिति होगी। इस अन्तर्क्रिया में जहाँ आवश्यक हो दंडात्मक और पूर्व अधिकृत उपाय तो किए ही जाएँगे और जहाँ संवाद की जरूरत हो बातचीत भी की जाएगी। महत्त्वपूर्ण बात यह है कि शीर्ष स्तर पर एक अलग से एजेंसी हो, जो राष्ट्रद्रोह से सम्बन्धित सभी विषयों पर ध्यान दे सके। क्योंकि ऐसे कई क्षेत्र हैं जहाँ विभिन्न विद्रोही गुटों में टकराहट और उन्हें संयमित रखने के उपायों में मतभेद की स्थितियाँ बन जाती हैं।

4.45 उपरोक्त सामरिक नीति के लिए संविधान में संशोधन किया जाना आवश्यक है। कानून और व्यवस्था का विषय, जो अभी अकारण केवल राज्यों का ही विषय है, समवर्ती सूची में शामिल किया जाना चाहिए। इससे केन्द्र को यह कानूनी पात्रता प्राप्त हो जाएगी कि वह कानून और व्यवस्था के ऐसे मामलों में हस्तक्षेप कर सके जो 'संघीय' प्रकृति के हैं। संघीय अपराध वह होते हैं जो केवल राज्यों तक ही सीमित नहीं हैं, बल्कि समूचे संघ की रक्षा और सुरक्षा को प्रभावित करते हैं। आतंकवाद और राष्ट्रद्रोह दोनों ही इस श्रेणी के अपराध हैं। इसलिए यह अपरिहार्य है कि हम उनके विरुद्ध कार्रवाई करने के लिए केन्द्र को शक्तिशाली बनाएँ। इस विषय को समवर्ती सूची में रखनेवालों राज्यों को भी शक्ति मिलेगी, जो उन्हें केन्द्र के साथ मिलकर कार्य करने के लिए चाहिए।

4.46 यह भी आवश्यक है कि वर्तमान यूएपीए के क्रियान्वयन की समीक्षा की जाए। इसे पहले पहल 1967 में बनाया गया था। 2008 में मुम्बई के भयावह हमले के बाद इसमें संशोधन करके इसे मजबूत किए जाने के बावजूद यह एक कमजोर कानून है। आतंकवाद और राष्ट्रद्रोह का सामना करने के लिए राज्य के पास ऐसे कानून होने चाहिए जो उसे दृढ़ता से काम करने का अवसर दे सकें। निरस्त किया गया टाडा एक कठोर कानून था। इस पहलू पर विचार करने के लिए एक सर्वदलीय बैठक होनी चाहिए और आन्तरिक सुरक्षा मंत्रालय को यह दायित्व दिया जाना चाहिए कि वह तीन महीनों के भीतर आवश्यक दृढ़तावाला कानून लाएगा। इस कानून के बाद महाराष्ट्र में मकोका (एमसीओसीए) और गुजरात में गुजकोक

(जीयूजेसीओसी) जैसे, राज्यों के प्रस्तावित कानून निष्प्रभावी हो जाएँगे। राष्ट्र के शत्रु के लिए एक ही व्यापक राष्ट्रव्यापी कानून होना चाहिए, कई अलग-अलग कानूनों की जरूरत नहीं है।

4.47 यह ध्यान रखना चाहिए कि जब भी नक्सलों के विरुद्ध दंडात्मक कार्रवाई होगी, तभी निर्दोषों की मौत और मानवाधिकार उल्लंघन की चीख-पुकार के स्वर गूँजेंगे। राज्य को ऐसे उल्लंघन अपनी तरफ से नहीं करने चाहिए और सत्ता का जहाँ भी दुरुपयोग होता है सख्ती से उसके साथ पेश आना चाहिए, लेकिन इसके साथ ही यह भी सच है कि शत्रुओं का घोषित लक्ष्य सरकारों को उखाड़ फेंकना है और उन्हें निर्णायक रूप से कुचलना भी अपरिहार्य है।

4.48 इसी तरह कश्मीर में हमारी सशस्त्र सेनाओं की उपस्थिति को कमजोर करनेवाले, चाहे वह राजनीतिक कारणों से हो या मानवाधिकारों के नाम पर, किसी भी प्रयत्न को बड़ी सावधानी से निष्फल करना होगा। मानवाधिकार के उल्लंघनों का समर्थन नहीं किया जा सकता। किन्तु सभी वस्तुपरक आकलनों से ज्ञात होता है कि सीमा पर सीमा पार के सशस्त्र आतंकवादियों द्वारा की जानेवाली वारदातों में कमी नहीं हुई है। इस धमकी का मुकाबला करने के लिए सेना की अधिकतम उपस्थिति वहाँ आवश्यक है।

4.49 एएफएसपीए की स्थापना 1958 में उत्तर-पूर्वी राज्यों के लिए की गई थी। यह उन राज्यों में, जो आन्तरिक गड़बड़ी अथवा अस्थिरता के कारण 'अशान्त' घोषित कर दिए गए हों, सेना को विशेष अधिकार देता है कि वह-बल प्रयोग कर सके, घरों और वाहनों की तलाशी ले सके और बिना वारंट के गिरफ्तारी कर सके, इन कार्यों को कानूनी संरक्षण प्राप्त है। यह ठीक ही है कि मानव अधिकार और अन्य संगठन इस कानून पर सवाल उठाएँ। तथ्य तो यह है कि उत्तर-पूर्वी राज्यों में इस कानून की आड़ में हो रही ज्यादतियों की जाँच के लिए 2004 में बनाया गया न्यायाधीश जीवन रेड्डी आयोग एक उचित कदम था। इसी तरह मणिपुर में (एएफएसपीए) को हटाने की माँग को लेकर दस वर्षों से अधिक समय से चल रहा इरोम शर्मिला का अनशन भी एक लोकतांत्रिक समाज में सही माना जाएगा। सरकार को संयुक्त राष्ट्र संघ की संस्थाओं और ह्यूमन राइट्स वाच द्वारा की जा रही आलोचनाओं पर भी ध्यान देना चाहिए। सशस्त्र सेनाओं को सरकार की ओर से मार्गदर्शक चेतावनी देकर यह कहना चाहिए कि

वह मानवाधिकारों के उल्लंघन से बचें और यदि ऐसी कोई शिकायत उसे मिलती है तो उसे उसकी जाँच के लिए फौरी कार्रवाई करनी चाहिए। समय-समय पर यह समीक्षा होती रहनी चाहिए कि क्या कानून की कठोरता कम की जा सकती है या उसे हटाया जा सकता है। तथापि इन बातों से सरकार को इस कानून से पीछे हटने की जरूरत नहीं है, और वैसी परिस्थितियाँ आने पर इसे लागू करना ही चाहिए। उत्तर-पूर्व में विद्रोही गतिविधियाँ अभी भी चल रही हैं, जिन्हें चीन का और यत्र-तत्र म्याँमार का समर्थन प्राप्त है। इनका सामना करने के लिए विशेष शक्तियों के साथ सशस्त्र सेनाओं की उपस्थिति आवश्यक है। ऐसा ही जम्मू-कश्मीर राज्य में भी है जहाँ इस कानून को 1990 में लागू किया गया था।

4.50 देश की अनेक खुफिया एजेंसियों के बीच समन्वय का अभाव को समाप्त होना चाहिए। आतंकवाद और विद्रोह से जुड़ी सभी गोपनीय जानकारियों का एकत्रीकरण नवगठित आन्तरिक सुरक्षा मंत्रालय में हो और फिर इसका व्यवस्थित विश्लेषण नेटग्रिड द्वारा किया जाए। आन्तरिक सुरक्षा मंत्री को मैदानी विवादों को समाप्त करके ऐसा तंत्र स्थापित करना होगा जिसमें कानून और व्यवस्था तथा सुरक्षा एजेंसियों तक समन्वित और व्यावहारिक सूचनाएँ पहुँच सकें।

4.51 रॉ (आरएडब्ल्यू) और डिफेंस इंटेलीजेंस एजेंसी (डीआईए) जैसी सभी इंटेलीजेंस एजेंसियाँ, जिनका प्राथमिक कार्य विदेशी सूचनाओं को एकत्र करके उनका विश्लेषण करना है, अपनी रिपोर्ट राष्ट्रीय सुरक्षा (एनएसए) एजेंसी को देंगी। राष्ट्रीय सुरक्षा एजेंसी (एनएसए) की भूमिका स्पष्ट रूप से परिभाषित होनी चाहिए और अधिकारियों तथा पदों में दुहराव की स्थिति समाप्त हो जानी चाहिए। राष्ट्रीय सुरक्षा एजेंसी (एनएसए) बाह्य इंटेलीजेंस एजेंसियों और आन्तरिक सुरक्षा मंत्री के बीच सम्पर्क सूत्र के रूप में काम करेगी।

4.52 राष्ट्रीय सुरक्षा एजेंसी (एनएसए) ही वह बिन्दु है जहाँ विदेशी सूचना एजेंसियों और आन्तरिक सुरक्षा मंत्री का मिलन होगा। संस्थागत रूप से इन दोनों के बीच प्रतिदिन भेंट आवश्यक है।

4.53 प्रधानमंत्री के नेतृत्व वाली राष्ट्रीय सुरक्षा परिषद में स्वाभाविक रूप से आन्तरिक सुरक्षा का नया मंत्री भी सम्मिलित होगा। इसकी बैठक सप्ताह में एक बार होनी चाहिए।

4.54 राष्ट्रीय सुरक्षा परिषद सचिवालय (एनएससीएस) को निश्चित

दायित्व के साथ केन्द्रीकृत किया जाना चाहिए। सभी बाह्य सूचनाओं के एकत्रीकरण सहित इसकी समन्वयकारी भूमिका के अतिरिक्त इसे अन्य विशिष्ट कार्य जैसे अन्तरिक्ष, परमाणु, साइबर और ऊर्जा सुरक्षा सम्बन्धी मामले भी दिए जा सकते हैं। विदेश मंत्रालय (एमईए) में प्रस्तावित पुनर्गठित नीति नियोजन विभाग, जैसा कि पहले कहा गया था, जिसका मुख्य कार्य होगा सुरक्षा पर ध्यान केन्दित करना। राष्ट्रीय सुरक्षा एजेंसी (एनएसए) के लिए दैनिक आधार पर सूचनाएँ उपलब्ध कराएगा और इसका माध्यम विदेश सचिव होगा। दायित्वों का ऐसा स्पष्ट विभाजन आवश्यक है क्योंकि सुरक्षा तंत्र में अनेक नौकरशाही संगठन हो, जिनके पास दायित्वों की रूपरेखा न हो, किसी काम के नहीं होते। यह ज्यादा अच्छा होगा कि सुरक्षा संरचना के स्तर तो कम हों लेकिन उनकी भूमिका भली प्रकार परिभाषित हो और उनकी जिम्मेदारियाँ सुनिश्चित हों।

4.55 अशान्त राज्यों में हमारे गोपनीय सुरक्षा ढाँचे को पुनर्जीवित करने के लिए नए सिरे से कोशिश की जानी चाहिए। पूर्व प्रधानमंत्री आई. के. गुजराल का पाकिस्तान में सूचना एकत्र करने के अभियानों को समाप्त करने का निर्णय वापस लिया जाना चाहिए।

4.56 इसके साथ ही टेक-इंटेलीजेंस के महत्त्वपूर्ण क्षेत्र पर तत्काल ध्यान दिया जाना आवश्यक है, इसमें साइबर-स्पेस में आनेवाली आतंकी धमकियों का प्रतिरोध भी शामिल है। सूचना-प्रौद्योगिकी (आईटी) के क्षेत्र में भारत जैसे सक्षम देश के लिए यह कोई कठिन काम नहीं है, लेकिन यह भी आवश्यक है कि इस क्षेत्र में सरकारी आईटी एजेंसियों के एकाधिकार को समाप्त किया जाए।

4.57 इस सबके बाद भी मानवीय गुप्तचर्या का स्थानापन्न कोई अन्य नहीं है, यह बुनियादी पुलिसकर्म और आतंकी प्रकोष्ठों या विद्रोहियों के अधिकृत इलाकों में प्रवेश किए हुए मुखबिरों से प्राप्त सन्देशों के द्वारा प्राप्त की जाती है। इस सन्दर्भ में पुलिस बल में बड़ी संख्या में मौजूद रिक्ति चिन्तनीय है जिसे स्वीकार नहीं किया जा सकता। इस समस्या का समाधान यदि कुछ विवशताओं के कारण निकट भविष्य में नहीं भी हो सके, तब भी राज्य पुलिस के गुप्तचर विभागों में रिक्त स्थानों की पूर्ति प्राथमिकता के आधार पर तुरन्त ही करनी चाहिए। जमीनी स्तर पर आतंकवादी और विद्रोही गतिविधियों को दृष्टि में रखने और

उनकी इकाइयों में घुसपैठ करने के लिए यह आवश्यक है।

4.58 बरसों से लम्बित पड़े पुलिस सुधार कार्यक्रम को राष्ट्रीय आधार पर शुरू कर दिया जाना चाहिए। जब कानून और व्यवस्था को संविधान की समवर्ती सूची में शामिल कर लिया गया तो इस काम में कठिनाई नहीं आएगी। पुलिस सुधार (प्रतिशोधी राजनेताओं से ईमानदार अधिकारियों के संरक्षण सहित) के लिए बिना देर किए कदम उठाया जाना चाहिए। सर्वोच्च न्यायालय ने इन सुधारों के लिए एक रूपरेखा उपलब्ध कराई है। इसके आधार पर केन्द्र सरकार को एक विधेयक लाना चाहिए, जो समूचे देश के लिए व्यवहृत हो।

भारत के सामने उपस्थित बाह्य और आन्तरिक खतरों की व्यापकता को देखते हुए हमें सुरक्षा से सम्बन्धित मामलों में अपनी निष्क्रियता और अक्षमता से बाहर निकलना चाहिए। यह सर्वोच्च राष्ट्रीय महत्त्व का विषय है और उसके लिए सुरक्षा के प्रति हमारे दृष्टिकोण और मानसिकता में नाटकीय परिवर्तन करना होगा। हमें अपनी वर्तमान सुरक्षा संरचनाओं और संस्थाओं की तत्काल समीक्षा करने की जरूरत है और इस क्षेत्र को सर्वोच्च प्राथमिकता दिए जाने की आवश्यकता है, जिसके योग्य यह है। केवल तभी हम एक प्रभावी और सुसंगठित राष्ट्रीय सुरक्षा सिद्धान्त निर्धारित कर सकेंगे, जो वर्तमान और भविष्य दोनों में ही हमारे हितों की रक्षा करेगा।

अध्याय-7

समावेशी समाज की रचना

प्रजाजनों के सुख में ही राजा का सुख है, और उनके कल्याण में उसका कल्याण। उसे केवल उसी को अच्छा नहीं समझ लेना चाहिए जो उसे अच्छा लगता है, बल्कि जो उसकी प्रजा को प्रसन्न करता है उसी को हितकारी मानना चाहिए।
–जिस व्यक्ति का हृदय सभी जीवधारियों के प्रति करुणा से आर्द्र होता है, उसे ज्ञान, मुक्ति, सुचिक्कण केश और शरीर पर भस्म लपेटने की आवश्यकता ही कहाँ है।

निर्धनता-पीड़ित मनुष्य के लिए सभी कुछ व्यर्थ है।

–अर्थशास्त्र

दुनिया में ऐसा कोई दूसरा देश नहीं है जिसे हमारी तरह अधिक समावेशी समाज की आवश्यकता हो। हम पीछे के अध्यायों में देख चुके हैं कि निर्धनता, अशिक्षा और कुपोषण जैसी समस्याओं को दूर करने के हमारे वर्तमान उपाय सफल नहीं हुए हैं, जो कि निराशाजनक है। इसका कारण उन सभी के लिए स्पष्ट होगा जिनके पास आसन्न स्थिति को समझने की संवेदनशीलता और वस्तुपरकता है।

पहले तो हम यह समझते रहे कि शीर्ष से नीचे तक राज्य का परार्थवाद इस समस्या का निदान है, जबकि यह विचार बहुत पहले ही पुराना पड़ चुका था। इसका अर्थ यह नहीं लगाया जाना चाहिए कि वंचितों की दशा सुधारने में राज्य की कोई भूमिका नहीं है इसलिए वह इस दायित्व से मुँह मोड़ सकता है। किन्तु यह मान लेना कि राज्य को केवल खैरात बाँटते रहना चाहिए, जिसका अधिकांश लक्षित लाभार्थियों तक पहुँच ही नहीं पाती, यह घटिया नीति और दायित्व से मुँह मोड़ लेना दोनों ही है। यह घटिया नीति इसलिए है क्योंकि

इसका प्रभाव नहीं पड़ रहा, और लम्बे समय से यह प्रभावहीन रही है और यह दायित्व से विमुख होना इसलिए है, क्योंकि यह नीति-निर्माताओं को सन्तुष्टि का एक छद्म भाव देती है-कुछ का इससे दिल भी दुखता है-कि जो कुछ भी किया जाना चाहिए वह किया जा चुका है।

फिर कोई भी नीति ऐसे समाज में पूरी तरह प्रभावी अथवा अधिकतम लाभदायक नहीं हो पाती जहाँ चिन्ता और सरोकारों के लिए अच्छा वातावरण नहीं है। हमें यह स्वीकार कर लेना चाहिए कि एक नया आर्थिक सिद्धान्त है : रूपान्तरकारी नीतियाँ, विशेष रूप से वे जिनका सम्बन्ध वंचितों के शक्तीकरण से है, तभी सफल हो सकती हैं जब उन्हें क्रियान्वित करनेवाले समाज में उन्हें परिणाम तक पहुँचाने की वास्तविक इच्छा हो। दूसरे शब्दों में, जब तक वंचितों के कष्टों को लेकर वास्तविक चिन्ता का वातावरण न हो, उनके कष्टहरण की नीतियाँ सफल नहीं होंगी। नीतियाँ तभी सफल होती हैं जब वे लोक की चेतना और चिन्ताओं को प्रतिबिम्बित करती हैं। अन्यथा वे अवसरवादी, सांकेतिक अथवा गरीबों के नाम पर विशिष्ट व्यक्तियों के हितों को पूरा करनेवाली बन जाती हैं।

दुर्भाग्य की बात है कि भारत एक चिन्ता करनेवाला समाज नहीं है। विशेषाधिकार प्राप्त वर्ग गरीबों की चिन्ता नहीं करता। वह केवल तभी उनके बारे में सोचता है जब राजनीतिक दल चुनाव सम्भावनाओं का जोड़-घटानाकर रहे हों। अन्यथा उन्हें एक बोझ समझा जाता है जिसे किसी भी तरह ढोना है। जब तक इन दो बुनियादी दोषों को दूर नहीं किया जाता तब तक भारत के अधिक समावेशी समाज की रचना का लक्ष्य प्राप्त करने में कोई प्रगति नहीं हो पाएगी।

हमारा विगत अनुभव दर्शाता है कि कुनियोजित राज्य में परार्थवाद से गरीबों के नाम पर जुटाए गए बहुमूल्य साधन बर्बाद हो जाते हैं। इससे हमारा आशय यह नहीं है कि हम राज्य द्वारा नियोजित हस्तक्षेपों के विचार की आलोचना कर रहे हैं, हमारे जैसे देश के लिए यह पूरी तरह औचित्यपूर्ण विचार है। तथापि भारत में सदा ही निहित स्वार्थों ने राज्य के परार्थ को निजी लाभ के लिए लूटा है, और गरीबों तक बहुत कम फायदा ही पहुँच पाया है। राज्य की किसी भी चुनिन्दा कल्याणकारी योजना के समुचित मूल्यांकन से यही तथ्य सामने आता है। किसानों से अनाज और अन्य खाद्यान्न उपार्जित करके अनुदानित योजनाओं के द्वारा सस्ती दरों पर उन तक पहुँचाना, जो भूखे हैं, इस प्रेरणा के साथ सरकार ने अनाज वसूली और सार्वजनिक वितरण व्यवस्था (पीडीएस) की योजना बनाई, इसका प्रारम्भ 60 के दशक में किया गया और बाद में इसका

विस्तार ग्रामीण क्षेत्रों तक किया गया। सिद्धान्ततः इस योजना में कोई दोष नहीं था। लेकिन इसके परिणाम बहुत निराशाजनक हैं, कुछ आकलनों के अनुसार राष्ट्रव्यापी आँकड़े बताते हैं कि सार्वजनिक वितरण प्रणाली (पीडीएस) का 67 प्रतिशत गेहूँ निर्धनतम वर्गों तक नहीं पहुँच पाता, जिनके लिए यह योजना बनाई गई थी। इससे ज्ञात होता है कि जिन राज्यों में अधिकतम निर्धनता है वहाँ 60 प्रतिशत को उनका कोटा नहीं मिल पाता, दो-तिहाई अनुदानित अनाज खुले बाजार में बिक्री के लिए भेज दिया जाता है, 'स्टाक में नहीं है' की सूचनाएँ 80 प्रतिशत होती हैं, और जो लोग इसे प्राप्त करने के पात्र हैं उनमें से लगभग 50 प्रतिशत को राशनकार्ड बनाने के लिए रिश्वत देनी पड़ती है। जिन लोगों को थोड़ा-बहुत यह मिल भी जाता है उन्हें इसकी खराब गुणवत्ता की शिकायत रहती है और जो उनका अधिकार है उसे प्राप्त करने में उन्हें अपमानित होना पड़ता है।

दुखद रूप से भारत के निजी लाभ के लिए लोलुपता का संयोग जब अविचारित सरकारी कल्याण योजनाओं से होता है तभी भ्रष्टाचार का जन्म होता है, सार्वजनिक वितरण प्रणाली (पीडीएस) भ्रष्टाचार की पाठशाला बन गई है। यदि इसे बनाए रखना है तो इसमें आमूल परिवर्तन की आवश्यकता है। कुछ राज्यों ने इसका प्रयत्न किया है, लेकिन सच तो यह है कि अपने वर्तमान स्वरूप में यह व्यवस्था पूरी तरह भ्रष्ट और प्रभावहीन है और इसमें झोंके जा रहे धन का कोई मतलब नहीं है। सार्वजनिक वितरण प्रणाली (पीडीएस) को चलाने के लिए सरकार को अनाज की वसूली करनी पड़ती है। इसके लिए वह न्यूनतम समर्थन मूल्य (एमएसपी) पर किसान से अनाज की खरीद करती है जो हर साल बढ़ाया जाता है, यहाँ यह सोचा जाता है कि इससे जरूरतमन्द किसानों को लाभ पहुँचता है, जबकि यह अनुदान बड़े किसानों तक पहुँचता है। उपार्जित किए हुए अनाज के भंडारण और वितरण के लिए भारतीय खाद्य निगम (एफसीआई) को सरकार से भारी अनुदान मिलता है। इस संगठन की आपराधिक अक्षमता का विवरण हाल ही में सर्वोच्च न्यायालय द्वारा नियुक्त खाद्य-आयुक्त ने 'नरसंहार' की संज्ञा से दिया था। खाद्य निगम के पास लगभग 70 मिलियन टन अनाज के भंडारण की क्षमता है। इसमें से 25 मिलियन टन अनाज बुरी तरह निर्मित गोदामों, बेतुके भंडारण, खराब देखभाल, कर्मचारियों की अरुचि, अकुशल प्रबन्धन, पैसे की कमी और भ्रष्टाचार की वजहों से सड़ जाता है। सम्भव है कि अनाज की बर्बादी की मात्रा और भी अधिक हो क्योंकि भंडार के रखरखाव में लापरवाही बरती जाती है और उसकी अनियंत्रित चोरियाँ भी होती हैं।

सार्वजनिक वितरण प्रणाली (पीडीएस) को यह जानना भी जरूरी है कि उसे किन लोगों तक पहुँचना है। गरीबी की कई रेखाएँ निर्धारित की गई हैं। (ग्रामीण क्षेत्रों के लिए 32 रुपए प्रतिदिन से 22.40 रुपए तक और शहरी क्षेत्रों के लिए 26.65 रुपए या दोनों के लिए रुपए 40 रुपए)। यह रेखाएँ बिना किसी विशेषज्ञ आकलन के इसलिए तय की गई हैं ताकि गरीबी रेखा से नीचे के लाभार्थियों का पैमाना बनाया जा सके। किन्तु एक ऐसे देश में जहाँ गरीबी सर्वव्याप्त हो, गरीबी-रेखा (बीपीएल) का खींचना एक क्रूर मजाक है, या फिर जैसा कि दि टेलीग्राफ कहता है, 'गरीबी-रेखा (बीपीएल) की कल्पना करना एक बहुत लाभदायक व्यापार है।'[45] निस्सन्देह इनके लिए कल्याणकारी योजनाएँ बनाने के लिए सरकार को यह मालूम होना चाहिए कि वास्तविक लाभार्थी कौन है। लेकिन इस तरह की ठीक-ठीक रेखा खींचने में ही समस्या है। मान लीजिए कि कोई गरीब कौन ही की सही परिभाषा बनाने में सफल भी हो गया तो उन तक उन दलालों और गिद्धों से बचकर कैसे पहुँच पाएगा जो व्यवस्था में फल-फूल रहे हैं। देश के नागरिकों को चिह्नित करने की यूनीक आइडेंटिटी (यूआईडी) अथवा आधार जैसे उपाय इस समस्या का हल हो सकते हैं लेकिन वह अभी दूर की कौड़ी है जब तक वह देशव्यापी नहीं होते या फिर ईमानदार प्रशासन जो निश्चित कर सके कि सहायता उसी तक पहुँचेगी जिसे इसकी जरूरत है।

कल्याण योजनाओं के इतने अधूरे क्रियान्वयन के बावजूद मनमोहन सरकार खाद्य सहायता विधेयक (एफएसबी) लाने के लिए प्रतिबद्ध थी, जिसका उद्‌देश्य है भारत की ग्रामीण जनता के कम से कम 75 प्रतिशत को और शहरी जनता के 50 प्रतिशत, अथवा दोनों के 67 प्रतिशत तक अनुदानित खाद्यान्न उपलब्ध कराना। इस भीमकाय लक्ष्य की प्राप्ति के लिए इसी सड़ी हुई सार्वजनिक वितरण प्रणाली (पीडीएस) और उसी जनसंहारी भारतीय खाद्य निगम (एफसीआई) का इस्तेमाल किए जाने का सुझाव है। लक्षित लाभार्थियों की पहचान में विफलता के बाद भी इसमें हितग्राहियों को सामान्य और प्राथमिक-दो श्रेणियों में वर्गीकृत किया गया है। इस दिग्भ्रमित उपकार के ऐतिहासिक उदाहरण का राजकोष पर कितना भार पड़ने वाला है, इसका मूल्यांकन भी किया गया है। इसके क्रियान्वयन के पहले तीन सालों में पाँच से छह लाख करोड़ तक की विशाल धनराशि व्यय करनी होगी।[46] बढ़ते हुए बजट घाटे (यूपीए-I 3.6 प्रतिशत, यूपीए-II 5.8 प्रतिशत) को देखते हुए एक साधारण व्यक्ति भी समझ सकता है कि यह महाकाय खर्च का अर्थव्यवस्था को झकझोरने वाला प्रभाव कितना पड़ेगा!

यहाँ एक अन्य महत्त्वाकांक्षी योजना का उल्लेख भी आवश्यक है। राष्ट्रीय ग्रामीण रोजगार योजना (एनआईसीए)–जिसे यूपीए-I के कार्यकाल में लाया गया था। इस योजना में ग्रामीण निर्धनों को साल में सौ दिन के लिए न्यूनतम मजदूरी पर रोजगार उपलब्ध करवाया जाता है। प्रारम्भिक 40,000 करोड़ रुपए की लागत से शुरू की गई इस योजना को रोजगार गारंटी के लिए दुनिया की सबसे बड़ी सार्वजनिक योजना घोषित किया गया था। योजना सदाशयी थी और इसने कुछ को रोजगार दिया भी। इसके लोक-लुभावन पक्ष से यूपीए को 2009 में एक बार फिर से सत्ता प्राप्त करने में सहायता भी मिली। किन्तु सावधानी से किए गए लेखापरीक्षण के बाद यह तथ्य सामने आया कि यद्यपि इस योजना के क्रियान्वित होने के बाद से इस पर 1,66 लाख करोड़ रुपए खर्च किए जा चुके हैं, केवल 65 लाख परिवार ही ऐसे थे जिन्होंने काम के सौ दिन पूरे किए थे। सरकार ने स्वयं स्वीकार किया कि योजना का लाभ उठानेवाले 60 प्रतिशत लोग गरीब नहीं थे। वास्तव में जो गरीब नहीं थे–और जिनके लिए योजना बनी नहीं थी–उन्हें 17 प्रतिशत अधिक कार्यदिवसों का लाभ मिला। एक राज्य के राज्यपाल, जिन्होंने इसके क्रियान्वयन में व्यक्तिगत रुचि ली थी, ने स्वीकार किया कि योजना अपेक्षाओं पर खरी नहीं उतरी, इसके कारण भी गिनाए–'काम की धीमी गति, बनावटी क्रियान्वयन, वर्तमान एजेंसियों का भ्रष्टाचार, ढीला संस्थागत प्रबन्धन, फंडों में हेराफेरी, मध्यस्थों और बिचौलियों के कदाचार, कार्यशैली में उलझाव, पैसे का अनुपयोग और अन्यत्र स्थानान्तरण, कार्यक्रमों की पड़ताल में खानापूर्ति, समाज को उत्प्रेरित करने के प्रति उदासीनता, देर से होनेवाले मजदूरी के भुगतान, नकली या झूठे रोजगार, राशनकार्ड और मस्टर रोल...कई मामलों में तो लाभार्थियों को कार्यक्रम का पता तक नहीं था।'[47]

योजना में कई विरूपताएँ भी सामने आईं। यहाँ-वहाँ गड्ढे खोद दिए गए, ऐसी सड़कें बनीं जो कहीं नहीं जाती थीं, ऐसे परनाले बनाए गए जिनसे पानी या गन्दा पानी कभी नहीं बहना है–यह सब इसलिए क्योंकि दिए गए कोटे को खर्च करना था। लाभार्थियों को कोई कौशल नहीं मिला। सबसे खराब बात तो यह रही कि योजना का फायदा उठाने के लिए कुछ लोगों ने अपना लगा-लगाया रोजगार ही छोड़ दिया। सरकार के अपने औद्योगिक नीति और प्रोत्साहन विभाग ने 2012 में स्वीकार किया कि नरेगा (एनआरईजीए) में अकुशल कर्मियों को रोज़गार मिलने की आश्वस्ति से सम्भावित नियोक्ताओं के सामने कुशल या अर्द्धकुशल कर्मियों की उपलब्धता में कमी आ गई। आन्तरिक आकलन बताता है कि यह योजना कौशल प्राप्त करने की ग्रामीण कर्मियों की

इच्छा को हतोत्साहित करेगी और इससे उनकी कुशलता-स्तर में कमी आएगी और कौशल वाले कार्यों में उनके जाने की सम्भवानाएँ प्रभावित होंगी।[48] यह भी प्रकट है कि इस योजना का गरीबी दूर करने से कोई सम्बन्ध नहीं है। 2004 से 2009 तक गरीबी कम करने की दृष्टि से महाराष्ट्र और ओडिशा का रिकॉर्ड सबसे अच्छा था, लेकिन इसके साथ ही नरेगा योजना के क्रियान्वयन में इन दोनों का रिकॉर्ड भी सबसे खराब रहा। ओडिशा में कथित रूप से केवल 2.7 प्रतिशत परिवारों को ही इसका लाभ मिल पाया, महाराष्ट्र के लिए तो यह आँकड़ा और भी कम 1.1 प्रतिशत है। इस सबके बावजूद प्रधानमंत्री मनमोहन सिंह की घोषणा है कि नरेगा ही भूमिहीन ग्रामीण मजदूरों की सहायता करने का एक ही रास्ता है, अकेली 'रामबाण औषधि' जो प्रभावकारी सिद्ध होगी।

ऐसी योजना की प्रभाववत्ता प्रश्न का एक हिस्सा है, जिसका दूसरा हिस्सा है कि क्या सार्वजनिक धन को सरकार इस तरह बर्बाद कर सकती है। '2011-12 में शासकीय राजस्व 7.7 ट्रिलियन रुपए था, जबकि व्यय 13.2 ट्रिलियन रुपए रहा। 5.5 ट्रिलियन रुपए का यह घाटा उधार (4.4 ट्रिलियन रुपए) से पूरा किया गया। सकल घरेलू उत्पाद (जीडीपी) की दृष्टि से वित्तीय घाटा 5.9 प्रतिशत और राजस्व की दृष्टि से यह 68 प्रतिशत रहा। अतएव सरकार जितना कमाती है उसका दो-तिहाई और जो खर्च करती है उसका एक-तिहाई कर्ज लेती है।'[49] सरकार का राजस्व घट रहा है, लेकिन पाँच वर्षों में इसके अनुदानों पर होनेवाले गैर-योजना खर्च में 30 प्रतिशत, ब्याज की अदायगी में 13 प्रतिशत और बाजार से ऋण उठाने में 32 प्रतिशत की वृद्धि हुई है। भारत अपने सर्वाधिक विशाल वित्तीय घाटे के मुहाने पर खड़ा है—सकल घरेलू उत्पाद (जीडीपी) के 6 प्रतिशत—जो मुद्रास्फीति और व्यापार-घाटे की अभिशप्त वलय को प्रोत्साहित करने का कारण है।

लेकिन ईमानदारी की बात यह है कि धन की जैसी भी कमी हो, कोई भी सरकार जनगण के हितों की उपेक्षा नहीं कर सकती, उसे करना भी नहीं चाहिए। अतः हम निर्धनों के लिए चल रही वर्तमान अथवा प्रस्तावित योजनाओं की प्रभाववत्ता के अत्यन्त महत्त्वपूर्ण प्रश्न पर वापस आते हैं। मई 2005 में भव्यता के साथ घोषित किया गया राष्ट्रीय ग्रामीण स्वास्थ्य मिशन (एनआरएचएम) एक अन्य उदाहरण है कि कैसे एक अच्छी योजना भी भ्रष्टाचार और विभ्रमित क्रियान्वयन से बर्बाद हो जाती है। एक स्वतंत्र मूल्यांकन[50] से पता चलता है कि यह श्रेष्ठ योजना इसलिए क्रियान्वित नहीं हो पाई क्योंकि सामुदायिक और प्राथमिक स्वास्थ्य केन्द्रों की भारी कमी थी, विशेषज्ञों का अभाव था, प्रयोगशाला सुविधाएँ उपलब्ध नहीं थीं और सरकारी एजेंसियाँ बार-बार झूठे आँकड़े प्रस्तुत

कर रही थीं। इससे भी अधिक बुरी बात यह थी कि जिन पंचायतों को इस योजना के क्रियान्वयन का दायित्व निभाना था, उन्हें इसके अस्तित्व की जानकारी तक नहीं थी। फिर सबसे 'बड़ा दुर्योग' यह था कि किसी को पता ही नहीं था कि यह किसे करना है। समुदाय या फिर सरकार ने आगे बढ़कर जिम्मेदारी नहीं ली। समाज को लगा कि ऊपर से थोपी जानेवाली यह एक और योजना है, राज्य सरकार ने सोचा कि यह केन्द्र पर केन्द्रित कार्यक्रम है। 2010-11 की वार्षिक स्वास्थ्य सर्वे रिपोर्ट ने कुछ उपलब्धियों का उल्लेख करते हुए इन बातों की पुष्टि की थी।

इसके अतिरिक्त भ्रष्टाचार सीमाओं को लाँघ गया था। जब उत्तर प्रदेश में योजना में किए गए घोटालों की छानबीन 2011 के अन्त में शुरू की गई, तो दो मुख्य चिकित्सा अधिकारियों (सीएमओ) की हत्या कर दी गई, एक सहायक सीएमओ मृतावस्था में पाया गया और एक योजना प्रबन्धक ने आत्महत्या कर ली। कैग (सीएजी) ने अपनी रिपोर्ट में राज्य, मध्यस्थों और ठेकेदारों को 2005 से 2011 तक जारी किए गए 8,637 करोड़ रुपए में से 5,700 करोड़ रुपए के गोलमाल का दोषी ठहराया है। यह कहानी केवल एक राज्य की है।

अन्य क्षेत्रों में भी यही सब होता रहा है। इस सिलसिले में किसानों को मुफ्त बिजली देने के लिए राज्यों के उत्साह ही चर्चा की जा सकती है। पत्रकार स्वामीनाथन अय्यर कहते हैं : '2002 में राज्य बिजली बोर्डों को रेस्क्यू पैकेज के रूप में 41,000 करोड़ रुपए दिए गए थे, जिसे उन्हें जिम्मेदारी के साथ खर्च करना था। दुखद है कि उनका नुकसान अब 100,000 करोड़ रुपए को भी पार कर गया है। इसका मुख्य कारण है, ग्रामीण किसानों को निःशुल्क अथवा भारी अनुदान के साथ बिजली दिया जाना।' लेकिन इस अनुदान प्राप्त ऊर्जा का लाभ कौन उठाता है? पंजाब का उदाहरण देते हुए अय्यर कहते हैं कि 'पंजाब के 83 प्रतिशत किसानों के पास छोटी या सीमान्त खेतियाँ हैं, और कोई ट्यूबवेल नहीं है, मुफ्त बिजली का लाभ 17 प्रतिशत अति धनाढ्य किसानों को मिलता है जिनके पास 150 ट्यूबवैल तक हैं।'[51] इतना ही नहीं, मुफ्त बिजली के मिलते किसान अपने पुराने पम्पों को बदलना ही नहीं चाहते जो अधिक बिजली की खपत करते हैं और उन फसलों को छोड़ने का कोई संकेत नहीं देना चाहते, जैसे धान जिन्हें बहुत अधिक पानी की आवश्यकता होती है।

इस सबका मतलब हम क्या निकालें? पहले तो समावेशी समाज की रचना एक वांछनीय, बल्कि आवश्यक लक्ष्य है लेकिन ऊपर से नीचे तक इस तरह के अनुदान देकर इसे प्राप्त नहीं किया जा सकता, विशेष रूप से तब जब सरकार खुद ही कंगाल हो रही हो। वास्तव में इतनी बड़ी धनराशियों का व्यर्थ

का वितरण या उन्हें बहाया जाना देखते हुए तर्क दिया जा सकता है कि सरकार के ये अनुदान समावेशी समाज की रचना में बाधक हैं, क्योंकि इस अनुत्पादक व्यय को वंचितों के वास्तविक हित में भी खर्च किया जा सकता था। ऐसे तमाम अनुदान जो आर्थिक रूप से ग्राह्य नहीं हैं, उन्हें क्रमशः समाप्त कर देना चाहिए। इनमें कोयला, केरोसिन और डीजल शामिल हैं। ये राष्ट्र की अर्थव्यवस्था पर एक बड़ा बोझ डालते हैं, जिसके परिणामस्वरूप सामाजिक समावेशिता के लिए उत्पादक उपायों के हमारे संसाधन कम हो जाते हैं।

दो, भव्य महत्त्वाकांक्षी लक्ष्यों की घोषणाएँ जमीनी वास्तविक परिवर्तन शुरू करने का विकल्प नहीं हो सकतीं। शिक्षा के अधिकार का कानून (आरटीई) एक अन्य ऐसा उदाहरण है जो इस बात को प्रदर्शित करता है। साहसपूर्वक यह छह से चौदह वर्ष की आयु तक के सभी बच्चे-बच्चियों के लिए गुणवत्तापूर्ण शिक्षा उपलब्ध कराने की प्रतिबद्धता का दावा करता है, यह प्रभावशाली घोषणा है। किन्तु कानून में ऐसे प्रावधान नहीं हैं जिनसे संकेत मिल सके कि यह किस तरह सम्भव हो सकेगा। हमारे देश के 93 प्रतिशत बच्चे सरकारी विद्यालयों में पढ़ते हैं। ये स्कूल बिना किसी अपवाद के उपेक्षा का नमूना हैं, शिक्षकों की अनुपस्थिति व्यापक है, सारे सार्वजनिक विद्यालयों में 50 प्रतिशत ऐसे हैं जिनमें बिजली या अलग से रसोई नहीं है, छात्रों की उपस्थिति का औसत लगातार घट रहा है, विद्यालय छोड़नेवाले छात्रों की संख्या अस्वीकार्य रूप से बहुत अधिक है, शिक्षा की गुणवत्ता बहुत निराशाजनक है, अनुशासन बनाने के तरीके पिछड़े हुए हैं, शिक्षा के उपादान तो लगभग हैं ही नहीं और कोष का सदा अभाव रहता है या होता भी है तो उसका ठीक से उपयोग नहीं किया जाता। इस दुरवस्था को सुधारने के लिए शिक्षा अधिकार कानून में कोई ऐसे उपाय अथवा दंड नहीं सुझाए गए जो किए जा सकें। सच तो यह है कि मानव संसाधन मंत्रालय (एचआईडी) ने संसद की परामर्श समिति को दी गई हाल ही की एक रिपोर्ट में बताया है कि प्राथमिक और माध्यमिक विद्यालयों में शिक्षकों के 12.59 लाख पद भरे नहीं जा सके हैं। लेकिन शिक्षा के अधिकार का कानून (आरटीई) ऐसे निजी विद्यालयों को, जिन्हें मान्यताप्राप्त नहीं है और जिनमें सरकारी पाठशालाओं की दुर्गति देखकर बच्चों को अध्ययन के लिए प्रवेश लेना पड़ता है, बन्द करने का आदेश देता है। इसमें मान्यताप्राप्त निजी विद्यालयों के लिए यह बन्धन भी है कि वह सरकारी विद्यालयों के बराबर वेतन दें, इससे छात्रों से ली जानीवाली फीस में पाँच गुना से अधिक तक वृद्धि हो सकती है। स्पष्ट है कि यह कानून केवल घोषणा के लिए ही अच्छा है और इससे लाभ की अपेक्षा हानि ही अधिक होनेवाली है।

तीसरी बात, अविचारित राज्य परार्थवाद सामाजिक प्रतीकात्मकता को लोकप्रियता देता है। इसका उदाहरण एक फैसला है जिसके अनुसार निजी विद्यालयों से कहा गया है कि वह अपनी 25 प्रतिशत सीटें कम आय वर्ग के बच्चों के लिए आरक्षित रखेंगे। इस निर्णय की पुष्टि भी सर्वोच्च न्यायालय ने अप्रैल 2012 में कर दी। यह सामाजिक भेदभाव और श्रेष्ठिवाद को तोड़ने की दिशा में एक अच्छा कदम है। किन्तु निजी विद्यालयों की संख्या सीमित है और जैसा कि पहले कहा गया अधिकांश बच्चे ऐसे हैं जिनके पास सरकारी विद्यालयों में जाने के अलावा कोई अन्य विकल्प नहीं है, इससे बुरी कम हासिल होनेवाला है। सबसे खराब बात यह है कि यह भ्रष्टाचार की एक और खिड़की खोल देगा क्योंकि सरकारी तंत्र ही यह प्रमाणित कर रहा होगा कि कौन से बच्चे 'कमजोर और वंचित वर्ग' के हैं। भ्रष्टाचार की गुंजाइश और बढ़ जाती है क्योंकि कानून के अनुसार निजी विद्यालयों में आरक्षित 25 प्रतिशत सीटों का वित्तीय भार सरकार उठाएगी। जो भी भारत की लालफीताशाही के काम करने से परिचित हैं वे तत्काल समझ लेंगे कि इससे रिश्वत पाने की सम्भावनाएँ बढ़ेंगी।

यदि उपयोग और क्रियान्वयन के लिए शेष ढाँचा यथावत् ही रहता है तो बजट आवंटन में वृद्धि एक सराहनीय कदम होने के बाद भी सही हल नहीं है। उदाहरण के लिए ताजा संघीय बजट में सर्वशिक्षा अभियान के लिए 22 प्रतिशत (25,000 करोड़ रुपए) की उल्लेखनीय वृद्धि की गई है, यह प्राथमिक शिक्षा का राष्ट्रीय कार्यक्रम है। इसी तरह माध्यमिक शिक्षा के लिए इस बजट में-राष्ट्रीय माध्यमिक शिक्षा अभियान-29 प्रतिशत (3000 करोड़ रुपए से अधिक) की वृद्धि हुई है। शिक्षा के क्षेत्र में भी इसके द्वारा छह राष्ट्रीय अभियानों की स्थापना हुई है-कृषि और लघु सिंचाई, तिलहन, कृषि विस्तार और तकनीकी, बागवानी और प्रोटीन पूरक। तथापि विगत क्रियान्वयन इस बात के सूचक हैं तो नई योजनाएँ और बढ़ी हुई धनराशियों का उपयोग कम होगा या होगा ही नहीं या फिर क्रियान्वित करनेवाली एजेंसियाँ इन्हें हड़प जाएँगी।

एक वस्तुपरक आकलन से ज्ञात होता है कि सकल आर्थिक विकास दर जब ऊँची होती है तब गरीबों को उससे अधिक लाभ होता है, अपेक्षाकृत जब विकास में गिरावट आ रही हो और लोक-लुभावन नीतियाँ अपनाई जा रही हों। यद्यपि अपने आपमें विकास ही निर्धनतम जनों को राहत देने के लिए काफी नहीं है (हम बाद में इस बात की चर्चा करेंगे कि इसके लिए क्या किया जाना चाहिए) किन्तु इसमें कतई सन्देह नहीं कि विकास की उच्च दर से गरीबों की संख्या कम करने में निश्चित रूप से सहायता मिलती है। 1991 के आर्थिक

सुधारों के बाद के दशक में जब पहली बार विकास दर 8 प्रतिशत वार्षिक तक पहुँच गई थी तब कथित समाजवाद के पूर्वकालिक दशकों की तुलना में अधिक संख्या में लोग गरीबी रेखा से ऊपर उठे। एक प्रतिष्ठित अर्थशास्त्री ने साफ शब्दों में कहा है : 'अस्सी के दशक में निर्धनता में कमी आने के संकेत तभी मिलने लगे थे जब भारत में उदारीकरण की शुरुआत हुई। 2000 के मध्य में विकास दर के 8-9 प्रतिशत रहने के साथ गरीबी घटने की गति भी बढ़ी और यह सुझाव सभी व्यापक सामाजिक समूहों के लिए सच था, केवल समग्र जनसंख्या के लिए ही नहीं, यह समाज विज्ञान का निर्विवाद तथ्य है।'[52]

हाल ही के रुझानों के लिए स्वामीनाथन अय्यर के पास ठोस आँकड़े हैं : '2004-05 और 2009-10 के बीच की 8.5 प्रतिशत रिकॉर्ड विकास दर ने प्रतिवर्ष 1.5 प्रतिशत बिन्दुओं की रिकॉर्ड गति से गरीबी को कम किया, ग्यारह वर्षों में 0.7 प्रतिशत बिन्दुओं के दूने से।'[53] 'विकास और गरीबी घटने का बहुत निकट का अन्तर्सम्बन्ध है, यह एक ऐसा तथ्य है जिस पर भारत जैसे देश में जोर दिया जाना चाहिए।' अर्थशास्त्री और निवेश परामर्शदाता सुरजीत एस. भल्ला कहते हैं, 'विकास दर में अपेक्षाकृत औसत वृद्धि होने के बावजूद एनडीए कार्यकाल में गरीबी घटने की दर 1.2 प्रतिशत से दुगुनी बढ़कर यूपीए के कार्यकाल में 2.4 तक पहुँच गई।'[54] आकलन दर्शाते हैं कि यदि अगले पाँच वर्षों तक प्रतिवर्ष 9 प्रतिशत की विकास दर रहे तो यह 75 मिलियन अत्यन्त गहरी निर्धनता में डूबे हुए भारतवासियों को उबारने में सफल रहेगी। यद्यपि वर्तमान विकास दर लगभग 7 प्रतिशत है अर्थात् इसमें 2 प्रतिशत का अन्तर है। क्या यह अन्तर लाखों भारतीयों के जीवन स्तर में महत्त्वपूर्ण अन्तर ला पाएगा।[55]

अतएव यह अनिवार्य है कि विकास गति में हमारी अर्थव्यवस्था को ऊँचे स्तर पर रखकर ही हम गरीबों के जीवन पर इसके प्रभाव को देख पाएँगे। लेकिन विकास कोई एकसार शिला नहीं है। जीन ड्रीज और अमर्त्य सेन 'वृद्धि के साथ विकास' का महत्त्व प्रतिपादित करते हैं, जहाँ औचित्य को वरीयता दी जाती है, किन्तु निश्चित रूप से इसका अर्थ यह नहीं है कि उन असफल सरकारी योजनाओं में बड़ी-बड़ी धनराशियाँ प्रस्तावित की जाएँ जो अपने लक्ष्य को प्राप्त करने में आशानुकूल सफल नहीं हुई हैं और जिनसे संस्थागत भ्रष्टाचार का एक ताना-बाना बन गया है। इसका समाधान यह है कि अर्थव्यवस्था के उन क्षेत्रों में वृद्धि सुनिश्चित की जाए जिनसे सीधे-सीधे गरीबों के हित जुड़े हुए हैं, और जो उन्हें अमानवीय निर्धनता से उबरने के अवसर उपलब्ध कराते हैं।

एक बुनियादी समस्या यह है कि विकास की क्षमता होने के बाद भी हमारी अर्थव्यवस्था की संरचना आड़ी-तिरछी है। सेवा क्षेत्र में जहाँ कम से कम

लोगों को रोजगार मिलता है हमारे सकल घरेलू (जीडीपी) उत्पाद का 56 प्रतिशत है, उद्योग जिसे जनसंख्या के एक बड़े वर्ग को लाभदायक रोजगार उपलब्ध कराना चाहिए, उसका भाग केवल 28 प्रतिशत है, और कृषि, जो जनसंख्या के अधिकांश का जीवन-आधार है सकल घरेलू उत्पाद (जीडीपी) का केवल 16 प्रतिशत है।

यदि वह क्षेत्र जिसमें साठ करोड़ और अधिकांशतया असह्य रूप से निर्धन लोग हैं, इतना कम उत्पादन करता है तो क्या भारत से गरीबी कभी भी दूर हो सकेगी? इस पुस्तक में हम पहले ही कह चुके हैं कि भारत की विकास-गाथा में कृषि एक अति उपेक्षित क्षेत्र रहा है। कई दशकों से इसकी विकास गति राष्ट्रीय औसत से 2 से 3 प्रतिशत तक प्रतिवर्ष रही है। 1991 के सुधार अर्थव्यवस्था के अन्य क्षेत्रों के लिए तो लाभदायक रहे, लेकिन कृषि में अति आवश्यक परिवर्तनों पर उनमें ध्यान नहीं दिया गया। तब से अब तक इस क्षेत्र में ऐसा कुछ नहीं हुआ जो उल्लेख्य हो। कृषि ऐसा अकेला अर्थव्यवस्था का क्षेत्र है जो अब भी उसी गति से चल रहा है जिसे 1991 से पहले के वर्षों में विकास की हिन्दू दर कहा गया था।

भारत के निर्धनता उन्मूलन कार्यक्रम और इसकी अधिक समावेशी समाज बनाने की कल्पना की कुंजी है कृषि क्षेत्र की दूसरी क्रान्ति। 1960 में हुई हरित क्रान्ति वह आखिरी अवसर था जब कृषि उत्पादकता में गुणात्मक परिवर्तन हुए थे। तब से आज तक के पचास वर्षों में न्यूनतम समर्थन मूल्य (एमएसपी) के अलावा कुछ और नहीं बदला है जिन्हें लोक-लुभावन कारणों से प्रतिवर्ष बढ़ा दिया जाता है। प्रभावरहित दी जानेवाली सब्सिडियों के चक्र को कृषि में निवेश समझने की भूल की जाती है। वास्तविकता तो यह है कि 'कृषि को दिए जानेवाले सार्वजनिक धन का लगभग 80 प्रतिशत दी जानेवाली सब्सिडियों के रूप में है (खाद, बिजली सिंचाई), जबकि अनुसन्धान से ज्ञात हुआ है कि कृषि निवेश से मिलनेवाले मामूली लाभ इसमें लगाए गए निवेश से पाँच या दस गुना ही अधिक हैं। यहाँ अर्थशास्त्र बिलकुल साफ है। निवेश को फलीभूत होने में समय लगता है, किन्तु यह लाभान्वित करने की दृष्टि से अधिक स्थायी होते हैं।'[56]

सामाजिक ढाँचे में विसंगतियाँ और कृषि भूमि के आकार के रहते हुए भी अधिक कृषि उत्पादकता का असर निर्धनता के स्तर पर पड़ेगा। उत्पादकता बढ़ती है तो मजदूरी और आमदनी भी बढ़ेगी, अधिक खाद्यान्नों का उत्पादन होने से भूख के चरम स्तर प्रभावित होंगे, बचत में वृद्धि होगी, उत्पादन के तरीकों और तकनीकों में सुधार होगा। निर्धन वर्गों को भी इसका लाभ मिलेगा,

और परवर्ती सुनियोजित हस्तक्षेपों से इस धारा को दृढ़ता दी जा सकती है। यह फिर से कहना पड़ता है कि खेती से सकल घरेलू उत्पाद (जीडीपी) में आनेवाला प्रत्येक रुपया गरीबी उन्मूलन के प्रयासों के लिए अन्य उपायों की तुलना में दोहरे महत्त्व का है।

कृषि उत्पादकता में वास्तविक वृद्धि से कार्यशक्ति के लिए लाखों लोग उपलब्ध हो सकेंगे क्योंकि कृषि क्षेत्र में निपुणता के बढ़ने पर ऐसे लोगों की संख्या कम हो जाती है जिनकी उत्पादकता के लिए जरूरत है। पहले से ही भारत के कृषि क्षेत्र में छद्म रोजगार और अपर्याप्त रोजगार व्यापक रूप से मिलता है। जब तक यह कार्यशक्ति, जिसका पूरा-पूरा इस्तेमाल नहीं हो रहा है, बगैर किसी विकल्प के खेती के साथ जुड़ी रहेगी तब तक गरीबी का स्तर ऊँचा रहेगा। इसलिए यह अपरिहार्य है कि कृषि क्षेत्र में दूसरी क्रान्ति लाई जाए। इससे हमारे औद्योगिक क्षेत्र में क्रान्ति का सूत्रपात हो सकेगा। भारत में औद्योगिक क्षेत्र का सकल घरेलू उत्पाद (जीडीपी) में योगदान केवल 16 प्रतिशत है, इसकी तुलना में चीन का सकल घरेलू उत्पाद (जीडीपी) 42 प्रतिशत है। गत्यात्मक रूप से विस्तृत होता हुआ औद्योगिक उत्पादन का क्षेत्र एक ऐसा स्पंज है जो रोजगार के योग्य उन भारतीयों को जज्ब कर लेगा जो विकल्प के अभाव में गरीबी की दलदल में फँसे रहते हैं। सेवा क्षेत्र का सकल घरेलू उत्पाद (जीडीपी) में योगदान विशाल है किन्तु इसकी रोजगार क्षमता कम है। इस अन्तर को तभी पाटा जा सकता है जब औद्योगिक उत्पादन उत्पादकता में एक ऊँची छलाँग ले।

हमारे औद्योगिक उत्पादन की मूलभूत कमी यह है कि इसका 40 प्रतिशत उत्पाद अनौपचारिक क्षेत्र से आता है, जिसके लक्षण हैं-कम उत्पादन, कम मजदूरी और श्रम कानूनों का अभाव। इसके विपरीत दक्षिण कोरिया के लिए यही आँकड़े 4 प्रतिशत और जापान के लिए 5.8 प्रतिशत हैं। केवल तभी जब हमारी अर्थव्यवस्था का संगठित औद्योगिक क्षेत्र रोजगार प्रोत्साहन के आधार पर तेजी से आगे बढ़े, हम रोजगार उत्पन्न कर सकते हैं-न केवल अपने युवाओं के लिए ही बल्कि शहरी और ग्रामीण गरीबों के लिए भी। दिल्ली-मुम्बई इंडस्ट्रियल कोरिडोर डेवलपमेंट कॉरपोरेशन के सीईओ और एमडी अमिताभ कांत का अनुमान है कि औद्योगिक उत्पादन के रोजगारोन्मुख विकास की नीति से लगभग 70 प्रतिशत नई रोजगार सम्भावनाएँ उत्पन्न हो सकती हैं।[57] नई राष्ट्रीय मैन्यूफैक्चरिंग पॉलिसी (एनएमपी) का लक्ष्य है, वर्तमान 2021-22 तक वर्तमान 16 प्रतिशत से औद्योगिक हिस्सेदारी को बढ़ाकर 25 प्रतिशत तक करके सौ मिलियन नए रोजगार उत्पन्न करना। इसका अर्थ है कि अब से 2023

तक के दशक में वर्ष-दर-वर्ष हमारे औद्योगिक क्षेत्र का 16 प्रतिशत विकास होना चाहिए। चीन भी अपने औद्योगिक विस्तार के लिए अपने सघन प्रयासों के बाद भी यह नहीं कर पाया है। फिर भी चुनौती को स्वीकार करना होगा क्योंकि समावेशी विकास की सबसे अच्छी रणनीति यही है कि नूतन कृषि क्रान्ति के साथ-साथ श्रमोन्मुख औद्योगिक क्षेत्र का सघन विस्तार किया जाए।

लेकिन इतने से ही समावेशी विकास की रणनीति तब तक सफल नहीं होगी जब तक इसके साथ भारतीय समाज की मानसिकता नहीं बदलती। जब तक अपेक्षाकृत सम्पन्न वर्गों को इसके लिए प्रेरित नहीं किया जाता कि वे वंचितों के प्रति अपनी परम्परागत संवेदनहीनता का परित्याग कर सकें तब तक इसकी सम्भावना है कि जिस परिवर्तन की आवश्यकता है वह नहीं हो सकेगा या केवल प्रतीकात्मक होकर रह जाएगा। समावेशी समाज के निर्माण के लिए एक प्रोत्साहक वातावरण की आवश्यकता होती है, और यह सही आर्थिक नीतियाँ बनाने की अपेक्षा कहीं अधिक कठिन काम है।

ऐसा प्रत्येक व्यक्ति, जो अधिक सम्पन्न समाज से आता है, में भारत को एक अधिक संवेदनशील समाज बनाने की धुन होनी चाहिए। आज की स्थिति यह है कि देश का श्रेष्ठिवर्ग, यदि सम्भव हो तो, अलग होकर अपना पृथक् गणराज्य बना ले। लेकिन चूँकि गरीबों की संख्या अधिक है, इसलिए वे उन्हें यह करने नहीं देंगे, ज्यादा अच्छा तरीका यह मान लेने का है कि उनका कोई अस्तित्व ही नहीं है। यह दृष्टिकोण भयावह है और तत्काल इसे बदलने की आवश्यकता है। देश के कम सौभाग्यशाली देशवासियों के संघर्ष के प्रति इस अनासक्ति का आंशिक सम्बन्ध हमारी विरासत से है, अनादि काल से असाध्य रूप से वंशानुगत समाज रहा है, जिसमें सबसे नीची सीढ़ी पर के लोगों को पूर्व निर्धारित नियति के रूप में देखा जाता है, यह वैयक्तिक कर्म का परिणाम है और इसकी कोई सहायता सम्भव नहीं है। तथापि सम्पन्न वर्ग के लिए मोक्ष या पापमुक्ति का वास्तविक संसार में नैतिकता अथवा संवेदना से कुछ लेना-देना नहीं है, तिरुपति जैसे धनाढ्य देवालयों में सम्पन्न लोगों की हुंडियाँ, सोना और जवाहरात दान से भरी पड़ी होती हैं, लेकिन वह गरीबों के लिए एक पैसा तक खर्च नहीं करते।

इस अवस्था का एक महत्त्वपूर्ण कारण यह है कि वंचितों के लिए क्या किया जाए, इसका लगभग एकाधिकार सरकार ने ले रखा है। सरकार की सोच है कि जो होना चाहिए उसके लिए 'माई बाप सरकार' को और कहीं से समर्थन की जरूरत नहीं है और न ही यह जरूरी है कि समाज की सामाजिक रूप से असंवेदनशील मानसिकता में कोई बदलाव हो। वस्तुतः कुछ ऐतिहासिक

कारणों से नीति–निर्धारण में इस पूर्वग्रह की भूमिका रहती है कि समावेशी हितों पर सरकार का एकाधिकार है और उसमें दखल की कोशिश करनेवाले उसके मित्र नहीं हैं। निस्सन्देह पहल, उत्प्रेरणा और धन उपलब्ध कराने की दृष्टि से सरकार की भूमिका महत्त्वपूर्ण है किन्तु इसका अर्थ यह नहीं कि बाहर की साझेदारी और योगदान के लिए कोई गुंजाइश ही नहीं बचती। सच तो यह है कि राज्य के परार्थ पर एकाधिकार इसलिए है क्योंकि प्रतिष्ठान यह नहीं चाहता कि बाहर के लोग आकर इसके साथ होनेवाले भ्रष्टाचार की मलाईदार सम्भावनाओं के हिस्सेदार बनें। दुर्भाग्य यह है कि समावेशी विकास की प्रत्येक शासकीय योजना में ढील और कुप्रबन्ध से लक्ष्य अपने आपमें कठिन हो जाता है। इस रिश्वतखोरी और उदासीनता को समाप्त होना ही चाहिए।

इसके लिए पहली आवश्यकता है कि सरकार की मानसिकता में बदलाव हो। समय आ गया है कि समता के प्रोत्साहन में निजी सहयोग के प्रति, यदि सीधी–सीधी आक्रामकता नहीं तो, पुराने सन्देह को समाप्त किया जाए। लम्बे समय से चले आ रहे सामाजिक असंपृक्तता के आचरण और भारतीय मनोविज्ञान की स्वार्थपरकता को ध्यान में रखते हुए सरकार को ऐसी नीति बनानी चाहिए जो समावेशी लक्ष्यों को पाने के अभियान के अन्तर्गत योजनाओं में योगदान करनेवालों के हित में हो। इस नीति में कॉरपोरेट क्षेत्र की सामाजिक जिम्मेदारी (सीएसआर) के करों में छूट या प्रोत्साहन पुरस्कार जैसे उपाय शामिल किए जाने चाहिए। उसे उन गैर–सरकारी संगठनों (एनजीओ) से भी सम्पर्क करना चाहिए जिनका सेवा कार्य प्रशंसनीय रहा है और उन्हें नए संगठनों को भागीदारी के लिए आमंत्रित करना चाहिए। अपने समाज की संरचना बदलने की महती आवश्यकता के लिए हमें निजी क्षेत्र और सरकार से बाहर के व्यक्तियों को उत्प्रेरित और प्रोत्साहित करने के लिए अभूतपूर्व अभियान की जरूरत है ताकि वे बड़े पैमाने पर समावेशी विकास के सहयोगी हो सकें। निर्धन भारत की सहायता करनेवाली योजनाओं में साझीदार बनने में भारतीयों को दायित्व और गर्व का अनुभव होना चाहिए। जागरूक नीतियों के माध्यम से सरकार द्वारा समर्थित मानव–कल्याण में स्पर्द्धा की भावना देश की आवश्यकता है। हम केवल तभी उन भुला दिए गए परोपकार जैसे मूल्यों की पुनर्स्थापना कर सकेंगे जो कभी हमें प्रेरित किया करते थे। एक समय था जब मनुष्य प्रतिबद्धता के साथ यह विश्वास करता था जो सफल है उसे समाज को वह लौटाना चाहिए जो उन्हें समाज से मिला है। फिर से इस धारणा में विश्वास करनेवाले नागरिकों को हमें प्रोत्साहित करना है।

परिवर्तन आसानी से नहीं होगा। किन्तु समावेशी समाज की रचना के

लिए समुचित वातावरण का निर्माण शायद भारत की सर्वथा उपेक्षित योजना रही है। भारत को अपने ही नागरिकों की असंवेदनीयता से बचाने के लिए सरकार द्वारा समर्थित एक नया प्रयत्न होना चाहिए। यह नियोजन आदर्शवादी लग सकता है, किन्तु इसे काफी समय तक स्थगित नहीं किया जा सकता। हमें अपने ही हित के लिए यह समझ लेना चाहिए। क्योंकि सच तो यह है कि संवेदनाविहीन समाज अस्थिर होते हैं, उनमें सामाजिक चेतना नहीं होती, उनमें संस्थागत अस्थायित्व बना रहता है, सामाजिक अशान्ति को बढ़ावा देते हैं, और आत्मविध्वंस की राह पर चल पड़ते हैं, यदि हम महान राष्ट्र बनना चाहते हैं तो गरीबों के प्रति अपनी चिन्ता के लिए व्यक्ति और समाज के स्तर पर हमें सुधार दर्शाना होगा। केवल इसी से काम करनेवाले और असफल समावेशी कार्यक्रम के बीच का अन्तर स्पष्ट होगा। इसलिए चाणक्य का नया घोषणापत्र कहता है–

5.1 इस स्वीकारोक्ति का समय आ गया है कि सब्सिडियों के रूप में ऊपर से नीचे तक धन पहुँचाने की राज्य परार्थवाद की नीति अपने साध्य लक्ष्यों को प्राप्त नहीं कर पाई है। इसके अनेक कारण हैं, पहला यह कि यह समस्या की जड़ों पर प्रहार नहीं करती इसलिए आधारभूत समाधानों से इसका ध्यान भटक जाता है। दूसरा, यह बहुत अधिक स्तरहीन परिणामों के लिए अतिशय साधनों को फँसा देती है जिससे संसाधनों की कमी हो जाती है जो उसी लक्ष्य को प्राप्त करने में अधिक सकारात्मक ढंग से लगाए जा सकते थे। तीसरे यह भ्रष्टाचार की एक अधोरचना निर्मित–पोषित करती है, जो अपराध को बढ़ावा देने और राजकोष की धन हानि के अतिरिक्त गरीबों की जरूरतों के प्रति उदासीनता और निर्ममता को भी जन्म देती है, चौथी बात यह कि वित्तीय संयम की दृष्टि से इसके गम्भीर परिणाम होते हैं, जो उस अर्थव्यवस्था के लिए विशेष रूप से गम्भीर है जो सकल घरेलू उत्पाद (जीडीपी) में 6 प्रतिशत घाटे से गुजर रही है। पाँचवें, यह इस पौराणिकता को प्रश्रय देती है कि सरकार गरीबों के लिए इतना कुछ कर रही है और केवल वही यह कर सकती है, इससे समावेशी लक्ष्यों को प्राप्त करने में गैर–सरकारी सहयोगियों की प्रेरकता कुंठित हो जाती है और उनके लिए जगह नहीं बचती।

5.2 समस्या का आकार इतना विशाल है कि हमें तात्कालिक शक्तिहीन, अल्पकालिक, लोक–लुभावन समाधानों को पीछे छोड़ना होगा और ऐसे उपाय करने होंगे जो राजनीतिक रूप से भले आकर्षक न हों

और जिनका निकट भविष्य में चुनावी लाभ भले न मिले, लेकिन जो बुनियादी, स्थायी और शक्तिकारक हैं।

5.3 बेहतर समावेशिता के लिए अर्थव्यवस्था का सुप्रबन्ध सबसे पहले आवश्यक है, जो सुशासन से आता है क्योंकि यह सिद्ध हो चुका है कि जब आर्थिक विकास की दर कुल मिलाकर ऊँची हो तो इसका लाभ निर्धनतम वर्ग को भी मिलता है। इसके अतिरिक्त एक स्थिर और गत्यात्मक नेतृत्व ही गरीबों के सशक्तीकरण की विशिष्ट योजनाओं का बेहतर क्रियान्वयन कर सकता है।

5.4 राज्य की भूमिका की कड़ी समीक्षा होनी चाहिए। यह विचार आवश्यक रूप से राज्य के योगदान को सीमित करने के लिए नहीं है, बल्कि उसकी भूमिका को केन्द्रित करने के लिए है ताकि वांछित प्रतिदान वास्तव में जनता तक इस तरह पहुँच सके कि उसका रूपान्तरण हो।

5.5 नरेगा (एनआरईजीए) और खाद्य सुरक्षा विधेयक जैसी योजनाएँ, जो अनाज मुहैया करने या आपदाकालीन रोजगार दिलाने के लिए बनी हैं, ऐसे क्षेत्रों तक सीमित रहनी चाहिए जहाँ अकाल की आशंका है या अकाल से पीड़ित हैं, इन्हें तत्कालीन राहत के रूप में होना चाहिए। इस कार्य के लिए सरकार की सभी आधार सहित यूनीक आइडेंटीफिकेशन स्कीमों को सबसे पहले इन क्षेत्रों में निर्धनतम व्यक्तियों की पहचान पर ध्यान देना चाहिए। इससे आवश्यक सहायता उन तक सुनिश्चित लक्ष्य के साथ सरकारी सहायता के रूप में पहुँच सकेगी। यह भी कि उन्हें यह प्रयत्न और निश्चित करना चाहिए कि अधिकतम सहायता इसके लाभार्थियों तक नकद अन्तरण द्वारा पहुँचे जिसमें भ्रष्टाचार कम होता है।

5.6 यूनीक आइडेंटिटी पर आधारित आधार एक आवश्यक पहल है। पुस्तक लिखे जाने के समय तक 21 करोड़ लोगों को ऐसे यूनिक आइडेंटिटी कार्ड दिए जा चुके होंगे, फिर भी यह संख्या जनसंख्या का केवल छठा हिस्सा है। आधार सम्बद्ध भुगतान 51 जिलों में शुरू होगा, इसमें अधिकांश वृद्धावस्था पेंशन और नरेगा (एनआरईजीए) की मजदूरी का भुगतान होगा, फिर भी 550 जिलों में इसे लागू करना शेष रह जाएगा। इस कार्य की विशालता को देखते हुए, आधार की अधिक उपयोगिता तब होगी जब यह पहले से पहचाने गए जिलों में सावधानी से लक्षित किए गए समूहों का ध्यान रखकर

उन तक निश्चित राहत पहुँचा सके, जो विशेष रूप से बार-बार के सूखे और अकाल के शिकार हैं और फलस्वरूप जिन्हें भयावह स्तर पर खाद्य-असुरक्षा का सामना करना पड़ता है। इसके अतिरिक्त आधार के प्रयोग से राज्य से हितग्राही के बैंक में सीधा नकद भुगतान एक ज्यादा अच्छा विकल्प होगा, बनिस्बत उस सीधे प्रदाय के जो सार्वजनिक वितरण प्रणाली (पीडीएस) में सोचा गया था, जिसमें आज भी खतरे हैं। इस पैमाने पर किए जा रहे अभियान में ढीलपोल और मानवीय भूलों से योजना के प्रभावित होने से इनकार नहीं किया जा सकता। यह आशंका भी है कि नकद भुगतान का उपयोग दूसरे कार्यों के लिए भी किया जा सकता है, या निहित स्वार्थ हितग्राहियों से पैसा चूसेंगे, और अन्ततः एक प्रतिस्पर्द्धात्मक लोकतांत्रिक व्यवस्था में हमेशा यह डर तो बना ही रहेगा कि चुनाव से पहले नकद भुगतान मतदाताओं को प्रभावित करने में इस्तेमाल किया जाएगा। आवश्यक बात यह है कि आधार और नकद भुगतान सुविधाओं का इस्तेमाल जहाँ बहुत जरूरी हो वहाँ तक राहत पहुँचाने के लिए होना चाहिए। वर्तमान स्थिति में राष्ट्रीय स्तर पर लोककल्याण के लिए इसका उपयोग अभी बहुत महत्त्वाकांक्षी रहेगा। लेकिन यह इसे देर तक लटकाए रखने का बहाना नहीं बनाया जाए, अपितु अधिक व्यावहारिक समाधानों जैसे कृषि उत्पादकता में भारी वृद्धि के लिए इसका उपयोग किया जाए।

5.7 हम देख चुके हैं कि जब अर्थव्यवस्था में तेजी से विकास होता है तो उसका लाभ वंचितों को मिलता है। तथापि सरकार को उन क्षेत्रों के विकास पर अपना ध्यान केन्द्रित करना चाहिए जो निर्धनतम वर्गों पर अधिक प्रभाव डालता है।

5.8 इस दृष्टि से सरकार को कृषि के लिए एक नया राष्ट्रीय मिशन तय करना चाहिए जिसका उद्देश्य हो अगले पाँच वर्ष में राष्ट्रीय कृषि विकास दर को तीन गुना बढ़ाना। कुप्रबन्धित लोक-लुभावन योजनाओं पर लगाई जानेवाली बड़ी-बड़ी धनराशियों को समस्या के मूल पर प्रहार करने के लिए लगा देना चाहिए अर्थात् न्यून उत्पादकता, सूखा पीड़ित क्षेत्रों के अलावा, जहाँ राज्य का विशेष ध्यान देना जरूरी है। कृषि उत्पादकता में बड़ा उछाल उस संख्या में अभूतपूर्व रूप से कमी लाएगा जो गरीबी रेखा के नीचे रह रही है। इसके साथ ही यह अर्थव्यवस्था के अन्य सभी क्षेत्रों के लिए मददगार होगा।

5.9 दूसरी हरित क्रान्ति के लिए क्या किया जाना चाहिए। यह सब जानते हैं और उसकी चर्चा इस पुस्तक में जहाँ-तहाँ की जा चुकी है, तथापि यह विवरण कि नीति कैसे निर्धारित हो और इसके क्रियान्वयन की विधि कौन सी हो, यह सब भारत की कृषि क्रान्ति के जनक एम.एस. स्वामीनाथन जैसे महान विशेषज्ञों पर छोड़ देना चाहिए। तथापि कुछ क्षेत्र जिन पर ध्यान दिया जाना आवश्यक है, वह होंगे– सिंचाई (जलसंरक्षण और ड्रिप सिंचाई तकनीक सहित), बेहतर कृषि विस्तार सेवा, नए और सुधरे हुए बीज, उपयुक्त खादों का प्रयोग, यंत्रीकरण, सुधरी हुई साख सेवाएँ, गोदामों और शीत भंडारों की सुविधाएँ, अच्छी सड़कों से जुड़ाव, शोध और अनुसन्धान के बेहतर नतीजे, नकदी फसलों पर ध्यान इत्यादि।

5.10 केन्द्र में एक गतिशील कृषि मंत्री के साथ सरकार को 2013 के मध्य तक एक श्वेतपत्र प्रस्तुत करना चाहिए जिसमें कृषि के राष्ट्रीय मिशन के प्रमुख तत्त्वों की जानकारी दी जाए। श्वेतपत्र में प्राथमिक कार्यों, समयावधि, वित्तीय साधनों, निजी-सार्वजनिक भागीदारी (पीपीपी) का स्वरूप, क्रियान्वयन की रणनीति, आवश्यक कानून और उत्पादन-लक्ष्यों का स्पष्ट उल्लेख होना चाहिए। इस व्यापक नीति प्रपत्र के अन्तर्गत, जो राष्ट्र के नए संकल्प का द्योतक होगा, राज्यों और पंचायतों को यह स्वतंत्रता दी जानी चाहिए कि वे अपने क्षेत्र के अनुसार क्रियान्वयन की रणनीतियाँ निर्धारित कर सकें।

5.11 कृषि उत्पादन में वृद्धि के उपक्रम में उपार्जन और वितरण की केन्द्र नियंत्रित व वर्तमान संरचना को समाप्त करना होगा। इस प्रक्रिया के पहले चरण में एपीएमसी कानून में बहुत सुधार करने होंगे। फिर प्रक्रिया के विकेन्द्रीकरण के लिए जिला प्रशासन के सीधे समर्थन से कदम उठाने होंगे। आवश्यक हो तो राज्य और पंचायतों को अनुदानित अनाज के विपणन का दायित्व सौंपा जाएगा।

5.12 इसके साथ ही राज्य की सीमाओं के आर-पार खाद्यान्नों के आवागमन पर लगे वर्तमान प्रतिबन्धों को समाप्त कर देना चाहिए। राजकीय प्रतिबन्धों के साये में ही भ्रष्टाचार फलता-फूलता है, यह बाजार की शक्तियों में प्रवेश कर जाता है और इससे आर्थिक जड़ता और निर्भरता का जो वातावरण बनता है उसका लाभ अन्ततः बड़े किसानों को ही होता है।

5.13 नए मिशन के मुख्य उद्देश्यों में से एक यह होना चाहिए कि

निर्धनतम व्यक्ति को बेहतर कौशल और अधिक आय मिले, जो उसे शक्ति प्रदान करेगी। इससे वह विकासशील अर्थव्यवस्था का सक्रिय भागीदार बन सकेगा और बुरी तरह चलाई जा रही दान व्यवस्था पर निर्भर नहीं रहेगा। हमारे योजनाकारों के मनोविज्ञान में परिवर्तन की आवश्यकता है। अभी वे समझते हैं कि गरीब अपनी सहायता खुद नहीं कर सकता। यह सच से कितना दूर है! गरीब से भी गरीब किसान एक अर्थव्यवस्था और राजनीति का मजबूत खिलाड़ी हो सकता है, यदि उसे इनसे अपने आप खड़ा होने के सही अवसर मिल सकें तो। बहुत सारे लोग गरीबी में इसलिए फँसे रहते हैं क्योंकि उनके सामने दूसरा चयन नहीं होता। जो किसान बेरोजगार हैं या जिनके पास अच्छा रोजगार नहीं है, उन्हें वैकल्पिक रोजगार का अवसर मिलना चाहिए। बढ़ी हुई कृषि उत्पादकता कृषि के क्षेत्र से श्रमिकों को छुटकारा भी दिलाएगी।

5.14 जैसा कि कहा जा चुका है, कृषि क्षेत्र में क्रान्ति के साथ गरीबी पर निर्णायक आक्रमण के लिए औद्योगिक क्षेत्र में श्रमिकोन्मुख बड़ी वृद्धि भी होनी चाहिए। सरकार द्वारा घोषित नई राष्ट्रीय मैन्यूफैक्चरिंग नीति में जो लक्ष्य निर्धारित किए गए हैं, अर्थात् 100 मिलियन नए रोजगार, और अर्थव्यवस्था में इस क्षेत्र के योगदान को 2021-22 तक 16 प्रतिशत से बढ़ाकर 25 प्रतिशत तक ले जाना, इसे एक वास्तविकता बनाना चाहिए। यह लक्ष्य महत्त्वाकांक्षी है किन्तु असाध्य नहीं यदि उसे प्राथमिकता के साथ प्राप्त करने की कोशिश की जाए।

5.15 इस क्षेत्र में निवेश बढ़ाने की दृष्टि से सरकार को बिना देर किए सरलीकरण और प्रोत्साहन के उपाय शुरू कर देने चाहिए। विशेषज्ञों का विश्वास है भारत अपने सस्ते श्रम के बूते पर विश्व का औद्योगिक हब बन सकता है और दुनिया के किसी भी देश को श्रमिकोन्मुख उद्योगों के क्षेत्र में पीछे छोड़ सकता है। जापान, अमेरिका और दक्षिण कोरिया जैसे कई आर्थिक रूप से विकसित देश इसका स्वागत करेंगे और इस पहल का फायदा उठाना चाहेंगे। इसी कारण श्रम-आधारित उद्योगों को प्रत्यक्ष विदेशी निवेश के लिए खोल देना चाहिए। श्रम-अधिकार आवश्यक हैं, लेकिन हमारे श्रम-कानून बासी (पुराने) हो गए हैं, वह अकुशलता को सम्भव बनाते हैं और आधुनिक प्रबन्धन में बाधक हैं, उनकी तत्काल समीक्षा

आवश्यक है। उद्योगों के लिए जमीन आवश्यक है, इस जमीन को अर्जित करना होगा। अधिकांश राज्यों के जनसंख्या घनत्व को देखते हुए भू-अर्जन एक पेचीदा सवाल है इसलिए भू-अर्जन विधेयक पर सबसे पहले ध्यान देना होगा। कृषि-प्रसंस्करण जैसे उद्योगों का खेती के साथ निकट सम्बन्ध है, इन्हें वरीयता मिलनी चाहिए। इस क्षेत्र के प्रस्तावों का निपटारा करने के लिए एक स्वतंत्र प्राधिकरण बनाना होगा जो जल्दी से निर्णय कर सके।

5.16 किसी भी समावेशी कार्यक्रम के लिए शिक्षा और स्वास्थ्य दो महत्त्वपूर्ण विषय हैं। ये दोनों ही भारी लापरवाही कुप्रबन्धन और भ्रष्टाचार के शिकार हैं। सरकारी स्कूलों में हमारे अधिकतम बच्चे शिक्षा प्राप्त करते हैं, इन्हें कार्यकुशल बनाना होगा। यह भी कोई आसान कार्य नहीं है, लेकिन इसे किया जाना भी है।

5.17 नागरिक समाज से हिस्सेदारी बनाने की एक नई नीति पर विचार किया जाना चाहिए। सरकारी नीतियों के क्रियान्वयन पर ध्यान रखने के लिए गैर-सरकारी संगठनों (एनजीओ) को व्यस्त करना चाहिए, जैसे-स्कूलों में सर्व शिक्षा अभियान और परीक्षण, यह नागरिक सक्रियता का एक उदाहरण है। भारत के लिए शिक्षा एक अन्तर्राष्ट्रीय संस्था टीच टु लीड के अभियान का हिस्सा है। यह एक राष्ट्रीय स्तर का उपक्रम है जो प्रतिभाशाली स्नातकों और युवा व्यवसायियों को दो वर्ष के लिए उपलब्ध कराती है, जो पिछड़े हुए स्कूलों में पूर्णकालिक अध्यापन करके ऐसा नेतृत्व विकसित करते हैं जो विभिन्न क्षेत्रों में जीवन भर शिक्षा में समानता के लिए कार्य करते रहेंगे। ऐसा कोई कारण नहीं है कि उचित शासकीय नीतियों के साथ इस तरह के गैर-सरकारी सहयोग के इन उदाहरणों की संख्या बढ़ाई न जा सके। इसके साथ नागरिक समूहों और कॉरपोरेट घरानों को इसके लिए प्रोत्साहित किया जा सकता है कि वह स्कूलों को गोद लें, उन्हें इसके लिए करों में राहत जैसे प्रोत्साहन दिए जाएँगे। उदाहरण के लिए सरकार ने 2,500 आदर्श विद्यालय स्थापित करने का इरादा जताया है। यदि इन्हें निजी-सार्वजनिक सहयोग के आधार पर बनाया गया तो यह गैर-कांग्रेसी संस्थाओं की ढाँचागत लिप्तता होगी और शासकीय सहयोग से कॉरपोरेट क्षेत्र विद्यालयों की गुणवत्ता में वृद्धि के लिए कार्य कर सकता है।

5.18 हमने देखा है कि स्वास्थ्य सेवाएँ मुहैया कराने की दृष्टि से हमारा

रिकॉर्ड निराशाजनक रहा है। भारत ने पिछले पाँच वर्षों में अपने सकल घरेलू उत्पाद (जीडीपी) का केवल 1 प्रतिशत ही स्वास्थ्य पर खर्च किया, और भी अजीब बात यह है कि अब इसमें 0.5 प्रतिशत की वृद्धि का प्रस्ताव है। आगामी पाँच वर्षों के लिए बारहवीं योजना में स्वास्थ्य के लिए जीडीपी के केवल 1.58 प्रतिशत के व्यय का प्रावधान है। स्वास्थ्य के लिए बजट में अधिक प्रावधान आवश्यक है।

5.19 फिर प्रावधान की गई इस मामूली राशि का भी प्राय: पूरा उपयोग नहीं होता। योजना आयोग ने स्वीकार किया है कि 2011 में शासन द्वारा संचालित अस्पतालों में डॉक्टरों की 76 प्रतिशत कमी थी, जितनी जरूरत थी उस संख्या के आधे चिकित्सक ही उपलब्ध थे, केवल 12 प्रतिशत विशेषज्ञ ही सेवा में लिये जा सके और प्रयोगशाला के तकनीकी कर्मचारियों की कमी 80 प्रतिशत थी। जो प्राथमिक स्वास्थ्य केन्द्रों, सामुदायिक स्वास्थ्य केन्द्र और जिला अस्पताल स्थापित हुए उनकी संख्या लक्ष्य से बहुत पीछे थी। यह स्थिति तब थी जब सरकार ने राष्ट्रीय ग्रामीण स्वास्थ्य योजना के निर्धारित बजट (50,000 करोड़ रुपए से अधिक) का लगभग 70 प्रतिशत खर्च कर दिया था।

5.20 चिन्ताजनक बात यह भी है कि जहाँ हमने अपनी उच्च शिक्षा सम्बन्धी अधिरचना को विस्तार दिया है, वहीं वर्तमान चिकित्सा शिक्षा बहुत पिछड़ी हुई है। विश्व स्वास्थ्य संगठन (डब्ल्यूटीओ) के प्रतिमान से भारत को 12 लाख डॉक्टरों और 36 लाख नर्सों की आवश्यकता है, तथापि हमारे पास केवल 5.5 लाख डॉक्टर और 4 लाख नर्सें ही हैं। 2011 में चीन में 8 लाख छात्रों ने चिकित्सा संस्थाओं में प्रवेश लिया, आपको विश्वास नहीं होगा कि भारत में यह संख्या 42,000 थी।

5.21 डॉक्टरों की कमी दूर करने के लिए चिकित्सा शिक्षा का विस्तार प्राथमिकता के साथ होना चाहिए। इस क्षेत्र में निजी क्षेत्र के अधिक निवेश को स्तर बनाए रखने के लिए कड़े नियंत्रण के साथ प्रोत्साहित करना चाहिए। लम्बित विदेशी शिक्षा संस्थान विधेयक, जो शिक्षा के क्षेत्र में विदेशी निवेश को स्वीकृति देता है, को साकार किया जाए। यदि चीन अपनी स्वास्थ्य सेवाओं में सुधार कर सका है तो इसका कारण है कि वह भारत की अपेक्षा सोलह गुने चिकित्सक इसके

लिए मुहैया कर पाया है। नर्सिंग महाविद्यालय तथा रेडियोलॉजिस्ट, पैथोलॉजिस्ट जैसे तकनीशियनों की शिक्षा देनेवाली संस्थाओं की संख्या में नाटकीय अभिवृद्धि करनी होगी। यहाँ भी सरकार के पास संसाधनों की कमी है, उसका हल भी निजी निवेश है। आवश्यकता इस बात की है कि समय-सीमा के भीतर वांछित मानवीय संसाधनों की सृष्टि के लिए एक केन्द्रीय नीति का अनुपालन हो, इसके लिए कोई तदर्थ समाधान नहीं है।

5.22 एक परिवर्ती उपाय यह हो सकता है कि एमबीबीएस उपाधि का पाठ्यक्रम पूरा करने के बाद चिकित्सा छात्रों के लिए यह अनिवार्य हो कि वह एक वर्ष तक ग्रामीण क्षेत्रों में काम करेंगे। इस सुझाव का विरोध हो सकता है, किन्तु अधिकांश चिकित्सा छात्र बहुत अधिक अनुदानित शिक्षा ग्रहण करते हैं। उनसे देश के प्रति इतनी सी सेवा की अपेक्षा की जाती है। ग्राम-सेवा की अवधि में उन्हें सुविधा के लिए छात्रवृत्ति दी जा सकती है। यह महत्त्वपूर्ण है कि ऐसी कोई व्यवस्था प्रतीकात्मक बनकर न रह जाए।

5.23 गरीबों के लिए स्वास्थ्य सेवाओं की गुणवत्ता और उपलब्धता जीवन-मरण का विषय है। इस क्षेत्र को आमूल पुनर्जीवन की जरूरत है। इसके लिए कोष, दीर्घकालीन योजना और क्रियान्वयन की व्यूहरचना करनी होगी। हमारे समाज के निर्धनतम वर्ग की स्वास्थ्य आवश्यकताओं की सम्पूर्ति के क्षेत्र में शासन का रिकॉर्ड बहुत दयनीय है, लेकिन कोई अन्य ऐसा नहीं है जो इस दायित्व का निर्वाह कर सके। इसके अलावा कोई दूसरा समाधान नहीं है कि सरकार अपना काम बेहतरी के साथ करे। सुशासन के लिए पीछे के अध्याय में दिए गए सुझाव और भ्रष्टाचार से संघर्ष के लिए उल्लिखित उपायों का पालन होना चाहिए।

5.24 तथापि जब विशालतम जनस्वास्थ्य सेवाओं के प्रबन्धन का प्रश्न सामने आता है, तो यह स्पष्ट है कि सरकार स्वतः कोई परिणाम नहीं दे सकती। सरकार को स्वास्थ्य योजनाओं के बेहतर क्रियान्वयन में गैर-सरकारी संगठनों (एनजीओ) और अन्य स्वयंसेवी संस्थाओं के द्वारा नागरिक समाज के साथ हिस्सेदारी करनी चाहिए। ये एजेंसियाँ शासकीय कार्यक्रमों की देखरेख कर सकती हैं, प्राथमिक और सामूहिक स्वास्थ्य केन्द्रों को अपना सकती हैं और क्रियान्वयन की व्यूहरचना में साझीदार बन सकती हैं।

5.25 अपने कल्याण कार्यक्रमों को क्रियान्वित करने में सरकार ने अशासकीय संस्थाओं का सहयोग प्राप्त करने की कोशिश बहुत कम की है। लेकिन जिन थोड़ी सी जगहों पर यह कोशिश हुई है वहाँ आशा से अधिक सफलता मिली है। नांदी फाउंडेशन और डॉ. रेड्डी'ज लेबोरेटरीज के संस्थापक चेयरमैन के. आंजी रेड्डी एक विचार प्रस्तुत करते हैं जिसे उन्होंने 'सुधारोत्तर विकास सेवा उद्यम' (पोस्ट रिफार्म डेवलपमेंट सर्विसेज एंटरप्राइज) का नाम दिया है। इनका संचालन उत्साही, युवा और पेशेवर लोग करेंगे, सर्वश्रेष्ठ प्रबन्धन सिद्धान्तों का पालन करते हुए कुशलता और परिणामों पर उनका ध्यान केन्द्रित रहेगा। पूँजीगत निवेश अथवा बजटीय प्रावधानों के लिए वे एक बार अनुदान प्राप्त करके शासन के साथ भागीदारी करेंगे, जिससे गरीबों को राहत पहुँचाई जा सके। उन्होंने कई उदाहरण उद्धृत किए हैं, जहाँ सफलतापूर्वक काम कर रहे हैं। सरकार के साथ हिस्सेदारी और कॉरपोरेट दान की सहायता से ये उद्यमी शहरी क्षेत्रों में और दूरस्थ सूखा पीड़ित क्षेत्रों में रसोईघरों का संचालन कर रहे हैं, जहाँ से 5 मिलियन बच्चों के लिए मध्याह्न भोजन आता है। हरियाणा और पंजाब की सरकारों ने भी निविदाएँ जारी करने की पहल की है, जिससे निर्धारित दामों पर गाँवों में स्वच्छ पेयजल उपलब्ध हो सके। डॉक्टर रेड्डी कहते हैं कि 'इस सुधारोत्तर विकास सेवा उद्यमों को राज्य सरकार से एक बार सहायता मिली और वह अपने उद्यम का कुशल प्रबन्धन तथा सेवावितरण तंत्र का सफल संचालन कर रहे हैं।'[58] जब आन्ध्र प्रदेश ने फ्लूरोसिस की अपनी भयावह समस्या के निदान के लिए जलशुद्धीकरण संयंत्रों की इच्छा जाहिर की तो हजारों छोटे उद्यमियों ने आगे बढ़कर सहयोग दिया और अब वहाँ यह रोग लगभग समाप्त हो चुका है। रेड्डी का कहना है कि इस तरह के उद्यम कम मुनाफे पर चलते हैं, इसलिए इन्हें करों में राहत देकर इनकी भागीदारी को बढ़ाया जा सकता है। महत्त्वपूर्ण तो यह है कि जनता तक लाभ पहुँचाने के लिए मितव्ययिता के मूल्यों के साथ नए मार्गों की खोज होनी चाहिए जो सरकारी एजेंसियाँ नहीं कर पा रही हैं।

5.26 आधुनिक भारत को परोपकार की भावना की पुनर्व्याख्या करनी होगी। तथाकथित आदर्शवादी आधुनिक भारत में निजी दुराग्रहों की कट्टरता से जिनकी पहचान बनी है, वे इस विचार का विरोध

करेंगे। जबकि सच तो यह है कि हमारे सद्‌भाव को जो आकर्षित करता है, वह हमें दूर तक नहीं ले जाता। यदि एक जाग्रत् नीति व्यवस्था बनाई जाए और उचित प्रोत्साहन और उद्यमिता के अवसर प्राप्त हों तो मानवतावादी संवेग और तीव्र हो सकते हैं। अतएव यह आवश्यक है कि पहले का वैरभाव को त्यागकर सरकार एक नई नीति को लेकर सामने आए, जिससे समावेशी कार्यक्रम गैर-सरकारी साझीदारों के लिए खुल सके और दक्षता मूल्यांकन, कर प्रोत्साहन और बाह्‌य सहयोग के सम्मिश्रण का नया वातावरण निर्मित हो सके।

5.27 अशासकीय कार्यकर्ता-वह नागरिकों का समूह हो, कल्याण संस्थाएँ गैर-सरकारी संगठन (एनजीओ) अथवा कॉरपोरेट-तीन प्रमुख तरीकों से कल्याण कार्यों में अपना योगदान दे सकते हैं। पहली, सहायता वांछित लाभार्थियों तक पहुँचाना सुनिश्चित करने में सरकार का सहयोग, दूसरे, वे इन सहायक उपायों के भागीदार बन सकते हैं और तीसरे, वे इन उपायों को स्वतंत्र रूप से हिस्सेदार के रूप में स्वयं भी उपलब्ध करवा सकते हैं।

5.28 एक तर्कसम्मत प्रश्न उपस्थित होता है कि क्या इन अशासकीय सदस्यों के पास इतनी क्षमता है कि वे सरकार के साथ भागीदारी कर सकें या फिर कल्याण कार्यक्रम को आगे बढ़ाने के लिए खुद पहल कर सकें। सम्भव है, आज उतनी संख्या उनकी न हो, किन्तु ऐसा कोई कारण नहीं है कि सही नीतियों से उनकी संख्या में नए लोग नहीं आएँगे। 2009 में किए गए अध्ययन से ज्ञात हुआ है कि भारत में 3.3 मिलियन पंजीकृत गैर-सरकारी संगठन (एनजीओ) हैं, उनमें से अनेक विकास कार्यों में लगे हुए हैं, और शेष संख्या काफी बड़ी है जिसे प्रोत्साहित इस दिशा में किया जाना चाहिए। यह सच है कि इन अशासकीय संगठनों में से अनेक को विदेशों से धन मिलता है। कुछ अनुमानों के अनुसार लगभग 20,000 संगठनों की सहायता के लिए देश के बाहर से 110 बिलियन रुपए की धनराशि बाहर से आती है। विदेशी योगदान अपने आपमें राष्ट्रविरोधी नहीं है, ऐसा भी नहीं है कि यह दान भारत-केन्द्रित है। अन्तर्राष्ट्रीय धर्मार्थ संस्थाएँ और संगठन अपने उद्‌देश्यों को साधने के लिए सहयोगियों की खोज करते हैं और भारत ऐसे सहयोग के लिए पर्याप्त अवसर देता है। प्रत्येक आवेदन की गुणवत्ता के आधार पर

जाँच होनी चाहिए और यदि पाया जाए कि भारत के हित प्रभावित हो रहे हैं तो उस पर उचित कार्रवाई की जानी चाहिए। तथापि गैर-सरकारी संगठनों (एनजीओ) को मिलनेवाली विदेशी सहायता के प्रति एक सामान्य और प्रत्यावर्तित दुराग्रह अनावश्यक है।

5.29 वर्तमान में भारत की शासकीय नीति लोकहित को प्रोत्साहित करने की है, लेकिन गैर-सरकारी संगठनों और अलाभकर संस्थाओं की संख्या इसके लिए अति न्यून है। यह तथ्य सरकार द्वारा बनाए गए अध्ययन मंडलों और आयोगों ने स्वीकार भी किया है, लेकिन सदा की तरह इसके सुधार के लिए दिए गए सुझावों पर अमल नहीं किया गया। 2004 में योजना आयोग को प्रस्तुत एक विस्तृत रिपोर्ट में[59] स्पष्ट शब्दों में कहा गया था कि नियमों और एजेंसियों की बहुलता, उलझन भरी प्रक्रियाएँ, अनावश्यक विलम्ब, अधिकारियों का असहयोगात्मक व्यवहार और भ्रष्टाचार जैसे कारणों से देश में लोकोपकारी सक्रियता का विकास नहीं हो पा रहा है। इस क्षेत्र में सरकार का हस्तक्षेप अनदेखी और अक्षम कार्यप्रणाली के लिए जिम्मेदार है, उसके हाथ हर जगह फैले हुए हैं, 'समग्र नीतियों के समन्वय के लिए स्वैच्छिक कार्य प्रकोष्ठ योजना आयोग के अन्तर्गत है, आयकर एजेंसियाँ (जो रियायतें देती हैं) वितमंत्रालय के अन्तर्गत आती हैं, कम्पनी पंजीयक (कम्पनी लॉ की धारा 25 का सम्बन्ध अलाभकारी कम्पनियों से है) कम्पनी मामलों और कम्पनी कानूनों के विभाग से सम्बद्ध है, महाराष्ट्र और गुजरात के चैरिटी कमिश्नर को कानून विभाग को रिपोर्ट देनी पड़ती है, और रजिस्ट्रार ऑफ सोसाइटी या तो सहकारिता विभाग के अधीन है या गृह विभाग के।'[60] राष्ट्रव्यापी सहयोगात्मक वातावरण के अभाव में, बँटे हुए प्रशासकीय ढाँचे में-जो भ्रष्टाचार और उदासीनता से परिपूरित है-यह व्यक्ति या व्यक्तियों को स्वैच्छिकता के लिए शायद ही प्रेरित कर सके। इसके उलट यह निरुत्साहित करनेवाली व्यवस्था है, जिसमें ऐसी बेतुकी बातें पाई जाती हैं, जैसे किसी भी ट्रस्ट के लिए यह अनिवार्य है कि यदि उसकी वार्षिक आय 15,00 रुपए से अधिक है तो उसे सालाना लेखापरीक्षित हिसाब देना पड़ेगा। लेखापरीक्षण पर होनेवाला खर्च आमदनी से ज्यादा होगा। सच तो यह है कि योजना आयोग द्वारा बनवाई रिपोर्ट भी यह संकेत करती है, दुर्भाग्यपूर्ण वास्तविकता यह है कि राज्य और केन्द्र दोनों

ही सरकारों में धर्मार्थ और स्वयंसेवा दोनों ही प्राथमिकता सूची में बहुत नीचे आते हैं।[61]

5.30 यह सुझाव है कि समस्त धर्मार्थ और स्वयंसेवी समूहों के लिए एक ही खिड़की की व्यवस्था की जाए। अपारदर्शी और विभ्रामक लालफीताशाही की ओट को हटाकर सरकार को सक्रिय और संस्थागत रूप से ऐसी सुविधा देनी चाहिए कि गैर-सरकारी संगठनों की सार्वजनिक लिप्तता बढ़ सके। यह सम्भव हो सके इसके लिए एक केन्द्रीय कानून बनाना होगा, 'वह ट्रस्ट पंजीकृत संस्थाओं और धारा 25 से सम्बन्धितों को प्रभावित करनेवाला होगा और इनसे सम्बन्धित सभी वर्तमान कानूनों के सबसे अच्छे प्रावधानों की समीक्षा करके उनका समन्वय और एकीकरण करेगा।[62] संसद के पास इस कानून को बनाने की पात्रता है क्योंकि संविधान की समवर्ती सूची के अंकन 28 के अनुसार धर्मार्थ और धर्मार्थ संस्थाएँ उसके अन्तर्गत आती हैं।

5.31 नया कानून ब्रिटेन के चैरिटीज एक्ट की तरह होगा और राष्ट्रव्यापी रूप से प्राधिकृत होगा, यह एक धर्मार्थ आयुक्त कार्यालय की स्थापना करेगा। हमारे देश के आकार को देखते हुए इसके साथ राज्यस्तरीय धर्मार्थ आयुक्त भी हो सकते हैं। निश्चय ही इस बात की आशंका हमेशा रहती है कि सूत्रबद्ध और सरलीकृत व्यवस्था में शासन द्वारा नियंत्रक और उनके अधीनस्थ अधिकारी भी भ्रष्ट हो सकते हैं। इस सम्भावना के विरुद्ध कोई चरम गारंटी नहीं है, किन्तु यदि इन स्थानों के लिए सही व्यक्तियों का चुनाव हो और उनकी जनता में प्रतिष्ठा हो तो यह एक महत्त्वपूर्ण पहल होगी और सार्वजनिक हित के लिए काम कर सकेगी।

5.32 संरचना का पुनर्गठन इस उद्देश्य के लिए है कि इसके द्वारा एक ही बिन्दु पर सरकार और स्वयंसेवी समूहों का आमना-सामना हो सकेगा, किन्तु उन सभी को एकत्र करना एक कठिन कार्य है, इसलिए यह प्रयत्न भी करने होंगे कि उनसे सम्पर्क के लिए और भी सरल रास्ते खोजे जाएँ। उदाहरण के लिए यदि रियायतें देने का अधिकार आयकर विभाग के पास ही रहना है तो विभाग विशेष एक अलग से इकाई बना सकता है जो चैरिटी कमिश्नर के कार्यालय से गम्भीर परामर्श के बाद इस तरह के आवेदनों पर शीघ्रता से निर्णय कर सकती है।

5.33 इसके साथ ही स्वयंसेवी समूहों को अपना काम इस तरह करना चाहिए कि जनता ने उनके प्रति जो विश्वास व्यक्त किया है उसका औचित्य प्रतिपादित हो सके और उन्हें निर्धारित नियामक मर्यादा का उल्लंघन नहीं करना चाहिए। स्वयंसेवी समूहों को अपनी तरफ से पहल करके विश्वसनीयतापरक आत्मनियंत्रण की नीति बना लेना चाहिए जिससे गैर-सरकारी संगठनों (एनजीओ) के क्षेत्र में सरकारी तंत्र का विश्वास उत्पन्न हो सके।

5.34 कॉरपोरेटों के सामाजिक दायित्व (सीएसआर) की सम्भावनाओं का भी दोहन बहुत कम हो पाया है। शासन को अपनी पूर्व निर्धारित योजनाओं के लिए कॉरपोरेटों के प्रबन्धकीय कौशल और उद्यमिता की शक्ति का उपयोग करने की आवश्यकता है, विशेष रूप से गरीबी उन्मूलन, रोजगार, कौशल-वृद्धि, शिक्षा और स्वास्थ्य जैसे क्षेत्रों में। यदि बुद्धिमत्ता और सक्रियता के साथ प्रोत्साहित किया गया तो कॉरपोरेटों का सामाजिक दायित्व सरकार के लिए अपने कल्याण-लक्ष्यों को पाने में सहयोग का एक महत्त्वपूर्ण स्रोत बन सकता है।

5.35 तथापि 2011 का कम्पनी विधेयक, जिसमें सीएसआर चन्दे को अनिवार्य बनाया जाना है, सम्भवतः विपरीत दिशा में उठाया गया एक कदम है। विधेयक में व्यवस्था है कि जिन कम्पनियों का वार्षिक लेन-देन 1,000 करोड़ रुपए का है, या जिनका मूल्य 500 करोड़ रुपए है उन्हें तीन वर्ष के शुद्ध मुनाफे के औसत का 2 प्रतिशत अनिवार्य रूप से सीएसआर के लिए अलग कर देना चाहिए। इस तरह के प्रावधान सामाजिक दायित्व को प्रेरित करना तो दूर, अधिकांश कम्पनियों को लगेगा कि यह एक और अतिरिक्त कर उन पर लाद दिया गया है। इससे गरीबी उन्मूलन में सम्पन्न भारत को भागीदार बनाने का उद्देश्य ही धूसरित हो जाएगा। जब तक दृष्टिकोण में आधारभूत बदलाव नहीं आता, तब तक कम्पनियाँ एक बार फिर कानूनों की 'मौखिक सेवा' करती रहेंगी और तरह-तरह के खर्चों को सामाजिक दायित्व के अन्तर्गत किया गया खर्च दर्शाती रहेंगी।[63]

5.36 अच्छा तो यह होगा कि सरकार सावधानी के साथ उन योजनाओं की एक व्यापक सूची तय करे जिसमें कॉरपोरेटों के सामाजिक दायित्व (सीएसआर) का लाभ मिल सकता हो। इनका निर्धारण औद्योगिक संगठनों, जैसे-सीआईआई, फिक्की, एसोचैम के साथ परामर्श के

बाद किया जा सकता है। शीर्ष संस्थाएँ स्वयं यह निश्चय कर सकती हैं कि चन्दे की कितनी राशि देना उनके घटक सदस्यों के लिए अनुकूल रहेगा और योजनाओं के क्रियान्वयन में उनके दायित्व किस प्रकार के होंगे। सीएसआर का एक स्वतंत्र नियंत्रक होगा जिसमें शासन और कॉरपोरेट की शीर्ष संस्थाओं द्वारा संयुक्त रूप से चुना गया पैनल रहेगा जो योजनाओं की निगरानी करेगा और उनके पूरी हो जाने का प्रमाण देगा। गैर–सरकारी संगठनों का संयुक्त रूप से स्वीकृत एक पैनल उपस्थित रहेगा जो जहाँ आवश्यक हो, खाके और तकनीकी सहायता उपलब्ध कराएगा।

5.37 इस कार्यप्रणाली से तिहरे लाभ होंगे। प्रथम, शासन को यह विकास योजनाओं के लिए संसाधनों की कमी की समस्या से मुक्त करेगा और एक नया मूल्यवान सहयोगी उसे दिलाएगा। दो, यह वंचितों के विकास में कॉरपोरेट को सहयोगी बनाने में सहायता करेगा, और तीसरा, यह कॉरपोरेट क्षेत्र के प्रबन्धक और उद्यमिता कौशल को उस क्षेत्र तक पहुँचा सकेगा, जहाँ इसकी सबसे ज्यादा जरूरत है।

5.38 सम्भव तो यह भी है कि इस तरह की व्यवस्था से भ्रष्टाचार के अवसर भी मिलेंगे। इन्हें जैसे भी सम्भव हो अवरुद्ध किया जाना चाहिए। इसमें सीएसआर योजनाओं की निगरानी के लिए एक स्वतंत्र नियंत्रक कार्यालय की स्थापना और भाग लेनेवाले गैर–सरकारी संगठनों की अपनी चौकसी निहित है।

5.39 कुछ प्रतिष्ठित कॉरपोरेट, जैसे–महिन्द्रा, टाटा समूह, प्रोक्टर एंड गैम्बल, गोदरेज और हिन्दुस्तान यूनीलिवर अभी भी उल्लेखनीय विकास कार्य कर रहे हैं। टाटा समूह ने जमशेदपुर के इस्पात कारखाने के आसपास के क्षेत्र में स्वास्थ्य और शिक्षा के क्षेत्र में जो करके दिखाया है, वह एक उदाहरण है। यह बताया गया है कि महिन्द्रा ने एक बाँध बनाने की जिम्मेदारी ली है, 32 गाँवों की इस योजना से 10,000 हेक्टेयर में सिंचाई हो सकेगी और 4,000 परिवारों के 20,000 लोगों को इसका फायदा मिलेगा। गोदरेज कंज्यूमर प्रोजेक्ट्स (जीसीपीएल) ने ग्रामीण युवकों को प्रशिक्षित करने की दिशा में एक बड़ी पहल की है। प्रोक्टर एंड गैम्बल गरीब बच्चों के लिए शिक्षा के क्षेत्र में काम कर रहा है। इन कम्पनियों ने मानव कल्याण के लिए काम की पहल स्वतःप्रेरणा से की है, अन्य को इस तरह की गतिविधियों के लिए प्रोत्साहित करना होगा, और

इसके लिए सरकार की रचनात्मक योजनाओं की आवश्यकता है।

5.40 जब शासन अपना हाथ आगे बढ़ाएगा तो कॉरपोरेट जगत् की प्रतिक्रिया भी सकारात्मक होगी। अप्रैल 2006 में प्रधानमंत्री मनमोहन सिंह ने निजी क्षेत्र का आह्वान किया था कि वह शिक्षा के क्षेत्र में रोजगार के अवसरों और समाज के कमजोर वर्ग की शिक्षा के लिए सकारात्मक कदम उठाए। सीआईआई और एसोचैम ने तत्काल ही यह देखने के लिए एक कार्यदल का गठन किया कि उद्योग इसके लिए क्या कर सकते हैं। जनवरी 2007 से इसके क्रियान्वयन के लिए कार्य की स्वैच्छिक शुरुआत हो गई। सीआईआई की 100 कम्पनियों ने अनुसूचित जाति, जनजाति के लिए स्वीकारात्मक कार्यक्रम चार श्रेणियों में बनाया। रोजगारपरकता, उद्यमिता, शिक्षा और रोजगार, अनुसूचित जाति, जनजाति के युवकों के लिए 48 कम्पनियों ने प्रशिक्षण केन्द्रों को प्रायोजित किया। इससे अलग टाटा कम्यूनिकेशन ने उद्यमिता की बुनियादी बातों के सम्बन्ध में अनुसूचित जाति, जनजाति के युवकों को प्रशिक्षित करने के लिए अहमदाबाद के इन्टरप्रेन्योर डेवलपमेंट इंस्टीट्यूट के साथ भागीदारी की, संगठनों को इस बात के लिए प्रोत्साहित किया गया कि वह अनुसूचित समुदायों के सदस्यों के स्वामित्व वाली कम्पनियों को अपनी आपूर्ति और विक्रय शृंखलाओं में शामिल करें, अनुसूचित जाति, जनजाति के छात्रों के लिए छात्रवृत्तियाँ उपलब्ध कराई गईं। सीआईआई के 636 सदस्यों ने एक आचार संहिता पर हस्ताक्षर किए, जिसमें वचन दिया गया था कि वह अपनी रोजगार नीतियों में इन वर्गों के साथ भेदभाव को निरुत्साहित करेंगे। टाटा समूह ने और आगे जाकर यह वचन दिया कि अनुसूचित जाति, जनजातियों के प्रतिभावान युवकों को रोजगार में प्राथमिकता देगा।[64]

5.41 सम्भावनाओं का सचमुच कोई अन्त नहीं है। यदि एक स्वयंसेवी कल्याण संगठन एक ऐसे शासकीय विद्यालय को दत्तक स्वीकार कर लेता है, जिसमें वंचित वर्ग के बच्चे अध्ययन करते हैं, तो चैरिटी कमिश्नर को उन सबको टैक्स में छूट देने की अनुशंसा करनी चाहिए, जो उस समूह के सदस्य हैं। यदि नागरिकों की एक संस्था किसी प्राथमिक स्वास्थ्य केन्द्र को उपकरणों की सहायता देती है तो उसके घटकों को इसी तरह पुरस्कृत किया जाना चाहिए। यदि स्थानीय निवासियों की कल्याण संस्था यह तय करती है कि वह

निर्धन, वंचित छात्रों को छात्रवृत्तियाँ देगी, उन्हें इसके लिए पुरस्कार मिलने चाहिए। एक ही उदाहरण पर्याप्त होगा–यदि जनचेतना से सम्पन्न छात्रों का एक समूह सौर ऊर्जा से चलनेवाली बत्तियाँ इसलिए प्राप्त करता है कि उनके प्रकाश से गाँव के चार हजार घरों में उजाला हो सकेगा[65] और इससे बोर्ड की परीक्षा में निर्धन बच्चों के प्रदर्शन में नाटकीय सुधार आएगा। तो उन्हें नायक का सम्मान मिलना चाहिए। सामाजिक रूप से सचेत नागरिकों के सकारात्मक कार्यों को शासन द्वारा सार्वजनिक मान्यता दिया जाना सुशासन कार्यक्रम का अंग बनना चाहिए। और जैसे-जैसे व्यक्ति समाज को जो लौटा सकता है, इस पर उसे गर्व होगा। इस भावना की अभिव्यक्ति के लिए संस्थागत रूप से अधिक मार्ग खुलेंगे, समाजोन्मुख प्रतिस्पर्द्धात्मक स्वैच्छिकता अपवादरूपेण नहीं रहकर एक चलन बन जाएगी, और इस तरह भारतीय समाज की बुनावट में भी परिवर्तन हो सकेगा।

अब समय आ गया है जब हम अविचल संकल्प, प्रतिबद्धता, साहस और खुले मस्तिष्क के साथ एक नया शुभारम्भ करें, जिससे भारत राजनीतिक लफ्फाजी से निकलकर निश्चित रूप से एक सक्रिय समावेशी समाज की दिशा में प्रयाण कर सके, और उसके पास ऐसे प्रमाण हो जिनकी पुष्टि हों सके। केवल तभी भारत को सच्चे अर्थों में एक सुसभ्य राष्ट्र कहा जा सकेगा।

पुनश्च

चाणक्य का नया घोषणापत्र परिवर्तन की एक समग्र रूपरेखा प्रस्तुत करता है। हम जो हैं, वैसे ही नहीं रह सकते। प्रभावी शासन, वास्तविक लोकतंत्र, भ्रष्टाचार मुक्त राज्य, सुरक्षा सचेत राष्ट्र और समावेशी समाज के निर्माण के प्रति हमें संकल्पित होना पड़ेगा। यदि हमें विफलता मिलती है तो भारत कभी सफल नहीं हो पाएगा। हमारा भविष्य दाँव पर लगा हुआ है।

लेकिन विचारों भर से परिवर्तन नहीं हो जाना है। विचारों के सुफल तब तक नहीं मिल पाते जब तक जनता उन्हें आत्मसात् नहीं कर लेती, उन पर सोचती नहीं, विमर्श और विवाद नहीं करती और अन्त में उन्हें क्रियान्वित नहीं करती। विचार तब तक अनाथ बने रहते हैं जब तक उन्हें ऐसे लोगों के मानस में अपना आश्रय नहीं मिल जाता जो उन्हें साकार करने का प्रयत्न करना चाहते हैं।

चाणक्य का नया घोषणापत्र तब तक एक किताब ही रहेगा, जब तक हम सब–भारत का समूचा जनगण–उस परिवर्तन की प्रक्रिया के सूत्र सँभाल नहीं लेते, जो अब नितान्त आवश्यक हो गया है। यह एक कपोल-कल्पना है कि घिरी हुई व्यवस्थाएँ अपने आप बदलने लगती हैं। उनके घेराव के पीछे शक्तिशाली निहित स्वार्थ होते हैं। ये स्वार्थ सामान्यत: स्वयं अपनी जंजीरों की जकड़न शिथिल नहीं करते, जनगण की शक्ति ही निहित स्वार्थों को इसके लिए विवश कर देती है। युक्तियुक्त रूप से अभिव्यक्त लोकमत परिवर्तन का शक्तिशाली उत्प्रेरक होता है। इसकी उपेक्षा नहीं की जा सकती, इसकी अनदेखी वह लोग भी नहीं कर सकते जो इसके बगैर भी सन्तुष्ट बने रहते हैं।

चाणक्य का नया घोषणापत्र जिस परिवर्तन की कामना करता है, वह संविधान की सीमाओं में प्राप्त किया जा सकता है। यह एक रचनात्मक परिवर्तन है। यह ध्वस्त नहीं करना चाहता। यह उस नींव का फिर से निर्माण करना चाहता, जिस पर कोई विवाद नहीं है। यह सभी भारतवासियों के बेहतर भविष्य के लिए किए जानेवाले प्रयासों का पक्षधर है, न कि कोई ऐसा नुस्खा जो उन अपरिवर्तनीय मूल्यों को विनष्ट करनेवाला हो जिनके लिए हमारा गणराज्य प्रतिबद्ध है।

जो सत्ता में हैं, वह परिवर्तन करने के लिए अपेक्षाकृत अच्छी स्थिति में हैं, उन्हें इस घोषणापत्र को इस दृष्टिकोण से देखना चाहिए। यह उनकी सदाशयता का आह्वान है। यह जनता की अपेक्षाओं को पूरा करने के लिए एक कार्ययोजना सामने रखता है, कुछ विचार जो हमारे देश का भविष्य बदल सकते हैं। आदर्श स्थिति तो यह होगी कि वे इस परिवर्तन को लाने के लिए सक्रिय हो जाएँ, भारतीय जनगण की दृष्टि उन पर लगी हुई है।

मैं *चाणक्य के नए घोषणापत्र* के निर्दोष होने का दावा नहीं करता। भारत के सर्वोपरि हित के लिए इस पर बहस होनी चाहिए और संशोधन किए जाने चाहिए। किन्तु अत्यन्त विनम्रता के साथ मेरा यह विश्वास है कि यहाँ दिए गए विचारों की न तो उपेक्षा की जा सकती है और न ही उन्हें नासमझी से ठुकराया जा सकता है। इन सुझावों पर निष्क्रिय प्रतिक्रिया भी नहीं दी जा सकती और सक्रियता का अभिनय भी सम्भव नहीं है।

यथास्थितिवाद के मूक आलोचक-दर्शक बने रहने की अपेक्षा परिवर्तन के संवाहक बनने का संकल्प करना हमारे अपने हित में है, यदि भारत को जीत मिलती है तो वह हम सबकी जीत होगी। यदि भारत सचमुच स्पन्दनशील गणराज्य बन पाता है तो सभी भारतवासियों को शक्ति मिलेगी। यदि हम अपने आचरण में अधिक नैतिक होते हैं तो हममें से सभी का जीवन अधिक सुखी हो

सकेगा। यदि हमारी सुरक्षा को मिलनेवाली धमकियों का सामना अधिक प्रभावी रूप से किया जाता है तो हम सब सुरक्षित रहेंगे। यदि हमारी निर्धन जनता के जीवन में सुधार होता है तो हम सभी के जीवन में सम्पन्नता आएगी।

इसलिए आइए, भारत के लिए अत्यावश्यक परिवर्तन को लाने के लिए हम सब एक साथ मिलकर, संलग्न होकर समझदारी से काम करने में जुट जाएँ। हजारों साल पहले हमारे पूर्वज सन्तों की यही अभिलाषा थी :

ओऽम् सहनाववतु सहनौ भुनक्तु
सहवीर्य करवावहै,
तेजस्विनावर्धिमस्तु
मा विद्विश्वावहै।

ओऽम् शान्ति, शान्ति, शान्तिः!
ईश्वर हम सबकी रक्षा करे
वह हमें एक साथ स्वीकार करे
हम साथ-साथ भोजन करें
प्रज्ञा से हमारे मानस प्रकाशित हों
हम सभी अशान्तियों से मुक्त रहें
और सर्वत्र शान्ति हो, शान्ति, शान्ति...

सन्दर्भ

1. जय पी. देसाई : एकाउंटेबिलिटी, एंग्स्ट, अवेयरनेस, एक्शन, पीयरसन 2012, पृ. 187
2. प्रवीण दास और अतुल ठाकुर : दि सेवन परसेंट हिच, टाइम्स ऑफ इंडिया, 19 फरवरी, 2012
3. अरुण कुमार : दि कॉस्ट ऑफ दि ब्लैकमनी, दि हिन्दू, 20 अगस्त, 2011
4. धीरज नैयर और श्रव्या जैन : 'डेटा रिवील्स इंडिया'ज अलार्मिंग जॉब स्कीज, इंडिया टुडे, 10 सितम्बर, 2012
5. राकेश भारती मित्तल : रिजुवेनेटिंग इंडिया'ज एग्रीकल्चर सेक्टर, इकोनॉमिक टाइम्स, 2 जनवरी, 2012
6. श्रीवत्स कृष्णा : सिक्स स्टेप्स टु फाइंडिंग लाइट इन दि डार्कनेस, टाइम्स ऑफ इंडिया, 5 अगस्त, 2012
7. डॉ. डी. सुब्बाराव : ग्रामीण और औद्योगिक विकास अनुसन्धान केन्द्र चंडीगढ़ में हक्सर स्मृति व्याख्यान, 25 नवम्बर, 2011
8. कान्ति वाजपेयी : नीडेड अर्जेंटली : एन एज्यूकेशन रेवोल्यूशन, टाइम्स ऑफ इंडिया, 4 फरवरी, 2012
9. जगदीश भगवती और राजीव कोहली : सेलिंग दि रांग आइडिया, टाइम्स ऑफ इंडिया, 12 दिसम्बर, 2011
10. रेनॉद फ्रेंकोइस ऑन दि डब्ल्यूजीआई, अक्टूबर 2008
11. राजिन्दर पुरी : प्रेसीडेंट कैन सैक गवर्नमेंट, दि स्टेट्समैन, 15 मार्च, 2012
12. एम.जे. अकबर : कैंसर एट दि हार्ट ऑफ डेमोक्रेसी, डॉन, 28 अगस्त, 2011
13. पीटीआई : इंडिया फेयर्स बैडली इन रेग्यूलेटिंग मनी इन पॉलिटिक्स, हिन्दुस्तान टाइम्स, 2 अप्रैल, 2012
14. कुलदीप नायर : दि स्ट्टसमैन, 1 मार्च, 2012
15. सैयद नज़ाकत और सोनी मिश्रा : ब्लैकमनी इन इंडियन इलेक्शंस, दि वीक, 11 मार्च, 2012
16. विधि और न्याय मंत्रालय द्वारा भारत के चुनाव आयोग के सहयोग से जारी किया चुनाव-सुधार सम्बन्धी पृष्ठभूमि-पत्रक, दिसम्बर 2010, पृ. 29
17. वही, पृ. 31
18. वही, पृ. 11

19. वही, पृ. 11-12
20. अमर्त्य सेन : दि आइडिया ऑफ जस्टिस, पृ. 9, 20
21. वही, पृ. 20
22. रिचर्ड लेनॉय : दि स्पीकिंग ट्री : स्टडी ऑफ इंडियन कल्चर एंड सोसाइटी, नई दिल्ली, ऑक्सफोर्ड यूनिवर्सिटी प्रेस 1971, पृ. 294
23. प्रो. एफ.एच. बेली : लेनाय के स्पीकिंग ट्री में उद्धृत, पृ. 294
24. निधि सेन : सिटीजन्स चार्टर्स : पुटिंग पीपुल फर्स्ट, www.infochangeindia.org
25. वी.एन. खरे के साथ चंद्राणी बनर्जी का साक्षात्कार : करप्शन इज रैम्पेंट इन लोअर कोर्ट्स, 9 जुलाई, 2012
26. दूसरे प्रशासनिक सुधार आयोग की रिपोर्ट, भारत सरकार
27. वही, पृ. 53
28. वही, पृ. 51
29. वही, पृ. 97
30. बिबेक देबराय : 500 बिलियन ब्लैकमनी? हीयर इज ए स्मॉल अटेंम्प्ट टु इंजेक्ट सम सेंस, इकोनॉमिक टाइम्स, 19 फरवरी, 2012
31. विक्रम सूद : गेटिंग इट ऑल रांग, हिन्दुस्तान टाइम्स, 4 जुलाई, 2012
32. अशोक मलिक : सर्व्ड बाई ब्लेक स्वांस, हिन्दुस्तान टाइम्स, 28 मार्च, 2012
33. स्टीफन पी. कोहन : इंडिया : एमर्जिंग पावर, नई दिल्ली, ऑक्सफोर्ड यूनिवर्सिटी प्रेस 2001, तृतीय संस्करण 2003, पृ. 8
34. वही
35. शेखर गुप्ता : दि इंडियन एक्सप्रेस, 31 मार्च, 2012
36. जसवंत सिंह : गवर्नेंस प्लीज, इंडियन एक्सप्रेस, 29 मार्च, 2012
37. इंटरनेशनल इंस्टीट्यूट ऑफ स्ट्रेटेजिक स्टडीज, दि मिलिटरी बैलेंस 2012 रिपोर्ट, इकोनॉमिक टाइम्स, 11-17 मार्च, 2012
38. कारगिल कमेटी रिपोर्ट : रिकमेंडेशन इन एक्जीक्यूटिव समरी, फरवरी 2000
39. वर्गीस कोइठारा : मैनेजिंग इंडिया'ज न्यूक्लीयर फोर्स, रूटलेज, 2012
40. 'यह एनसीटीसी मूल का अत्यधिक नरम संस्करण है'-गोपाल कृष्ण पिल्लई का नम्रता बिजली आहूजा द्वारा लिया गया साक्षात्कार, दि एशियन एज, 26 फरवरी, 2012
41. मुख्यमंत्री सम्मेलन में गृहमंत्री पी. चिदम्बरम का वक्तव्य, नई दिल्ली, 16 अप्रैल, 2012
42. ग्राहम एलीसन की टाइम में मुखपृष्ठ कथा, दि लास्ट डेज ऑफ ओसामा बिन लादेन, 7 मई, 2012
43. वही
44. तपन कुमार बनर्जी : कनफ्रंटिंग दि माओइस्ट : ए ला-एंड-ऑर्डर अप्रोच अथवा डेवलपमेंट इनीसिएटिव, स्टेट्समैन, 28 जून, 2012
45. सम्पादकीय : दि टेलीग्राफ, 21 नवम्बर, 2011
46. देखें, राजीव कुमार और सौम्य कान्ति घोष : सब्सिडी : इट विल नॉट स्टॉप एट रुपए 60,000 क्रोर, दि फाइनेंशियल एक्सप्रेस, 15 फरवरी, 2012

47. डी.एन. सहाय : इंडिया'ज सोशल वेलफेयर फॉर सोशल पूअर, दि स्टेट्समैन, 9 मई, 2012
48. जीतेन्दर सिंह : ट्रेड-ऑफ ऑफ वर्कर्स बिटवीन मनरेगा एंड मैन्यूफैक्चरिंग, औद्योगिक नीति और प्रोत्साहन मंत्रालय।
49. फिक्की की बाईस सूत्रीय कार्ययोजना, जनू 2012
50. इंडिपेंडेंट कमीशन ऑन डेवलपमेंट एंड हेल्थ इन इंडिया (आईसीडीएचआई)
51. स्वामीनाथन एस अंकलेसरिया अय्यर : सुप्रीम कोर्ट सेज ऑक्शन नेचुरल रिसोर्सेज, वाटर टू?, दि टाइम्स ऑफ इंडिया, 8 अप्रैल, 2012
52. अरविंद पनागरिया : इनस्टेड ऑफ सेलीब्रेटिंग दि फॉल इन पॉवर्टी नम्बर्स, क्रिटिक्स विद इन एंड आउटसाइड यूपीए कीप कारपिंग, इकोनॉमिक टाइम्स, 18 अप्रैल, 2012
53. वही, 28 मार्च, 2012
54. सुरजीत एस. भल्ला : गांधी'ज एक्सपेरीमेंट्स विद पापुलिज्म, दि इंडियन एक्सप्रेस, 14 जुलाई, 2012
55. मिन्हाज मरचेंट : बोल्ड पॉलिसी मूव कैन रेज़ जीडीपी ग्रोथ टु 9 परसेंट अनशेकलिंग एनादर 25 मिलियन फ्रॉम पॉवर्टी, इकोनॉमिक टाइम्स, 5 मई, 2012
56. अशोक गुलाटी : स्विच फ्राम फार्म सब्सिडी टु फार्म इनवेस्टमेंट, इकोनॉमिक टाइम्स, 6 अगस्त, 2012
57. अमिताभ कान्त : दि हार्ट ऑफ दि मैटर, टाइम्स ऑफ इंडिया, 29 जून, 2012
58. के. अंजी रेड्डी : पास्ट इट्स सेल-बाई डेट, हिन्दुस्तान टाइम्स, 16 मई, 2012
59. ए रिव्यू ऑफ चैरिटीज एडमिनिस्ट्रेशन इन इंडिया : सम्प्रदान इंडियन सेंटर फॉर फिलनथ्रॉपी, योजना आयोग, भारत सरकार द्वारा प्रायोजित, सितम्बर, 2004
60. वही
61. वही
62. वही
63. पुष्पा सुन्दर : डोंट पास दि बक, हिन्दुस्तान टाइम्स, 10 जुलाई, 2012
64. एफरमेटिव एक्शन : एमपावरिंग सोसाइटी फॉर ए ब्राइटर टुमारो, सीआईआई द्वारा प्रकाशित दस्तावेज
65. प्रोजेक्ट चिराग।

आभार-स्वीकृति

मैं अपने सम्पादक डेविड देवीदार का आभारी हूँ जिनका विश्वास इस पुस्तक में बना रहा और जो इसका पहला प्रारूप पढ़ने के लिए भूटान आए। हम विगत पच्चीस वर्षों से मित्र हैं, लेकिन मेरी इस मित्रता ने एक सम्पादक के रूप में उनकी निपुणता के प्रति मेरे गहरे सम्मान को कभी कम नहीं होने दिया। एक अलग से नमस्कार, सदा मुस्कुराती किन्तु छिनतान्त कठोर सिमर पुनीत के लिए, जिन्होंने निस्पृह भाव से पांडुलिपि की यात्रा की और मुझसे कोई शिकायत नहीं की। हिना मोबार के लिए, जो अलिफ में युवा और गतिशील विपणन दल का नेतृत्व करती हैं, एक बड़ा धन्यवाद, और एनला ओजुकुम को उनकी असन्दिग्ध योग्यता के लिए सलाम। विदेश सेवा में मेरे युवा सहयोगी पियूष श्रीवास्तव, जो भूटान में मेरे साथ नियुक्त थे, को शोध और अन्तर्दृष्टि के योगदान के लिए शुक्रिया। मेरा पुत्र वेदान्त, एक उदीयमान विधिवेत्ता, जिसे अक्सर उसके अभिमत को जानने के लिए या किसी दृष्टिकोण अथवा तथ्य की पुष्टि के लिए बुला लिया जाता था। बेटे धन्यवाद, तुमने कभी शिकायत नहीं की। मेरी पत्नी रेणुका, मेरी प्रत्येक पुस्तक की यात्रा तुमने मेरे साथ-साथ की है, अकेले मैं कभी यह नहीं कर सकता था, और अन्त में, वे अनगिनत लोग, विद्वान, स्तम्भकार, राजनेता, सामाजिक कार्यकर्ता, सामान्य नागरिक और मित्र जिनसे मैं मिला और जिनका व्यक्तिगत उल्लेख यहाँ सम्भव नहीं है। उन्होंने अपनी राय देने का समय निकाला, सभी का हार्दिक धन्यवाद।

●●●